本项目受国家自然科学基金重点项目（71131006）和四川省学术带头人培养基金（川人[2015] 100-6）资助。

经济管理学术文库 • 管理类

# 破坏性地震
# 灾后应急供应链管理

The Management of Emergency Supply Chain after the Devastating Earthquake

邓富民 梁学栋 安 健 / 著

经济管理出版社
ECONOMY & MANAGEMENT PUBLISHING HOUSE

**图书在版编目（CIP）数据**

破坏性地震灾后应急供应链管理/邓富民，梁学栋，安健著. —北京：经济管理出版社，2015.12
ISBN 978-7-5096-4067-8

Ⅰ. ①破… Ⅱ. ①邓… ②梁… ③安… Ⅲ. ①地震灾害—灾区—供应链管理 Ⅳ. ①F252

中国版本图书馆 CIP 数据核字（2015）第 289522 号

组稿编辑：王光艳
责任编辑：许 兵
责任印制：司东翔
责任校对：张 青

出版发行：经济管理出版社
（北京市海淀区北蜂窝 8 号中雅大厦 A 座 11 层 100038）
网 址：www. E-mp. com. cn
电 话：（010）51915602
印 刷：北京九州迅驰传媒文化有限公司
经 销：新华书店
开 本：720mm×1000mm/16
印 张：21
字 数：353 千字
版 次：2016 年 4 月第 1 版 2016 年 4 月第 1 次印刷
书 号：ISBN 978-7-5096-4067-8
定 价：68.00 元

# 序

全球自然灾害频发，包括地震、洪水、台风等，其中，地震占到灾害发生总数的 1/3。地震灾害危害巨大，且具有突发性、不可预测性等特点，其精确预测是当今世界未能解决的重大难题之一。震后的救援是一项重大的系统工程。震后救援的应急管理为该系统工程的实施提供有效管理和决策保障，是灾害管理领域的研究热点。震后应急管理包括救援组织动员管理、应急医疗物资管理、应急救援设备管理、应急法律法规制度支持、应急资源协同管理等多个方面。若将地震灾区的需求网络和各地的援助网络协同考虑为一个供应链网络，将供应链管理理论引入震后的应急管理决策中，可利用供应链管理的相关理论和方法，为震后应急管理提供一种准时、高效的地震灾害应急响应机制，在提高地震应急资源可达性、资源获取便利性、资源利用有效性和使用规范性等方面发挥积极的作用，对降低地震灾害损失，最大限度维护人民生命财产安全，保障地区社会稳定与促使经济快速恢复具有深远的意义。

## 一、研究背景

中国是地震灾害频发的国家之一，其以占世界 7%的国土承受了全球 33%的大陆强震，是世界上大陆强震最多的国家。我国的地震灾害具有分布范围广，频率高、强度大、震源浅、危害大等特点。同时，由于我国人口密度较大、建筑等基础设施的抗震能力较差，导致震后的救援、恢复和重建任务艰巨且繁重。20 世纪以来，全国共发生 800 余次 6 级以上的地震，尤其 2008 年“5·12”汶川地震被称为新中国成立以来国内破坏性最强、波及范围最广、伤亡人数最多的地震之一。因此，基于供应链管理的视角研究地震应急管理，从系统和科学角度分析灾后应急管理问题，为灾后管理者的科学决策提供依据，具有重要的现实和理论意义。此外，震后的资源处于紧缺状态，利用供应链协同理论，考虑应急系统内各子系统的分工合作，达到应急救援资源的优化配置，使资源在有限数量下得到最大化利用，提高应急救援工作的效率和水平，产生明显的社会效益和经济效益。

## 二、研究内容

《国家“十二五”防震减灾规划体系之地震应急救援规划》明确提出了地震应急救援的总体目标：“健全完善应急救援协调联动机制，建立专业救援系统，夯实基层基础，建设救援队伍、救援物资储备体系和应急避难场所，提升全社会的地震应急救援能力和水平。”《国家防震减灾规划（2006~2020 年）》提出：“完善各层次应急指挥系统，建立地震与其他突发事件应急联动与共享平台；完善政府救灾投入、地震灾害保险、社会捐赠等多渠道相结合的灾后恢复重建与救助补偿机制。”破坏性地震灾后应急供应链管理关系到灾后救援的及时性和平稳性。本书结合文件要求，以破坏性地震灾后应急供应链系统可靠性理论框架研究为基础，结合地震受灾地区的灾后救援经验以及供应链系统自身特点，系统性地对地震受灾地区的物资供应链管理进行总体研究；从理论支撑模式、技术支撑模式、环境支撑模式等方面探讨如何提升应急供应链系统的组织规范性、交付及时性，降低应急供应链系统的结构复杂性、多因素交互性和多因素耦合性；以破坏性地震灾害后应急供应链管理的影响因素研究为辅助，重点对应急供应链系统的组织结构、信息交互、运作模式结构以及组织协同依赖关系等方面进行研究，探索破坏性地震灾害后应急供应链管理研究的各因素及其相互作用机理。

本书通过建立破坏性地震灾害后应急供应链系统资源协同工作系统的理论框架与工作模式，探求应急供应链系统组织之间以及信息资源之间的协同工作机理，完善破坏性地震灾害后应急供应链管理研究工作模式的基础理论；在归纳分析各要素对应急供应链管理研究影响规律的基础上，提出一种面向对象的，以实践应用为导向的应急供应链管理研究工作模式，通过动态分析以提高破坏性地震灾害后应急供应链系统的综合社会效益；通过本研究工作，可为应急供应链管理研究领域提供一种可行的理论与方法，进一步提高应急供应链系统中资源的服务能力和协作水平。

地震灾害虽然难以准确预测，但可以通过对灾害应急救援中各个要素的科学、系统分析，采取有针对性的措施，提高救援实施效果，减少灾害过程损失，降低灾后救援压力。其中，救援协同管理水平的提升是灾后救援管理工作的一个重要方面。基于此，应急资源协同管理——面向地震灾害的专题研究开始于2012年1月，在国家自然科学基金重点课题“医疗服务中的资源调度与优化研究”（编号：71131006），国家自然科学基金青年项目“集成生产与配送的供应链调度及其混合智能决策模型研究”（编号：71302134），四川省学术带头人培养基金“突发性地质灾害后应急医疗服务资源协同效率研究”（编号：川人［2015］100-6），四川省教育厅、四川省社科重点研究基地系统科学与企业发展研究中心项目“面向地震灾后的应急医疗物资调度研究”（编号：Xq13D11）资助的基础上，基于系统工程思想，将全书分为应急供应链管理流程、应急医疗的物资管理、应急救援设备管理、应急资源的协同管理和应急法律法规五个方面，并分别由任道鹏、邢晓飞、王锋、黄蓉、何义娟、曾桂芝协助整理材料。梁学栋副教授和郭钊侠副教授协助对书稿的研究内容进行了多次梳理，建研凯勃建设工程咨询有限公司的高级工程师安健为课题研究提供了大量客观翔实的资料并参与相关研究工作，在此表示感谢。

破坏性地震的灾后应急管理涉及多种资源要素的众多管理和研究内容，是一个重要且复杂的管理与决策研究领域，由于笔者水平和精力的限制，书中部分内容或有不足之处，恳请广大读者批评指正。来件请发至邮箱：dengfum@sina.com。

邓富民

2015年12月

# 目录

# 第1章 引　言

## 1.1　研究专题背景

由于受太平洋地震带和亚欧地震带的交汇挤压，我国地质结构不稳定，成为世界上遭受破坏性地震灾害最严重的地区之一。近期我国破坏性地震灾害频发，各方面遭受严重损失。破坏性地震灾后受灾地区具有救援强度大、应急物资需求不确定、应急物资供应分散、多模式运输时效性差、各参与主体之间信息共享难度大等特点，对应急物资需求呈现显著的非平稳性和剧烈的波动性。现阶段我国破坏性地震灾后应急供应链体系的参与主体众多，包括政府部门、社会组织及爱心企业等，但由于救灾环境相对复杂（灾区道路阻塞、余震影响、信息不畅等），造成破坏性地震灾后应急供应链管理存在稳定性较差、救援效率低下等问题。

结合地震受灾地区的地域特点、供应链系统自身特点和面向的服务对象特点，本书从系统和全局角度对地震受灾地区的物资供应链系统的工作模式进行总体研究，建立了破坏性地震灾后应急供应链管理研究的理论框架。

## 1.2　研究目的与意义

本研究具有重要的研究意义，主要体现在以下几个方面：

（1）在充分考虑外部约束条件的情况下，深层次揭示破坏性地震灾害后应急供应链系统各个节点协同工作的机理与运行规律。破坏性地震灾害后应急供应链管理研究工作模式是对以当前供应链的各个节点及救援对象为中心的稳定供应服务理念向柔性供应服务理念转变的动态有力延伸，是应急供应链服务领域极具发展潜力的新型供应链管理研究方式。在这一新的研究领域，供应链管理研究工作模式是对系统自身及外部环境和约束条件进行动态的实时预测、分析、评价和改进的理论基础与关键，是当前应急供应链服务及时性研究的瓶颈问题，具有较强的理论研究价值和实践应用价值。破坏性地震所产生的滑坡、泥石流、交通事故等，是不可预见、不可抗力的风险因素，对供应链的稳定及其正常运行都造成巨大的威胁，甚至会破坏整个供应链。由于供应链系统的复杂性，这些风险因素会对供应链系统造成一定破坏，从而损害整个供应链系统。因此，破坏性地震灾害后供应链系统具有很强的不稳定性。本书提出的破坏性地震灾害后应急供应链管理研究的工作模式理论框架，可以在充分考虑外部约束条件的基础上，深层次地揭示破坏性地震灾害后应急供应链系统各个节点协同工作的机理与运行规律，从而合理降低供应链的运行风险，使其可以有效地组织和灵活地改建，满足不断变化的应急救援实际需求，为推动破坏性地震灾害后应急供应链管理的优化利用和发展奠定重要的理论基础。

（2）在兼顾组织、技术和环境三大要素的前提下，构建实践性应用模型，为物流工程领域发展做出努力。破坏性地震灾害后应急供应链系统是一个复杂的、需要各个节点协同配合的供应链网络，其工作研究是典型物流工程问题，也是我国物流工程学科发展的重要方向。如何兼顾组织、技术和环境三大要素，描述不确定信息环境下的破坏性地震灾害后应急供应链管理研究和节点协同工作过程，是当前优化破坏性地震灾害后应急供应链系统需要重点解决的关键问题，也是当前国内外物流行业工作研究的共性问题。破坏性地震灾害后应急供应链管理研究是物流学科研究的一个系统性的细分研究领域。我国在近几年发生的大型地震（如汶川地震、玉树地震等）中所暴露出的应急供应链协调性差和计划性缺乏等事实，也表明对这一细分领域的研究将是我国物流学科必不可少的内容。本书从实践应用的角度构建供应链管理研究模型，对供应链系统相关的组织、技术和环境进行深层次分析和研究，并借助于可能性 GO 法对地震灾害应急物流运输网络可靠性进行分析和效率评价，所提出的新方法和预期的创新性成果将有助于物流工程学科在服务管理研究领域形成自己的研究特色和优势，为物流工程学科的发展做出积极的努力。

（3）在提升应急供应链运作效率和降低运行成本的基础上，实现破坏性地震灾害后应急供应链系统良好的社会影响，提高服务主体和救援对象的满意度。为了促进应急供应链可持续发展并保证破坏性地震灾害后应急供应链系统平稳运作，需要在转变物流服务模式、减少资源消耗、畅通信息渠道的同时加大对灾区的保障力度。在这一宏观形势下，破坏性地震灾害后应急供应链管理研究必将成为一种支持灾区保障系统完善的重要手段和方法。随着近年来我国非常规突发事件呈现出的高频发性、高消耗性特点，以应急资源需求为核心的应急供应链就需要以先进的协同管理手段来保障应急管理工作以更优化、更科学的途径来解决应急资源的供给问题。本研究成果既能够促进应急资源的有效配置，又能够保障应急供应链系统各个组织成员的物资流和信息流的充分整合，从而实现应急供应链的高效化运作，最大限度满足灾区人民的需求。本书强调通过影响因素和外部约束分析引导不同层级的物流服务资源采取适合国情和灾区自身特点的协同工作模式，从而充分发挥现有应急供应链系统各节点的物流资源的价值，高效、低成本地实现破坏性地震灾害后应急供应链系统服务主体和救援对象满意度最大化，带来较好的社会效益和影响。因此，本书的研究内容不仅具有一定的理论性和前瞻性，其立足点和出发点也具有明显的实践意义和社会价值。

（4）本书的研究成果具有较为广阔的应用前景，可在以下服务应用领域发挥重要作用：①应急供应链系统协同开发项目的预测与评估，通过工作模式的动态执行与量化评价，对破坏性地震灾害后应急供应链系统的工作效率和工作质量进行动态预测和科学评估，提高工作效率和救援对象的满意度；②对复杂的协同工作的分析与优化，以工作模式为分析基础，优化复杂的协同创新工作过程，发挥供应链系统各节点物流资源的巨大潜力；③工作方法改进与组织创新，通过对不同节点的物流组织工作过程的分析，为物流资源的集成利用和优化配置提供高效率的组织资源配置和协同创新工作方法，实现以灾区救援对象为中心的服务创新管理模式；④建立高效、发达的可靠性应急供应链体系，应急供应链管理研究是提升应急供应链保障能力的有效方法，是降低应急供应链总成本的重要途径，加强应急供应链管理是加快我国应急产业发展和增强我国政府应急保障能力的重要手段。研究应急供应链管理基本内涵、核心理念及集成层次，推行应急供应链管理，对降低应急供应链保障成本和提高应急供应链保障效率都具有重要的意义。

## 1.3 国内外研究现状

目前，国内外破坏性地震灾后应急供应链管理研究主要集中在应急设施的选址、物资资源的调度和路径的优化改进、供应链系统优化理论框架研究、应急供应链系统的运作效率以及基于案例的供应链系统因素分析等方面。然而，破坏性地震灾害发生后，应急供应链处于极其不确定的状态，受灾区环境的特殊性、组织之间的协同性、救援对象需求的不确定性以及供应链系统内部组织管理的波动性等方面的影响，仅局限于应急供应链系统某一部分或某一方面的研究，并不能系统综合地体现出应急供应链系统管理对救援活动实际运作的影响程度。此外，在供应链管理研究过程中，对应急供应链系统管理研究方面缺乏系统性，容易导致相关机构在开展供应链管理实践研究系统性协调工作时缺少必要的决策支持，不利于破坏性地震灾后应急供应链管理研究工作的进一步改进和发展。

作为自然灾害后救援系统中的重要组成部分，许多研究工作者对灾后应急供应链系统展开了深入研究，并取得了重要的研究成果。为了更好地阐述国内外灾后应急供应链系统研究已有的成果，本项目从以下几点进行重点说明：

（1）减少系统运作过程波动，探索供应链系统的风险防控机制和手段。杨锋（2008）从系统论的角度，研究了现有应急救灾体系结构中没有解决的救灾储备中心布局不合理、救灾物资储备分散保障成本较高、救灾物资容易出现供需失衡等有关问题，以及我国建立关于自然灾害的应急物流体系的意义和必要性，建立了一套以系统论为基础的较完备的自然灾害应急物流体系[①]。D. Clay Whybark 等（2010）对灾害物资供应链所面临的各种实际问题进行了深入分析，并对供应链系统管理过程中存在的挑战和可能的机遇进行了剖析[②]。Ozlem Ergun 等（2010）

① 杨锋. 我国自然灾害应急物流体系构建研究 [D]. 北京交通大学，2008.

② Whybark D. C., Melnyk S. A., Day J., et al. Disaster relief supply Chain management: New realities, management challenges, emerging opportunities [J]. Decision Line, 2010, 41 (3): 4-7.

对灾害供应链的主要特征及管理中需要面对的问题进行了描述，并运用实证方法验证了运用运筹学工具可以更好地帮助组织系统进行决策，并对应急供应链系统研究领域进行了展望①。Aharon Ben-Tal 等（2011）提出了在不确定环境条件下，将 Robust 优化方法用到应急物资动态分配和交通疏散，以减少对应急物流计划的影响②。Zheng Yu-Jun 和 Ling Hai-Feng（2013）为了有效应对自然灾害后应急供应链所面对的多目标优化、复杂约束及内在不确定性问题，提出了抢险救灾应急供应链的应急交通规划的多目标模糊优化模型，并对航空、铁路和公路三种运输模式进行模拟验证，模拟结果有效证实了该优化模型的科学性和可操作性③。

（2）增加应急供应链系统柔性，研究如何有效确定应急设施选址方案。Hongzhong Jia 和 Fernando Ordóñez 等（2007）研究了在不确定环境下如何建立覆盖范围最大、服务覆盖最广的多设施定位问题，并对比评价了多种启发式算法间的求解效率④。Carmen G. Rawls，Mark A.等（2010）在充分考虑不确定条件下应急供应点的位置和数量的前提下，建立了两阶段随机混合整数规划（SMIP）模型，目的是为应对自然灾害提供较为准确的应急响应预定位策略⑤。Liu Hong 和 Zhang Xiaohua（2011）基于层析分析法对多目标应急物流中心选址问题进行了研究，在充分考虑应急物流中的自然、社会、经济、技术等因素的前提下，使用 AHP 方法，并以时间最小化和成本最小化为目标，建立了一个多目标选址模型⑥。Gormez N.，Koksalan M.等（2011）以伤亡人员与应急设施的平均距离最短为前提条件建立模型，并提出了使用当前公共设施配合新应急设施来应对地震的双重分配系统⑦。Shiomi，Yasuhiro 等（2011）以道路脆弱性和连通性为基础，提出了

① Ergun O.，Karakus G.，Keskinocak P.，et al. Operations research to improve disaster supply chain management [J]. Wiley Encyclopedia of Operations Research and Management Science，2010.

② Ben-Tal A.，Chung B. D.，Mandala S. R.，et al. Robust optimization for emergency logistics planning: Risk mitigation in humanitarian relief supply chains [J]. Transportation research part B：Methodological，2011，45 (8)：1177-1189.

③ Hai-Feng，et al. Emergency transportation planning in disaster relief supply chain management：A cooperative fuzzy optimization approach [J]. Soft Computing，2013，17 (7)：1301-1314.

④ Jia，Fernando Ordóñez，Maged M. Dessouk. Solution approaches for facility location of medical supplies for large-scale emergencies [J]. Computers & Industrial Engineering，2007，52 (2)：257-276.

⑤ Carmen G. Rawls，Mark A. Turnquist. Pre-positioning of emergenly supplies for disaster response. Transportation Research Part B：Methodological，2010，44 (4)：521-534.

⑥ Hong L.，Xiaohua Z. Study on location Selection of multi-objectiue emergency logistics center based on AHP. Procedia Engieering，2011 (15)：2128-2132.

⑦ Gormez N.，Koksalan M.，Salman F. S. Locating disaster response facilities in Istanbul [J]. Journal of the Operational Research Society，2011，62 (7)：1239-1252.

较为新颖的道路网络评价方法，然后根据该方法建立了优化医疗设施配置的定位模型①。由于应急设施布局的特殊性，王铮等（2011）利用P中心重心的混合模型，构建了层次型应急设施布局模型，并以受灾地区的实际情况为基础，利用交通网络距离代替了其欧氏距离②。张铱莹等（2011）针对应急设施布局的不确定性、动态性和时间约束性等特点，建立了基于应急系统综合可靠性的多目标应急服务设施选址和资源配置模型③。丁雪枫等（2012）对应急设施选址公平性、效率性、设立成本等多因素进行了较为深入的分析，并在此基础上构建了能适应应急救援设施不同部署策略的多目标规划决策模型④。

（3）以减少救援时间为目标，优化应急供应链的运输路径。Jiu-Biing Sheu（2007）基于前人的研究，对大规模灾害下多样应急物资需求满足的管理模型进行了构建，并通过数据融合预测需求，模糊聚类将受灾区域划分小组，通过多属性决策解答了供应链组织间的顺序问题⑤。Yuan Yuan 和 Dingwei Wang（2009）针对应急物流的配送问题，建立了两个数学模型，首先，运用改进的Dijkstra算法对单目标规划问题（总运输时间最小）进行计算求解；其次，运用蚁群算法进一步求解多目标路径选择问题（运输时间最小和运输路径复杂度最小）；最后，运用案例证明了该模型的有效性⑥。Yen-Hung Lin 和 Rajan Batta 等（2011）在灾后应急物资供应问题上提出了一个包含多因素、多运输方式、多配送方法和软时间窗的多目标线性0-1规划模型，并采用了两种方法求解，对比了两种求解方法的优劣性，证明了模型的有效性⑦。Abbs Afshar 和 Ali Haghani（2012）在充分考虑了车辆路径选择、伤员救助、物资运送等问题的前提下，建立了供应链优化模型，并结合设施、交通网络的能力约束问题，提出消除时间延迟、充分利用有限

---

① Shiomi，Y Seto，Y Uno. N. Model for location of medical facility and evaluation of vulnerability and auessibility of road network. Transportation Research Record，2011：41-48.

②王铮，廖悲雨，隋文娟. 层次型应急设施布局模型及其应用［J］. 中国管理科学，2011，19（6）.

③ 张铱莹. 多目标应急服务设施选址与资源配置问题研究［J］. 中国安全科学学报，2011，21（12）.

④ 丁雪枫，尤建新，王洪丰等. 突发事件应急设施选址问题的模型及优化算法［J］. 同济大学学报（自然科学版），2012，40（9）：1428-1433.

⑤ Sheu J. Challenges of emergency logistics management ［J］. Transportation Research Part E，2007，43（6）：655-659.

⑥ Yuan Y.，Wang D. Path selection model and algorithm for emergency logistics management ［J］. Computers & amp；Industrial Engineering，2009，56（3）：1081-1094.

⑦ Lin Y.，et al. A logistics model for emergency supply of critical items in the aftermath of a disaster ［J］. Socio-Economic Planning Sciences，2011，45（4）：132-145.

资源的建议①。Özdamar L.和 Onur Demir（2012）针对大规模灾害救助物流规划问题，建立了一种分级聚类路径选择算法，并以此算法为基础建立了数学模型，最后以算例分析验证了分级聚类方法的可行性和有效性②。

（4）从定性分析角度研究应急供应链理论，构建应急供应链研究的理论框架。Dai，Weihui（2010）在分析政府应急管理机制的前提下，探索出一个集成的应急供应链系统，能够更有效地改善其组织和操作。在系统中，一个共享信息平台被设计用来提供所有相关组织的实时信息③。应急供应链可以灵活高效地组织和重构，以满足在救援中实时变化的需求。朱丹（2011）研究了企业供应链活动，并通过剖析供应链应急物流的系统内涵，提出基于经济因素与非经济因素的供应链应急物流系统的信息预警、组织协调、风险评估等机制建设④。蔡鉴明（2012）结合地震灾害的特征，从系统科学的角度，基于系统时变性理论、系统可靠性理论、可能性理论、图与网络理论等，对地震灾害应急物流相关概念、救援物资的需求指标、灾区物资分配优先权和运输网络可靠性等问题进行了研究⑤。

（5）以提高供应链效率为目标，探求影响应急供应链的因素，提出提高应急供应链运作效率的管理方法。Hoffman（2005）认为爆发突发事件后，应急救援物资供应链是动态的，因此，可以在网络中任意一点征集并使用独立于实际需求的应急救援物资运输车辆⑥。Jiang，Yanhui（2010）研究了应急供应链的集成问题，基于 Petrinet 理论对集成应急供应链系统进行了详细描述，并提出了一种改善应急供应链工作效率的方法⑦。彭岷和陈宏（2010）总结了“5·12”大地震四川部分地区筹集、分配和监督抗震救灾应急资源等的工作经验，探讨了应急供应链的含义、特点、变化周期和发展趋势等内容，并提出了救灾物资应急供应链模

---

① Afshar A.，Haghani A. Modeling integrated supply chain logistics in real-time large-scale disaster relief operations [J]. Socio-Economic Planning Sciences，2012，46（4）：327-338.

② Özdamar L.，Demir O. A hierarchical clustering and routing procedure for large scale disaster relief logistics planning[J]. Transportation Research Part E：Logistics and Transportation Review，2012，48（3）：591-602.

③ Dai W.，Yan H.，Liu X. Supply chain system for emergency rescue of natural disasters [C]. Proceedings-2010 International Conference of Information Science and Management Engineering，ISME，2010：218-221.

④ 朱丹. 供应链应急物流系统构建研究 [J]. 北京交通大学学报（社会科学版），2011，10（2）：59-64.

⑤ 蔡鉴明. 地震灾害应急物流时变性及可靠性相关问题研究 [D]. 中南大学，2012.

⑥ Hoffman W. Avoiding logistics disasters [J]. Traffic World，2005，269（27）.

⑦ Jiang，Yanhui，Yao，Kaohua. Emergenuy supply chain intergration based on petri net therry [C]. Proceedings of the International Conference on E-Business and E-Government，ICEE，2010：3225-3229.

型[①]。谈晓勇和林鹰（2014）针对灾后应急救援过程中，受决策环境的不确定性以及救援的紧迫性影响，研究了震后应急救援车辆路径选择的特征和需求，提出对时效性、成本性和安全性综合评价的三维优化指标和评价方法，为此建立了震后应急配送多目标优化模型[②]。

（6）从定性分析与定量计算相结合的角度，对具体地震灾害进行实证研究，提出破坏性地震灾后应急供应链系统改进的方法和方向。楚文（2011）提出全球供应链从“离岸”到“近岸”加速转型思想[③]。彭岷（2012）认为，动态变化的运作环境与物资供应决策之间的互相影响对供应链系统可靠性影响突出，并以汶川震区的救援活动为例，采用系统动力学方法研究了突发事件后的应急物资补货决策问题[④]，以满足灾后救援需求为目标，在物资配送、资源调度、信息化建设等方面提出改进方法。由于地震发生后的应急救援可以分为不同的阶段，每个阶段的情况不同，因此地震后每个阶段灾区人民的物资要求也不尽相同（Liu，Wang，et al.，2006），要针对不同阶段不同灾区人民的需求进行考察了解[⑤]。Miller Holmes E.等（2008）以精简供应链运作模式为目标，通过建立仿真模型的形式模拟了自然灾害风险对三层供应链系统的影响，利用可靠性理论和能力分析概念验证了低层次节点运作能力的降低会直接影响高节点的正常运作[⑥]。此外，该仿真模型还对节点位置之间的关系，灾难恢复计划的有效性和物资采购方式进行了检查研究。Jiuh-Biing Sheu 等（2010）提出在不完全信息的情况下，用模糊聚类的方法建立物流管理模型，对严重自然灾害爆发的受灾地区进行优先等级评估，并动态预测受灾地区的物资需求，以便于合理分配运输和组合调度救灾资源[⑦]。

---

① 彭岷，陈宏．“5·12”汶川大地震后救援物资供应情况的初步分析——以彭州市下辖三镇为例［J］．中国视角的风险分析和危机反应——中国灾害防御协会风险分析专业委员会第四届年会论文集，2010.

② 谈晓勇，林鹰．基于混沌蚁群算法的应急救援车辆调度优化［J］．计算机应用研究，2014，31（9）：2640-2643.

③ 楚文．从“离岸”到“近岸”——日本地震推动全球供应链加速转型［J］．新财经，2011（5）：82-84.

④ 彭岷．基于系统动力学的应急物资补货决策模型研究［D］．电子科技大学，2012.

⑤ Liu A. B.，Wang H. Y.，Hao Q. F.，Xi M.，Qu G. S. Stages of medical rescue after disaster based on clinical features and their significance ［J］. Chinese Journal of Emergency Medicine，2006，15（12）：1063-1066.

⑥ Miller Holmes E.，Engemann Kurt J. A Monte Carlo simulation model of supply chain risk due to natural disasters［J］. International Journal of Technology，Policy and Management，2008（9）：460-480.

⑦ Jiuh-Biing Sheu. Dynamic relief-demand management for emergency logistics operations under large-scale disasters［J］. Transportation Research Part E：Logistics and Transportation Review，2010，46（1）：1-17.

赵明等（2012）以开始时间最早和出救点数目最少为优化目标，构建了多供应点对多需求点应急物资调度的数学模型①。Yu，Hui 等（2011）研究了在紧急复苏阶段零售商中断情况下的供应链合作伙伴之间的援助行为，并分析了有限的信息下援助战略供应商的极小极大后悔值标准，通过模拟计算发现援助战略可以帮助供应链系统实现有效的协调配合②。Ali Bozorgi-Amiri 等（2012）在考虑应急需求不确定性的同时将供应成本也作为不确定性参数，提出了混合整数非线性规划模型，来减少应急物资运输总期望成本和实际成本的偏差，该模型同时研究了应急中心的定位问题③。高虹霓等（2013）在解决震后应急物资调度中，将应急需求点灾情差异和需求差异纳入考虑，采用改进的专家打分法将收集的灾情信息量化为灾情因子，在此基础上建立应急成本和应急延误时间的多目标模型，采用逐步求解法，为每一个应急需求点确定提供应急物资的供应点和供应量④。

## 1.4 本书主要研究内容

《国家"十二五"防震减灾规划体系之地震应急救援规划》明确提出了地震应急救援的总体目标："健全完善应急救援协调联动机制，建立专业救援系统，夯实基层基础，建设救援队伍、救援物资储备体系和应急避难场所，提升全社会的地震应急救援能力和水平。"《国家防震减灾规划（2006~2020 年）》提出："完善各层次应急指挥系统，建立地震与其他突发事件应急联动与共享平台；加强地震多发地区的救灾物资储备体系建设，完善灾后恢复重建与救助补偿机制，构建

① 赵明，宋晓宇，董洁等. 利用遗传算法求解应急物资调度优化问题［J］. 沈阳建筑大学学报（自然科学版），2012（5）：30.

② Yu，Hui，Deng，Liang. Supply chain emergency recovery coordination under assistance strategy ［C］. Proceedings-4th International Joint Conference on Computational Sciences and Optimization，CSO，2011：628-634.

③ Ali Bozorgi-Amiri，Mohammad Saeid Jabalameli，Mehdi Alinaghian，Mahdi Heydari. A modified particle swarm optimization for disaster relief logistics under uncertain environment ［J］. The International Journal of Advanced Manufacturing Technology，2012，60（1-4）：357-371.

④ 高虹霓，赵一兵，李宁. 基于多需求点的震灾应急物资调度模型研究［J］. 中国安全科学学报，2013（1）：27.

政府救灾投入、地震灾害保险、社会捐赠相结合的多渠道救助体系。”破坏性地震灾后应急供应链系统的可靠性关系到灾后救援的及时性和平稳性。根据文件要求，以破坏性地震灾后应急供应链系统可靠性理论框架研究为基础，本书结合四川省地震受灾地区的灾后救援经验以及供应链系统自身特点，系统性地对地震受灾地区的物资供应链系统的可靠性进行总体研究；从理论支撑模式、技术支撑模式、环境支撑模式和接口协议等方面探讨如何提升应急供应链系统的组织规范性、交付及时性；降低应急供应链系统的结构复杂性、多因素交互性和多因素耦合性；以破坏性地震灾害后应急供应链系统可靠性的影响因素研究为辅助，重点对应急供应链系统的组织结构、信息交互、运作模式结构以及组织协同依赖关系等方面进行研究，探索了破坏性地震灾害后应急供应链系统的可靠性研究的各因素及其相互作用机理。

(1) 建立破坏性地震灾后应急供应链管理研究的保障体系，分析灾后受灾地区供应链系统的工作特点、运作条件、组织、资源、环境及约束条件，明确研究的范畴和条件。

(2) 构建破坏性地震灾后应急供应链管理研究的总体框架，围绕核心组织及救援对象，从信息流、物流、资金流等角度对物资供应商、制造商、配送组织、辅助组织及服务对象等整体的功能网链结构模式进行研究，从而为地震灾害后应急供应链管理研究奠定基础。

(3) 研究破坏性地震灾后应急供应链管理的工作机理，建立应急供应链系统下的组织协同的创新理论。

通过上述研究建立破坏性地震灾后应急供应链管理研究的理论框架与工作模式，探求破坏性地震灾后应急供应链管理协同工作机理，完善应急供应链管理的基础理论；通过构建应急供应链管理模型及动态仿真实验，揭示了应急供应链运作系统中各要素对系统管理的影响规律，推动地震灾害后应急供应链系统工作模式和协同工作效率的深层次应用和进一步发展，从而为破坏性地震灾后应急供应链管理研究提供一套有效、适用的参考理论与方法。

# 第2章 破坏性地震灾害防震抗灾体系

## 2.1 世界范围内破坏性地震灾害防震抗灾体系概述

### 2.1.1 全球破坏性地震灾害重大历史事件

人类从在这个世界上存在以来，就不断受到各种自然灾害的侵害，如地震、海啸、泥石流、火山爆发、台风、洪水等，残酷侵害着人类的生命和财产安全，给人类赖以生存的自然环境和稳定的生活秩序造成巨大破坏。在众多自然灾害中，具有代表性的破坏性地震灾害一直以来受到广泛关注，特别是近几年地震灾害的频繁爆发，将学者对于地震的关注和研究推向新的热潮①。

综观整个世界，主要有三大地震带：①环太平洋地震带，主要分布在太平洋周围，这里是全球分布最广、地震最多的地震带，约 80%的地震都发生在该地震带。由太平洋东岸的美国阿拉斯加向南延伸，经加拿大、美国和墨西哥的部分地区到达南美洲，由智利向西穿过太平洋到达大洋洲东边界，由新西兰东西海域向北，经过印度尼西亚、中国台湾、日本列岛、琉球群岛等地回到美国的阿拉斯加。②欧亚地震带，又称“地中海—喜马拉雅山地震带”，地球上约 15%的地震发生在该地震带，主要分布在欧亚大陆，包括印度尼西亚，中南半岛西部，中国的云、贵、川、青、藏等地，印度，尼泊尔，巴基斯坦，伊朗，阿富汗，地中海

① 龙吉泽. 90 年来世界 10 大地震［J］. 湖南农机，2013（2）：38-39.

北岸等，延伸到大西洋的亚速尔群岛。③海岭地震带，是一些狭长的海岭地带或海底隆起地带，分布区域由西伯利亚北岸开始，穿过北极经斯匹次卑根群岛、冰岛及大西洋中部海岭到达印度洋，并有一分支穿入红海和著名的东非裂谷区。处在地震带的国家历年来多次遭受地震的侵袭，其中我国、日本、印度尼西亚、智利、墨西哥等是世界上发生地震次数最多的国家。本研究从这些国家出发，对其历史上爆发的一些重大破坏性地震进行整理。

（1）日本。日本位于亚欧板块和太平洋板块的交界处，处于环太平洋地震带的边缘，经常受到地震灾害的侵袭，据不确定统计，3 级以上的有感地震平均每年在日本的爆发次数达 1000 多次，世界上多次毁灭性地震的爆发地点均为日本，下面介绍日本历史上最具灾难性的五大地震：①明治—三陆大地震。1896 年 6 月 15 日 19 点 32 分，日本宫本县三陆爆发了 8.5 级大地震，爆发当时，由于其比较微弱的震感，没有引起当地居民的重视和关注，35 分钟过后，一波又一波的海啸强烈冲击三陆海岸，高达 38.2 米的海啸导致约 2.2 万人死亡，9000 多座房屋被毁。②关东大地震。发生在 1923 年 9 月 1 日上午 11 点 58 分，以日本东京—横滨为中心的关东地区发生里氏 7.9 级强烈地震。由于地震爆发是在午饭时间，很多房屋马上起火，消防设施的破坏导致救火行动无法顺利进行，火势的不断蔓延使大火持续燃烧了 3 天，此次地震以及引发的次生火灾给日本关东地区造成巨大灾难，据统计，约有 15 万人丧生，20 万人受伤，200 万人无家可归，造成财产损失达 65 亿日元。由地震引发的大火造成东京商业区及横滨公园共约 25 万人被烧死，海岸边几百条木船被烧毁，因此关东大地震又被称为“世界上火灾最大的地震”。③三陆大地震。1933 年 3 月 3 日，日本仙台市东北方的日本海沟爆发 8.5 级大地震（按日本所定震级为 8.3），这次地震距离陆地较远，在陆上引起的震害并不严重，但震级较高，由地震引发的海啸规模惊人，海啸影响的海岸线长度约有 480 千米，导致沿海地区伤亡较多。日本东北部的岩手县、宫城县和青森县因海啸而死亡的人数分别为 2670 人、309 人和 30 人，与 1896 年同样为海啸所害的明治—三陆大地震相比，此次伤亡大有减少，归因于继 1896 年的地震后，日本政府在三陆地区海岸采取了防潮措施，有了前车之鉴，该地区的居民对于海啸的警惕性有了大幅度的提升，防灾措施准备得比较到位，因而伤害得以减轻。④阪神大地震。1995 年 1 月 17 日，日本时间清晨 5 点 45 分，日本神户遭受里氏 7.3 级地震的侵害，震中为淡路岛，距离神户市西南方 23 公里，震源深度为16公里，地震是由神户到淡路岛的六甲断层地区的活动引起的，导致几万栋房屋顷刻间化为一片废墟，并引发火灾，使整个神户市被一片通红笼罩。官方统计数据显示，这次地震造成巨大的损失，人员死亡约6500人，4万多人受伤，32万人房屋遭到破坏，受害人数达140多万人，经济损失达1015亿美元。阪神大地震是日本地震史上具有重大意义的一次地震，它的爆发引起了日本对地震科学、都市建筑以及交通防范的重视。⑤东日本大地震。爆发时间为2011年3月11日日本当地时间14时46分（北京时间为2011年3月11日13时46分），在震中为宫城县以东的太平洋海域发生里氏9.0级地震并引发强烈海啸，地震震源深度为海下10公里。地震引发的海啸影响到太平洋沿岸的大部分地区，造成重大人员伤亡和财产损失，同时地震次生灾害造成日本福岛第一核电站1~4号机组发生核泄漏事故，进一步加剧了灾情。截至2014年6月，在日本"3·11"大地震中确认死亡及失踪的人数已达到18502人。2011年4月1日，日本内阁会议决定将此次地震称为"东日本大地震"，是日本自1923年官方测定地震震级以来，日本历史上地震震级最高的一次，也是有记录以来，仅次于1960年智利9.5级大地震以及1964年阿拉斯加9.2级大地震的全世界震级第三高的地震。

（2）智利。智利也是地震爆发比较频繁的国家之一，其位于南美洲西南部，安第斯山脉西麓；东边与阿根廷相邻，北边与秘鲁、玻利维亚接壤，西临太平洋，南与南极洲隔海相望。智利境内多火山地震，历史上曾多次爆发8.0级以上的大地震。①智利大地震。1960年5月22日，智利西海岸爆发了9.5级特大地震，是有地震记录以来，世界上最大的地震，也是历史上破坏力最强的一次地震。此次地震规模巨大，不但引起普耶韦火山爆发，还引发罕见的强烈海啸，掀起高达25米的海浪，为20世纪最大的一次海啸，地震形成的海浪以每小时600~700公里的速度横扫太平洋，袭击夏威夷群岛和日本等国的海港和码头，并给日本和菲律宾等东部沿海地区造成严重伤害。受危害最大的三个智利城市分别是卡拉马（Calama）、托科皮亚（Tocopilla）、安托法加斯塔（Antofagasta），地震共造成5万人死亡。②康塞普西翁地震。北京时间2010年2月27日14时34分，智利发生里氏8.8级特大地震，震源为地下55公里，地点为智利马乌莱外海，震中位于距智利康塞普西翁89公里的比奥比奥省（Bio–Bio），距智利首都圣地亚哥339公里。地震释放能量非常巨大，引发海啸，震后超过10次余震，至少5次为6.0级超强余震，共造成500多人死亡，经济损失约为300亿美元。

③“4·2”智利西北海域地震。北京时间2014年4月2日7时46分45秒，智利西北部沿海发生8.2级地震并引发海啸，海浪高度约为6.9英尺（约2.1米），震中位置距离智利城市伊基克99公里，距离智利北部海岸83.5公里，余震频率为平均1次/6分，有明显震感的4.5级以上余震达30多次，其中2日晚伊基克附近在1小时之内发生6.3级和7.6级地震。基于目前比较健全的地震应急救援体系以及经验丰富的地震应对措施，此次地震伤亡不太严重，截至北京时间2014年4月2日，地震造成的死亡人数仅为6人。

（3）墨西哥。墨西哥也是地震较为频繁的国家，震级较低的地震不计其数，根据有关统计，墨西哥2008年共发生地震1772次，2009年共发生地震2184次，2010年增加到3425次，2011年地震爆发次数高达4168次。历史上著名的一次地震为墨西哥大地震，爆发于1985年9月19日，爆发地点为距离墨西哥首都墨西哥城约400千米的海域，地震震级为8.1级，地震发生后仅90秒的时间，市中心约30%的建筑就被摧毁，余震不断，第二天余震高达6.5级。此次地震震级强，持续时间长，导致受灾面积达32平方公里，死亡人数为7000多人，受伤人数约为1.1万人，无家可归人数约为30万人，被不同程度破坏的建筑物约为8000幢，经济损失高达11亿美元。因距离震中位置很近，且集中了国家重要的政府机关和私人企业的办事机构，墨西哥城成为此次地震损失最惨重的地区，9月19日也被称为“墨西哥城最悲惨的一天”。由于国家总统及时采取有效措施对救灾行动进行正确的指导，震后仅仅两天多的时间，市内的供水、供电、通信及交通基本得以恢复，5天后，城市生活开始恢复正常。

（4）土耳其。2011年10月23日北京时间18时41分，土耳其爆发里氏7.3级大地震，震中位于凡省塔巴利村，震源深度为10公里。截至26日晚，地震共造成481人死亡，1650人受伤，2262幢建筑物遭到破坏。土耳其处于安纳托利亚断层带，不稳的地质结构使其成为地震高发区，除去2011年的“10·23”土耳其地震，还爆发了其他六次震级较高的大地震，爆发时间分别为1983年、1999年、2002年、2003年、2006年及2010年。1983年10月30日，里氏7.1级强烈地震侵袭土耳其东部，摧毁147个村庄，1336人丧生于此次地震。1999年8月17日凌晨，里氏7.4级强烈地震在土耳其西部及中部地区爆发，震源深度33公里，震后共发生33次4级以上余震，最大5.3级，受灾面积达15平方公里，共有1.8万人死亡，4.3万人受伤，近300万人无家可归，10万余间房屋倒塌，直接经济损失超过 200 亿美元。2002 年 2 月 3 日上午，西南部阿菲永省爆发两次地震，震级分别为里氏 6.0 级和里氏 5.3 级，受灾最严重地区为震中博尔瓦丁镇、苏坦达厄镇和贾伊镇，由于震级较小，此次地震造成的损失与之前相比也较小，约有 77 座建筑倒塌，60 多人受伤。2003 年 5 月 1 日，在土耳其东部的宾格尔省爆发里氏 6.4 级地震，由于宾格尔工业不太发达，很多建筑物为砖瓦房，抗震性较差，一旦地震爆发容易造成较多的人员伤亡，因此此次地震震级虽不高，但仍带来了比较多的人员伤亡，共有 150 多人死亡，400 多人受伤。2006 年 5 月 12 日，距离土耳其首都安卡拉 200 公里的博卢省迪兹杰城地区发生里氏 7.2 级大地震，约 30 多栋房屋倒塌，很多居民被埋在废墟中，至少 120 人死亡，1600 多人受伤。2010 年的土耳其地震爆发于 3 月 8 日当地时间凌晨 4 点 32 分，震级为里氏 6.0，震中位于土耳其东部埃拉泽省拉考昌县附近，震源深度为 5 公里，震后发生余震 20 多次，最大强度达到 5.5 级，地震发生时间为凌晨，很多人都在休息，警惕意识不强，没有足够的逃生时间，很多人未能幸免于难，据统计，至少有 57 人死亡，100 多人受伤。

（5）印度尼西亚。印度尼西亚由于夹在环太平洋地震带和欧亚地震带之间，地壳活动剧烈，地震事件频繁，被称为是“地球上最脆弱的地方”。世界上约 98%的最严重地震发生在环太平洋地震带和欧亚地震带的交界处，印度尼西亚也因此遭受巨大伤害，从 2004 年到 2014 年基本上每年都遭到地震的侵害，具体数据如表 2-1 所示。从表 2-1 可知，印度尼西亚的苏门答腊岛附近是地震爆发最频繁的地区，一旦地震引发海啸，造成的损失往往更加严重。近几年，印度尼西亚爆发的地震虽然级数较高，但地震造成的损失有所减少，可见印度尼西亚的地震灾害预防措施及应急救援体系大有进步。

**表 2-1　印度尼西亚 2004~2014 年地震表**

| 时间 | | 地点 | 震级（里氏） | 是否引发海啸 | 损失 |
|---|---|---|---|---|---|
| 2004 年 | 2 月 6 日 | 巴布亚省纳比雷地区 | 6.9 | 否 | 约 34 人死亡，600 多人受伤 |
| | 11 月 12 日 | 东努沙登加拉省阿洛岛 | 6.0 | 否 | 约 32 人死亡，100 多人受伤 |
| | 11 月 26 日 | 巴布亚省 | 6.4 | 否 | 约 11 人死亡，近 80 人受伤 |
| | 12 月 26 日 | 苏门答腊岛附近 | 9.3 | 是 | 波及多个国家，共约 20 多万人死亡或失踪，其中印度尼西亚有 17 万人 |
| 2005 年 | 3 月 28 日 | 苏门答腊岛附近海域 | 8.5 | 是 | 尼亚斯岛受到沉重打击，共 1300 人死亡，数百人失踪 |

续表

| 时间 | | 地点 | 震级（里氏） | 是否引发海啸 | 损失 |
|---|---|---|---|---|---|
| 2006 年 | 5 月 27 日 | 印度尼西亚中爪哇省日惹地区 | 5.9 | 否 | 至少 6234 人死亡，约 4.6 万人受伤，约 20 万人无家可归 |
| | 7 月 17 日 | 爪哇岛 | 6.8 | 是 | 约 668 人死亡，1438 人受伤，287 人失踪，7.4 万人无家可归 |
| 2007 年 | 3 月 6 日 | 苏门答腊岛西北部巴东地区 | 6.3 | 否 | 至少 82 人死亡，数百人受伤 |
| 2008 年 | 11 月 17 日 | 苏拉威西岛科罗达罗省 | 7.7 | 否 | 1000 多座建筑物遭到破坏，至少 4 人死亡 |
| 2009 年 | 1 月 4 日 | 西巴布亚省马诺夸里 | 7.6 | 否 | 数十人受伤，1 人死亡 |
| | 2 月 12 日 | 北苏拉威西省 | 7.4 | 否 | 约 400 间民宅及公共建筑物遭到破坏，至少 17 人受伤 |
| | 9 月 2 日 | 爪哇岛 | 7.3 | 否 | 至少 45 人死亡 |
| 2010 年 | 4 月 7 日 | 苏门答腊北部地区 | 7.8 | 否 | 古农西托利约 1000 所房屋倒塌，市场发生大火，共约 1300 人死亡 |
| | 5 月 9 日 | 印度尼西亚亚齐特别行政区海域 | 7.4 | 否 | 一些建筑物受损，一些地区电力中断，无人员伤亡报道 |
| | 10 月 25 日 | 苏门答腊岛 | 7.2 | 是 | 约 113 人死亡，502 人失踪 |
| 2011 年 | 4 月 4 日 | 爪哇岛南部印度洋海域 | 6.7 | 否 | 无人员伤亡或财产损失的报道 |
| 2012 年 | 4 月 11 日 | 苏门答腊西海岸 | 8.7 | 否 | 无人员伤亡报道 |
| 2013 年 | 4 月 6 日 | 伊瑞安查亚地区 | 7.1 | 否 | 无任何损失报道 |
| 2014 年 | 11 月 15 日 | 东部海域 | 7.3 | 否 | 无人员伤亡报道 |

### 2.1.2 破坏性地震灾害的特点

地震灾害主要具有以下特点：

（1）突发性。指地震灾害的爆发没有预警，没有规律可循，亦不能为此做事先准备安排，因而其发生是突然、没有预兆、始料不及，不易察觉和分辨，不被期待、不受欢迎、不能控制的。

（2）破坏性。地震灾害爆发规模大，波及范围广，具有大规模的破坏性，主要表现包括大面积道路的堵塞损坏、房屋的崩塌、生态环境的污染破坏、大规模人员伤亡、重大经济损失等。这些破坏一旦造成，将造成巨大损失，需要花很长的时间才能得以恢复，有些甚至不能恢复。

（3）连锁性。也可称为衍生性，指地震灾害的爆发可能引起一些相同或者不同类型的自然灾害伴随而来或者接踵发生，这些自然灾害的发生是由地震灾害衍生出来的，并不是自主发生的。如 2011 年 3 月 11 日，日本东部地区发生的里氏 9.0 级地震，地震继而引发了海啸以及核泄漏危机，这就体现了地震灾害的连锁性，这种连锁性往往会造成更大的破坏。

（4）难以预测性。地震灾害具有难以预测性，纵使从古至今，人类掌握的科学技术已达到很高的层面，仍然无法对地震灾害进行准确预测，有些甚至不能做出预测。地震灾害的突发性也在很大程度上决定了其难以预测性，每次大规模地震灾害的爆发总会使人们措手不及。

（5）不可避免性。大规模的地震灾害是重大自然灾害，其发生是自然因素造成的，有长短不一的孕育期，用于积累和转换能量，以打破原来的生态平衡和稳定性。这个孕育过程一旦完成，生态平衡和稳定性一旦被打破，就决定了地震灾害发生的必然性，不能控制，无法避免。地震灾害的难以预测性也决定其不可避免性，因为预测不到，就不会有完善的、有准备的预防措施，更遑论避免其发生。

（6）紧急性。地震灾害的紧急性主要指震后的应急救援行动，需在震后第一时间采取各种紧急救援措施，由于地震灾害的巨大破坏性，造成大量人员伤亡。为减少灾害造成的各种损失，地震灾害的应急救援行动具有紧急性。

（7）不确定性。指地震灾害是否会再次发生，发生持续时间的长短，破坏程度的大小，每次突发会造成怎样的危害，需要哪些应急救援物资，需要多少救援力量等都是高度不确定的。

（8）复杂性。导致地震灾害发生的因素是复杂的，地震具有周期性，并且根据其连锁性，有些地震灾害会与其他自然灾害组成灾害链，造成对各个方面的严重破坏，增加了应急救援行动的复杂性。

（9）持久性。一般地震灾害具有周期性，间隔一定时间后，会反复爆发大大小小的余震，发生的时间长，次数多，具有持久性。

（10）影响性。地震灾害发生时，造成重大破坏，不仅影响生态环境的平衡和稳定，影响人们生活，影响社会秩序，给国家经济造成巨大损失，严重者甚至还对国家政治产生影响。

## 2.2 我国的破坏性地震灾害防震救灾体系

### 2.2.1 我国的破坏性地震灾害重大历史事件

（1）唐山地震。1976 年 7 月 28 日，河北省唐山市附近发生里氏 7.8 级大地震。此次灾情严重，多达 14 个省级区域有强烈震感。震中位置建筑物、地基受到毁灭性破坏，并从震中发散，破坏范围超过 3 万平方公里。此次地震造成总计 40.6 万人员伤亡，经济损失更是高达 54 亿元，震区附近的建筑几乎不能再使用，周边地区出现大量裂缝带，带来塌方、滚石等后续自然灾害，公共设施破坏严重，灾情罕见，损失巨大。

（2）汶川地震。2008 年 5 月 12 日 14 时 27 分 59.5 秒，四川省阿坝藏族羌族自治州汶川县发生里氏 8.0 级地震。根据中国地震局的数据，此次地震的面波震级达 8.0 级、矩震级达 8.3 级（根据美国地质调查局的数据，矩震级为 7.9 级），破坏地区超过 10 万平方公里。地震烈度可能达到 11 度，大半个中国及亚洲多个国家和地区均受到地震波及。汶川大地震共造成 69227 人死亡，374643 人受伤，17923 人失踪，是中华人民共和国成立以来破坏力最大的、伤亡最惨重的地震。

目前，中国的地震预测研究仍在波折中艰难前行。从 1966 年的邢台地震开始，中国地震预测研究经历了 1975 年辽宁海城地震预报的成功，又在唐山大地震中遭受重大挫折，两次失败的预测分别付出了 8064 人和 40.6 万人的伤亡代价。1966 年邢台大地震后，国家领导人在救灾现场做出指导，要求全国当时仅有的几名地震研究人员把邢台地震当作一个重要课题，实现地震预测。1975 年 2 月 3 日 18 时，一次 3.1 级地震发生在海城—营口，随后地震频率逐渐增加。结合来自辽宁全省的几千条地震信息，专家们预测分析了地震的活动发展趋势，在 2 月 4 日 0 时做出了辽宁海城—营口将要发生大震的预测。省政府于 10 个小时后发出通报，而在 9 个小时后，当地即发生了里氏 7.3 级的大地震。这是我国第一次成功对 7 级以上大地震实现预测和预警，之后联合国也确认此次预警为人类地震史上唯一一次对大地震的成功预报预警。然而，即便有此预警成果，专家们也不能剥离这次预警的运气成分。地震预测目前仍未被解决。虽然许多国家能通过全天候不间断的观测提示民众避开地震高发区域，号召民众采取防震措施，但是这也只能估计出一些微弱地震的发生概率，对于强震的完全而精准的预测，目前仍没有国家能够做到。

### 2.2.2　政府组织形态下的破坏性地震防震抗灾体系

面对突发性的地震灾害，政府组织机构应该具备应对突发性公共危害的能力。突发性地震灾害造成重大经济损失和严重的人员伤亡，震后的第一时间，应急救援至关重要，政府救援组织机构需要采取应急处理措施，挽救灾区人民生命，及时将灾区人民安置到临时安全地点，减少经济和社会损失。灾后应急救援是一项巨大的复杂的工作，涉及各个方面，需要政府及社会各方面的积极参与和密切配合才能发挥救援的效率。在各方面救援力量的参与中，政府组织机构是主导力量，起到领导带头的作用，需做好万全的准备，进行灾情信息收集、灾情分析、救援目标决策、救援计划制定、控制协调、总结经验等一系列救援活动，做好与各方面救援组织和救援队伍的沟通工作，获得社会各方面力量的支持，充分调动和发挥社会各界的救灾积极性，尽可能在最短的时间内控制事态，降低损失。

政府组织机构主要包括以下部门：中国地震局、国务院抗震救灾指挥部、应急指挥部。中国地震局管理全国地震工作，由办公室、政策法规司、发展与财务司、人事教育司、科学技术司、监测预报司、震害防御司、震灾应急救援司、直属机关党委、监察司、离退休干部办公室 11 个部门组成（见图 2-1）。其主要职责有：①拟定并组织实施国家防震减灾工作的发展战略、方针政策、法律法规等；②组织编制国家防震减灾规划，制定地震应急预案，指导全国地震灾害的预测和预防工作；③对地震受灾地区的重建防震规划提出相关意见；④管理全国各地区的地震监测预报工作，制定地震监测预报方案并组织实施；⑤对地震震情和灾情进行速报，组织地震形势调查与灾后损失评估；⑥指导防震减灾知识的宣传教育工作，提高人们的防震减灾意识；⑦监督和管理地震事业费、基本建设经费和专项资金的使用；⑧指导地震科技体制改革，组织地震科技研究与国家重点地震科技项目；⑨对省、自治区、直辖市等地方地震局实施领导作用，建立相应的管理体制，指导各地方地震局的工作；⑩根据《中华人民共和国防震减灾法》的规定，监督检查防震减灾等有关工作；⑪进行地震安全性评价工作，根据地震安全性评价结果，确定防震减灾方案及措施，管理重大建设工程以及可能发生严重次生灾害的建设工程。

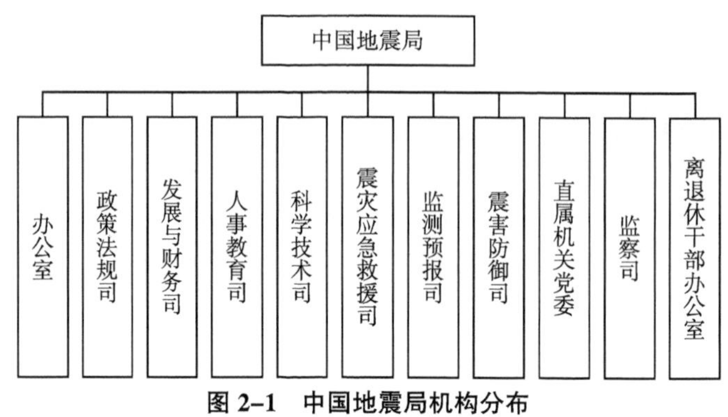


**图 2-1　中国地震局机构分布**

我国国务院抗震救灾指挥部（见图 2-2）指导区域抗震救灾指挥部和地震现场流动指挥部的抗震救灾工作，由国务院领导同志担任指挥长，中国地震局主要负责同志、国务院副秘书长、解放军总参谋部作战部负责同志、发展改革委负责同志、民政部负责同志、公安部负责同志担任副指挥长，主要成员包括交通运输部、科技部、外交部、住建部、教育部、卫生部、国防科工委、水利部、财政部、信息产业部、国土资源部、铁道部、商务部、海关总署、环保总局、广电总局、质检总局、民航局、安全监管总局、食品药品监管局、新闻办、旅游局、保

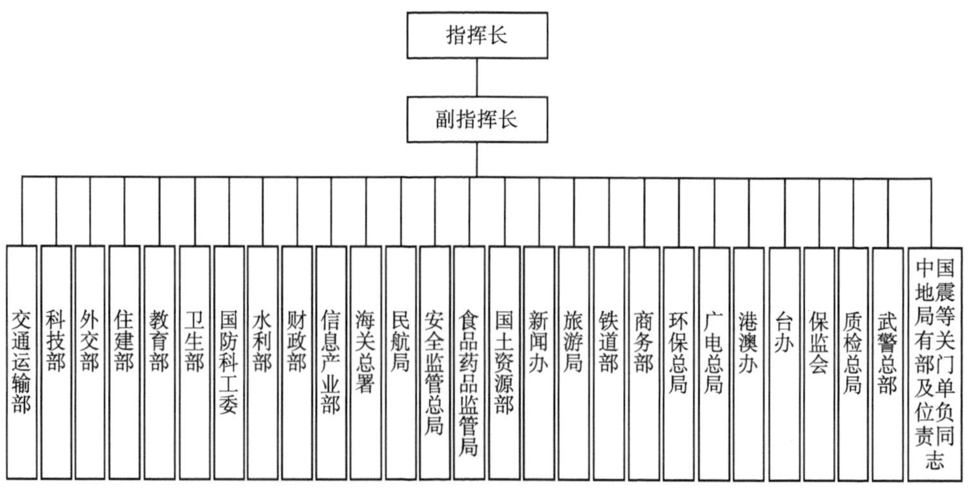


**图 2-2　国务院抗震救灾指挥部**

监会、港澳办、台办、武警总部、中国地震局等有关部门和单位负责同志。国务院抗震救灾指挥部的主要职责为分析判断地震震情、灾情及趋势，确定相应的应急工作方案，组织国务院有关部门及相关地区对灾区进行应急救援；指挥协调武警总部和解放军总参谋部等火速参加抢险救灾活动；承担其他与地震应急有关的救灾工作。

由于地震应急救援工作主要涉及人员搜寻、受灾群众安置、卫生防疫、工程抢修、心理抚慰、次生灾害排查等工作，因此，应急指挥部主要带领各地方救援队、卫生防疫部门、工程抢修部门、心理援助机构、地质监测部门等进行灾后应急救援工作。各级地方救援队主要承担人员搜寻、受灾群众安置等工作，卫生防疫部门负责受灾地区的卫生防疫工作，工程抢修部门负责道路的抢修、水电及通信设施的维修等，心理援助机构主要对受灾群众进行心理抚慰，帮助其恢复生活信心，地质监测部门则负责震后灾情监测及各种次生灾害的监测及预防。各部门在应急指挥部的集中带领下各司其职、相互协作，以确保应急救援工作有条不紊地进行，提高救援效率，降低人员伤亡。

综上所述，我国政府组织机构在处理各种特大自然灾害方面已经具有较强的应急能力和组织救援能力。以汶川特大地震地方县市政府为例，探讨了政府应急能力及应急管理绩效，从应急基础能力、信息收集能力、应急救援能力、资源整合能力、维护稳定能力、应急管理绩效六方面出发，建立系统的评价指标，并采用“概率与规模成比例抽样”的方法，选取汶川地震受灾最严重的5个灾区作为研究对象分析评价当地政府在抗震救灾中的表现，并探究影响当地政府应急能力的原因。以特大山洪泥石流灾害的应急处置为例，研究县级政府在特大自然灾害中的应对问题。《美国危机与紧急情况管理手册》将应急管理分解为减缓、准备、响应和恢复四个阶段，我国各个行政层级则将应急程序形式化为四个基本过程：预防与准备、预警与检测、救援与处置、恢复与重建。因此，县级政府在应急管理中主要发挥以下作用：

（1）进行应急管理的基础准备，提供信息通信、人力资源、救援设备、救援物资和财务经费等资源保障，做好应急预案、应急机制和应急法制的建设。

（2）利用灾害应急信息网络对可能存在的灾害进行监测、预报，并对灾害可能造成的损失情况进行分析和评估，做好应急平台能力、应急队伍能力、应急资源能力、预警指标体系、应急救援基地和信息与数据分析处理的建设。

（3）对公众进行灾害应急知识的教育和应急技能的培训，加强应急预案演练，提高公众的应急备灾能力。

（4）进行应急救援工作，并对救援物资、救援队伍、救援设备和救援技术等进行协调管理，妥善处理企业、公众团体和非政府组织的救援活动，形成统一、有秩序的救援行动，并指挥、控制和协调应急响应和运行机制。

（5）进行受灾群众安置、次生灾害排查、卫生防疫、应急资源回收处理、受灾损失情况评估、基础设施恢复及灾后恢复重建等善后处理，合理安置应急资源，提高应急资源的配置效率，确保救援准确性和时效性，保障受灾人民的正常生活。

（6）与周边的县级地区建立相关的应急协作机制，进行应急资源共享，降低应急成本，加快应急响应和应急救援速度，降低因灾害而造成的各种损失。

# 第3章 破坏性地震灾后应急供应链管理概况

## 3.1 供应链管理概述

### 3.1.1 供应链的概念与分类

供应链（Supply Chain，SC）的概念在20世纪80年代左右从制造业中发展而来，随着全球经济的发展，供应链在制造业中得到普遍应用，并逐步衍生成为新的管理模式。

早期观点认为，制造业的内部过程中包含了供应链，供应链只是将材料和部件通过一系列活动传递给用户的一个子过程。后来供应链则包含一些与企业生产经营活动相关的内容，其定义拓展为通过供应链中不同主体的相关活动将原材料制成成品并送达用户的完整过程。

美国人史迪文斯（Stevens）对供应链的定义："通过增值过程和分销渠道，控制从供应商的供应商到用户的用户的流即为供应链，它开始于供应的源点，结束于消费的终点。"伊文斯（Evens）对供应链的定义："通过前馈的信息流和反馈的物流以及信息流，将供应商、制造商、分销商、零售商，直到最终用户连成一个整体的结构模式。"哈里森（Harrision）对供应链的定义："供应链是执行采购原材料，将它们转换为中间产品和成品，并且将成品销售到用户的功能网链。"菲利浦（Philip）和温德尔（Wenbell）则从供应链维系的企业伙伴关系来强调供应链的重要性，他们认为这样的伙伴关系能够为经营主体与经销商的合作带来重要影响。因此，最终供应链都落脚于与公司经营相关的各个主体相互作用、相互影响构成的网链结构（见图 3-1）。

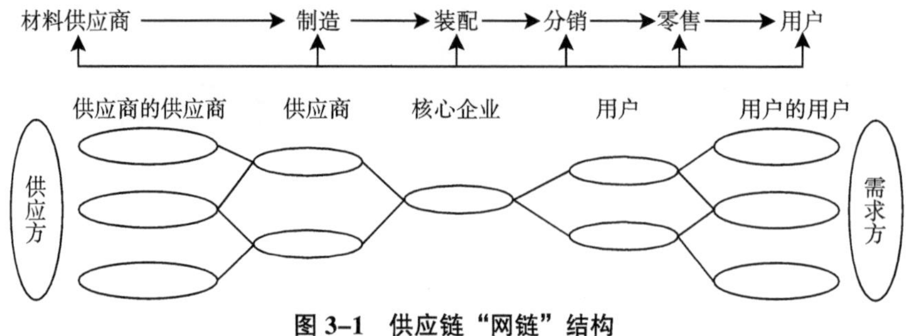


**图 3-1 供应链“网链”结构**

由此可以看出，虽然供应链没有形成统一的概念和定义，但归结为一点就是供应链是由所有围绕核心企业相互关联的经营主体作为节点构成的网链结构，同时供应链不仅是伴随着实物流通的物流链，更是一个在加工、运输过程中可以实现价值增加的增值链。

根据供应链所涉及的范围大小，可以将供应链分为企业内部供应链、产业供应链或动态联盟供应链、全球网络供应链三种类型。

（1）企业内部供应链。企业内部供应链源于企业资源计划，是企业内部的管理行为。它将企业的计划、订购、库存、制造、质量控制、运输、市场销售、服务以及相关的财务变动、管理活动归类于供应链下进行系统的管理。这种推式的供应链描述的是产成品、市场、终端客户的运营协作关系，但是随着市场竞争的日益加剧以及社会经济环境的变化，企业管理也进入了以客户和客户满意度为中心的阶段，而供应链管理也进入以终端用户为中心的拉式供应链管理阶段。拉式的供应链将企业业务相关的各个环节连接在一起，使得各个业务资源和信息能够实现集成和共享，在各个过程产生增值。

（2）产业供应链或动态联盟供应链。随着全球经济的发展，一体化进程的深入，企业内部供应链管理的延伸和发展为面向全行业的产业链管理，涉及的范围从企业内部扩散到外界。产业供应链使多个企业实现协作经营和协调运作，实现资源和信息共享，增强整体竞争优势，降低个体成本和转化成本，获得显著的成本优势。

在市场、加工/组装、制造和流通环节之间，通过建立动态联盟（或者虚拟联盟）协调与加强各个节点企业的协作。动态联盟供应链是以完成经营活动为目的、由多个企业相互联合形成的合作组织形式，并通过信息技术使这些企业连接形成网络，以更有效地完成经营活动，实现单个企业无法实现的经营目标和任务。因此，其更多的是一种广义上的供应链存在形态。

（3）全球网络供应链。伴随着全球经济活动的日益普遍，互联网、交互式Web应用以及电子商务的出现，传统的多层次的供应链网链结构转变为更具开放式的全球网络供应链。网络供应链上的主体具有双重身份，既是客户又是供应商，不仅进行网上交易，同时也进行线下实体交易，成为供应链上客观存在的一个元素。在全球网络供应链形态中，企业的形态和边界发生了根本性的变化，供应链上个体的整体协同运行取代了传统的电子订单，供应商与客户之间的信息交互的层次和深度将不断提高，演化为一种透明的交互式的协同工作方式，由此，产生以诸如代理交易、信息检索查询服务等为特色的新兴业务类型。

### 3.1.2　供应链与传统物流的关系

供应链与传统物流有着显著的不同，但同时与传统物流有着极其紧密的关系，主要表现为以下几点：

（1）供应链是传统物流发展到集约化阶段的产物。供应链采用系统化、集成化的思维来协调节点以及节点与节点之间的相互协作关系，统筹各个模块并保障网链功能的实现，同时化解网链上各个主体运作过程中产生的冲突行为。通过对供应方到需求方的供应链运作管理，使物流活动达到最优化的处理。因此，供应链是一个由采购、制造、分销和销售构成的统一整体，而不是分散的独立模块。

（2）物流贯穿于整个供应链。供应链是一条从供应商到用户的物流链，每一环节都存在“需方”与“供方”的对应关系，存在着物品（服务）的流动，因此，物流是贯穿于供应链各个环节之中的。

（3）上下游企业可以整合为先进的物流系统。在供应链中，批发商与上游制造商、下游零售商的关系更为密切，批发商可联合厂商做配送与代理，也可以与零售商联合形成批零一体化，亦可与厂商、零售商形成产供销一体化物流网络。

（4）供应链作为一种战略概念，是物流系统价值的充分延伸。供应链是以物流系统为基础的增值过程，物流采购、制造、分销到最终到达用户手中的各个环节伴随着一定程度的增值，在此过程中，物流系统扮演着重要角色，成为完成供应链运作的基础，并能够充分扩大物流系统的价值。

### 3.1.3 供应链结构和设计

#### 3.1.3.1 供应链结构

供应链主要有发散网、汇聚网和T形网三种结构。

(1) 发散网结构。发散网结构是供应链中最为基础的结构，在此结构中，物流以大批量的方式存在，但物料必须经过加工转换过程形成中间产品以及最终产品，提供给其他企业或者最终用户使用。与此同时，在发散网结构中，企业的上下游关系是由生产的产品在加工流程中所处的位置决定的。发散网结构最为典型的是钢铁行业，钢铁被制成不同的产品之前需要经历很多种中间产品，但其产品源头都是来自铁坯。石化、造纸、纺织等行业也存在类似的结构，具有较强的发散性。

(2) 汇聚网结构。某些行业在制造、组装和总装时，为满足相对少数的客户需求和生产任务，需要从大量的供应方采购数量较大的原材料，由此，便形成了典型的汇聚型供应链网络结构。航空工业、汽车工业和重工业等，都是需要在重要装配件上做大量的原材料和中间零部件采购和制造，因此，这些行业的供应链具有典型的汇聚状结构特征。

(3) T形网结构。有些行业则结合了发散与汇聚网供应链结构的双重特征，诸如医药保健品、汽车配件、电子产品、食品和饮料等公司，可以通过通用中间件的制造标准化来减少产品制造和运输等环节的复杂程度，由此形成了具有T形结构特征的供应链网络结构。

#### 3.1.3.2 供应链的设计原则

供应链设计是实施供应链管理的基础，也是供应链发挥作用的重要前提。当前针对供应链设计的研究较少，1997年，费舍尔（Marshall L. Fisher）提出了供应链设计要以产品为中心的理念。供应链设计要明确用户的需求，考虑到产品的寿命周期、产品的多样性、订货提前期和市场的标准等对供应链管理运营有着重要影响的因素。因此，作为供应链设计的基础，应当从以下四个方面考虑供应链的设计问题：

(1) 产品类型。不同的产品有其特殊性，由此对供应链设计产生不同的需求。通常，功能性产品主要用于满足用户的一般需求，波动较小，具有稳定的可以预测的需求，生命周期也较长，但其边际利润较低。而革新性产品需求一般不稳定，很难做到有效预测，生命周期也较短，但是潜在的边际利润有可能会很高。因此，需要针对产品类型和特性设计供应链满足其功能属性。

（2）供应链类型。供应链类型对供应链设计也有重要的影响，一般按照供应链发挥作用的方式，需要考虑供应链是有效性供应链还是反应性供应链。其中，有效性供应链指的是供应链物理功能的实现，即以较低的成本投入将原材料和零部件转化为半成品或者产成品，以及运输过程的顺利实现等。而反应性供应链指的是供应链的市场中介功能，即把产品投放到用户市场，满足用户的需求，并对未知的以及潜在的需求做出反应。

（3）以产品为中心进行供应链设计。以产品为中心的供应链设计要求管理者根据产品特征与供应链的属性对供应链的流程进行规划设计，其与产品特性的一致性成为判断供应链设计优劣的基本标准。

（4）在产品开发之初引入供应链设计。供应链中生产和产品流通的总成本主要取决于产品设计，故应在产品设计之初就考虑供应链的设计问题，以便通过设计产品和工艺流程有效管理供应链相关的成本和业务，为此，许多学者提出了以供应链管理为目的设计产品（Design for Supply Chain Management，DFSCM）的概念。

#### 3.1.3.3 供应链的设计步骤

供应链设计的步骤主要包括以下8个部分，如图3-2所示。

（1）分析市场竞争环境。供应链开发设计必须以市场需求、产品类型和特性为出发点，对供应方、用户和竞争者进行调查，确认用户的需求和来自供应方、用户和竞争者的压力，分析产品的市场特征，对市场的不确定性进行分析判断并对供应链做出相应的调整。

（2）总结和分析企业现状。对尚未进行供应链管理的企业，分析企业供需关系以及管理现状，着重研究企业经营管理现状以确定供应链设计的方向，分析、总结企业当前管理存在的问题以及对供应链设计产生不利影响的因素，找到相应的解决办法。

（3）提出供应链设计项目。根据存在的问题提出供应链设计项目，分析其必要性和必然性。项目设计阶段应反复论证，对具体的项目背景和应用特征进行深入归纳分析，有针对性地提出项目解决方案。

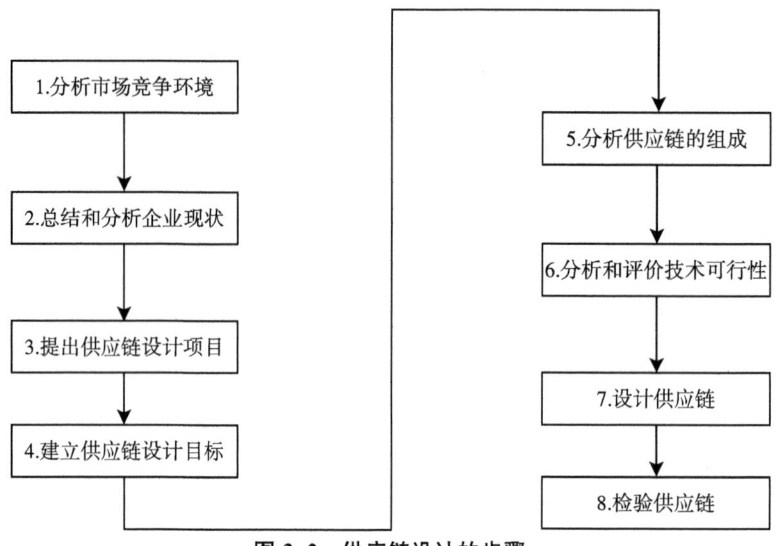


**图 3-2 供应链设计的步骤**

（4）建立供应链设计目标。通过对企业现状分析和总结，找到有针对性的供应链设计目标。供应链设计的目标主要有以下方面：获得较高程度的用户服务水平；获得低库存和低单位成本；开拓新市场和开发新兴渠道；开发和推广新产品；改善售后服务水平；提高用户满意度以及降低运营成本和提升工作效率；等等。

（5）分析供应链的组成。供应链的组成主要包括制造工厂、工艺设备和制造商、分销商、零售商与最终用户，需要分析其功能属性和定位，对其做出选择和评价，由此形成供应链设计的基本框架。

（6）分析和评价技术可行性。供应链设计要考虑到技术的可实现性，即技术可行性问题，在可行性分析的基础上，可以结合本企业的情况，有针对性地提出设计建议和改进措施，对供应链设计思路做出有效的调整。

（7）设计供应链。供应链的设计需要完成如下工作：供应链组成成员确定，包括供应商、设备和分销商的选择和定位、管理和运营；原材料和零部件的来源分析，包括供应方、数量和价格、物流运输问题等；生产设计；分销任务与能力设计；信息管理系统设计；物流管理系统设计；等等。

（8）检验供应链。设计好供应链之后，需要通过一定方法和技术手段对供应链的运行状况进行测试、检验和分析，如果不能满足运行要求，则做相应调整，如果设计成功，则可实施供应链管理。

### 3.1.4 供应链管理概念与内容

供应链管理（Supply Chain Management，SCM）是 20 世纪 90 年代出现的一种新的管理理念与模式，目前尚未形成统一的定义。通俗地讲，供应链管理是一种集成的管理思想和方法的体现，是对供应链中所涉及的物流、资金流、信息流、增值流、业务流和合作伙伴关系等进行计划、组织、执行、协调和控制的整体性活动①。另外，供应链管理是内部和外部资源的协调，共同满足消费者的需求，把供应链企业视为虚拟企业联盟，联盟内部管理就是企业的供应链管理。但组成是动态联盟，根据市场需求随时变化。

### 3.1.5 信息技术与供应链管理

供应链管理离不开信息技术的支持，与供应链管理相关的信息技术包括条形码技术、EDI 技术、电子射频技术以及 GPS 定位技术等②③④。

#### 3.1.5.1 条形码技术

条形码技术是在计算机和信息技术基础上产生和发展起来的融编码、识别、数据采集、自动录入和快速处理等功能于一体的新兴信息技术。其主要作用在于实现对信息的有效记录，以及快速表达、识读、传输、输出（打印）和反馈，完成信息的高效传递和便捷利用。因其操作简单，成本低廉，技术成熟等技术性能，广泛应用于各行各业，迅速地改变着人们的工作方式和生产作业管理，显著提高了生产效率，尤其以现代化物流业运用最为广泛、有效。20 世纪 90 年代中期发明的二维条码，不仅保留了一维条码生成费用低、识读快、制作简单、实用性强等优点，而且大大提高了单个条码的信息容量（可达数百个汉字），从而实现了物品性状与流动状态的所有信息均可在一个条码符号中表达的目标。

---

① 供应链管理［EB/OL］. 百度百科，http://baike.baidu.com/link?url=pICcbB_RsZtMio-ZTIFGRurz93Ud3D33e_ vt7FKXm46nquLue5x9axVf6Q9q0g7H4PCbj_CoLjUpV9k26qeSM5c11Hp0-Hnik3DPjl-Bq03.

② 张书红. 条码技术——现代物流的信息桥梁［J］. 中国物流与采购，2002（20）：12.

③ 孙景玉. 现代物流系统之条码技术研究与探讨［J］. 中国商贸，2009（4X）：176-177.

④ 陈忠仁. 仓储物流管理系统的设计与实现［D］. 吉林大学，2012.

#### 3.1.5.2 电子数据交换技术（Electronic Data Interchange，EDI）

电子数据交换技术，即采用电子标准化的方式，通过计算机网络实现结构化数据的传输和交换。该技术在企业的内部应用系统之间，通过计算机和公共信息网络，以电子化的方式传递商业文件的过程，是供应商、零售商、制造商和客户等在其各自的应用系统之间利用 EDI 技术，通过公共 EDI 网络，自动交换和处理商业单证的过程。EDI 技术不仅可以在运输行业解决传统单证传输过程中的处理时间长、效率低下等问题。还可以在商业贸易领域，将不同制造商、供应商、批发商和零售商等商业贸易之间各自的生产管理、物料需求、销售管理、仓库管理、商业 POS 系统有机地结合起来，从而提高企业经营效率和经济效益。

#### 3.1.5.3 电子射频技术

电子射频技术简称射频技术（Radio Frequency，RF）。较常见的主要是无线射频识别（Radio Frequency Identification，RFID）技术，常被称为感应式电子芯片或近接卡、感应卡、非接触卡、电子标签、电子条码等。其原理是扫描器发射某特定频率的无线电波给接收器，电波能量驱动接收器电路将内部的代码送出，此时扫描器便接收此代码。接收器的特殊性在于免用电池、免接触、免刷卡（故不怕脏污），且芯片密码唯一、无法复制，安全性高、寿命长。RFID 的应用非常广泛，目前典型应用有动物芯片、汽车芯片防盗器、门禁管制、停车场管制、生产线自动化、物料管理。RFID 标签有两种：有源标签和无源标签。电子射频技术被广泛应用到物流过程中的货物追踪、信息采集、仓储、运输等环节之中，并且在制造业等其他领域都有较为良好的应用前景。

#### 3.1.5.4 GPS 定位技术

全球定位系统（Global Positioning System，GPS）定位技术，可以实现实时三维导航以及对特定对象的空间定位。在物流和供应链领域的应用主要有以下几个方面：

（1）公路运输。GPS 定位技术在公路运输方面的应用主要集中于对运输车辆的自定位和跟踪调度，在车辆导航方面全世界对于导航和定位设备的投资年均增长达到 60%以上，随着物流产业和现代社会的快速发展，GPS 定位技术的作用将更为突出，应用将更为普遍。

（2）铁路运输管理。通过全球定位技术和计算机网络动态收集铁路运输车辆、集装箱、货物的信息，对列车、货物进行跟踪管理，及时了解货物、列车的发车、运行和停车位置以及时间信息。

(3) 军事物流管理。GPS 定位技术能为军事目标定位、战时与平时的军事后勤补给等方面提供良好的支持。

#### 3.1.5.5　供应链管理 IT 集成技术

随着信息技术以及网络技术的迅速发展，IT 技术成为电子交易的全面处理工具，并对整个供应链管理流程进行重组和改善优化①。企业可以通过互联网将供应链活动相关的供应商、分销商、零售商以及顾客等集成在一起，实现信息共享，资源共享，同步作业（见图 3-3）。

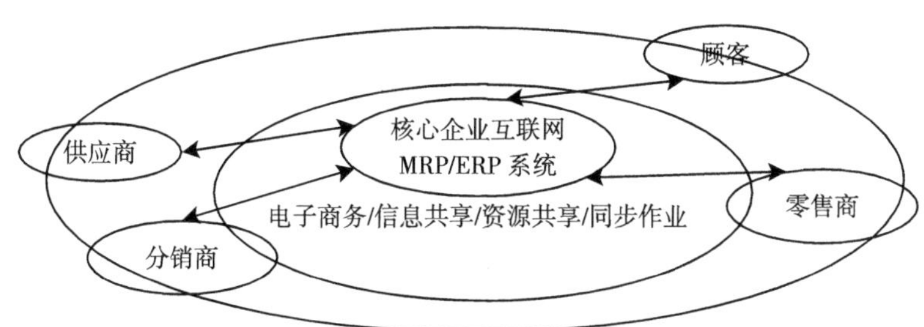


**图 3-3　基于互联网的供应链集成网络结构**

同时，基于 IT 技术可实现供应链管理的虚拟化，合作伙伴基于专门的信息服务中心提供技术服务和支持，形成动态的虚拟化网络结构供应链运作模式。一般而言，虚拟供应链的体系结构（见图 3-4）是以 VSC 信息服务中心的服务系统作为支撑，使客户、供应商、制造商、承运商以及分销商、零售商和其他合作伙伴参与到供应链管理之中，实现供应链活动在目标、任务、信息和技术等方面的良好运营。

基于虚拟供应链的体系结构，其运作模式可以分为市场信息获取、虚拟供应链组织、合同招投标与获取、产品制造与运输、售后服务与产品回收、利益分配、虚拟供应链的解散，其运作模式如图 3-5 所示。

---

① 王海峰，王敬超，张春等. 一种超高频 RFID 读写器设计［J］. 微计算机信息，2008（8）.

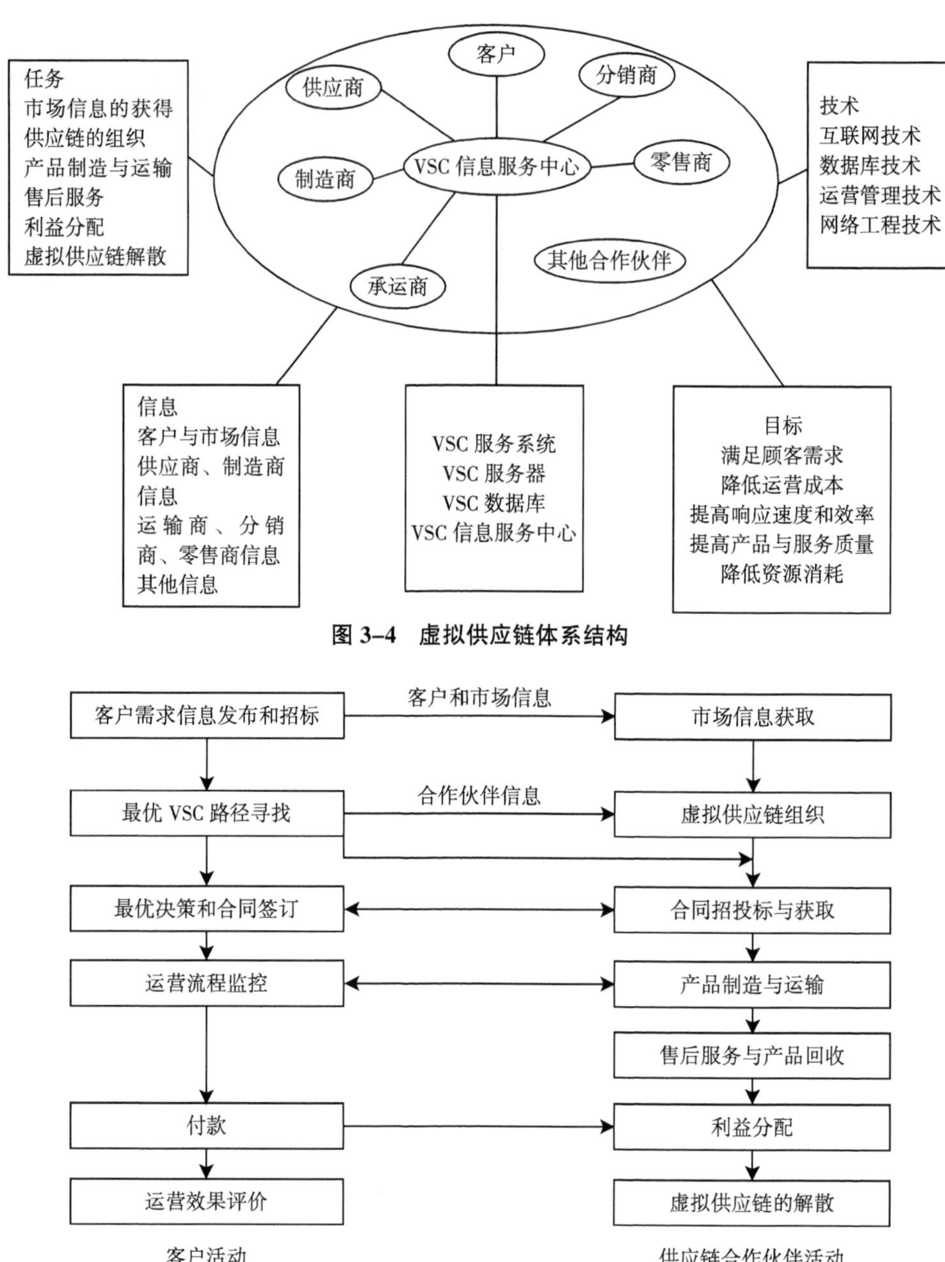


**图 3–4　虚拟供应链体系结构**

**图 3–5　虚拟供应链运作模式**

## 3.2 应急供应链管理特征

应急供应链是指供应链在应急事件及环境中的应用，主要表现为针对地震、洪水、暴风雪等自然灾害以及发生在公共领域的突发性安全事件（如政治事件、经济事件、军事事件、重大交通事故、恐怖事件等），如何依靠供应链管理实现对应急过程的应急物资等各方面的资源支撑和任务协同，以保证应急事件得到有效处理，灾难和损失得到有效控制。

应急供应链管理与普通物流相似之处在于要素构成上，都是由流体、载体、流向、流程、流量等要素构成，这些要素在时间和空间上协调运转，相互衔接。应急供应链管理区别于一般商业物流的特征表现在以下几个方面：

其一，表现在突发性和不可预知性方面。突发性是应急供应链管理最显著的特征，由于突发事件的发生往往是瞬时的，不可预知的，因而救援组织也无法第一时间掌握受灾地区的信息，针对突发事件的突然性和不可预知性，应急供应链管理应当及时有效制定相应的应急计划，防止突发事件的进一步恶化和危害在短时间内的蔓延。一般商业物流的外部环境信息是事先可以获取的，但是应急供应链管理的外部环境信息在短时间内无法掌握。

其二，应急供应链管理需求的随机性。应急供应链管理需求的随机性是由两个方面引起的：一方面由于突发事件的不确定性，在突发事件爆发初期，通信中断和道路损毁使得应急救援组织无法掌握需求信息；另一方面在突发事件爆发的中后期，应急需求会随着突发事件的事态发展而变化。一般商业物流会根据需求规律制定长期计划，以追求利益最大化。而针对受灾地区需求的随机性，应急供应链管理需要制定各类短期计划，在有限运输时间约束下，最大限度满足受灾地区的物资需求。

其三，时间约束的紧迫性。当重大公共事件突发时，救援人员和救援物资能否第一时间到达受灾地区，决定了能多大限度地减少生命和财产损失。因而在突发事件爆发初期，时间关系着生命安全，应急供应链管理把追求时间效益最大化作为首要目标，在应急救援趋于平稳时，会根据实际情况酌情考虑运输成本。一般商业物流为了规范操作，都会设定一定的流程，物资按照这些流程有序运转，而在应急供应链管理系统中，为了凸显“应急”，或者说时间就是群众的生命和财产安全，因而为了保证应急物资的及时供应，很多存在于一般商业物流的物资运转环节都被尽量简化。

其四，峰值性。当突发重大灾害时，有一个黄金救援时间——“黄金 72 小时”，这时对应急供应链管理的时间紧迫要求达到最高值，当救援工作开始展开，前方受灾信息能够掌握时，对应急供应链管理的时间紧迫要求趋于正常水平。

其五，弱经济性。应急决定了应急供应链管理具有弱经济性。一般商业物流都是为了谋取利益，因而目标是最大化地追求利润，所以一般商业物流既强调运输的效率，又强调运输成本，而应急供应链管理具有弱经济性，其目标是追求时间效益最大化，因而在许多情况下应急供应链管理会忽视运输成本，而通过配置效率的实现来追求应急效益。

其六，非常规性。应急供应链管理是特殊的、非常态的物流活动，是针对应急管理产生的。一般商业物流系统为了让物资运输规范化、程序化，一般都会由既定的流程组成，而应急供应链管理是由突发事件引起的，为了快速响应应急机制，满足受灾地区的物资需求，避免既定的流程累赘，很多一般商业物流的中间环节都要省略，组成精简的应急供应链管理系统。

其七，政府与市场的共同参与性。重大灾害突发时，救援组织是政府，为了最大限度地保障人民和财产安全，减少损失，一般都会忽视成本。这些年应对大规模自然灾害造成物流成本居高不下，让我们明白应急供应链管理系统应积极探索政府和市场有效的协调合作机制，在保障及时满足受灾群众的应急需求基础上，尽可能地降低救灾成本，避免物资重复运输、物资冗余等造成不必要的资源浪费，在追求时间效益的同时酌情考虑经济效益，凸显应急供应链管理系统的灵活性。

## 3.3 破坏性地震灾后应急供应链主体要素分析

破坏性地震灾后应急供应链是以地震灾后的应急物资和救援服务为对象进行

供应链组织和运行的活动过程，在其中包含了诸多环节和相关主体要素，按照所处供应链的不同位置，可以将其归纳为应急物资采购方要素、生产方要素、配送方要素、仓储方要素以及使用方要素。这些要素按照从供应链的上游流向下游的顺序进行传递，最后通过合理的分配过程送达使用方。

## 3.3.1 地震灾后应急物资采购方要素分析

### 3.3.1.1 地震灾后应急物资种类

地震灾后应急物资采购是满足应急物资使用需求的基础，因此在地震灾后应急救援中具有重要作用，同时也是供应链管理活动的重要环节。地震不同于一般的灾害，地震发生后需要采购的应急物资（包括应急装备）主要有以下 22 个品类：

（1）防护用品。主要包括防护装备（衣、帽、鞋、手套、眼镜），防毒面具，防火眼罩、头盔、手套、面具，消防靴，潜水服（衣），水下呼吸器，防爆服，安全帽（头盔），安全靴，水靴，呼吸面具。

（2）生命救助。主要包括止血绷带，骨折固定托架（板），救生圈，救生衣，救生缆索，减压舱，保护气垫，防护网，充气滑梯，云梯。

（3）生命支持。主要包括便携呼吸机，急救药品，防疫药品。

（4）通信广播。主要包括移动电话，对讲机，有线广播器材，扩音器（喇叭）。

（5）临时食宿。主要包括炊具，过滤净化机（器），压缩食品，罐头，真空包装食品，帐篷（普通、保温），棉衣，棉被，简易厕所（移动、固定），简易淋浴设备（车）。

（6）动力燃料。主要包括防爆防水电缆、配电箱（开关），电线杆，工业氧气瓶，煤油，柴油，汽油，液化气，干电池、蓄电池（配充电设备）。

（7）污染清理。主要包括喷雾器，垃圾焚烧炉，杀菌灯，消毒杀菌药品，凝油剂、吸油毡、隔油浮漂。

（8）器材工具。主要包括葫芦，绞盘，滚杠，千斤顶，手锤，钢钎，电钻，电锯，油锯，张紧器，液压剪，灭火器、灭火弹，风力灭火机，防水望远镜，工业内窥镜，潜水镜。

（9）工程类应急设备。主要包括以下六类：①岩土：推土机，挖掘机，铲运机，压路机，打桩机，平整机，翻土机；②通风：通风机，强力风扇，鼓风机；

③起重：吊车（轮式、轨式），叉车；④气象：灭雹高射炮，气象雷达；⑤牵引：牵引车（轮式、轨式），拖船，拖车；⑥通用：炊事车（轮式、轨式），供水车，宿营车（轮式、轨式），移动房屋（组装、集装箱式、轨道式、轮式），消毒车（船），垃圾箱（车、船）。

（10）危化救援类应急设备。主要包括高压泡沫车，高压喷水车，液体抽吸泵，清污船，便携式可燃气体报警仪，工业毒气侦毒箱。

（11）地震抢险救援类应急设备。主要包括重/轻型液压扩张钳，开缝器，钢筋切断器，破碎机，水泥切割机，液压钻孔机，电弧切割机，无齿锯，切割链锯，双轮异向锯，液压顶杆，边缘抬升器，高压起重气垫，手动液压泵。

（12）消防器材类应急设备。主要包括消防登高云梯车，消防车，灭火器，灭火弹。

（13）矿山救援类应急设备。主要包括大型钻机，大型排水机，潜水泵，深水泵，瓦斯断电仪，矿用遥控器，传感器，有害气体检测仪器仪表，防降尘设备及测尘仪表，防隔爆装置。

（14）医疗救护类应急设备。主要包括医疗救护车，隔离救护车，监测仪器，医疗器械，应急药品，氧气机，高压氧舱，洗胃设备，输液设备，输氧设备，特种医疗救护装备。

（15）水上救援类应急设备。主要包括救捞船，巡逻艇，海巡艇，医疗救生船（艇），气垫船，汽车轮渡，登陆艇。

（16）电力救援类应急设备。主要包括电力抢修车辆，抢修器材工具，发电车，燃油发电机组。

（17）交通运输类应急设备。主要包括危化品槽罐车，自卸车，运输船，舟桥，吊桥，越野车。

（18）应急器具类应急设备。主要包括危化品堵漏器具，液压扩张器，大型抽水机，破拆工具。

（19）通信类应急设备。主要包括移动通信指挥车，海事卫星电话，电台（移动、便携、车载），广播车，电视转发台（车）。

（20）环境监测类应急设备。主要包括环境监测车辆，监测和分析仪器，可燃气体浓度检测仪，数字式粉尘测定仪，多功能超声频谱仪。

（21）气象监测类应急设备。主要包括气象监测车，风速风向仪。

(22) 其他类应急物资或设备。主要包括搜救犬，红外探测器，生物传感器，生命探测仪等。

#### 3.3.1.2　地震灾后应急物资特点

与一般的物资相比，地震灾后应急物资本身具有一定的特殊性，主要表现如下：

(1) 具有不确定性。由于灾情发生的时间、强度和影响范围无法做到精确预测，甚至是突发性的，完全无法做事前判断和准备，因此，就很难确定地震灾后应急物资的规格数量、发放区域范围、调配运输和分配机制等，存在着较强的不确定性。

(2) 不可替代性。在地震应急救援中，一部分应急物资的作用非常特殊，是只有在特定环境下启用的特殊物资，如疫情发生后的疫苗、血液等，都不可能用其他物资替代；另一部分物资为日常生活用品，分布和储备较广，获取容易，可替代性较强。

(3) 滞后性。应急物资的使用是具有滞后性的，是在地震灾害发生后进行启用的，根据受灾情况以及灾害影响的范围、灾情本身的强度等因素确定应急物资的适用性。

(4) 时效性。地震灾后应急救援具有很强的时效性，因此存在着生命救援“黄金 72 小时”的说法。因此，地震灾后应急物资应当迅速及时地组织到位，顺利配送到使用者手中。

#### 3.3.1.3　地震灾后应急物资采购方式

根据地震灾后应急物资的特点可以发现，传统供应链的参与主体是企事业单位等经营主体，而应急供应链为政府、军队、社会团体、企事业单位、志愿者以及受救助者等的共同参与。应急供应链的采购方主要为政府、军队以及一些社会团体，因此，地震应急物资采购通常有两种方式：一种是政府、军队等国家职能机构进行的整体采购，另一种是社会团体以及民众进行的分散采购和捐助。

### 3.3.2　地震灾后应急物资生产方要素分析

地震灾后应急物资生产方要素与应急物资的种类存在较强的对应关系，不同的应急物资由相应的生产主体进行生产，生产过程与常规产品的生产并无明显差异，但在生产实现的方式方面具有一定程度的不同。

地震灾后应急物资生产主要通过两种方式进行：一种是政府的应急物资实物储备下的生产，另一种是企业应急物资生产能力储备。政府实物储备是政府根据对过往灾情的总结，购置并储存于政府仓库中，用于应对以后发生的自然灾害和突发事件的特殊储备。政府设置实物储备与管理机构，建立相关管理中心或者基地，对应急物资进行统一采购，使应急物资保有量处在一定水平。政府实物储备是应急物资最主要的储备形式，是应急物资最迅速、最安全的来源。政府的应急物资实物储备生产是在政府应急物资采购计划主导下的生产，由政府相关部门按照采购计划面向市场进行采购或者订单生产。应急物资中的日常生活用品（衣服、鞋帽、被褥等）获取性较强，较为容易获得，由日常生活用品生产商进行大批量生产，政府适时进行采购，因而是市场经济活动的一部分。应急物资中另外的一部分属于特殊物资，如救援车辆、医疗用品等，作为实物进行储备降低了物资的使用价值，通常采取地震发生后临时采购调配的方式满足应急救援物资的使用需求，而这类物资的生产亦是制造企业提前完成的。

企业应急物资生产能力储备作为政府应急物资实物储备的有效补充，通常是政府通过与企业签订协议，使企业在生产能力方面保有一定量的储备，在地震灾害发生后，能够迅速投产或者转产，对应急物资进行有效补充，满足应急救援的物资需求。企业应急物资生产能力储备能够有效弥补实物储备规模以及结构的不足，实物储备不宜过多，以免造成资源的闲置浪费，有些物资不宜长期储存或者紧急程度并不是很高，应当在需要使用时及时生产采购。另外，过量的实物储备还会占用大量的人力、物力，增加不必要的成本。与此同时，对于一些不便运输的政府实物储备物资，也可通过当地或者附近企业的应急物资生产能力储备实现直接生产，为当地的应急物资供应提供支持。

### 3.3.3 地震灾后应急物资配送方要素分析

地震灾后应急物资配送方是针对地震应急物资的配送主体而言，配送主体主要是政府建立的应急物资管理机构，依托应急物资管理中心，由政府的应急管理部门（在 2008 年汶川地震以后，各级政府都建立了相应的应急救援管理部门，应急救援正式成为政府职能的一部分）安排配送力量，协调关系进行灾后应急物资配送。还有一部分是民间力量组织的救援队，作为政府救援力量的有效补充，及时加入应急救援工作之中，但在应急物资配送的过程中，需要受到政府部门的统一管理和调度分配。

地震灾后应急物资配送具有诸多不同于一般物流配送的特征，主要归结为以下四点：

第一，需要快速响应。应急物资配送需要追求时间效益的最大化，因而必须对灾后应急物资需求做出快速响应，高效及时地配送物资，这也是衡量整个应急管理与应急物资体系运作效率的标准。

第二，需求具有不确定性。应急物资配送必须满足应急救援物资品种与数量的需要，但在地震灾害发生后很难及时掌握应急物资需求的相关信息，因此，需要通过预测、评估的方法将足量的应急救援物资运达灾区，满足对应物资的品种和数量要求。

第三，配送需要实现最小变异性。应急物资配送的时效性非常强，延误成本很高，所以必须尽量减少配送变异（偏差）的发生，保证应急物资按时、按量供应。

第四，应急物资配送也有降低成本的需求。应急物资配送虽然要以满足时效性、需求性以及最小变异性为目标，但在实施的过程中也要考虑成本问题，通过合理规划配送路线，科学调配配送工具和人力，达到控制配送成本的目标。

地震灾后应急救援需要及时、准确、数量充分地向灾区提供物资，这也是应急救援物资配送的根本要求，配送不仅涉及物资在各个救灾点之间的分配，也涵盖了需求预测、应急物资信息提取、物资储备与采购、配送路线选择等环节和内容，是实现高效配送的必要环节和基础。因此，地震应急物资配送的过程可以简要概括为图 3-6。

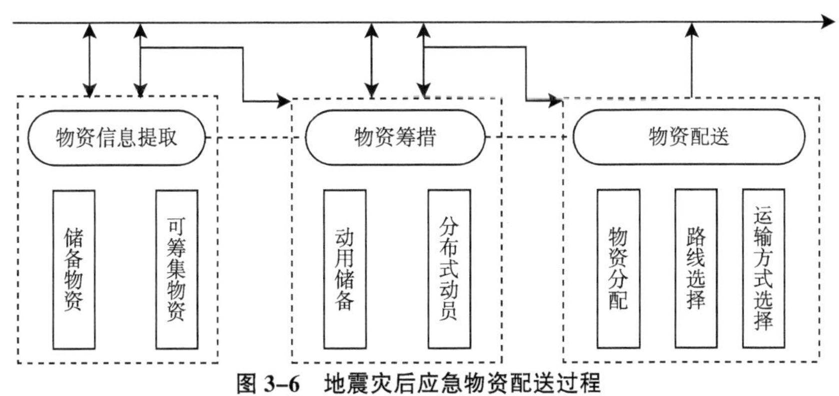


**图 3-6　地震灾后应急物资配送过程**

### 3.3.4 地震灾后应急物资仓储方要素分析

地震灾后应急物资仓储主要包括专业应急物资和基本生活物资的仓储，专业应急物资主要指抢险救灾物资及装备器材，主要采取统一采购、统一仓储管理的形式，而基本生活物资则采取政府统一储备和商业储备相结合的方式进行。

应急物资的仓储管理主要包括四个方面：

（1）日常管理。专业应急物资、基本生活应急物资的日常管理由各相关职能部门建立物资仓储管理制度进行管理。应急物资应当维持一定的保有量，使用后尽快补充，实行动态管理。应急物资至少每月保养、维护一次，并做好登记，发现损坏、破损以及功能达不到要求的应急物资，应及时更换，确保应急物资能够满足应急救援队的需求。

（2）数据管理。由应急物资仓储管理职能部门对各类应急物资建立台账，动态更新数据，以便在发生应急需求时及时、准确调用应急物资及其设备。

（3）处置管理。应急物资仓储应当依据“先进先出，满足急需，先主后次”的顺序进行，减少仓储过程中的物资耗损并将物资利用率最大化。

（4）征用管理。在应急储备物资不足的情况下，对仓储的应急物资可实行“先征用，后结算”的办法，应急物资使用后，相关职能部门应当及时进行结算和后续补充。

### 3.3.5 地震灾后应急物资使用方要素分析

地震灾后应急物资使用方为受灾群众和单位，由政府相关职能部门对救援物资进行分配使用。应急救援工作任务主要包括灾民的紧急转移、灾民安置点的设置、灾民的日常生活用品发放以及受伤灾民的送医救治。

对于地震应急物资使用方面的规定如下：

（1）在地震发生的情况下，应急物资由各级政府特大安全事故应急抢险救灾指挥部（以下简称指挥部）统一负责进行调用，其他任何单位和个人无权调用。

（2）各县市、部门、开发区等主管部门调用应急物资应向指挥部提出申请，经指挥部批准同意后，由指挥部发出调度命令，由应急物资储备单位负责实施。申请调用应急物资必须出具书面文字报告，内容包括申请调用理由、物资名称、规格型号、数量、运往地点、时间要求、用途、签发人等。紧急情况可先电话请示，再补办手续。

（3）应急物资储备单位接到调度命令后，必须立即组织发货，保证按时保质保量供应，并及时向指挥部反馈调拨情况。遇到运输、货源等方面困难的，应立即报告指挥部，以便及时进行协调处置。

（4）申请单位要安排专人做好应急物资的接收工作，并及时向指挥部反馈物资接收情况。

（5）应急物资必须由申请单位指定专人负责发放，做好发放记录，并由领用人签字。使用人员应具备使用应急物资的相应资格或能力。

（6）应急救援结束后，申请单位应指定专人负责应急物资的收缴、登记、检查、整理工作，做好记录。应急物资储备单位对申请单位返还的应急物资应进行验收，做好记录，并由双方人员签字确认。

（7）应急物资的使用坚持有偿使用的原则。应急物资在控制事故发生和应急救援使用过程中发生的损耗、损坏和使用费等一切费用，由即将发生事故的单位或已经发生事故的单位承担。

（8）各级人民政府设立应急救援专项基金，专门用于各类事故应急救援和善后处理工作方面的开支。具体办法由安监局、财政局等职能部门制订，报人民政府批准后实施。

## 3.4　破坏性地震灾后应急供应链组织与保障

### 3.4.1　地震灾后应急供应链管理现状分析

在我国，地震应急物资供应链管理针对组织、采购、仓储、运输、配送及信息传递等各个方面统筹协调，由政府进行统一决策，各职能部门分工负责，相互配合，实现应急物资的供应链管理，带有极强的政府行政色彩。但是这种管理模式也体现了相应的不足，主要体现在以下 6 个方面①②③：

（1）组织。应急供应链管理体系不完善，分散管理导致应急供应链管理过程中物资供需信息传递不畅，物资调度困难，应急需求保障成本高。当前大多应急指挥机构不但缺乏专业的应急管理训练和演习，而且缺少先进的专业化设备以及工具，应急供应链管理保障工作滞后。

（2）采购。信息不对称导致很难制定出科学的采购方案，采购物资的质量难以得到有效保证。由于应急采购物资种类、数量的不确定性及临时性，应急物资采购无法按照正常采购程序实施，物资采购管理监督方面存在一定的制度缺陷。

（3）仓储。我国的国家级抗震救灾物资储备仓库主要分布在中东部地区，难以实现对中西部特别是内陆偏远地区应急需求的快速响应。当前国家级救灾物资储备仓库储备物资仍然以单、棉帐篷为主，存储的物资种类和数量都偏少。此外，仓储管理及物流设备比较落后，物资搬运装卸机械化水平低，仓储管理整体处于较低水平。

（4）运输。对于本辖区内交通基础设施和运输工具基本情况，各级政府应急救灾相关部门都比较了解，但对外部区域的交通情况缺乏足够的了解，并缺乏与外部运输方式之间的协作练习，且应急物资运输方面的专业化队伍数量较少，应急物资供应单位和运输部门之间的联系较少，存在衔接不畅的情况。信息的不对称，以及应急物资的分割运输，使得各单位在面对地震灾后应急救援工作时很难科学合理组织运输，造成人力和资金的浪费，导致运输成本较高。

（5）配送。配送过程中存在内容上的重复、多方管理、信息报送延迟等问题。当前我国应急物资中各方的应急捐赠占很大比例，由于信息传递不畅、捐赠组织繁多等原因，社会捐助物资在种类、数量和配送时间上存在矛盾。

（6）信息。应急供应链管理的信息化程度不高，信息传递的出错率较高，缺乏必要的信息传递媒介。另外，缺乏统一的应急供应链信息管理平台，很难及时发布供应链相关信息，并实现信息的有效共享，应急指挥机构无法准确掌握地震突发事件的实际情况以及应急物流的运作情况，分析判断失误率偏高。

---

① 方静，陈建. 我国应急物流现状及系统优化［J］. 铁道运输与经济，2008，30（8）：75-78.
② 方静，陈建. 我国应急物流系统构建探析［J］. 交通企业管理，2008，23（8）：1-3.
③ 谢明，邹敏. 应急物流系统构建的措施与策略［J］. 湖南交通科技，2009，35（1）：160-162.

### 3.4.2　地震灾后应急供应链管理组织过程

地震灾后应急物资供应链管理实质上是一个物资供给管理的过程。该过程包括生产、采购、仓储和运输（配送）等几大部分，由此组成应急供应链的结构模型，如图 3–7 所示。

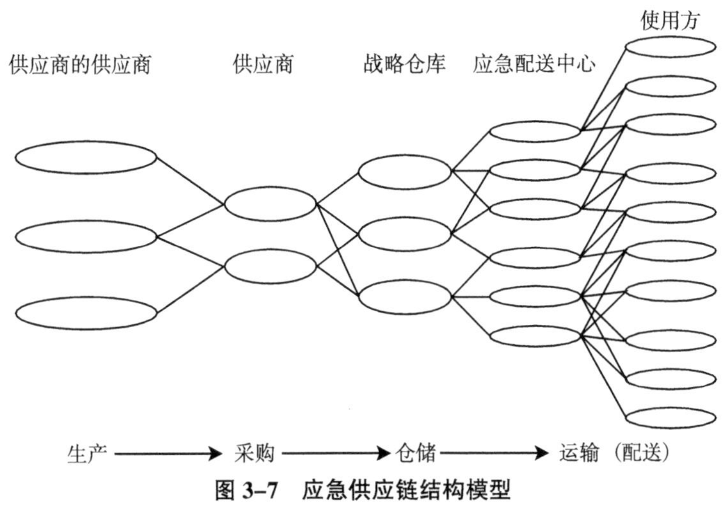


**图 3–7　应急供应链结构模型**

我国的地震灾后应急供应链管理具有较强的政府行政色彩，通过法律制度和政策的引导，反应机制、组织协调、资源综合配置、装备与技术能力、灾前预测、预警、预防、预案以及受灾后的及时救援以及灾后救助恢复工作，需要政府动员自身与社会各个方面的资源，从法律体系、组织体系、指挥体系、装备保障体系、工作体系等层面实施地震灾害的应急救援管理，保障应急供应链管理的功能和效率。在我国，国务院是地震灾害应急处理的最高行政领导机构，统一领导全国地震灾害应急管理工作；国务院应急管理委员会是国务院下设的负责指挥协调地震灾后应急救援工作的机构，在国务院的领导下负责对各部门、各级政府应急救援行动进行组织、协调和指挥；地方政府分级负责所辖区域的地震灾害应急管理处置工作，中央机构为各级政府的应急救援工作提供支持、援助和指导，地方上的各个社会组织配合政府参与应急管理工作。同时，各级政府成立应急管理中心，全权负责指挥处理本区域内的地震灾害预防、救助以及灾后恢复，国务院应急管理中心直接管理各个省级应急管理中心，省级应急管理中心直接管理各市县级应急管理中心，从而形成国家应急管理组织框架，这些机构成为地震灾后应急供应链管理的主体。我国的应急供应链管理实施的主体体系如图 3-8 所示。

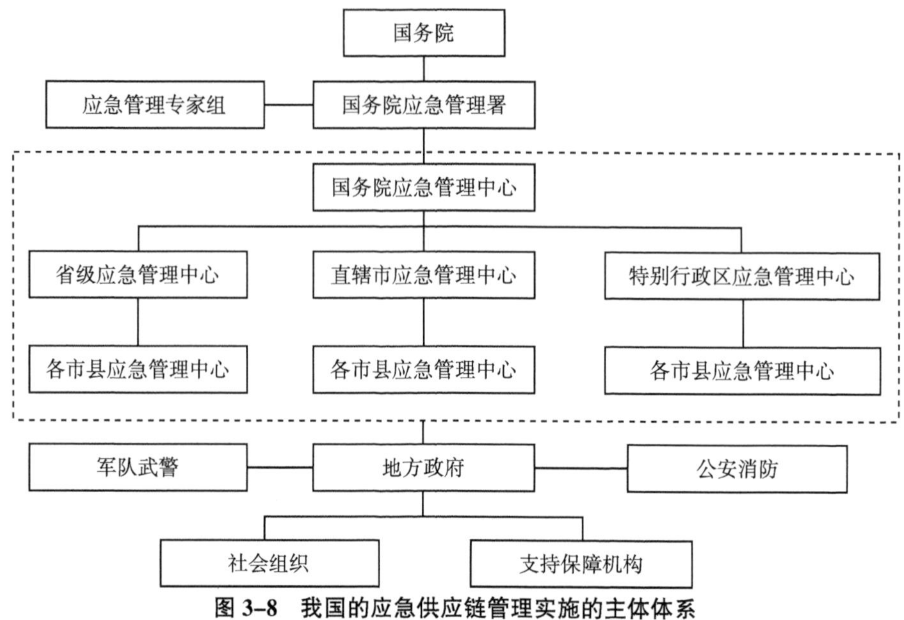


**图 3-8 我国的应急供应链管理实施的主体体系**

与此同时，应急供应链管理是依托现代信息技术对整个应急物资供应链运作过程进行系统管理的方式和方法的总称。应急供应链管理实行的是对供应链整体及各单位成员的全过程、全要素管理模式，具有比应急物资供应管理、应急仓储及配送管理、应急物流管理更宽泛的内涵。

因此，应急供应链管理是一种系统管理过程，它将应急供应链的各个实体单位作为一个虚拟的子系统，又将应急供应链上的各业务环节视为一个整体的功能过程，通过信息集成、资源的多维整合，优化配置应急供应链管理资源，提高应急供应链管理的响应效率和功能水平。根据应急供应链管理的功能、所涉及的业务环节以及破坏性地震的特点，地震应急供应链管理的流程如图 3-9 所示。

### 3.4.3 地震灾后应急供应链管理实施保障

实施地震灾后应急供应链管理，是保证灾害发生时救援及时、物资到位的根本要求，各地各级救援部门应该结合本地实际，制定合理应急供应链管理方法，提高救援效率。为此，应从以下几点确保地震灾后应急供应链管理的实施：

（1）加强供应商管理。抗震救灾工作中物资的到位时间以及物资质量直接影

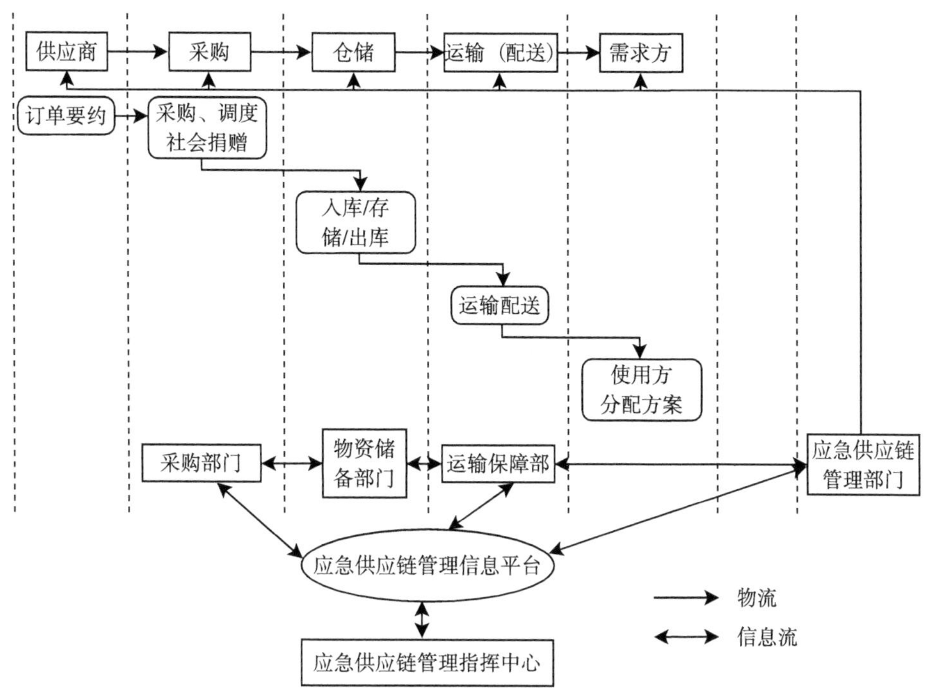


**图 3–9 地震应急供应链管理流程**

响到救援的效果，因此需加强对应急供应链物资供应商的管理，挑选具有规模生产能力和完整运输能力的供应商，以确保物资的及时到位。

（2）完善应急流程管理。确保供应链由头到尾的流程环节，并保证每个流程环节的要素的齐备，保证各基本职能能够顺利实现，使整个应急供应链能够系统工作，各部分协调一致有条不紊，以促进供应链中资源的有效利用。

（3）规范采购管理。采购作为应急供应链的第一个环节，直接影响全局。因此，要规范采购的管理，从全局进行计划，在充分了解灾情和救灾需求的基础上，全方位把握采购策略，整合供应商资源，尽可能使用电子采购等高效方式，提升采购效率。

（4）建设信息平台。应急供应链所面对的自然灾害和突发事件具有较强的随机性，其物资消耗量大，种类复杂，供应链环节较多。因此，必须建立科学有效的信息平台，整合各环节资源，适时反馈，采用物联网、大数据技术、移动互联网等，保证信息平台的及时更新和充分透明，为救援工作提供源源不断的指导意见。

第4章

# 破坏性地震灾后应急物资管理

## 4.1 破坏性地震灾后应急物资概述

### 4.1.1 地震灾后应急物资定义

地震灾后应急物资是指地震发生后，实施救援过程中所需紧急物资，这类物资的时间价值尤其重要。地震一旦发生，受灾区域会在非常短的时间内遭受严重的破坏，人员伤亡和物资损失会在极短的时间内形成。因此，短时间内会产生大量的物资需求，包括救援设备、救灾物资、救灾设施器械等。

地震发生以后，灾区的交通状况会遭到破坏，通信设施也无法正常工作，灾民的基本生活不能得到保障。因此，与灾民衣食住行有关的物资是首要的灾后应急物资，而为了保障诸如食物、水、帐篷等物资能够顺利到达灾民手中的设施设备则是同样重要的应急物资。没有相关的专业工具和设施设备，救灾人员就无法进行有效的救援。而保证救灾人员救援效率的物资，诸如为救灾人员提供的食物、水、医疗器械等，也是必不可少的应急物资。

地震灾后应急物资主要包括三类，即针对受灾人民生活的基本物资、用于救援工作的物资以及保障救援人员救援效率的物资。

### 4.1.2 地震灾后应急物资配置

应急资源配置源于地震灾害中应急资源的稀缺性，以及救援时间的紧迫性，其目的是解决应急资源稀缺性与初期需求不确定性的矛盾。有效的应急资源配置涉及很多方面，所以要给应急资源配置下一个准确的定义是困难的。从总体应急资源配置来看，有应急人力资源、应急财务资源、应急物资资源、应急时间资源等资源的管理；从节点来看，有灾前预防配置、灾中管理配置和灾后维护配置；从部门来看，涉及物资、运输、财务、信息、医疗等所有参与抗震救灾的部门；从过程来看，应急资源配置贯穿于测、报、防、抗、救、援、建等多个环节；从管理层次来看，包括国务院抗震救灾指挥部、国务院抗震减灾工作联席会议、中国地震局、国务院有关部委、减灾专家系统、灾害数据库等在内的国家级灾害管理层，还有省级抗震救灾指挥部、省级防灾减灾工作领导小组或联席会议、省（自治区、直辖市）人民政府；从部门职能来看，有抗震救灾决策指挥部门、职能主管部门、辅助部门。所以，地震灾害应急资源配置过程是一个复杂的，需要科学、高效的指导，并从实际工作中总结经验的过程，配置的主要任务就是在时间、空间、数量、品种等方面合理规划和布局应急资源，使得有限的应急资源在一定时间和范围内能够被更科学、更合理、更高效利用。

作为一类复杂的系统工程问题，突发事件应急物流资源优化配置管理过程具有如下特点：①信息的不完备性。尤其是在灾区信息和在途物资信息都不完备的情况下。②存在较强的时间约束。人命关天，救灾物资运送的分分秒秒都有可能影响着成千上万人的生命。③在途时间的不确定性。由于受到路况等各种因素的影响，应急物资在途时间往往存在很大的变数。④连续性。整个应急物流活动不是一次活动，而是要连续运行。⑤整个应急物资优化配置决策不仅发生在灾难发生时，还包括灾前和灾后的资源准备、救灾结果评价和方案改进时，并且决策按时间范围划分具有层次性。

### 4.1.3 地震灾后应急物资供给分析

#### 4.1.3.1 应急物资供应的组织指挥体系基本建立

目前，我国已初步建立了应急物资供应的组织指挥体系，灾害发生后，往往通过临时设立的物资保障组来保障应急物资的供应。该组通常由同级民政、商务部门牵头，粮食、卫生、财政等职能部门协助，主要职责是协调解决灾区抗灾救灾、城乡居民生活必需品保障和紧急物资供应等重大问题。在我国的应急物资供应管理中，应急管理办公室与民政部是应急综合管理的主导部门，而民政部与商务部则是应急资源配置及供应的实际执行部门。表 4–1 为我国应急物资供应组织指挥体系中的主要负责部门及其具体应急职能，能够得出各职能部门的管理边界与责任划分[①]。

**表 4–1　我国应急物资供应组织指挥体系中的主要负责部门及其具体应急职能**

| | 主要部门 | 具体应急职能 |
|---|---|---|
| 应急综合管理 | 应急管理办公室 | 负责组织编制国家突发公共事件总体应急预案和审核专项应急预案，协调指导应急预案体系和应急体系、机制、法制建设，指导各省（区、市）人民政府、国务院有关部门应急体系、应急信息平台建设等工作；发挥运转枢纽作用，履行值守应急、信息汇总和综合协调职责 |
| | 民政部 | 负责拟定救灾工作政策，建设救灾组织、协调工作，组织自然灾害救助应急体系，组织核查和统一发布灾情，管理、分配及监督使用中央救灾款物。并会同有关方面组织协调开展灾民生活救助等工作。组织和指导救灾捐赠，拟定减灾规划，进行具体的救灾减灾事宜 |
| 应急资源配置 | 民政部 | 承办中央级生活类救灾物资的储备工作，主要包括帐篷、棉被等，并在灾时进行相应物资的供应 |
| | 商务部 | 调查分析商品价格信息，进行预测预警和信息引导，监测分析市场运行、商品供求状况。建立健全生活必需品市场供应应急管理机制，管理重要消费品储备（肉类、食糖、畅销茶、小包装食品等），并负责编制《生活必需品市场供应突发事件应急预案》 |

#### 4.1.3.2　应急物资供应的动员机制逐渐形成

我国的应急物资的动员采用了全社会动员的机制，应急物资动员涉及多个政府部门、相关企业单位，涵盖了社会各阶层。灾害发生后，民政、商务、粮食、卫生等物资保障部门对应急物资供应企业及社会进行多方位的协调，调用储备物资并进行稀缺物资的筹备，保障灾民的基本生活，通过各种渠道筹集而来的应急物资，由部队提供车辆进行运输配送，而应急物资动员中所需资金由财政部门给予适当安排。在我国全社会动员机制下的动员按主体可以分为政府物资动员、企业物资动员及社会物资动员。

（1）政府物资动员。灾害发生后，物资保障组进行民政、商务、粮食、卫生等政府部门的库存的应急物资保障储备资源的协调、调拨与投放。

（2）企业物资动员。由于政府部门的储备资源有限，物资保障部门灾时往往需要与相关应急物资供应企业进行对稀缺物资的紧急筹备；同时政府通过信息引导等多种方式，协调企业对灾区市场的物资投放，保障灾区的物资市场的平稳。

---

① 唐文国. 地震灾害应急物资调度研究［D］. 东北大学，2012.

（3）社会物资动员。政府在灾害发生后，往往进行必要的社会动员，号召社会团体、企事业单位及个人进行物资的捐赠，协调各方面进行稀缺物资的筹备，并投放到灾区。

**4.1.3.3　应急物资储备网络初步建立**

我国的应急物资由各职能部门根据各自的应急目标进行储备，如衣被、帐篷等生活类救灾物资由民政部门负责；商务部门负责生活必需品的储备管理；粮食部门负责救灾粮食、食用油等的储备等，应急物资储备体系已初步建立。

（1）民政救灾物资储备。经过多年的建设和调整，民政部设立了天津市、沈阳市、哈尔滨市、合肥市、郑州市、武汉市、长沙市、南宁市、成都市和西安市10 个中央级救灾储备物资代储单位，但很多地方并没有设立专门的救灾减灾中心及应急物资储备仓库。以某市为例，该市属于中央级救灾储备物资代储单位之一，但救灾物资通常都储备在临时仓库中，储备量较小，种类匮乏，仅有帐篷和棉被。为了改变现状，目前该市正在积极筹建总建筑面积约 15400 平方米的市救灾减灾中心。

（2）粮食部门的粮油储备。

其一，粮食储备。由于粮食安全关系到国民经济发展和社会稳定的全局，全国范围内已建立起较完善的国家—省—市三级粮食储备系统，部分地区还进行了县级储备粮的储备，如安徽省肥东县设有国家—省—市—县四级储备库，其中县级储备粮约有 10000 吨，可满足该县长住居民约四十天的粮食需求。

其二，食用油脂储备。目前，我国食用油脂的来源主要是依靠东海粮油福临门、上海金龙鱼、山东鲁花等国内油脂巨头的企业供应及储备。政府的食用油脂的储备机制尚在逐步的建设中，以合肥市为例，目前正在筹建市级食用油脂储备机制，以提高全市的油脂应急供应能力，逐步摆脱单纯依靠企业供应及储备来满足市场需求的现状。

（3）商务部门的生活必需品储备。

其一，猪肉储备。商务部在全国范围内建立了重要消费品如猪肉等的应急物资储备网络，如安徽省设立起了国家—省—市三级猪肉储备点，并建立了其储备肉的监测系统。

其二，蔬菜储备。目前，我国各省市已形成了以中心批发市场为核心，连接生产基地和零售市场的稳定的“菜篮子”市场体系，逐步构建起了各自的蔬菜储备系统。现有的蔬菜储备主要是通过各中心批发市场与蔬菜基地签订蔬菜储备合同，再根据市场投放的需要给予一定的补贴来实现，储备的种类主要包括耐储备的土豆、洋葱、圆白菜，也包括新鲜蔬菜的储备。

以长沙市为例，马王堆蔬菜批发市场与各蔬菜基地签订供应合同，就地储备辣椒、黄瓜、冬瓜、大白菜、包菜、白萝卜六类蔬菜 20 万吨。根据对合肥市周谷堆农产品批发市场的访谈，该市场也与周边及省内外的相关蔬菜基地进行了重要蔬菜的合同储备，构建起了合肥市的蔬菜储备系统。

在我国的应急物资的储备体系中，中央政府部门虽对粮油、肉类、油料进行了中央储备，在应急响应中会及时地调拨，帮助解决问题，但主要的应急物资供应还是依靠省和市级的储备，中央仅帮助调节余缺。

#### 4.1.3.4　应急物资筹备框架初步形成

我国的应急物资筹备方式主要包括储备调用、紧急采购、资金储备及社会捐赠四种。

（1）储备调用。储备调用是应急物资筹备最快捷的方式。在灾区政府储备调用无法满足灾情需要的情况下，根据应急响应的程度和需求，可以申请上级救灾物资的调用。根据 2008 年雪灾中合肥市猪肉供应的调查，自 1 月 20 日起，该市商务局争取了省级生猪储备 5100 头投放合肥市场，在全市近 60 个储备肉销售点供应。1 月 24 日起，6000 头市级生猪储备也开始投放。同时，又争取到中央储备肉 800 吨（1.3 万头生猪），根据市场供应情况陆续上市，满足了合肥市民的消费需求。

（2）紧急采购。灾害发生后，由财政部门拨款，各职能部门与救灾物资生产厂商签订合同进行紧急购买稀缺物资。目前，商务部已经完成了其应急商品数据库的建设，民政部也于 2008 年 5 月完成了《自然灾害应急救助物资生产商》名录的初步编制，但地方各级政府部门的应急物资生产商名录编制不足，甚至缺乏名录的编制。

（3）资金储备。应急物资的储备成本大，容易造成资金的积压，相关部门进行了一定的资金储备以备灾时紧急采购。我国应急物资的储备资金目前主要存放在民政部门。

（4）社会捐赠。救灾物资中一大部分物资来自社会捐赠，社会捐赠的物资在物资筹备中发挥了重要的作用。2008 年民政事业发展统计公报统计显示：全年各级民政部门共接收捐赠款 470.7 亿元，捐赠衣被 4.9 亿件，其他物资折款 16 亿元。

### 4.1.4 地震灾后应急物资需求分析

#### 4.1.4.1 地震灾害应急物资需求分类

根据 2015 年新发布的《应急保障重点物资分类目录》，应急保障重点物资分为四个层级。第一层级主要体现应急保障工作的重点，分为现场管理与保障、生命救援与生活救助、工程抢险与专业处置 3 个大类；第二层级将保障重点按照不同的应急任务进一步分解为 16 个中类；第三层级将为完成特定任务涉及的主要作业方式或物资功能细分为 65 个小类；第四层级针对每一个小类提出了若干种重点应急物资名称，体现了各类作业所需的工具、材料、装备、用品等支撑条件。在这四个层级中，现场管理与保障类主要涵盖突发事件发生后为维持应急处置现场正常运行所需的物资；生命救援与生活救助类以“人”为核心，主要涵盖突发事件处置中各类人员安全、搜救、救助、医疗等有关的物资；工程抢险与专业处置类紧紧围绕“物”，主要涵盖突发事件处置中交通、电力、通信等基础设施恢复，以及污染清理、防汛抗旱和其他专业处置等所需的各类物资。

#### 4.1.4.2 地震灾害应急物资需求特征

地震灾害应急物资是指地震发生后，造成巨大的人员伤亡和财产损失，从而在短时间内造成对应急物资的大量需求。结合应急物流的特点，地震灾害应急物资的需求特征包括以下几个方面：

（1）突发性需求。地震灾害发生前，不能人为预测发生地点和地震等级，因此受灾面积、受灾人数都是不能提前预测的。相应地，灾区所需要的应急物资的种类、数量也都是突发性的，事先并不能提前精确准备。

（2）紧迫性需求。地震发生后，灾区会在瞬间遭受极大破坏，灾区人民的基本生活难以得到保障，根据“黄金 72 小时”原则，最初三天的物资供应非常关键，往往决定了救援的整体效果。因此，地震灾害应急物资需求具有相当的紧迫性。

（3）不确定性需求。地震灾害的突发性往往带来应急物资的不确定性需求，由于受灾位置、受灾人数都是不确定的，而不同的地区往往又会对物资类型的需求产生影响，所以应急物资又具有不确定性需求。

（4）过量性需求。由于地震抢险救灾所需救灾工作、救灾物资种类繁多且用量巨大，所以应急物资需求量的预测比较困难。而在实际救援中，具体应急物资只能多不能少，因此在应急物资的需求量标准上，不能采用足量标准，而必须采用过量标准，从而具有过量性需求。

## 4.2　破坏性地震灾后应急物资管理模式

地震灾害应急物流中应急资源的管理是指在地震灾害发生后，对应急资源需求分析、筹集、配置、运输和使用全过程的管理。对应急资源进行有效的管理，使各种资源在应急情况下得到合理配置和使用，能够最大限度减少灾害造成的人员伤亡和经济损失。地震灾害突发事件发生后，应急物流中应急资源的管理流程如图 4–1 所示。

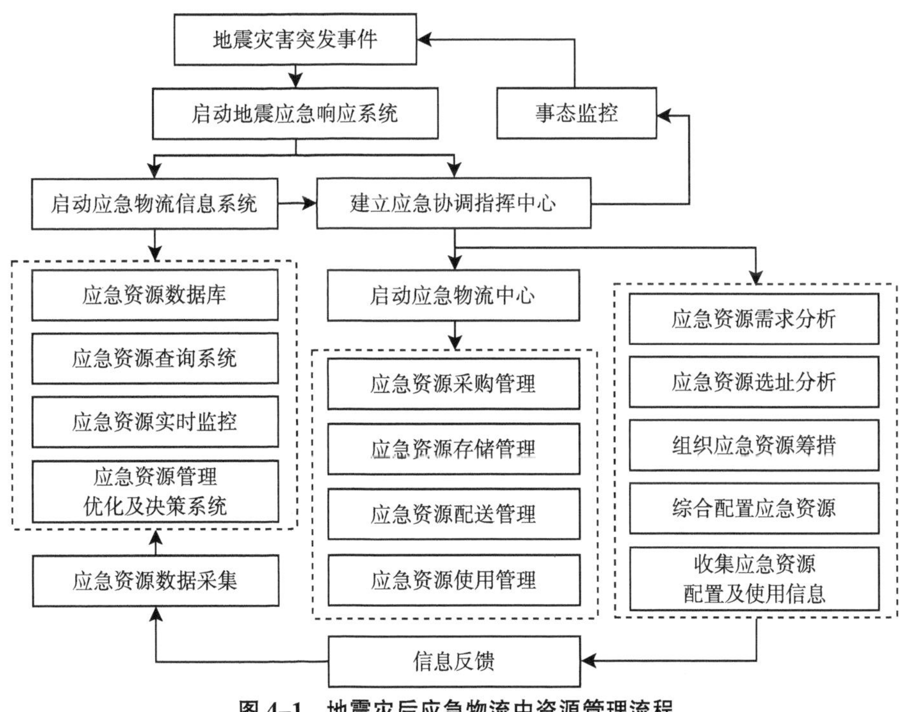


**图 4–1　地震灾后应急物流中资源管理流程**

当地震灾害突发事件发生后，启动地震应急响应系统，包括建立应急指挥中心、启动应急物流信息系统和应急物流中心。应急指挥中心根据地震灾害大小、波及范围和灾害损失程度等，对各受灾区域所需各类应急资源做出初步的需求分析，同时通过应急物流信息系统查询各类应急资源的储备量和分布等具体情况，决定应急资源的配置数量和配置种类等，随后通过各种渠道筹集、紧急配置和调运各类应急资源，直到送达需求区域。通过应急物流信息系统内含的应急资源数据库、应急资源查询系统、应急资源实时监控系统、应急资源管理优化及决策系统可查询、搜索应急物资的各种信息，对应急物资的全过程进行实时监控，掌握最新动态。应急物流中心利用应急物流信息系统查询的信息对应急物资的筹集、配置及使用等各个环节进行管理和监控，并将监控的相关信息反馈给应急物流信息系统，以供应急指挥中心分析情况做出决策。在应急资源管理过程中，应急资源能够达到有效配置及使用的前提是应急服务中心选址要合理，选址问题和资源配置问题是关联的，选址问题根据灾区情况必须考虑到将来的应急资源配置问题。

我国国内的应急供应链建设相对来说还不够完善，但国外一些发达国家已经形成了系统的应急供应链管理模式，比如日本、美国以及欧洲的一些国家，应急物流的发展几乎可以和企业物流的发展相媲美。我国需要借鉴他国的先进经验，学习先进的物流理念，在实际救灾工作中进行应用，尤其发展应急供应链的管理。通过更为条理性的管理使得救灾物流的发展能够适应实时需要，保障救灾工作的开展，避免盲目性和不必要的浪费，实现社会效益。

例如，美国经过多年的努力，已经建立了一套完备的国家级灾害应急计划，一旦发生重大自然灾害，国家会立刻发布通告，进入一个紧急状态，来实施应急计划。美国专门设立了联邦紧急事故处理局进行救灾事务的统筹管理。美国的应急救灾管理不但在事中有效，而且在事前也做了大量的准备工作。在事前，进行大量的真实性模拟演练，运用高科技、高性能的设备，根据实际情况准备不同的救灾方式。并且联邦紧急事故处理局下设其他单位，便于启动应急供应链，进行救灾物资的一系列活动。

日本受地理位置的影响，地质条件比较特殊，经常发生地震灾害，因此，日本重视日常的地震救灾演习，并设立相关机构进行应急管理。日本设立了中央国土厅救灾局，并且根据不同的需要实行分级别管理，每个地方至少分为三个级别，从基础性的防灾计划，到区域性的防灾计划，都有严格的设定标准。日本的应急供应链管理充分利用现代物流发展的一些先进成果，直接派发到灾区，就算是社会或者个人捐赠的物资，也有一套严格的管理方式。根据应急供应链的原则，在灾害发生初期，制定救灾管理办法，采用推动式供应链方式；在灾害发生一段时期后，从政府国家救助为主变为引导群众的自救，考虑灾区实际情况进行援助；在灾害发生的后期，则进行生产恢复，重建家园。每个步骤有条理、有规章地进行，防止灾害的进一步蔓延，保证救灾工作的高效开展。

欧洲国家的应急供应链发展也有一套完整的体系，以德国为例，德国的应急供应链也包括预防和灾情控制两个部分，分别由不同的机构组成，各自负责，分散管理，集中调遣，共同进行救灾活动的开展，相互配合，协调度高。此外，德国的救灾供应链有技术方面的支持，具备专业的抗灾知识和专业救助设备，在救灾物资的供应方面发挥了极大的作用。德国建立了健康促进会，这是一个国际人道主义组织，非盈利机构，每年输送大批救灾物资，避免了时间的延误，并且对物资的存放都有严格的标准。由于德国在救灾方面的准备一向充分，因此，受灾影响也小得多。

在应急供应链的发展上，我国由于起步比较晚，技术不够先进，还处于一个相对落后的阶段。美国在1980年就已经设立了FRMA专门负责应急物资的管理，俄罗斯也在1994年成立了紧急情况部门，但我国还缺乏一个专门机构进行灾害发生前的一些预警演练。这些专门性的正式部门管理，在我国还没有凸显出来，如何启动应急预案，进行救灾物资的筹集和购买以及后续管理和分发事宜，还没有一个完整的供应链来进行规整和协调。

和其他国家相比，我国更重视事中的处理以及灾害发生后如何恢复生产经营活动，而对于整个供应链下的预防预警还比较欠缺。应急物资的准备不足，管理机构分散，设置不合理，这样很难进行抗灾救灾的统筹安排，从而带来一系列问题。我国在救灾过程中的社会参与度不高，日本提倡自救第一，互助第二，而我国在遇到突发状况时，民众的危机意识不强，很容易被动地等待救助，这样就会给救灾工作造成更多困难。相比之下，我国的社会组织和公益团体还不能很好地参与其中。我国的救灾物资管理还缺乏相应的监督，民间参与不够，整个供应链的流程还不够敏捷，也不够透明。针对上述情况，我们要构建一套适应中国国情的应急供应链管理办法，保证救灾物资顺利安全到达，为救灾工作保驾护航。

### 4.2.1 应急物资采购管理

(1) 加强应急物资准备。在应急物资采购方面，首先要有一个物资采购计划，加强物资准备，主要包括以下几个方面:

首先，我国应该建立一个统一的应急物资管理机构，实行部门分管制，由专门的机构设定应急物资采购计划，防止突发状况的盲目无序，并且进行及时反馈，直接对应急指挥总部负责。

其次，为应急物资采购做好资金保障。目前我国尚未建立专项基金进行物资采购，仅仅是财政部拨款，随拨随用。我国应按照规划设定一个专门的基金，每年进行划款，专款专用，为应急物资的购买提供资金保证。并且吸收社会参与，企业可以进行参与，社会团体进行监督，保证公开透明。

最后，我国物资的准备方式相对来说比较单调，以政府指定为主，缺乏企业、社会团体以及企事业单位的参与。因此，政府在指定采买计划的同时，可以兼听多方意见，积极促进与社会的合作。在进行采购前，国家可以签订生产储备合同，防止来不及采购的情况出现，并且根据多方意见进行物资的准备工作，切忌“一刀切”情况的出现。

(2) 提高物资购买的效率。我国在进行应急物资采购时，由于目标不明确，在时间上就会拖延。为了保证救灾工作的顺利进行，必然要提高物资购买的效率。一方面，要提高购买资金筹集的效率。我国的慈善机构大多具有官方背景，民间组织尚不成气候。因此，资金的筹集速度慢，效率低。我国应该广泛促进民间组织的设立，进行专门审计工作，防止与政府出现大幅度交叉。另一方面，加快资金筹集的步伐，拓宽自己筹集的渠道，加快救灾物资的实时性采购，以此来提高物资购买的效率。通过拓宽渠道，引入多种购买方式，避免单一化造成效率流失。

### 4.2.2 应急物资运输管理

#### 4.2.2.1 精简应急物流供应链组织

在应急物流供应链管理中，精简应急供应链组织，提高运输效率。一方面，建设强有力的核心机制，为应急物资的运输作保证。另一方面，还要在整个应急供应链的过程中精简结构，满足应急物流对时间的需求，尽量压缩时间，减少过程中的参与者不断加入，避免拖延。在应急物流供应链组织的过程中，充分与第三方物流企业及专业特种物流企业合作，通过这种方式精简供应链，达到救灾物流运作的目的。

#### 4.2.2.2 优化应急物资运输流程

应急物流管理的主体就是流程管理，通过运输流程来完成目标，尽可能快地把物资送到目的地。因此要优化应急物资的运输，从整个供应链的角度进行考虑，不但要考虑实时参与者，还要考虑到协调参与者，综合进行物资运输的整个流程。

（1）建立应急物流转运中心。为了实现应急供应链上物资的流动，要建立物流供应链的各个节点。在灾区以及灾区附近建立应急物流配送中心，物资筹集后，经过各个节点将物资运入，然后再分往各个目的地。建立应急物流运转中心，当外地运入大量应急物资时，可以减少运输距离，便于分发拆包处理，进而优化整个运输环节。此外，一个应急物流转运中心的建立，还方便有些时候共同参与配送，防止物资在运输过程中出现问题，便于及时补救。

（2）优化应急物资运输环节。优化应急物资的运输环节，减少对时间和费用的浪费。应急供应链管理强调考虑价值，救灾物资的管理虽然表现出弱经济性，但还需要考虑社会价值，剔除浪费环节，简化无价值的流程。对于应急物流来说，花费的人力、物力以及财力都是价值的体现，因此要基于时间的角度进行考虑，既要简化运输途中的环节，也要保证运输的质量，合理规划，协调管理。从整个供应链的角度进行优化整合，实现整个流程的控制与管理。

（3）建立应急物流信息平台。信息不对称是应急物流失效的主要原因之一，根据供应链管理理论，信息有效才能满足流程的运转。如果有效的信息不能向外传递，信息缺乏实效性，那么它的价值就会降低。因此，在整个应急物流的运作中，保持信息的高效与流畅，建立有效应急物流信息平台，方便信息的传达，有利于应急物流的运输工作顺利进行。

（4）重视逆向物流。在整个应急物流运作过程中，既存在正向物流又存在逆向物流，但逆向物流常常被忽视。在突发状况下，不仅有大量救灾物资的流入，同时还有一些毁坏物品的流出，因此，不能单一地把眼光放在物资流入上，还应发展应急物流中的逆向物流，为灾区恢复发展提供方便。

第5章

# 破坏性地震灾后应急供应链流程管理

供应链是由一系列的流程和流组成的，它们发生于不同的环节之内和不同的环节之间，二者通过相互结合来满足消费者对产品的需求。供应链管理是以实现供应链一体化运作为中心，其实质是对供应链流程和流的优化管理，因此，本章的重点是分析供应链管理过程中的各个流程，以及蕴含于不同流程内的物资流、商业流、信息流和资金流，通过对上述内容的分析奠定地震灾后应急供应链流程改善分析与设计的理论基础。最后，本章还系统分析了地震灾后应急供应链流程管理的现状，提出了流程管理改善思路，并根据改善思路设计了新的流程管理模式。

## 5.1 地震灾后应急供应链流程管理现状分析

### 5.1.1 现状分析

供应链流程管理是一种基于结构的标准业务流程来提高供应链的性能的系统性方法[①]。随着网络技术的快速发展以及经济全球化的快速发展，虚拟组织不断涌现，流程管理的内涵也不断扩展[②]。供应链管理本质上是一种跨企业流程管

① 杨瑾，尤建新，蔡依平. 供应链流程管理中的知识集成研究［J］. 科技进步与对策，2007，23（12）：120-122.

② 孙云展，陈宏. 基于应急供应链的救灾物资管理流程的设计与实施——以汶川地震为例［J］. 物流科技，2009，32（8）：42-46.

理，流程管理除了提高单个进程的性能之外，已成为供应链中经营管理的重要手段[①][②]。

我国对灾害应急供应链管理的研究起步较晚，研究成果也不显著。但经过专家学者的努力[③]，近年来我国关于灾害应急管理理论的研究与实践取得了长足的进步，积累了很多有益的经验[④]。

地震灾害的应急供应链流程管理可以分为三个阶段，如图 5-1 所示，第一阶段属于震前的应急准备阶段，此阶段是预防阶段，起到事前作用。第二阶段是灾时阶段，在这个阶段以应急救援为主，起到保障灾区人民基本生存生活的作用。第三阶段是灾后阶段，这个阶段主要从事灾后重建工作，恢复灾区的正常生产生

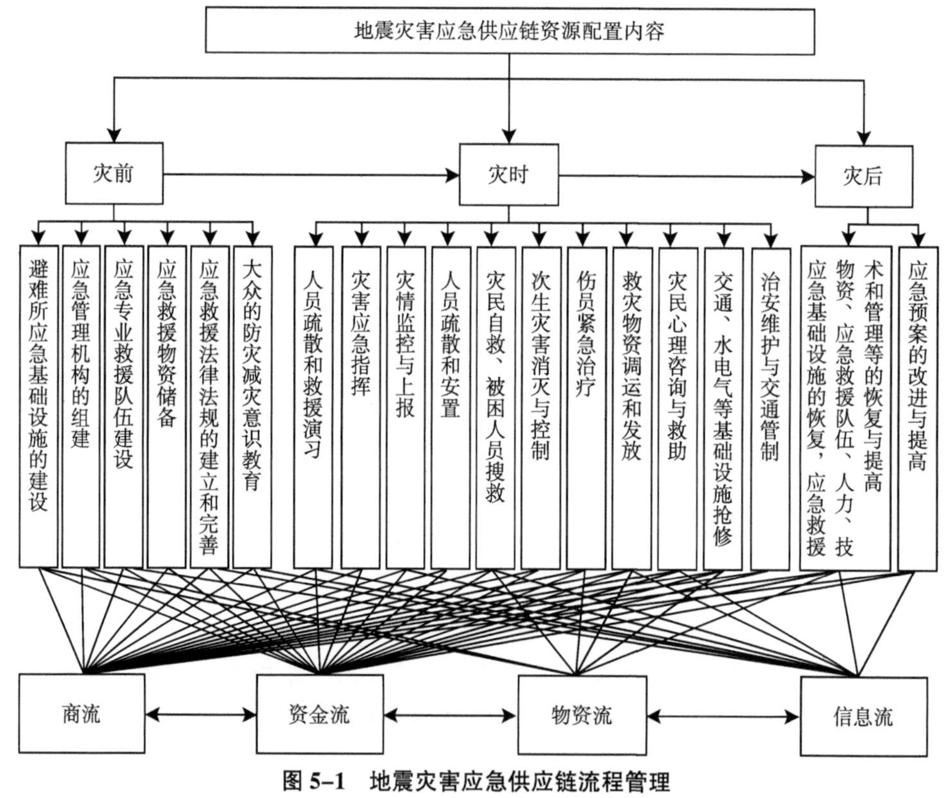


**图 5-1　地震灾害应急供应链流程管理**

---

① 谈胜彪. H 公司集成供应链流程设计与流程管理实证研究［D］. 复旦大学，2008.
② 杨瑾，蔡依平. 面向供应链流程管理的知识整合研究［J］. 现代管理科学，2006（1）：53-54.
③ 何鲜利. 基于地震灾害突发事件的应急物流资源配置研究［D］. 燕山大学，2009.
④ 蔡鉴明. 地震灾害应急物流时变性及可靠性相关问题研究［D］. 中南大学，2012.

活秩序，起到使人们走出灾难阴影，恢复经济，稳定社会秩序的作用。

### 5.1.2　现状思考

地震灾害救助成功很大程度取决于其应急供应链流程管理，目前我国应急灾害供应链的主要流程是由政府统一决策，各个部门按照相应职能与分工互相配合。这套体系在实际救灾过程中表现出了积极的作用，但仍存在如下问题：

（1）信息不通畅。救援中需要准确、实时的应急救援需求信息，但这些信息几乎无法收集。地震应急救灾物流不同于一般商业物流，一般商业物流中需求信息（例如产品订单）由客户积极直接地提供，而地震现场救援需求信息的来源可能是有限的，直接后果几乎无法辨认。大多数地震灾害中，在紧急情况下，这种现场的救济需求的信息，可能不会被受灾群众积极和及时地提供。此外，地震灾害应急物流所需要的救灾需求信息是一种总需求信息，而不是在商业物流中常规处理的分类需求信息。在某种程度上，由于缺乏可供参考的时间序列历史数据，这种救济供求信息相当模糊，而且很难预测。因此，它可能会进一步引出实时救济需求预测这样一个具有挑战性的问题。

（2）人员和物资准备不充分，国家仓库储备不足。中国的救灾物资主要来源于中央救灾物资储备库和社会捐赠，配送物流中心集中在北京市、上海市等 10 个城市，仓库储备物资单一，在灾害严重时，外界的储备在数量上和种类上不能满足灾区的需求。

（3）地震灾害应急供应链中资源管理仍然具有挑战性。由于相应的资源来自公共和私营部门，不同于在商业物流中，相应的业务资源，如集装箱、模式和服务器，对于物流供应商众所周知和易于控制，地震灾害应急物流的业务环境是错综复杂的、不确定的，始终需要协调公共部门和私有部门的物流资源以避免在灾害期间资源被任意分配。此外，在紧急情况下，救济供应商、物流服务商和受灾人员之间的通信失效是另一个使救灾资源协调变得相对棘手的因素。

综上所述，国内地震应急供应链流程管理领域的研究目前仍处于发展起步阶段，把物质流、商业流、信息流和资金流等一般理论应用到地震应急管理机制中，开展地震应急供应链流程管理的深入研究势在必行。

## 5.2 地震灾后应急供应链流程管理改善思路

地震灾害的影响范围广，对人民的精神及财产损失大，造成的损失严重，我国是地震频发国家，如何最大限度地降低地震灾害给我们带来的损失，确保灾区群众的生命安全，促进灾区经济恢复与发展至关重要，这些都需要完善的灾后应急供应链流程来实现。

应急供应链流程管理依靠供应链物流的功能体系，把应急物资采购配送仓储等功能串联起来达到协同，提升应急救援的效率，使得地震灾害和其造成的损失得到有效控制。

根据我国地震灾后应急供应链流程管理现状，一些问题亟待解决，如何有效改善供应链流程管理中存在的问题关系到地震灾后救援的成败。下面将分析供应链流程管理的计划，供给与需求，物资采购、配送、接收、仓储、使用等几个供应链流程，为改善管理现状提供思路。

### 5.2.1 发挥政府职能，建立科学完善的灾前体系与计划

由于地震灾情的突发性和不可预测性，灾后应急物资的规格、数量，发放区域、范围，道路运输等各方面抢险救灾任务也变得不确定，要先天下之忧而忧，建立一套行之有效的应急响应机制，预先制定应急供应链流程计划，让地震灾害变得有“计”可施，地震灾后应急供应链流程管理计划见图 5-2。

（1）应急机构建设不完善，部门分工不明确的现状，导致了灾后应急滞后、延误救援时间、灾后安置不当等不良后果，因此，政府要转变传统救灾理念，进行救灾机构优化改革，明确部门分工，责任落实到人，提高应急效率，简化救灾程序，发挥政府集中办大事的优势，多种应急方式并举，提升应急理念。

（2）地震灾后应急供应链流程管理不仅要在地震灾害发生后对应急资源进行需求分析，进行采购、运输、分配、使用的管理，还要在灾害发生前就有计划地在灾害多发地以及全国各地设立防灾减灾保障中心，加快各种防灾减灾设施的规划与建设。使灾后群众有可以避难的场所，当灾害出现时有防灾减灾中心实时支

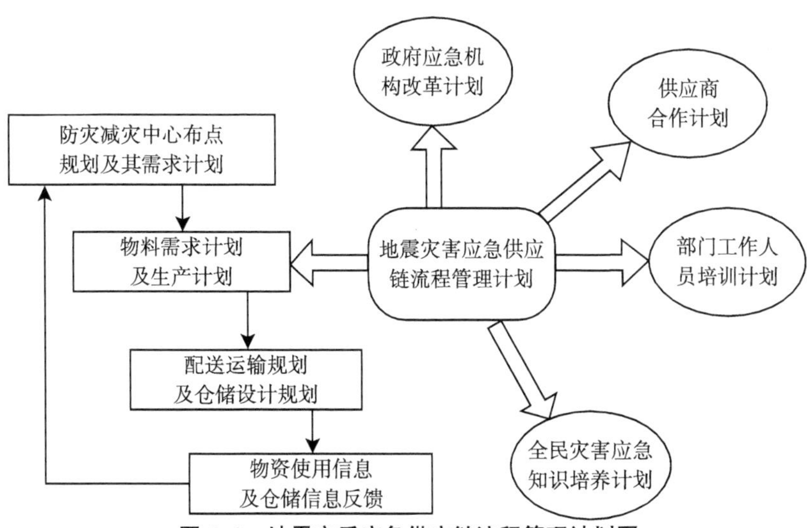


**图 5-2　地震灾后应急供应链流程管理计划图**

持。同时应注意从以下几个方面维持防灾中心一定的物资保有量：①根据中心的需求制定物料需求计划和生产计划，安排生产储备物资。②根据历史灾害数据制定调配运输及仓储计划模型，以便灾害突发时使用。③制定灾害信息数据库计划，对物资使用信息，定期更新数据反馈物资储备情况，对与灾害相关的数据进行统计分析以便研究，产生物资缺口时及时反馈给防灾中心，制定需求计划，安排生产。

（3）要制定与供应商的合作计划，维持与相关供应商，如食品、医疗救护、地震抢险救援类应急设备等的合作，一旦出现灾害资源供给不足，通过合作计划及时满足灾区物资供应。还要制定应急相关部门工作人员的培训计划，加强其专业性，面对灾害时能够从容响应。人民群众预防地震灾害的意识不强，缺乏安全防范的知识和技能，要改善这些不足就要培养全民灾害应急意识，加强网络、媒体等渠道对此类知识的宣传教育，在学校、社区、单位等经常组织地震灾害演习。

### 5.2.2　根据需求，科学供给，达到供需均衡

（1）地震灾害的突发性和破坏性在短时间内造成对应急物资的大量需求，为保障灾区物资供需平衡，要实现有计划的生产，有组织的供给，避免出现供不应求及资源浪费。地震灾害发生后，应急物资需求种类多、数量大，信息不对称，因此要在需求预测的基础上与应急物资生产厂商做好沟通，批量生产，保障物资

供应的数量和种类。

（2）分清急需和非急需物资，科学供给。非急需物资供给过多会造成资源利用率不高和应急机会成本的浪费，而急需物资供给不足会给救灾带来巨大困难。

（3）针对应急的不同对象的不同需求，合理配置资源。地震灾后应急物资分为指挥类、救生类、抢险类、生活类、工作类、公用类，不同类别的人员就有不同的应急物资需求，应通过这些需求有针对性地安排物资的使用调配。例如对现场指挥人员就要配给所需的指挥类应急必备物资，对受伤群众就要配给所需的急救和卫生防疫物资，对灾区群众就要配给日常生活类物资等①。

### 5.2.3 健全采购制度，保证采购质量

（1）采购是应急供应链流程管理的重要环节，由于地震灾后采购的临时性，救灾任务繁杂混乱，为使应急物资采购有序进行，应建立一套完善的应急物资采购制度，在抗震救灾的特殊环境下，有效组织政府、企事业单位、供应商等的协作，完成应急物资采购。对社会团体以及人民群众、志愿者的分散采购和捐赠，应及时接收，严控物资质量。

（2）按照地域不同、季节不同，采购数量、规模、紧迫性不同进行资源购置，物尽其用。例如，在南方与北方、冬季和夏季要有针对性地采购，不能出现冬天采购凉席、夏天采购棉衣的情况。

（3）加强灾后信息沟通反馈，制定科学采购方案。在紧迫的应急物资采购情况下，分析救灾物资需求，做出采购决策，迅速行动，根据采购需求计划合理使用采购资金，在采购中及采购后对采购物资的质量、有用性、使用效果进行监督和控制。

### 5.2.4 高效配送，加强交通保障

（1）加强各部门的协调合作。配送体系的不科学、无系统性也给灾后应急供应链造成阻碍。因此，要本着快速、就近、专用的原则，完善配送体系，协调政府部门、企业单位、仓储部门、道路运输等部门的协同合作，各司其职又相互联动，确保配送环节顺利科学的进行。

---

① 赵刚，周鑫，刘伟. 物流管理教程［M］. 上海：上海人民出版社，2007.

（2）保证各部门的配送调度。要求各部门及时响应调配物资做出配送安排，提高配送的信息化程度，提高资源配送的质量，保证其品质优良，防止在运送途中变质受损。总之，地震灾后应急供应链物资应当科学有序组织到位，及时配送到灾区。

（3）拓宽各部门的救援渠道。地震灾害破坏性大，波及范围广，造成大面积道路损毁。地下管线破坏道路、沿街建筑物坍塌损坏道路、受灾避难人群使交通拥堵、交通指挥瘫痪，给灾后应急配送工作带来不便，而应急供应链的配送环节具有很强的时效性，要在安全的前提下保证道路抢修速度，进而保证资源的可达性。通过多渠道运输，如使用直升机、增加航空航班等可用运力，动员社会力量，如发动群众分散分批运送，以此达到高效配送的目的。

（4）保证交通道路设施质量。对原有道路抗震能力进行全面检测加固，甚至重建，对在规划中的、在建的道路增加或升级抗震标准，严格检测验收程序。

### 5.2.5　物资接收透明化，做到安全有序

（1）要统一有序地接受、管理国家调拨物资。因为国家在灾情发生后会在第一时间调拨物资至灾区，为了使物资的接收有条不紊，应在地震灾害发生后、调拨物资到达前做好物资接收准备。在这段空白时间里就近安排物资放置场地，与集体或个人协调，征用学校、体育馆、广场或私人仓库等场所，之后再做补偿安排。物资到达时，由成立的抗震救灾指挥机构组织登记备案，以便于接下来的配拨发放。严禁非相关部门接收救灾物资，避免多头办事，接收混乱。

（2）合理安排社会援助物资的接收，因为社会物资到达时间不明确、不统一，要做好安排准备随时接收，准备好物资放置场地，专人负责，对社会物资同样要做好登记备案手续，与国家调拨物资一起统一发放。

（3）建立调拨救灾物资、捐赠物资、捐款财务制度并严格按照制度执行，管理好物资接收过程中的票据单证及合同，尤其是捐赠的药品要有国家质检合格证书，防止假冒伪劣商品及不合格药品、器械流入灾区危害群众。同时要做好灾后财物安保措施，同公安机关、武警、部队积极配合，防止哄抢、盗窃、私藏专用救灾物资的现象出现。

### 5.2.6 改善仓储管理，保证资源获取的便利性

（1）要改善应急物资仓储管理混乱的现状，就要建立相应的应急物资仓储管理制度，使仓储管理标准化、统一化，既简化普通仓储管理的烦琐手续，又达到应急仓储的特殊目的。定期更新仓储物资，使应急物资储量维持在一定水平上，与信息部门动态结合，对物资情况做到实时监控，心中有“数”，实现数据共享，全国联网，及时调配。

（2）按照应急仓储管理规范安置物资。库存物资按照生产日期、物品属性、保质期等不同规格、种类分类分区码放，需要特殊防护的物品（如药类、精密器械）要保证防护条件，杜绝因保管不当造成物资损失。

（3）注意仓库干燥通风，预防火灾等安全问题，改善产品包装设计，针对不同的物品考虑增加防水、防潮、防霉、防磨损等功能，设定救灾物资统一包装尺寸及规格标准，注意包装材料的环保性。有效控制物资发霉变质、破损老化、计数不清等问题，以使救灾过程便利化，改善物资保存效果，使灾后环境好治理。

（4）救援指挥部门安排专门人员管理仓库，在岗人员应是具备应急救灾及供应链仓储管理知识的、进行过岗前培训的专职人员。

（5）对灾后临时调拨物资和临时仓库的管理也应遵照上述仓储管理规范执行，不因临时性而混乱无序①。

### 5.2.7 物资使用避免浪费，共同监督

（1）合理安排使用救灾物资，均衡配置资源。按照群众需求的不同，照顾老弱病残孕，做到每一个灾区群众都能得到所需的生活必备品和必要的医疗救治。

（2）及时整理群众接受物资信息，实时建立物资发放、使用数据库。

（3）应由纪检监察部门配套制定抗震救灾物资使用监督体系、抗震救灾资金使用审计体系，使救灾物资用于灾区，救灾资金花在灾区。各救灾相关部门积极配合纪检监察及审计部门的监督、检查。对于私自挪用救灾物资、捐款、资金的单位和个人应按有关法律法规予以严惩。

（4）相关部门设立投诉机制，对物资、资金使用情况定期公示，灾区群众对

① 曹旺. HN 省民政救灾物资储备中心库仓储标准化问题研究［D］. 北京交通大学，2015.

物资使用不当、分配不合理、私自挪用占用等问题进行监督和投诉，对群众的投诉举报要重视，情况属实的采取措施制止惩戒[①]。

## 5.3　地震灾后应急供应链流程管理模式设计

供应链运作参考模型（SCOR 模型）为地震等破坏性自然灾害提供了供应链快速描述、建模及学习交流的工具。SCOR 模型是同类中唯一能够集成业务流程重组、标杆设定和最佳业务分析等元素及独立机构之间供应链评估方法的模型，其衡量指标体系提供了供应链评价及快速确定改进机会的方法，其最佳表现及特征描述为地震灾后应急供应链流程管理指明了努力方向。根据前文的分析以及改善措施的提出，本书采取基于 SCOR 模型设计的应急供应链流程管理模式。

### 5.3.1　SCOR 模型介绍

SCOR 模型由美国供应链协会提出和发展，包括横向和纵向的流程结构，其立体性和全面性能够有效完成流程重组、逻辑分析，是设计供应链流程、分析供应链效率和业务重构的重要工具。

SCOR 的横向流程结构包括计划、采购、生产、配送和回收五个基本管理流程。其中，计划包含根据总体战略决定的生产计划、需求计划、销售计划，以及对采购和生产的决策、供应链设计计划、资源管理计划、运营计划等；采购、生产、配送则是计划的实施阶段，采购又包含物料采购、供应商选择，包括合约管理、运费条件管理、物流规格管理等，以及货物的接受、检验、发送等；生产则是由物料领取开始，包括产品制造、产品检验、生产过程管理、生产制度管理、生产设备管理、出货管理等；配送则包括订单管理、库存管理、运输配送管理等板块；回收则包含退货流程管理、回收运送管理以及和供应商的沟通等[②]。

---

① 孙云展，陈宏. 基于应急供应链的救灾物资管理流程的设计与实施——以汶川地震为例［J］. 物流科技，2009，32（8）：42-46.

② 卢海. SCOR——国际标准化的供应链流程管理［J］. 中国物流与采购，2003（15）：8.

该模型的纵向流程可以划分为三个基本层次和一个附加层次。第一层为五个基本流程；第二层则是流程的配置层，由 30 个核心流程构成，可以从中选择合适的流程单元，设计符合计划要求的供应链；第三层则是第二层的细化和分解①。SCOR 模型的流程结构如图 5-3 所示。

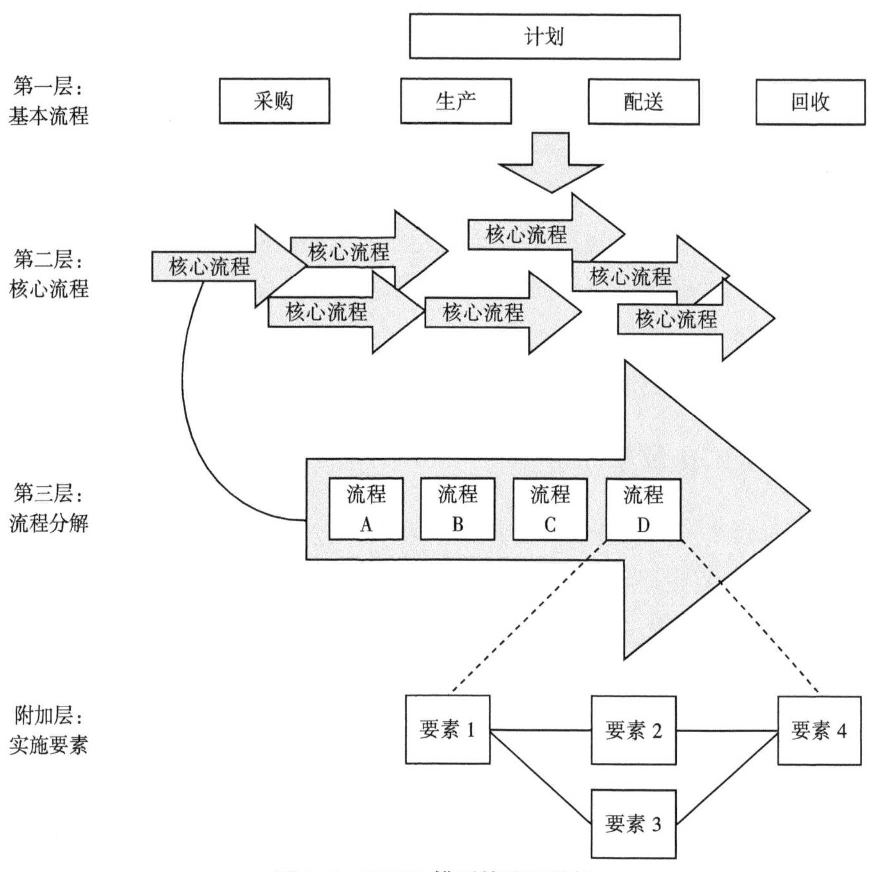


**图 5-3　SCOR 模型的流程结构**

### 5.3.2　应急供应链流程管理设计基础

区别于普通的企业生产供应链，应急供应链的特征已在前文有所阐述。因此，针对应急供应链流程管理设计，首先需要完成我国背景下地震灾害应急供应链流程管理的三个基础。

① 揭晖，黄培清，张存禄. 基于 SCOR 模型的供应链建模方法［J］. 工业工程与管理，2004.

（1）设立一个统一的抗震救灾应急指挥中心。一个统一的指挥中心是管理所有流程的核心和基础。指挥中心不仅负责统筹规划灾区各个地方单位和军队各部门的应急资源，还将接受来自外界的捐赠资源以及采购资源。同时，指挥中心负责将这些资源的存储、调度、采购、包装、信息流传递有机结合起来，使效率达到最优。建立统一的指挥中心有以下几个优点：①以指挥中心为核心的供应链流程采用了星型结构，避免物流、信息流的重复传递，缩短传递时间，大大提高救援速度；②对于物资和捐助款项进行统一处理，可以减少中间环节，避免因为环节过多导致的失真，从而防止部分腐败分子从中牟利，简化后的环节也便于进行管理和监管，使抗震救灾中的物资使用更加透明；③统一进行采购和生产，可以取得规模经济效益，节约救灾开支，将更多的资源用在更紧急的关节；④统一进行物资的运输和分配，便于科学地安排运载力，充分利用运载空间，减少配送压力，降低救灾成本；⑤统一的指挥中心，拥有更大的权限和视野，能够充分利用灾区附近的可用资源，避免因权责问题耽误救援时间；⑥对所有信息流统一处理，能够使灾区市场信息尽可能公开，避免部分投机分子扰乱市场，利用供需不平衡牟利[①]。

（2）在指挥中心统一调度下合理使用军队资源。不同于普通供应链流程管理，我国背景下的应急供应链流程中往往有军队的参与，而军用物流和军用信息流具有其更加迅速、更加安全高效的渠道[②]。在地震灾害发生后，军队能够比民间物流和专业物流更快进入灾区，不仅能够搭建信息交流桥梁，安定民心，还能够为其后更庞大的物流队伍铺设信息流交换基础，根据灾区具体情况安排物流路线等。在军队物流资源做好准备工作以后，应由更庞大的民间物流和专业物流主导救援工作，同时接纳志愿者队伍，军队从旁进行指挥和调度，实现军民合一，提高救援效率，减少救援成本。

（3）传统信息传递与现代化信息技术结合。应急状态之下，民用信息交换渠道往往受到不同程度的破坏，难以投入使用，因此，需在修复之前引入传统的信息传递方法。如果在指挥过程中信息不通畅不透明，甚至信息丢失，将成为整个应急供应链效率的约束和限制。因此，在IT技术能够投入信息交互之前，需要

---

① 邓琪. 从汶川地震看应急物流体系建设［J］. 特区经济，2008（12）：299-300.

② 杨海龙，邓琪. 如何快速建立震后应急物流体系——对“5·12”汶川大地震的深度思考［J］. 商品储运与养护，2008（5）：17-19.

引入传统票据。

流程中的所有票据必须依据每个流程的项目来设计，必须包含物资的名称、种类、数量、价格以及交换的时间、地点、接收人等所有信息，采用多联的票据形式，确保反馈，且由指挥中心保存一联，明确所有物资的接收人、发出人、使用途径、存储方式等，以保证物资信息的公开透明，便于监督和审计结算。票据的设立除了增加透明度，还能通过接收单位的确定将责任分配落实到各个单位，保证了救援工作中责任的明确和工作的效率。

### 5.3.3 基于SCOR模型的应急供应链流程管理设计

为解决应急供应链流程管理中出现的问题，下面基于SCOR模型分别从三个层面进行应急供应链流程管理设计。第一层为应急供应链基本流程设计，从计划、调度、储备、运输和回收五个方面对应急供应链基本流程进行说明；第二层为应急供应链的核心流程设计，在第一层的基础上，对五个方面进行更精确的维度剖析；第三层为应急供应链的流程拆解，在第二层的基础上，具体分析每个核心流程的相关因素，使得应急供应链的流程管理更具可操作性。

#### 5.3.3.1 第一层——应急供应链基本流程设计

前文说明了在我国背景下抗震救灾中国家、军队等的参与，因此，对于第一层的设计，不能再简单划分为计划、采购、生产、运输、回收这五个基本流程。所以，对五个流程进行以下修正：

（1）计划流程。该流程是其他四个流程实施的参照和依据，虽然应急救灾与企业经营有所不同，但是计划的重要性却是不会变化的。总体的救援计划、局部的救援计划、长期的救援计划、短期的救援计划，以及对于人员的调度分配、资源的筹措运输，都需要有短期的计划和长期的计划作为依据，局部的计划都必须为整体的计划服务，短期的计划都必须达到长期计划的要求，因此，本书将计划纳入基本流程。

（2）调度流程。不同于企业生产，应急供应链中的物料和资源原材料等，并不能单纯用采购的方式来解决，还涉及对于受灾周边地区的物资调度和人力资源调度，以及军队资源的投入。根据救援“黄金72小时”原则，第一时间最重要的救援需要依靠军队，而供应商的资源提供更多的是补充，在救援后半段供应商才会成为一个主要的资源提供方。因此，本书采用的是调度流程。

(3) 储备流程。在企业中，接收生产原料之后会进行生产，但是应急供应链所能提供的时间较短，临时生产往往是来不及的，因此在基本流程中本书采取的是储备流程，一方面储备来自供应商的资源货物，另一方面储备来自各个地区、部门的物资调度，以代替耗时较长的生产过程。

(4) 运输流程。由于抗震救灾的特殊性，该流程首先考虑时间问题。

(5) 回收流程。在应急供应链中，每一份资源都应该合理适量地投入使用，对于过量投入的资源，应该予以回收，第一层的流程管理模式见图 5-4。

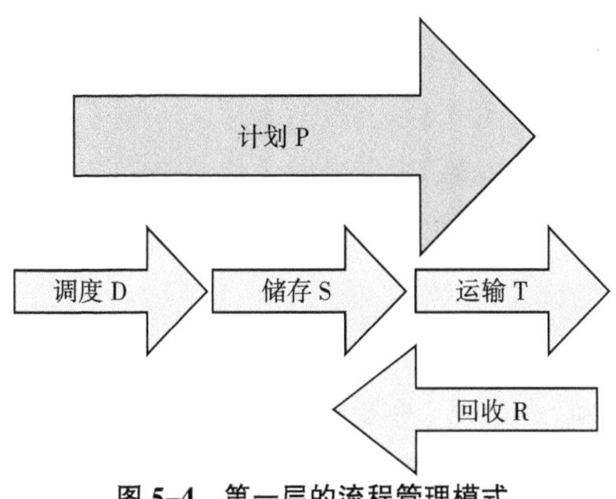


**图 5-4　第一层的流程管理模式**

#### 5.3.3.2　第二层——核心流程设计

(1) 将计划流程划分为四个核心流程：

P1 调度计划。包括计划所要调度物资的来源、部门，以及调度的时间，从每天到每月以及每年的计划分配，并且包含供应商选择的计划以及从供应商获取物资的各项计划。

P2 储存计划。计划所获物资的合理储存，包括存储地点的选择，存储成本的控制，存储物资的种类、数量等。

P3 运输计划。计划物资运输路线、运输时间以及运输数量等，以尽可能快的速度完成物资配送。

P4 回收计划。计划物资的回收和废物再利用。

(2) 将调度流程划分为两个核心流程：

D1 特殊调度。负责对紧急物资的调度，包括利用军队进行的物资调度和对志愿者的调度，这部分调度将时间放在首位，在 72 小时内尽可能实现更好的救援效果。

D2 普通调度。负责对于时间上更缓慢的物资和人力资源的调度，包括市场上采购的物资以及各地捐赠的物资的调度，同时对于这部分资源进行保管、验收等工作。

（3）将储存流程划分为两个核心流程：

S1 周边地区储存。在地震灾害易发地区做好一定的储存工作，对于一些紧急的物资应该提前建立仓库以确保救援工作的及时展开。

S2 军队储存。在各个军区储存足够的资源，在保证军队开支使用的同时，为抢险救灾行动提供后备支持。

（4）将运输流程划分为两个核心流程：

T1 中心运输。从指挥中心向灾区发散式的运输。

T2 外围运输。从外界向灾区内部和指挥中心运输物资。

（5）将回收流程划分为两个核心流程：

R1 过量物资回收。对于使用不当和使用过量的物资进行的回收。

R2 废物再利用回收。对于一些尚有利用价值的废物废料进行回收利用。

#### 5.3.3.3 第三层——流程拆解

（1）调度计划。P1.1 物资和资源需求确认；P1.2 物资和资源来源确认；P1.3 物资和资源调度时间确认；P1.4 物资和资源数量确认。

（2）储存计划。P2.1 物资储存地点安排；P2.2 物资储存数量安排；P2.3 存放仓库修建安排。

（3）运输计划。P3.1 载力安排；P3.2 运输路线安排；P3.3 运输时间安排。

（4）回收计划。P4.1 回收种类确认；P4.2 回收数量确认；P4.3 回收技术安排。

（5）特殊调度。D1.1 军队物资调度品种数量确认；D1.2 调度方式安排。

（6）普通调度。D2.1 调度物资数量及品种确认；D2.2 供应商选择；D2.3 物资交付和款项交付。

（7）周边地区储存。S1.1 储存物资品种数量确认；S1.2 储存仓库设计及修建；S1.3 物资接收与保管。

（8）军队储存。S2.1 储存物资品种数量确认；S2.2 日常使用与储存数量安排。

（9）中心运输。T1.1 物资选择；T1.2 载力选择；T1.3 路线选择。

（10）外围运输。T2.1 物资选择；T2.2 路线选择；T2.3 指挥中心接收与查验。

第6章

# 破坏性地震灾后应急供应链协同管理效率

## 6.1 面向地震灾害的应急供应链过程管理

### 6.1.1 地震灾后应急供应链生产过程管理

地震灾害具有突发性、破坏性、难以预测性以及紧急性等特点。地震灾害的爆发一般没有预警，事先并不能做出安排，并且破坏性较大，涉及的范围较广，会对一个地区造成巨大的人员、经济等伤害。为了把灾区人民生命安全、财产损害降到最低，以及预防二次灾害的发生，必须在第一时间内启动应急救援，安排救援人员，调集大量应急救援物资，保证救援行动的顺利进行[①]。因此应急物资的供应是实施救助的关键，为了能够满足受灾地区对物资的需求，要进行应急物资的生产管理。

地震灾后应急物资生产主要是通过政企联合的生产模式实现的，图6-1是政企联合应急物资生产模式的示意图[②]。主要包括政府应急物资实物储备下的生产和企业应急物资生产能力储备两方面，因此对应急物资供应链生产过程的管理主要从政府和企业两方面进行。

① 闻晶晶. 破坏性地震应急物资的需求层次及调度研究［D］. 河南理工大学，2011.

② 陈业华，史开菊. 突发事件灾前应急物资政企联合储备模式［J］. 系统工程，2014，32（2）：84-90.

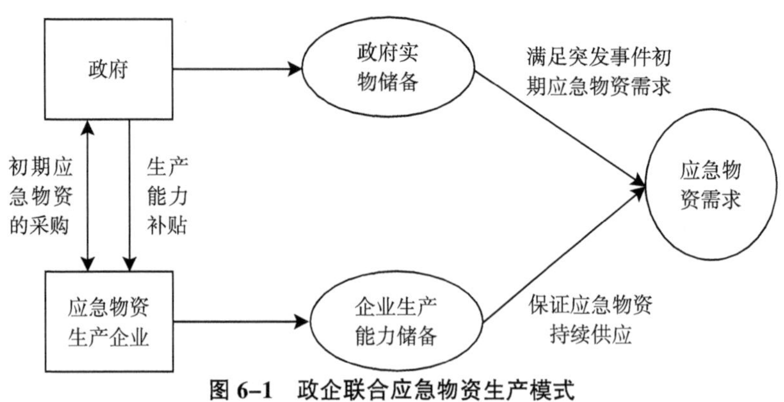


**图 6–1　政企联合应急物资生产模式**

#### 6.1.1.1　政府应急物资实物储备

政府实物储备是指为应对自然灾害和突发事件所导致的应急物资需求，政府根据需求预测，购买应急物资，并将其以实物形式存储在政府储备库中。实物储备是应对突发事件尤其是大型突发事件初期的主要物资来源，在灾害发生后政府能够迅速调用物资储备，积极应对，这对于生命的拯救、灾情的控制具有重要意义。但是由于地震灾害的不确定性，以及应急物资的有效使用期限，如果全部或过多地依靠政府实物储备，可能会造成巨大的浪费和大量物资的长期闲置等。因此，政府应设置应急物资储备与管理机构，建立相关管理中心或者基地，对应急物资进行统一采购，按照以下步骤使应急物资保有量处在一定水平。

（1）确定各种应急物资的具体生产方式。地震灾害应急物资需求种类多、数量大，它涉及各种生活用品、各种救人抢险工具和医疗物资等，根据不同的依据进行不同的分类。对于不同类的应急物资，一般它的急需程度、有效使用期限、生产和筹集周期、资源的通用性和专用性等也不同，因此需要采取不同的生产方式。例如对于食品、药品类，由于它的生产周期短、保质期短，一般不适于实物储存，可以进行生产能力储备，在灾害发生后制定紧急生产计划，进行生产。而对于应急救援类设备，在短期内生产的数量有限，则应以实物储备为主要生产方式，再配合生产能力储备。总之政府应该先对地震灾后救援物资生产方式进行分析、确定，再制定详细的生产计划[①]。

（2）灾后物资需求预测。政府建立应急管理中心，建设专门的监测、预测系

① 张自立. 面向非常规突发事件的生产能力储备模型研究［D］. 哈尔滨工业大学，2010.

统，对以实物储备为主的物资进行需求预测。目前除了比较成熟的回归分析法、指数平滑法、时间序列法等预测方法，人工智能领域关于逻辑推理也逐渐成熟，人工神经网络（Artificial Neural Networks，ANN）、案例推理（Case-Based Reasoning，CBR）、灰色系统理论等技术带来了新的预测方法。运用这些方法可以对应急物资的需求进行预测，根据预测制定生产计划，进行生产，实现应急物资的实物储备①。

（3）根据需求预测，进行应急物资实物储备。政府设立应急物资储备与管理机构，根据需求预测，对应急物资进行统一采购或者生产，使应急物资保有量处在一定水平。

#### 6.1.1.2 企业应急物资生产能力储备

企业应急物资生产能力储备是政府应急物资实物储存的有效补充，是指政府与物资生产相关企业签订相关协议，对联合企业进行一定的生产能力补贴，使企业生产能力方面有一定的储备，在地震灾害发生后，企业能够对所需的应急物资迅速投产，保证质量和交货期，满足应急物资的需求，同时使企业实现利益最大化。在平时状态下，政府的应急管理中心对协议企业的生产物资种类、生产能力、生产周期等进行数据的录入，一旦发生灾害，迅速对应急物资清单进行分析，分配给各个企业，安排其生产。相关企业在接到应急物资生产任务时应按照以下步骤组织实施生产：

（1）成立应急物资生产小组。应急物资生产企业在接到政府下达的应急物资生产命令后，成立专门的应急物资生产小组，小组成员根据应急物资的需求量以及时间要求制定生产计划，然后生产车间按照指定的生产计划快速投入生产。

（2）制定生产计划。生产计划的进度安排是保证企业能够满足政府对应急物资数量要求的关键，制定切实可行的生产计划可以实现按期交货和减少浪费。企业利用物料需求计划（MRP）、制造资源计划（MRP Ⅱ）以及企业资源计划（ERP）等制定计划，并且进行管理控制。

（3）应急物资的生产。在制定生产计划后，生产部门根据生产计划进行物资生产。企业运用准时制生产、大规模定制生产、精益生产、敏捷制造和计算机集成制造系统等先进的生产方式按照生产计划对应急物资进行生产，然后按时交付

① 陈阳. 应急供应链中物资保障环节优化研究［D］. 重庆大学，2013.

政府进行配送。

通过对政府实物储存和企业生产能力储备两方面的管理，有效提高政府以及企业的反应速度，提高应急供应链中的应急物资生产效率①。地震灾后应急供应链的生产过程如图 6–2 所示。

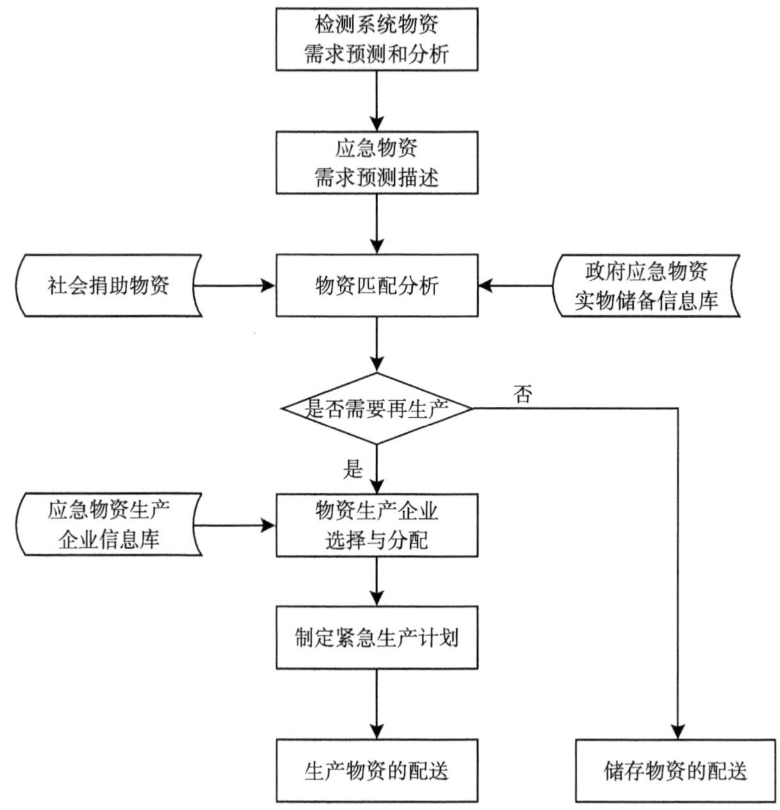


**图 6–2　地震灾后应急供应链生产过程示意**

## 6.1.2　地震灾后应急供应链配送过程管理

### 6.1.2.1　地震灾后应急供应链配送面临的问题

(1) 信息匮乏。破坏性地震灾害发生后，灾区现有的信息交流硬件会出现不同程度的损坏，包括路面、通信设备等，而且次级灾害的发生也具有突发性和随机性，因此灾区应急配送首先具有的一个特点就是信息匮乏。信息匮乏会导致指

① 刘北林，马婷. 虚拟应急供应链构建过程研究 [J]. 物流科技，2007，30 (1)：109–112.

挥的目的性和针对性不强，指挥中心无法依据可靠信息进行统一指导和制定配送方案，且难以确定所需物资的种类和数量，为配送工作带来极大的难度，容易耽误宝贵的救援时间，因此，救援前的信息收集工作是重中之重。

（2）交通不便。特大地震灾害破坏性强，影响范围广，且次生灾害频繁发生。因此，已有的交通路径往往无法正常使用，再加上地震地区山地较多，受灾面积较广，交通十分不便，单一的交通工具难以完成配送任务，因此需要多样化的交通配送工具。同时，配送路径的选择也难以提前拟定，必须以灾区现场的实际情况为准，拟定多种预案，配送难度和复杂度增大。

（3）时间紧迫。地震灾害不同于其他自然灾害，伴随地震往往会产生其他自然灾害，诸如山体滑坡、建筑物倒塌、隧道塌陷等，给受灾人民的自救和存活带来极大的困难。救援一旦不够及时，缺乏生存物资和自救渠道的受灾人民的伤亡人数在超过 72 小时后将迅速增长。因此，在应急供应链配送过程中，时间必须作为最主要的指标之一。

（4）组织复杂。地震发生后，军队会在第一时间投入救援，同时会有受灾地区地方政府和周边地区政府人员参与，与此同时，社会上的志愿者们也会投入救援行动当中，并且会有一些第三方物流和专业物流公司的参与。所以，在救援配送过程当中，参与配送的队伍是相当复杂的，各方存在不同的救援能力和执行标准，如何统一各方，达到配送效率最大化，也是一个亟待解决的问题。

**6.1.2.2　地震灾后应急供应链配送解决途径**

针对配送过程中面临的问题，应对配送过程进行以下管理：

（1）建立核心的指挥中心。指挥中心在配送过程中起到多个作用，用于解决信息、交通、时间以及组织等方面的问题。指挥中心不仅需要接收外界的物资、信息和人员，对资源进行整合，还需要对信息加以处理，迅速制定出符合实际情况的救援计划，同时协调救援各方，达到效率最大化。

（2）做好信息系统平台。由于救援时间的缺乏，必须提前安排好灾区所需资源的种类和数量，以及配送的顺序，这就要求要有良好的信息支撑。军队在第一时间切入受灾地区之后，应以最快的速度收集信息，向指挥中心反馈，指挥中心据此对灾区进行分区，计划安排每一个区所需物资的种类和数量，以及根据受灾严重程度合理分配救灾力量。同时，应在军队提供的信息基础上迅速建立应急所用的信息系统平台。利用该平台不仅要将灾区情况实时发布出来，还要通过该平台与社会上的专业物流和第三方物流进行串联，为后阶段的配送做好准备。

(3) 整合所有可用载力。如前文所述，由于灾区面临的交通困难，救灾所需交通工具较多，种类不一，且路径难以选择。因此，在以军队为先锋的同时，必须采取多式联运的方式，与社会上的第三方物流公司和专业物流公司联系，把更大量的配送工作交由公司负责，同时可租借此类公司拥有的储存仓库等，以实现救援的高效。灾后也应建立企业与政府之间的联系，提前准备应急预案，一旦再次出现同类事故，能够迅速做出反应。

(4) 配送效果及时反馈。在划分地区，制定配送计划，确认各项资源，实施配送之后，必须及时收集反馈信息，对所有计划和安排进行动态的管理，及时发现问题，修补漏洞，保持信息系统平台的第一手信息，以实现整个配送过程管理的畅通和条理。同时，反馈信息中效果较好的部分，应该保存并整理和总结，形成系统的体系，用于处理类似事故和灾害，为救援争取宝贵的时间。整个配送过程如图 6-3 所示。

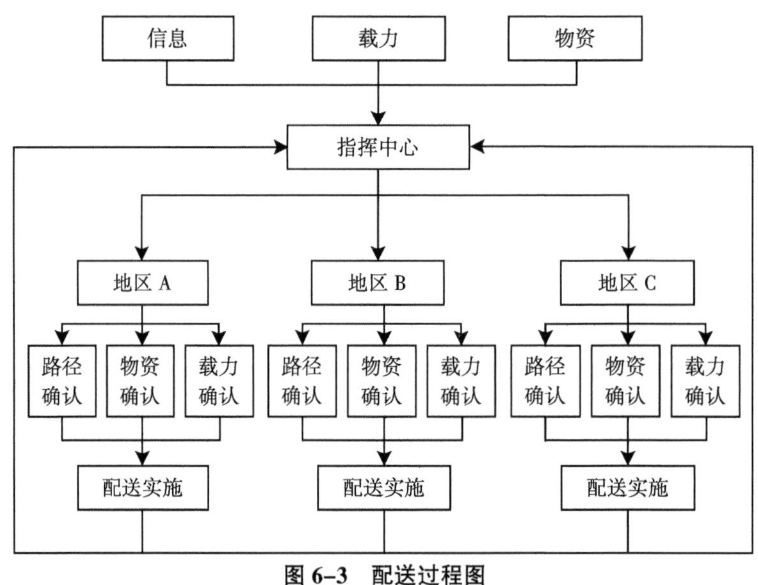


**图 6-3　配送过程图**

### 6.1.3　地震灾后应急供应链仓储过程管理

在破坏性地震灾害之后，会有最佳救援时间限制，因此一些利于救援的物资应该尽可能快捷并且没有损坏地到达受灾地区。地震后应急物资的特殊性决定了地震应急物资仓储的特殊性。

地震后的应急物资可以根据在灾害发生后对物品的需要紧急程度分为三大类，即一般紧急物资、严重紧急物资和极度紧急物资。例如灾后需要用到的一些救援物资，如药品、生命探测仪等就是极度紧急物资，而食品、饮用水等则是严重紧急物资，而衣物等一些生活类用品则可以归类为一般紧急物资①。

仓储的基本功能分为搬运、存储和信息传递三大部分，那么针对地震应急物资，这三部分的具体实施都应该区别于其他平常的非应急类物资的仓储②。

（1）搬运。因为灾后应急物资的多样性决定部分物资的保管条件或者运输条件都是相差较大的，例如一些药品，要求既能够快速送到受灾现场，又不能破损，所以其搬运过程中的包装和搬运工具都是需要注意的；而棉被等物品不同于药品的搬运，是可以通过挤压来增加仓储数量的，所以在仓储过程的前后步骤里，对于不同的应急物资应该根据其特性以及受灾现场对其的需求来决定其搬运方式和搬运工具，以求能够用最高的效率、最大限度的保护来搬运受灾物资。

（2）存储。这一职能在仓储过程中是重点，存储地点、存储条件、管理方式都能够很大程度地影响到物资的保存状态和运输速度。近年我国所经历过的自然灾害不少，虽然我国对于救灾应急物资供应链的重视程度日益加深，但是在实施的过程中还是阻力重重，尤其是汶川大地震，更是凸显了我国在应急物资仓储方面的问题。应急物资的存储地点少，存储方式单一化，带有政府色彩，管理不完善，信息平台不完善。这些缺点让很多物资在保存的时候不仅物资质量受到了影响，也影响了物资数量的统计和物流信息的跟踪记录。

为了更好地保管应急物资和更快地响应灾后的需要，应该针对不同应急物资的特性来采取不同的仓储办法，而不是仅仅局限于国家政府部门的准备。具体可分为三种情况：①对于一些极度紧急物资，药品和一些救援器械应该由政府部门进行专门的仓储，以便能够在灾害发生后利用国家资源和政府的支持以最快速度将这些物资送到受灾地。②严重紧急物资，食物和饮用水等因为储存占地大、沉重且有一定的保质期限，由政府大量保管肯定是不现实的，可以采取与相关企业签订合同的方式来完成相关部分的仓储。与生产厂家或者大型的代理点，协商确

① 乔洪波. 应急物资需求分类及需求量研究［D］. 北京交通大学，2009.

② 马雪，杨立刚，朱莎莉等. 浅析突发灾害性事件下应急物资的管理［J］. 商业经济，2014（6）：13.

定平时应该流动性地完成一部分质量和数量都达标的物资仓储，在灾后最短时间内提供最大数量的物资，且与这些企业签订合同也可以保证物资的持续提供，避免了在某地突然过量采购而造成的物资短缺。③一般紧急物资则可以采取各级政府部门与相关企业共同完成仓储的办法，实现流动性的保管，避免因为天气环境等外部原因使物资发霉损坏而不能使用[①]。

(3) 信息传递。我国对于应急物资的信息管理方面也是不足的。信息更新缓慢，平台不够完善，信息透明度不高。 因为应急物资的种类多，且没有固定的需要时间，这就导致了物资进入仓库之后，很少定期检查物资的存储情况并及时更改物资的保存情况，这使质量完好的物资数量与最初的数量可能就有差距。

对于一些企业和个人的捐赠，因为捐赠物资的种类繁杂、数量不一，就更难以统计，也难以保管，这样不统一的捐赠也给信息管理造成了困难。所以每一个可以接受捐赠的地方都应该制定一套捐赠的办法和流程，对于捐赠物资应该分类储存，及时进行信息的登记[②]。有条件的地区，对于捐赠物资应建立一个公共信息平台，以便让公众能查询物资的信息，通过提高信息的透明度避免在应急物资保管中可能出现的一些不当使用行为。在高效便捷的仓储体系和透明实用的信息系统下使整个地震灾后应急物资供应链的效率提高，整个仓储过程中的职能联系如图 6-4 所示。具体可表示为以下两点：

第一，节约仓储成本。供应链的最大优点之一就是使整个产业链连贯以用最低的成本完成最快速的产业链过程。那么仓储作为物流中的重要功能之一，更是应该借用供应链模式来降低管理成本，提高效率。在仓储过程中与企业相配合进行仓储就减少了物资在两地仓库之间不必要的物流过程，节省人力和不必要的仓库用地。当物资流通的灵活性提高以后，就节省了很多原本冗余的人力，将这些人员重新进行工作分配，提高劳动利用率，也节约了相应的人力成本。

第二，提高响应速度。因为地震救援的紧急性，需要整个供应链的运作尽可能快速，因为我们在设计仓储方式和进行信息管理时也要考虑到整个物流运作的要求和整体性。仓储作为其中一个职能部分也要尽可能地配合整体来提高其物流效率。例如仓储的地点选址、仓库物资摆放方式、物资的包装方式就要考虑到物

---

① 吴斌，占美，李健. 地震灾害后药品供应管理文献分析 [J]. 中国药业，2014，23 (4)：10-12.
② 祁玉青. 突发性自然灾害应急物资管理研究 [D]. 中国科学技术大学，2012.

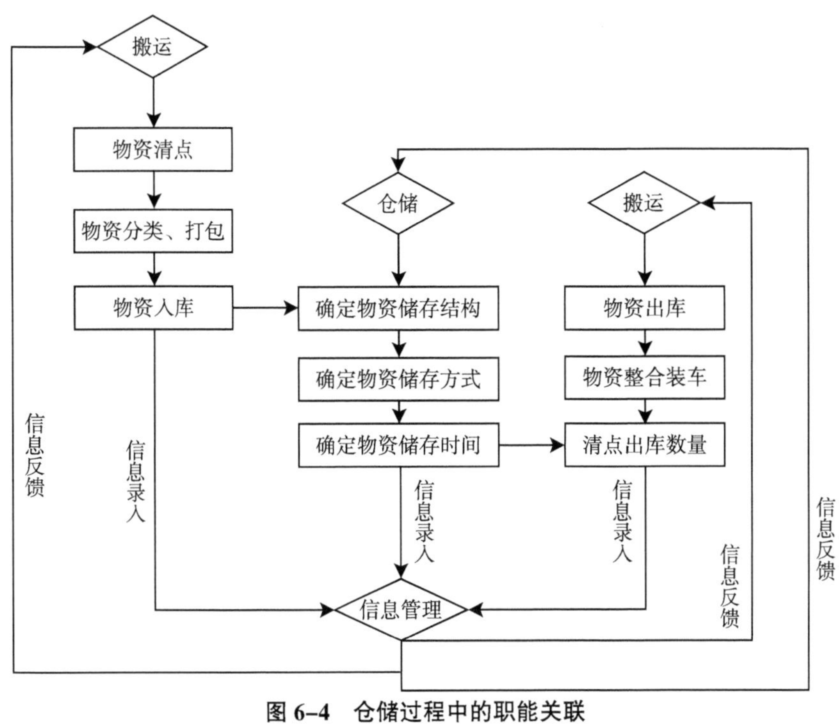

图 6-4　仓储过程中的职能关联

资的运送、进出库方便、快捷且不宜损坏，便于搬运。具体应该结合相应的交通路线、搬运方式来确定，尽可能使整个流程连贯高效。

同样，为了提高物流的响应速度，完善整个供应链的运作，信息管理的完善很重要。当物资信息准确完善时，可以快速对物资进行分配和运送，并且物资存放地点、具体数量与保存状态信息正确时可以提前制定搬运和运送计划，提高应急物流运行效率。

### 6.1.4　地震灾后应急供应链物资使用过程管理

地震发生后，当应急物资通过政府相关部门的调度和分配运送到达受灾地点之后，为了提高物资的利用率和掌握物资的使用情况，以便更加及时地进行补给或者进行全局性的整体物资调度，应该专门建立一个物资使用情况的信息跟踪系统，当物资到达受灾地后开始利用一套专门的物资信息跟踪系统来尽可能同步地掌握物资的使用情况，以便配合物资的运送、保管和利用①。

建立物资使用情况信息系统有如下作用：

(1) 通过物资到达之后所统计的信息，明确到达物资的种类、数量，根据计划或者历史数据来估计物资的使用周期，以便确定下一批补给应该在何时到达，这样提前制定需求计划来安排相应的调度和运送工作，就可以做到尽量避免因为某些极度紧急物资的缺少而影响救援的进度。通过提前计划，也能够提高物流的效率以及减少物流过程中相应的人力、物力的浪费。

(2) 通过对物资信息的掌握情况来提高对于物资的利用率。例如一些生活用品，帐篷和棉被等，在发放时可能没有使其效用最大化，或者在某些伤员转移后有空余下来的用品，那么这些物资是可以继续利用的。而且通过信息整合，可以最大限度地避免因为某些物资暂时没有用完但某些物资又不够用而造成的物流资源浪费和可能耽误救援进程的情况。

(3) 对于物资的使用情况进行管理可以在整个救援过程中更好地进行物资调度。从第一批救援物资到达现场后，物资调度中心就应该根据各个需求点的需求信息来对物资进行合理调度。每一个需求点的信息应该包括需求的紧急程度、需要物资种类和数量以及距离物资中心的距离。在第一次调度分配之后，调度中心应该根据后续的物资使用信息来制定下一批物资的种类、数量，并且根据每个需求点对于不同物资的需求程度重新进行分配。这样的调度手段可以灵活配合救援进度来进行物资补给，根据需求点数和相关需求信息的变化来提供物资。

整个物资使用信息的管理和物资的调度之间的关系是密不可分的，既要根据物资的相关信息来制定具体的分配计划，同时也需要根据物资分配后的反馈信息来完善分配计划②。其间的交互作用如图 6-5 所示。

在受灾地区建立使用物资的信息系统是非常方便且有利于救援的，但目前在我国实施起来却很有难度，因为在应急物资整个的物流链中关于物资的收集、运输、仓储等职能还有待提高，且在受灾范围内，基础设施的损坏较为严重，不能借助现代的技术和手段来进行信息的登记和跟踪，而在特定环境之下利用专门的人力去做相应的信息系统建设无疑又是浪费和不够快捷的。所以，应该尽可能在

① 杜楠. 基于物联网技术的井下物资跟踪管理系统［J］. 工矿自动化，2015，41（1）：101-104.

② 陈雪，石婧. 降低油田材料物资管理成本研究［J］. 中国石油和化工标准与质量，2013（7）：197.

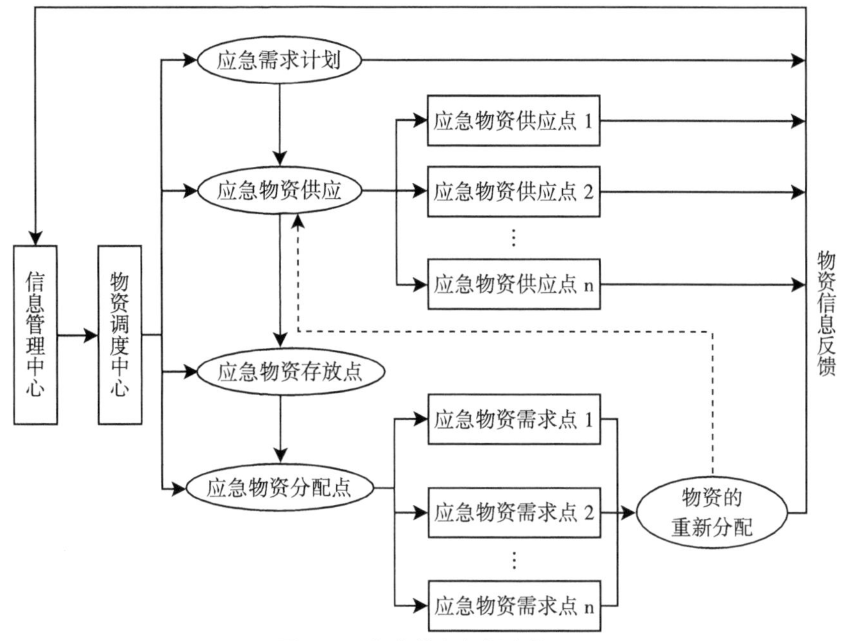


**图 6-5　物资信息与调度管理**

完善物流能力的同时开发适合我国现阶段的物资使用信息跟踪系统。

在这个系统中应该注意建设的方面如下：

第一，能够快速掌握应急点的需求变化。在地震灾害中，每一个小的救援点的应急需求都是不同的，且这些小的救援点数量多，分布繁杂，所以就要求调度系统能够掌握每一个救援点的相关进度、变化和需求，以便尽可能在物资配合方面给予救援最大的支持。

第二，注意整个系统的协调配合，快速制定调度方案。通过救援点相关信息，调度中心不仅要进行物资的分配，更要科学计划从物资供应点到需求点的路线和运送方式，每个节点相互协调才能提高效率。

第三，利用好反馈信息，及时进行物资补给。及时统计各个职能部分所反馈的信息，提前制定相关的物资调度信息和物资补给要求，也应该对每一次的数据进行整理统计，积累经验，完善整个应急物资供应链。

### 6.1.5　地震灾后应急供应链逆向物流过程管理

随着地震灾后救援的紧急开展，大批救灾物资及救援设备、社会捐赠运到灾区，其中会有很多重复的物资未能被全部使用而剩下，也会在使用中有物资设备的损坏，这些资源如同鸡肋，需要得到科学、合理的处置，以发挥其经济社会价值，并保护灾区环境健康。要把这些物资送至合理的地方处理，就需要地震灾后应急供应链逆向物流。

逆向物流是企业为了重获退货品、回收品、废弃产品的价值，降低成本、提高自身竞争力、改善环境，通过对产品或包装物的回收、翻新、维修、再生循环、垃圾处理等多种形式进行的与正向物流反向的供应链流动过程。而地震灾后应急供应链逆向物流是在地震灾害发生后，为使资源得到有效利用与回收循环，保护地震灾区环境，达到社会经济环境效益的统一，将在供应链管理过程中产生的富余救灾物资、可回收物资、可循环利用物资、废弃物和危险品等的回收整理、评估分类、修理及加工制造、废弃物处理的逆向物流过程①。二者的区别和联系如表 6-1 所示。

**表 6-1　逆向物流与地震灾后应急供应链逆向物流的关系**

<table>
<tr><th colspan="2">关系</th><th>逆向物流</th><th>地震灾后应急供应链逆向物流</th></tr>
<tr><td colspan="2">联系</td><td colspan="2">都是逆向物流过程；都具有不确定性、复杂性、不易实施性等性质；都含有回收物流及废弃物物流过程</td></tr>
<tr><td rowspan="3">区别</td><td>实施主体不同</td><td>以企业为主</td><td>涉及政府、应急管理中心、企业等多个主体</td></tr>
<tr><td>对象不同</td><td>过时产品、召回产品、客户体验退货产品、未售出产品等</td><td>富余救灾物资、可回收产品、可循环利用产品、废弃物、危险品等</td></tr>
<tr><td>目的不同</td><td>降低企业库存、分销成本；满足客户需求并提高客户满意度；提高产品竞争力，使企业形象升级；遵守环保法律法规等</td><td>节约资源，优化资源配置；可持续发展，获得社会效益、经济效益、生态效益；降低政府采购成本，优化救灾中心供应链管理等</td></tr>
</table>

#### 6.1.5.1　地震灾后应急供应链逆向物流物资分类

地震灾后应急供应链逆向物流分为应急供应链回收物流和应急供应链废弃物物流两大类型：

(1) 应急供应链回收物流。①重复捐赠或应急救灾中心富余出的抗震救灾物资，如富余衣物、食品等；可循环利用的物资，如车辆、工程类应急设备、医疗救护类应急设备等。②因产品损坏、包装破损，性状改变、发霉变质等原因导致

① 陶振晖，贺国先. 浅析逆向应急物流管理［J］. 甘肃科技，2011，27（8）：93–95.

产品不可用或影响使用的物资，如在运输途中损毁的、搬运过程中包装破损的、仓储过程中变质的各类产品；产品已损坏，但部分零部件尚完好或可以维修改造的物资，如各种器材工具、保障设备，在使用过程中有部分功能损坏，但经过返修可以再次使用。③质量不符合国家标准的物资，如使用“黑心棉”制作的棉质物品，没有国家质检合格证书的药品等。危险物品，如炸药、灾区防疫消毒药物、易燃易爆燃料、受地震破坏的化工厂产品等。

（2）应急供应链废弃物物流。①固体废弃物，如废弃建筑垃圾、生活垃圾、医疗用品垃圾等；②液体废弃物，如污染水源等。

上述物资都是在地震灾后应急供应链正向物流末端产生的，灾区不再需要但还具有价值或者可回收利用的资源和废弃物，对这些物资的处理构成了应急供应链逆向物流的过程，对其进行管理具有以下战略价值且意义深远：①对地震灾后应急供应链逆向物流过程的管理是政府对社会责任的体现，是实践科学发展观、资源优化配置的途径。能够降低政府采购成本，节省灾区应急中心空间，优化救灾中心及灾区仓库的物资管理。有利于实现可持续发展，促进循环经济。②应急供应链逆向物流有利于地震灾区生态环境的改善和恢复，有效控制废弃物对灾区的各种污染，重塑回收产品价值，为灾区带来社会效益、经济效益、环境效益。③对应急供应链逆向物流的管理也为参与到应急救援的企业带来利润，降低其生产、物料成本，有效降低产品生命周期成本；获取产品缺陷信息，帮助企业改善产品，提高市场竞争力；提高企业品牌美誉度及声誉[①]。

#### 6.1.5.2　地震灾后应急供应链逆向物流特征

地震灾后应急供应链逆向物流具有以下特征：

（1）不确定性。由于地震灾后不同于普通状态条件，需要回收、报废物资的数量、质量具有高度的不确定性，应急逆向物流产生的时间、地点也不能确定，给管理带来难度。

（2）复杂性。灾后应急供应链逆向物流过程复杂，物资种类、数量信息繁杂、无序，统计工作量大，物资质量也参差不齐，价值有高有低。

（3）不易实施性。地震灾区应急逆向物流不同于正向物流，正向物流系统的

① 廖灿，李剑敏，刘佩. 基于博弈论的应急产品逆向物流机制探讨［J］. 科技管理研究，2012，32（10）：225-228.

配送、仓储、包装等设备设施未能对逆向物流有充分的考虑和准备，使逆向物流过程有实施难度。

(4) 时间紧迫性。地震灾区的工作要和时间赛跑，产生的回收、废弃物品应尽快处理，以便这些物品尽早重回流通渠道或得到科学处置。地震灾后物资仓储管理不当将产生物资信息难以辨识的问题，为了辨识、分类物资会耗费大量时间，使逆向物流过程效率低下，进而影响整体地震灾后应急管理。

(5) 协同性。灾后应急逆向物流涉及多个主体不同部门，需要它们互相协作完成这个过程，以避免发生管理无序和低效的状况。然而过程内工作人员对地震灾后应急供应链逆向物流了解不多或不专业造成管理不当，产生各方面的问题。

#### 6.1.5.3 地震灾后应急供应链逆向物流的管理过程

根据地震灾后应急供应链逆向物流的特征，为解决其存在的问题，应对其过程进行科学有效的管理、改善、优化。地震灾后应急供应链逆向物流过程包括回收整理、评估分类、修理及加工制造、废弃物处理环节。其管理过程如图 6–6 所示。

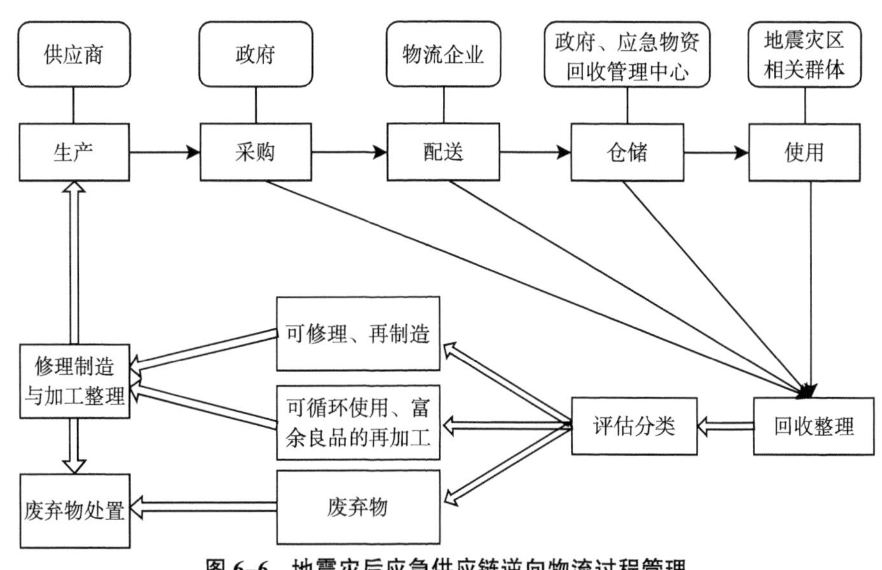


**图 6–6　地震灾后应急供应链逆向物流过程管理**

(1) 回收整理。应急供应链逆向物流的回收就是把要回收的物资收集到灾后应急回收中心，这些要回收的物资来源包括在采购过程中产生的破损、富余物资；运输和配送过程中出现的产品或部件损坏；仓储过程中出现的需要回收的产品以及正向物流终端使用过程中产生的物资回收。

对收集来的回收品、废弃物进行初步整理。抗震救灾应急管理中心应在地震灾区设立专门的物资回收中心，专门负责剩余、损坏、报废物资、设备的收集整理、分类评估，作为逆向物流的集散中心，以获得规模效益。

（2）评估分类。对应急回收物资的品质进行有用性评估。对不同类型、不同价值物资采用相应的评估方式。根据评估结果，按可修理、再制造，可循环使用、富余良品的再加工，废弃物等标准进行分类。对高科技物资，如精密仪器、医疗设备、大型机器等难以把握评估的产品，应急物资回收管理中心可向生产厂商咨询技术要求。对于日常生活、低值简单产品由应急管理中心评估。做到科学评估，减少应急逆向物流过程中不必要的回收，节约仓储、运输和时间成本。

（3）修理及加工制造。对可修理制造、循环利用或者富余物资，供应商对其进行拆卸、清理、维修、更换、重组、提取有用部件、测试、更换包装、更换条码、替换等处理，让需要回收循环利用的产品重回生产环节，重回正向物流网络。应尽可能减少处理时间，增加产品产量以保证地震灾后灾区物资供应，延长产品生命周期时间。企业应构建完善的回收物流系统，做好逆向物流回收加工制造管理工作，将回收制造过程中产生的物料，或回收加工后技术上仍无法利用物料物资，作为废弃物处理。

（4）废弃物处理。对于那些在经济上无回收价值、技术上无法再利用的产品和灾区产生的固体、液体废弃物以及在回收加工制作后产生的废弃物，应把这些废弃物运输至废弃物集中处理场所进行焚烧、化学或物料分解、填埋等处理，防止废弃物对环境的污染①。地震灾后应急供应链逆向物流过程管理需要各个部门相互配合，协调一致地完成。

① 殷俊明，王平心，王晨佳. 供应链成本管理：发展过程与理论结构［J］. 会计研究，2007（10）：44–49.

# 6.2 破坏性地震灾后应急供应链成本管理研究

## 6.2.1 供应链管理成本概述

### 6.2.1.1 供应链成本内涵

在传统的企业管理中，成本是关系一个公司利润增长的关键因素，一个公司要想取得良好的绩效，除了注重产品销量、服务质量、产品质量等方面外，还要重视控制企业成本。随着全球经济的发展以及竞争的增强，越来越多的企业加入供应链中，使这些企业降低在供应链过程中产生的成本是急需解决的问题，而对于应急供应链中的企业，降低产生的成本更是把损失降到更低水平、提高效率和利益的关键。供应链成本是指在实现整条供应链利益的过程中投入的所有成本①。这里的成本是指整条供应链的成本，而不是指供应链过程中某一个环节的成本。供应链管理活动就是对供应链中所涉及的物流、资金流、信息流、增值流、业务流和合作关系等进行计划、组织、执行、协调和控制的整体活动。因此，供应链成本应该包括物料采购成本、生产成本、仓储成本、运输成本、管理成本与供应链相关的财务和计划成本，以及供应链管理信息系统成本等，其中的每一个成本种类都应该包含在供应链成本核算的过程中②。表 6–2 是供应链管理涉及的成本领域。

从不同的角度分析，供应链的成本构成可以有不同的划分方法：

（1）一般的成本管理方法只考虑到企业的内部成本，认为成本 = 直接成本 + 间接成本（作业成本），忽略了与供应商、客户等供应链企业发生的交易成本。现在认为供应链成本包括直接成本、作业成本和交易成本三部分，即供应链成本 = 直接成本 + 作业成本 + 交易成本③，如图 6–7 所示。

---

① 鲍新中，刘小军. 供应链成本管理的基础理论与方法研究[J]. 物流技术，2007，26（4）：66–69.
② 朱晴. 基于供应链的企业物流成本管理及优化［J］. 现代营销（学苑版），2013（9）：20.
③ 谢福泉. 供应链成本管理——类别成本与运作支持研究［D］. 同济大学，2007.

**表 6–2　供应链管理涉及的成本领域**

| 分析水平 | | 涉及成本因素 |
|---|---|---|
| 双方 | 供应—制造 | 交易成本、运输路线合理化、技术交流、人力资源组织激励的重新设计 |
| | 制造—分销 | 分销渠道重新设计、设备选址（仓库等）、运输路线合理化 |
| 链 | 供应—制造—分销 | 快速响应、企业动态方法、反向供应链管理、供应链总成本、系统的价值分析 |
| 网络 | 上游 | 供销网络的资源、运输路线合理化、功效网络的结构、人力资源组织激励的重新设计 |
| | 下游 | 运输路线合理化、分销渠道重新设计、设备选址（仓库等）、供应链设计 |
| | 整体 | 商业网络的重新设计、系统的价值分析、供应链管理设计、企业的动态方法 |

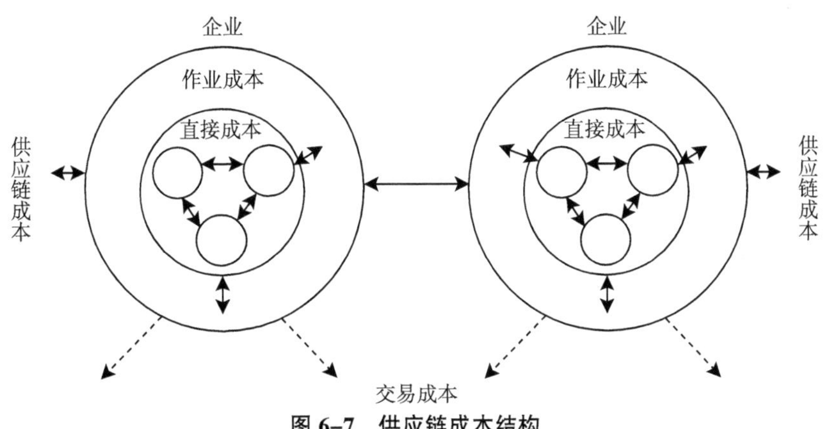


**图 6–7　供应链成本结构**

（2）供应链上存在资金流、物流、信息流，供应链管理就是协调资金流、物流和信息流的运动，使之产生最大效益的管理活动①。因此，按这三种流划分供应链成本可将其分为三大类：物流成本、信息流成本和资金流成本，其中各大类又可以细分为多种成本，如图 6–8 所示。

#### 6.2.1.2　供应链成本管理的内涵

供应链成本管理经历了三个阶段：第一个阶段是材料和库存成本管理。这一阶段的重点是对材料、物资管理成本的管理，此外还包括了对人工成本等直接成本的管理。这一阶段主要的管理方法有两种，即标准成本法和部门预算管理。第二阶段是作业成本管理。在这一阶段从作业层次出发，以流程和作业为中心，对直接成本和作业成本进行管理。成本管理从产品深入到过程，在整个企业流程过

① 刘崇波. 供应链成本管理研究［D］. 东北财经大学，2006.

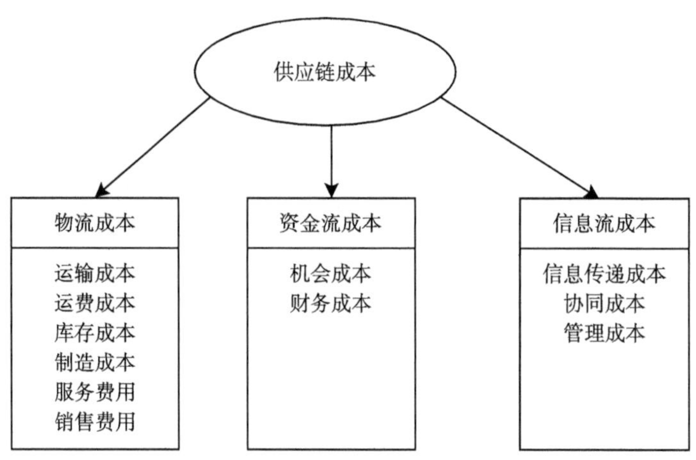


**图 6-8　按三种流划分供应链成本**

程中进行，质量和时间成为成本管理的重要影响因素。第三个阶段是交易成本管理和跨组织成本管理，即供应链成本管理的现代阶段。该阶段成本管理的重点是组织之间的交易成本，是对整个供应链企业之间、部门之间发生直接成本、作业成本和交易成本的管理过程①。供应链成本管理发展如表 6-3 所示。

**表 6-3　供应链成本管理发展**

| 时间 | 成本管理内容 | 成本、质量和时间的关系 | 顾客满意 | 竞争合作关系 | 涵盖范围 |
| --- | --- | --- | --- | --- | --- |
| 20 世纪 70 年代之前 | 以直接成本为主 | 产品的成本、质量和时间被忽视 | 可忽略 | 企业内部部门之间竞争，很少合作 | 以生产车间为主，部门内部的集成和优化，职能导向 |
| 20 世纪 80 年代到 90 年代后期 | 直接成本、作业成本 | 成本从产品深入到过程，质量和时间成为成本管理重要影响因素 | 满意 | 部门之间合作；企业之间竞争，很少合作 | 整个企业流程，跨职能的集成和优化，流程导向 |
| 21 世纪 | 直接成本、作业成本、交易成本 | 系统而全面的质量、时间、成本管理的统一 | 忠实的配合 | 部门之间、企业之间既合作又竞争 | 整个供应链，跨组织的集成和优化，流程导向和关系导向 |

应用于供应链成本管理的方法有很多，其中最主要的包括作业成本法、目标成本法、生命周期成本法。

（1）作业成本法。作业成本法以作业为成本核算的对象，以作业消耗资源、

① 殷俊明，王平心，王晨佳. 供应链成本管理：发展过程与理论结构［J］. 会计研究，2007（10）：44-49.

产品和服务作为理念。通过作业成本分析，发现无价值的作业，并通过减少这些作业降低成本，增强企业竞争力。

（2）目标成本法。目标成本法目的是将顾客需求转化为相关流程的强制性竞争约束，以确保未来产品产生利润，是丰田在 20 世纪 60 年代提出的成本管理方法，流程包括三方面：确定合理的准许成本、预设产品包含的各个组件的目标成本以及确定可实现的产品层次的目标成本。

（3）生命周期成本法。生命周期成本法是指从产品的研究开发阶段开始，经过产品规划、设计、生产、售后及使用等整个的产品生命周期，按每个过程累计其成本。利用生命周期成本法可以确定产品研发、生产、运用、生命周期结束所产生的所有成本，并开发生产成本最小的产品[①]。

#### 6.2.1.3　供应链成本核算概念及方法

供应链成本核算则是以供应链上各个环节为核算单位，分别计算并汇总产品生命周期成本的方法。它将直接成本、生产成本和交易成本都纳入考虑范围，以会计核算为基础，以货币为计算单位，将供应链全过程中发生的各种耗费按照一定的对象进行分配和归集，计算总成本和单位成本[②]。供应链成本核算如实反映了供应链各环节的耗费情况，为供应链上各个企业进行管理和整体优化供应链提供了依据。供应链成本核算的概念框架如图 6–9 所示。

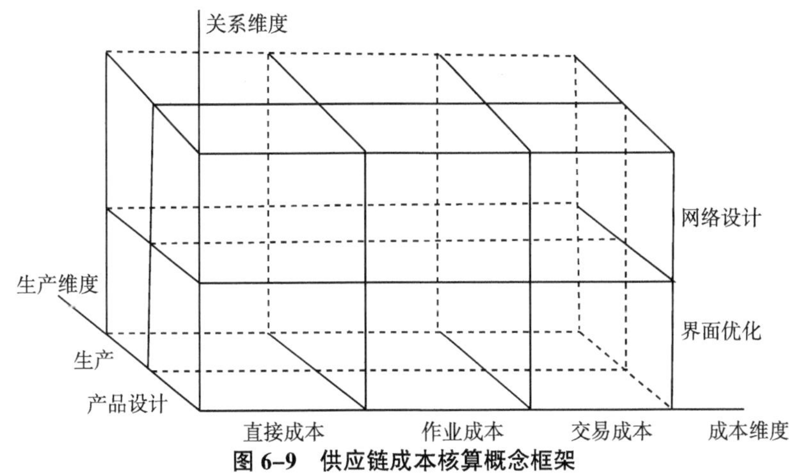


**图 6–9　供应链成本核算概念框架**

① 谭小兰. 面向产品的供应链成本核算与优化策略研究［D］. 江西师范大学，2012.

② 邹辉霞. 供应链管理［M］. 北京：清华大学出版社，2009.

在供应链管理中供应链成本核算的基本方法主要包括两种：供应链作业成本核算法和供应链目标成本核算法。常规的成本管理一般只局限于单个的企业，而供应链成本管理是将成本管理的基本方法应用于整个供应链过程中，扩展到组织的界限之外。

（1）供应链作业成本核算法。从整个供应链的角度出发，通过对供应链上的作业活动和交易进行成本管理，从而优化整个供应链的总成本。在供应链作业成本核算过程中，不仅要对常规管理范畴中的企业层次上的管理成本进行核算，还要对供应链层次上的管理费用进行分析。

（2）供应链目标成本核算法。该方法同样将成本管理的范围扩展到整个供应链中。供应链目标成本核算法的思想：供应链下游的合作伙伴识别最终顾客的需求，然后将其传递到供应链上游，市场压力通过市场目标价格的形式转化为第二层次的客户压力。供应链中公司之间的负责人在考虑内部成本的同时通过协调整个供应链的成本来满足市场需求。图 6-10 为供应链目标成本核算法概念示意图。

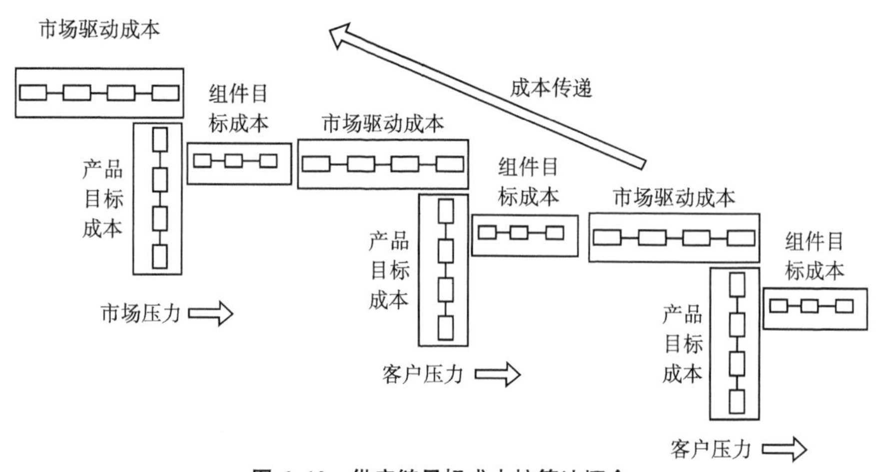


**图 6-10　供应链目标成本核算法概念**

## 6.2.2　地震灾后应急供应链管理成本分析

目前应用于供应链成本管理最主要方法有作业成本法、目标成本法、生命周期成本法。

### 6.2.2.1　应急供应链管理的方法选取

作业成本法，简称 ABC 法，是一种以作业为核心来进行成本分析和管理的方法①。其中，作业是指整个供应链中从原料采购到产品输出的整个流程中的所有作业活动，基于作业分析法的地震灾后应急供应链管理成本分析主要有以下原因：

（1）成本结构复杂。在地震灾后应急供应链中，包含地方财政成本、军队物流成本、社会物流成本，结构复杂，由于军队物流系统的复杂性，许多成本难以量化。且在应急供应链中包含大量间接成本和隐形成本，普通的会计成本无法有效做到成本分析。

（2）透明度高。在抗震救灾中各项款项的使用均需公告社会，利用作业分析法，能够有效根据各项救灾成果和救灾作业统计款项使用和资源使用，条理清晰，项目明确，经得起社会和群众监督。

（3）可行性强。面临特大地震灾害，其他成本分析方法往往缺少历史数据和指标进行对比，难以对成本进行有效分析。作业分析法具有更强的动态性和适应性，能够实时得到数据并对供应链进行成本削减和效率优化，可行性更强。

作业分析法的基础流程如图 6–11 所示。

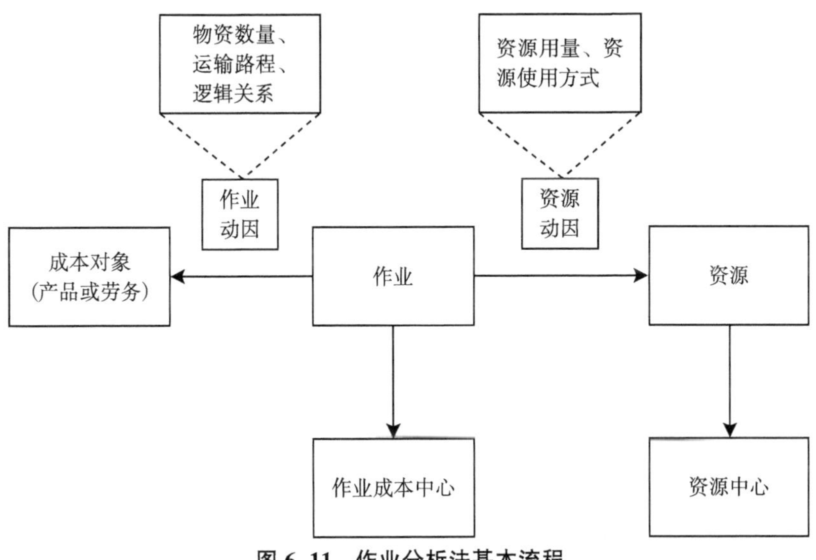


**图 6–11　作业分析法基本流程**

① 刘秀琴. 基于作业成本法的物流成本分析与控制研究［J］. 物流技术，2010，29（9）：121–123.

#### 6.2.2.2 应急供应链管理中作业分析法的具体实施

（1）确定应急供应链中包含的各项作业。作业是指在供应链中消耗了某种资源并且得到某种产出或劳务的活动，作为作业分析法的核心和基础，必须首先确认作业的含义。按照应急供应链管理模式设计中的流程，应急供应链作业可以划分为计划作业、调度作业、储存作业、运输作业和回收作业。并且各类作业均可以细分，例如调度作业又可以划分为特殊调度作业和普通调度作业，储存作业又可以划分为周边地区储存作业和军队储存作业。确立各项作业以后，需要为其建立一个作业成本中心[①]。

（2）确定应急供应链中所要消耗的各种资源。在应急供应链中，主要消耗的资源有人力资源、物资资源、资金资源、载力资源和设施资源等。不同于普通供应链的是，应急供应链中还应增设时间资源一项。在根据各类作业确定所需资源以后，要为其建立资源中心，并进行归类。

（3）确定资源动因。资源动因是资源被作业消耗的形式和数量。确定资源动因，首先需要确定供应链中各项作业对资源的使用情况，包括使用量、使用方式、使用原因。在对这些资源进行识别和计量以后，需要对其进行分析，判断资源消耗是否合理。对不合理的作业要进行修正和删减，从而做到对资源的合理分配。在抗震救灾应急供应链中，对资源动因的梳理尤为重要，因为在应急过程中许多资源十分有限，并且补充速度缓慢，选择保留最有效率和最有必要的作业，对应急供应链的优化十分重要。

（4）确定作业动因。作业动因是指应急供应链中的各种产出和救援效果消耗各项作业的方式和数量以及原因。作业动因不仅反映了救援效果、物资送达、抢险建设等产出对各项作业的需求频率，还反映了救援效果和作业的逻辑关系[②]。对于逻辑关系不强、频率要求高的一些作业，可以与其他有效作业合并或者删减，以达到供应链的优化。其中应急供应链成本分析中可能出现的一些作业动因如表 6–4 所示。

---

① 董敏，谢培艳. 如何利用作业成本法进行成本分析 [J]. 商情，2008（2）.

② 赵振学，杨兰敏. 作业成本法的基本原理及作业成本分析 [J]. 甘肃科技，2005，20（12）：149–150.

**表 6–4 成本分析中的作业动因分析**

| 供应链作业 | 作业成本 | 作业动因 |
| --- | --- | --- |
| 调度作业 | 与供应商洽谈费用、与周边地区政府洽谈费用、调度物资处理费用 | 调度次数 |
| 储存作业 | 地震灾害易发区仓储建设费用、军区应急物资仓储建设费用、指挥中心仓储建设费用 | 仓库面积、空间、地理位置 |
| 运输作业 | 中心运输费用、外围运输费用 | 运输次数、运输重量、运输路程 |
| 回收作业 | 废物识别费用、废物回收技术费用 | 废物回收量、技术难易度 |

### 6.2.3 地震灾后应急供应链管理成本控制

地震灾后应急供应链管理成本控制就是对地震灾后应急供应链生产、采购、运输、配送、库存仓储、使用等各环节的成本进行有效控制，有效降低灾后应急供应链的成本，纠正低效成本管理，提高应急供应链管理效率，使地震灾后应急供应链更好地为地震灾区服务，获得巨大经济效益和社会效益。其实质就是从成本的角度去控制、管理应急供应链①。

#### 6.2.3.1 灾后应急供应链成本控制过程

灾后应急供应链管理成本控制的目的是要完成在有效控制成本、提高管理效率和质量的基础上最大限度满足地震灾区各方面需求的任务，达到灾后应急供应链成本最小化、综合效益最大化的目标。它是按照控制工作的基本思路进行成本控制的过程。

（1）制定控制标准。应急供应链成本涉及生产、采购、运输、配送、库存仓储、使用等各个流程，为了有效控制每个环节的成本就需要建立成本控制标准，设立成本指标与计划，作为后面监督纠正成本偏差的依据。

（2）核算衡量成本。通过收集、汇总、整理、核算灾后应急供应链流程中发生的各项成本，分析衡量实际成本与成本标准的差异，明确应急供应链成本管理的缺陷与不足。

（3）监督纠正偏差。根据分析出的各环节偏离成本标准的原因，及时纠正这些缺陷与偏差，监督、控制、改进后续成本的产生过程，避免再次出现这些应急供应链的成本偏差。

---

① 郑凯夫. 应急物流物资调配成本分析与控制策略［J］. 中国物流与采购，2010（17）：28.

#### 6.2.3.2 灾后应急供应链管理成本控制的性质

要做好地震灾后应急供应链管理成本控制工作，就要了解其特性，地震灾后应急供应链管理成本控制具有以下性质：

(1) 经济性。成本控制旨在降低成本，有很强的经济性。地震灾后应急供应链应在满足抗震救灾物资需求的同时，降低救灾成本，以尽可能低的成本获取尽可能高的经济效益，以挽回地震带来的巨大损失。

(2) 时效性。灾后应急供应链成本控制还突出体现在应急上，因为地震灾后，高效的应急管理水平能够帮助更多的人解决更多的问题，及时做好对成本的控制工作是提高应急管理水平的重要指标，能大大提高应急供应链管理效率，为抗震救灾做更多的事。

(3) 战略性。地震灾后应急供应链成本控制不仅要考虑企业内部的成本构成，还要考虑企业外部直至整个价值链的成本问题，具有战略性。要提升破坏性地震灾后应急供应链管理效率，做好供应链成本控制是关键。它要求从全局上对应急供应链做出合理规划，统筹协调，通过战略性规划设计，协调灾后应急物资成本控制，使节约下来的应急供应链成本在抗震救灾和灾后重建中发挥更大作用。

#### 6.2.3.3 灾后应急供应链管理成本控制的策略

地震灾后应急供应链管理的成本控制策略有以下几个方面：

(1) 应急供应链采购、配送、仓储、物资使用、逆向物流成本控制。

第一，应急供应链采购不仅是把救灾物资从供应商那里买过来或者放进防灾减灾保障中心，而是要在灾后应急供应链的大环境下，与供应商建立联系，在最经济的成本下保障救灾物资供给，满足防灾减灾保障中心库存要求，这就要对应急供应链的采购成本进行控制。应急供应链采购成本控制主要包括：①与供应商建立联系，控制供应商数量与质量，降低供应商交易成本，优化采购价格；②根据抗震救灾中心反馈的采购信息制定采购需求计划，避免盲目采购造成应急物资浪费；③优化采购过程，优化与供应商谈判过程等，节约时间成本；④实时反馈采购进度，提高应急供应链采购成本信息控制，通过反馈信息找出采购中存在的问题，以便改进采购管理，降低采购成本。

第二，物资配送是应急供应链中至关重要的一环，物资能不能快速、顺畅、安全运达地震灾区，及时为灾区提供必要的支持，全靠配送。而配送成本在整个应急供应链成本中所占比重较高，降低配送成本的空间很大。对配送环节的有效控制，不仅可以优化供应链管理，还能给相关企业带来效益，给抗震救灾带来便利。

应急供应链运输成本包括固定成本，如配送运输工具、交通运输设施等；变动成本，如运输物资数量、运输里程等；联合成本，如回程运输等。配送成本除了运输成本以外，还有分拣装配费用、流通加工费用等。有效控制这些成本对应急供应链管理的控制工作举足轻重，因此在实施有效控制过程中可从以下三个方面进行展开：①政府应保证交通道路设施质量，加强基础设施建设，安排专业的作业人员，提高工作人员工作效率，既降低了人工成本，又节约了灾后宝贵的救援时间，快速把物资运至灾区；②合理安排配送路径，减少迂回运输，科学设置配送点，避免重复运输，充分利用各种交通运输工具，根据需求及交通工具类型安排运量，运送救灾物资，最大限度降低应急供应链运输的可变成本；③结合应急供应链信息系统，把物资配送运输和回收物流运输统筹起来，减少返程运输，避免空车回程，降低应急供应链运输的联合成本。

第三，在供应链的仓储环节，大量的库存会给应急供应链带来高成本和低效率，这与地震灾后应急管理工作背道而驰，因此要降低库存成本，提高仓储效率。为了有效监控和管理库存，使救灾物资达到最佳库存水平，可以结合历次抗震救灾统计数据，使用一些科学的库存控制方法，如经济订货批量法、订货点法、ABC 分类法等。

第四，应急供应链的使用成本及逆向物流成本是比较容易忽略的成本，应急救灾物资的使用不当会造成浪费，带来成本损失，还有被人忽略的逆向物流成本，都需要进行有效控制。应在物资使用环节做好物资领取台账，定期统计物资使用状况，组织审计灾区财务情况，加强物资及资金使用监督。

对于应急供应链逆向物流，及时清查富余物资，注重回收物资的循环利用，可修理、再加工、再制造的物资分类收集后返厂，废弃物的正确处理也能挽回地震带给灾区的一些损失。回收的物资应做到合理利用每一分价值，不浪费每一分资源，节省每一分成本。既节约了资源，实现可持续发展，又能降低、节约政府采购成本，优化应急供应链管理，获得社会效益、经济效益、生态效益①。

（2）构建成本控制信息系统。信息不仅在采购、配送、仓储等供应链流程中

---

① 王延青. 基于作业的供应链目标成本管理系统研究［D］. 中国石油大学，2007.

占有重要地位，而且在应急供应链成本控制中发挥着重要的作用。在地震灾后应急供应链环境下，快速、准确地获取信息至关重要。有了各种信息，就能给成本控制带来便利。因此，要构建成本控制信息系统，利用信息系统数据分析综合成本发生情况，采取控制措施改善成本偏差[①]。①通过成本控制信息系统，对应急供应链全过程实施监控，将供应链信息有机整合在一起，为灾后应急成本控制决策提供依据。②通过成本控制信息系统，实现对采购、配送、库存的统一控制。解决与供应商信息不对称的问题，减少为了防止缺货损失而定制较高安全库存的高采购、高库存持有成本，降低政府物资采购成本，提升应急供应链成本控制管理水平。③通过成本控制信息系统，加强配送信息传递，及时为灾区输送必要救灾物资，降低重复运输率，高效的信息系统传输还能传达地震路况信息，设计配送线路，减少迂回运输。④通过成本控制信息系统，协调应急供应链，统筹安排物资逆向物流，避免空车回程的出现。

（3）应急供应链成本控制重点使用方法。传统计算成本的方法是产品成本=原材料成本+直接人工+分配后的制造费用，显然，这不适用于应急供应链成本管理，由于地震灾后应急供应链就是一条作业链，因此重点使用作业成本法进行成本控制。

地震灾后供应链作业成本法控制是一个以作业为中心的流程成本控制系统，它把地震灾后各流程作为作业项目，根据地震灾后应急供应链经济技术方面的特殊要求，通过对这些作业项目的分析统计，确认和精确计量抗震救灾供应链关键作业的成本，并逐步改善、优化这些作业，剔除淘汰无关节点，提供实用可靠的成本信息，最大限度减少损失和浪费，节省救灾成本及空间，提高供应链管理效率。

应急供应链使用作业成本法有以下几个步骤：

第一步，按照应急供应链流程把流程节点分为不同的作业中心。地震灾后应急供应链上会产生许多不同的作业，每一个作业按其供应链节点有一定的联系，为了节省时间和精力，把相互联系紧密的作业划分为同一个作业中心，这样方便寻找动因、归集成本。根据产生成本的原因，来对作业及作业成本分析、计量，最终计算出相对真实的成本，进而进行成本控制。地震灾后供应链的作业中心可

---

① 何青青，李青. 基于作业成本法的供应链成本管理研究［J］. 现代商贸工业，2011，23（1）：34-35.

划分为采购作业中心、配送运输作业中心、仓储库存作业中心、物资使用作业中心、逆向物流作业中心等。

第二步，分析应急供应链资源动因，明确资源分配。资源动因是指资源使用量与作业量之间的关系，它体现着作业耗用资源的原因和形式。通过层层分解应急供应链作业中心的资源动因，找到相应的应急救灾过程中的各种资源，明确资源使用状况及原因，以此进行资源分配。这是应急供应链作业成本控制的第一阶段。

第三步，追踪应急供应链作业动因，分配作业成本至产品。作业动因是导致作业发生的原因。它体现着产品耗用作业的原因和形式，并且在探讨计量应急供应链作业动因过程中可得到作业成本。

作业成本动因分配率的计算方法如下：

应急供应链作业成本动因分配率=应急供应链作业中心总作业成本/应急供应链作业中心总作业量

核算对象可分配到的作业成本计算方法：

产品作业成本分配额=此产品耗用的总作业量×作业成本动因分配率

某个核算对象的应急供应链作业成本计算方法：

某个应急供应链作业项目总成本=A 项作业成本分配额+B 项作业成本分配额+…+N 项作业成本分配额

将应急供应链作业中心的各项作业成本在各应急物资中分配，这是应急供应链作业成本控制的第二阶段[①]。

第四步，计算应急物资产品的成本，对成本进行有效控制。根据作业成本在各应急物资中的分配，最终得到应急物资产品的成本。研究成本的消耗和应急供应链之间联系，发现成本间的相互联系与因果关系，改善、优化成本集中的应急供应链作业，去除、减少无关应急供应链作业，对成本进行有效控制[②]。

（4）作业成本法应用于地震灾后应急供应链的意义。在破坏性地震灾后，抗震救灾是要迫切完成的任务，为保证抗震救灾工作顺利进行，涉及应急供应链方方面面的工作，也会发生不同程度的成本。随着我国社会经济的高速发展，传统

① 杨广宇. 基于供应链的成本管理研究［D］. 江苏大学，2008.

② 舒辉. 物流经济学［M］. 北京：机械工业出版社，2009.

的成本控制方法已经不能简单应用于此，需要使用作业成本法来更准确、详细地核算、控制成本。与传统的成本控制法相比，作业控制法具有以下几个优点：

其一，使用作业成本法有利于挖掘应急供应链成本冰山，如应急物资仓储占用成本、应急运输回程空载成本、应急物资异地调配费用、应急物资缺货带来的损失与后果等。对应急供应链成本冰山的挖掘，不仅能带来供应链价值的增值，还能给应急救灾管理带来意想不到的综合效益。

其二，有利于间接成本的归集和分配，明确救灾的钱都用在了哪里。应急供应链各流程的成本一直居高不下，甚至超过生产制造成本，不仅缩小了节点企业的利润空间，而且降低了灾后供应链管理效率，通过作业成本法把供应链流程的这些间接成本作为产品消耗作业的成本和直接成本同等对待，扩大了成本的计算程度，使灾后应急管理控制更为明确。

其三，有利于对成本发生过程的控制与改善，作业成本法注意到供应链后续流程，进行全方位成本控制，通过成本所反映的信息找到症结所在，提高应急管理决策的准确性和控制效率。

## 6.3 破坏性地震灾后应急供应链配送效率研究

### 6.3.1 地震灾后应急供应链配送主体保障分析

地震灾害发生后，充沛、及时的应急物资是进行人员解救、卫生防疫、灾民安置、灾后重建等一系列应急救援工作的保障，因此，灾后应急供应链配送效率的高低将直接影响救援工作能否顺利进行。目前，我国的应急供应链体系虽然取得了巨大进步，但是与其他发达国家相比，仍然存在较大差距，存在各种问题，由此造成巨大损失，其中应急供应链配送效率问题突出。在我国，突发性自然灾害发生后，由于应急物流不及时、效率低所造成的损失约占总损失的15%~20%，例如在SARS所造成的176亿美元的损失中，约有30亿美元是由于应急物流配送造成的[①]。2008 年我国南方爆发雪灾，四川发生 8.0 级大地震，这一系列的自然灾害造成了巨大损失，在灾后救援过程中，由于配送效率问题，许多灾民没能得到及时、有效的物资救援，衣物、食品、药品等救援物资缺乏，灾情未能有效控制，使损失进一步扩大[②]。

#### 6.3.1.1　我国供应链配送体系存在的问题

从多次的自然灾害应急管理过程中可以发现，目前我国的应急供应链配送体系还不够完善，存在着很多弊端，造成应急供应链配送效率低，灾害不能得到有效控制，灾民得不到及时救援，使自然灾害造成的损失进一步扩大。目前我国供应链配送体系存在以下几点问题：

（1）应急供应链配送体系不健全。自然灾害发生后，救助人员需要在第一时间内到达灾区，食品、药物、衣物、医药器械等救援物资需要及时调配，一个健全的应急供应链配送体系能够迅速、及时做好应急救援配送工作。但目前我国的应急供应链配送体系还不够健全，导致应急物资配送不及时、分配混乱的问题，影响配送效率。因此建立健全的供应链配送体系，是提高供应链配送效率的关键性因素[③]。

（2）应急供应链协同管理和信息共享程度低。协同管理是目前应急供应链管理的重要发展方向，而目前我国的应急供应链协同管理能力较差，各部门之间协作能力差。同时由于信息共享程度低，各部门、各合作单位之间沟通、协作差，导致应急过程中对物资运输时间、地点分配以及分配效果等情况不能准确掌握，应急供应链的配送效率低[④]。

#### 6.3.1.2　应急物资协同配送构成

应急供应链配送过程，强调各个组织之间的紧密衔接和迅速重组，也要求整个系统保持信息的畅通。所以，根据配送过程中的参与主体和物流配送的基本要素，将应急物资协同配送划分为应急执行机构、应急供给主体、应急需求主体和应急信息平台，如图 6–12 所示。

---

① 何明珂. 应急物流的成本损失无处不在［J］. 中国物流与采购，2003（23）：18–19.

② 范厚明，赵彤，刘妍等. 我国突发自然灾害救助应急物流配送机制研究［J］. 大连理工大学学报（社会科学版），2008（4）：73–78.

③ 赵海娟，陈业华. 重大突发事件应急物流中的定位—路径问题研究［D］. 燕山大学，2010.

④ 陈丽君. 地震灾害中的应急物流管理决策问题研究［D］. 武汉科技大学，2008.

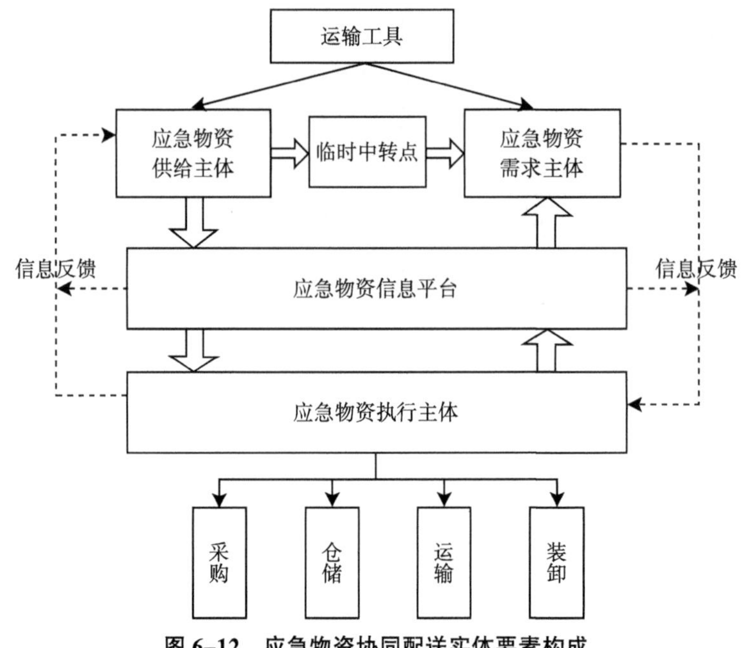


**图 6-12　应急物资协同配送实体要素构成**

（1）应急物资供给主体。在应急救援中，主要的应急物资供给主体包括三类：政府、社会慈善组织、厂商（紧急生产加工）。灾害发生后，首先是由政府组建的应急物资储备库进行应急物资的分配、调运；其次会有社会各界的慈善组织自发进行物资捐赠活动，进行物资的筹集；最后对于一些紧缺的物资或者需求量较大的物资，由政府部门出面组织相关厂商进行运输或者生产。

（2）应急物资需求主体。应急物资的所有配送活动都是围绕需求主体进行的，只有准确清楚需求的类型和数量，才能更好地执行应急物资配送活动。需求主体主要是指灾区人民对于物资需求的数量、种类等。

（3）应急物资执行主体。应急物资执行主体主要根据应急物资信息平台返回的物资需求信息，而执行一系列的物资采购、仓储、流通加工、运输、装卸搬运等活动。应急物资执行主体是应急物资配送计划的实施部分，保证了应急物资的实体流通。

（4）应急物资信息平台。整个应急物资协同配送过程，是由不同主体之间分步合作完成，这就需要一个良好的平台来相互传递信息。应急物资信息平台的构建，保证了不同主体之间信息的畅通，及时传达了需求信息，保证应急物资配送活动的准确率和成功率。

### 6.3.2 地震灾后应急供应链配送效率影响因素分析

在应急物资协同配送过程中，需要各个组织成员共同协作努力，整个配送过程受到团队内部和外部的共同影响。通过分析应急物资协同配送的影响因素，可以更加逻辑性地分析影响应急物资协同配送活动的关键因素，从而有针对性地采取有效措施，提高配送效率。在一个协同配送团队中，团队成员的技能、合作，团队整体素质，外界自然条件和舆论压力都是整个协同配送团队的一部分，其个人因素、团队目标和环境等因素都是影响整个团队绩效的关键部分。本书通过总结个人、团队、物资、环境和结果因素这几个方面来分析影响协同配送的因素，只有通过具体分析这几方面的关键因素，才能更好地研究应急物资协同配送效率，才能进一步提高关键性的应急救援效率，减少灾害带来的损失。

#### 6.3.2.1 协同配送团队构成分析

应急物资配送由信息支持、生产制造、物资仓储和物资配送系统共同构成，其需要信息支持系统提供准确的信息，生产制造部门提供物资生产，物资仓储部门提供物资暂存和管理，最后由物资配送部门将其运输出去。在整个过程中，都需要这几个部门的共同配合完成，所以团队的构成对于整个配送效率有至关重要的意义。团队的构成主要包括团队由哪些人构成、团队人员的整体素质、团队的规模以及整个团队的信息共享程度。从长期来看，团队成员之间通过不同技能的配合和互补，同时相互交流及时共享信息，能够对团队的效率产生积极的作用。但同时，可以知道，在团队工作中，若团队成员的差异化太大，各个成员之间具有较大的不同（包括认知和技能等），就容易产生冲突，从而导致团队工作配送效率的下降。

在整个应急物资协同配送过程中，需要不同专业领域的成员（包括信息系统、生产制造、仓储和物流），在信息充分共享的情况下，各个成员之间充分发挥自己的特长，表达自己的想法，积极创新，制定协同配送策略，及时将物资送达到受灾现场，提高救援效率。在应急物资协同团队决策中，与一般团队有所区别的是该团队的主要目标为应急救援最大化、损失最小化，而成本因素则退至其次，团队在每一次决策过程中，时间是非常重要的，其需要在尽量短的时间内，正确分析当前实际情况，果断采取措施。同时，整个团队成员除了面对内部任务的压力，还需要面对外来的媒体和舆论的压力，团队在救援期间构建起来，而救援工作完成以后又回到自己所在专业领域。团队需要在极短的时间内培养默契程度，实现信息共享，共同为救援工作提供自己的专业优势，团队成员在配合过程中需要克服认知、技能差异，共同提高团队绩效，达成团队目标。

#### 6.3.2.2 协同配送影响因素分析

根据对应急物资协同配送过程的分析，本书从个人因素、团队因素、物资因素、环境因素和结果因素五个方面分析其影响因素，具体如表 6–5 所示。

**表 6–5 应急物资协同配送效率影响因素**

| 总目标 | 一级指标 | 二级指标 |
| --- | --- | --- |
| 应急物资协同配送效率 | 个人因素 B1 | 教育程度 C11 |
| | | 文化背景 C12 |
| | | 工作经验 C13 |
| | 团队因素 B2 | 团队人数 C21 |
| | | 团队文化 C22 |
| | | 组织规范 C23 |
| | | 协作配合 C24 |
| | | 信息共享程度 C25 |
| | 物资因素 B3 | 物资重量 C31 |
| | | 物资配送量 C32 |
| | | 物资装卸时间 C33 |
| | 环境因素 B4 | 配送距离 C41 |
| | | 社会压力 C42 |
| | | 自然环境 C43 |
| | 结果因素 B5 | 配送时间 C51 |
| | | 配送质量 C52 |
| | | 配送满足率 C53 |

（1）个人因素。在团队协作中，团队成员是整个团队运作的关键，团队成员通过自己的知识、技能、经验，完成团队任务，做出团队决策，达到既定绩效。在一个团队工作中，每一个成员都有差异，这些差异决定了团队成员之间的认知、处事方式和价值观的不同。本书从教育程度、文化背景、工作经验三方面来总结团队中个人差异。

在一个协同团队中，成员之间教育程度对于其认知和个人技能有一定的影响，一般认为，教育程度较高的成员，能够较快接受新事物，更容易学习新的技能。成员之间的文化背景不同，决定了其价值观不同，进而对于事件的看法不相同。同时，成员之间由于工作年限和工作环境不相同，积累的工作经验也不是完全相同的，这就导致在面对不同情境时，每个成员有不同的判断。

总的来说，团队之间成员个人差异，会影响团队的协作程度，导致个人目标和整体目标的差异，进而影响整个团队的工作效率，但同时可以预见的是，团队成员之间的差异可以激发团队创新和良性竞争，对团队绩效产生正向作用。

（2）团队因素。一个协作团队的构成不仅需要团队成员，还需要规章制度、团队文化、信息共享等团队外部整体条件来约束。在协同团队工作中，主要考虑团队人数、团队文化、组织规范、协作配合、信息共享程度几方面，其是影响团队有效运作的团队外部因素。

通常认为，在一定范围内，团队人数对于团队绩效有正向的影响，多数研究表明，团队成员为5~9人时，团队实现最佳运作，但当团队人数增加时，成员之间的个人差异太大，容易产生反作用。

一个良好的团队是需要积极的团队文化支撑的，同时积极的团队文化可以促进团队正向发展，团队文化可以帮助成员形成集体价值观信念、荣誉感，从而更加自觉地参与团队任务。

组织规范是指团队的规章制度，只有标准良好的制度才能对团队成员行为、团队目标、团队战略进行规范，实现团队的良好运作。

团队成员之间的协作配合，决定了团队任务完成质量和完成效率，成员之间通过不断沟通，交换彼此意见和想法，共同配合任务的完成。协作团队要建立良好的沟通，相互信任并相互配合支持，才能更好地实现团队目标，进一步发展。

要实现成员与部门之间的有效沟通，需要外部的信息共享系统，团队成员之间通过系统及时传达信息，实现信息的有效传播，提高效率。

（3）物资因素。在应急物资配送协同过程中，物资的基本条件也是决定配送效率的因素之一。由于是应急物资的配送，时间因素将是重点，成本因素被弱化，考虑物资本身的基本情况有利于制定配送计划，实现有效配送。本书从物资重量、物资配送量和物资装卸时间考虑物资因素。

物资重量是物资的基本情况之一，配送车辆是有一定承载量的，在配送车辆数量一定的情况下，对于重量小的物资，可以较多进行装载配送，提高配送效率。同时，物资重量越轻，配送难度越小，配送车辆越能够较快到达目的地。

配送物资的数量决定了配送速度、决策时间等因素。配送数量太多，整个配送所需的时间、人员和支持物资增多。因此，合理配置物资数量能提高整个配送的效率。

物资装卸时间是直接决定配送时间的重要因素之一，装卸时间越短，其配送的时间就越短，物资就能够更快到达救灾现场。物资装卸时间是可以进行测量，并加以不断改善的，优化装卸方式，减少装卸时间，是提高配送效率的重要手段之一。

(4) 环境因素。应急物资协同配送团队是在特定的环境下，针对特定的目标而组建的，环境会对协同团队的工作效率产生一定的影响。由于是应急物资配送，环境因素不仅包括自然环境、配送距离等自然因素，还包括媒体、群众等的社会压力。

配送距离是指由配送点到受灾点的路程距离，配送距离与最后的配送时间成正比，在其他条件都相同的情况下，配送距离越短，配送所需的时间越少。所以，尽量找到最优路线，缩短配送距离，是应急配送过程中的关键。

自然环境包括灾区的天气条件和配送线路的路况，在应急协同配送过程中，需要及时根据灾区的天气情况调整配送计划，确定配送物资种类，同时，需要掌握配送路线的基本路况，预计配送难度和所需时间，更好制定应急预案。

应急物资协同配送活动是受到全民关注的，外界的关注，加大了协同团队在做任何决策时的压力，同时迫使团队成员更加谨慎处理各项事宜，更加高效、高质量地完成团队任务。

(5) 结果因素。协同配送活动完成之后，都需要记录配送时间，检查配送质量，计算配送满足率，以此来确定配送活动的有效性。

配送时间是指物资从开始运输到最终到达灾区所需要的时间。越早把物资运送到灾区，救援活动就能越顺利的进行，因此配送时间要求越短越好。配送时间是衡量各部门沟通是否通畅的重要指标。

配送过程中，应急物资的完好性是保证救援顺利进行的前提。用于应急救援的物资，对其质量是有一定要求的。只有配送物资质量达标，才能认为此次配送投入的人力、物力得到收益，并进一步评定配送的等级。

配送满足率是配送量与需求量之比，其反映配送是否满足灾区需求，从而衡量配送是否有效。配送满足率，进一步可以说明配送活动的意义，只有配送满足率达到一定要求，才能认为配送满足灾区需求，协同配送的价值和意义才得以体现。

### 6.3.3　地震灾后应急供应链配送效率关键影响因素选择

依据表 6-1 所构建的指标体系，将灰色关联法和熵权法结合，确定指标的权重，从而选取影响应急物资协同配送效率的关键因素。

#### 6.3.3.1　灰熵综合评价模型

在评价各指标的重要程度时，最直接的方法就是考虑各个指标的权重或者权系数。所以，在决策时，决策者常常根据所获得的信息量的多少和精确程度来采取措施。熵权主要是利用各指标所具有的信息量来确定其权数，所以，熵又称为信息熵。信息量增加，不确定性减少，信息熵值减少；反之，信息量减少，不确定性增加，信息熵值增加。熵起源于经典热力学，最早是由 Shannon C.E.引入信息论的。熵是一个状态函数，其值与达到某种状态的过程无关。在信息论中，一旦某一信息源确定，其信息熵就只有唯一的一个。

灰熵是将灰色关联法和熵权法相结合，把待测数据的参考数列和比较数列用信息熵的形式表示出来，从而提高了决策的可靠性。灰熵评价是一种系统的分析方法，其主要分析各个因素之间的关联程度和对系统影响的大小。而对于不完整或者不确定的信息，则通过序列曲线的几何形状的相似性来确定关联程度，曲线越接近，说明序列之间的关联程度越大。灰熵法的具体步骤如下：

（1）构建参考序列。设 $Q_{ij}$ 为第 i 个评价单元的第 j 个评价指标值（i=1，2，…，n；j=1，2，…，m）。在每一方案所对应的指标值下面，选出最优值作为参考数列 $Q_{oj}$。

（2）灰色关联系数。计算比较数列与参考数列之间的差值 $\Delta_i(j)=|\nu_{oj}-\nu_{ij}|$，并算出序列中的最大绝对差 $\Delta_{max}$ 和最小绝对差 $\Delta_{min}$。根据公式计算每个因素的关联度：

$$\zeta_{ij}=\frac{\min\limits_{i}\min\limits_{j}\Delta_i(j)+\rho\max\limits_{i}\max\limits_{j}\Delta_i(j)}{\Delta_i(j)+\rho\max\limits_{i}\max\limits_{j}\Delta_i(j)} \tag{6-1}$$

其中，i=1，2，…，n；j=1，2，…，m；ρ 是分辨系数，ρ∈[0，1]，一般取 ρ=0.5。

在实际运算中，可以根据各个数列之间的实际关联程度对 ρ 的取值加以调整。调整的原则如下：

设 P 为所有比较数列与参考数列之间差值的均值，即：

$$P=\frac{\sum_{j=1}^{m}\sum_{i=1}^{n}\Delta_i(j)}{mn} \tag{6-2}$$

同时，设 ε 为该均值与最大的差值之间的比值，即：

$$\varepsilon=\frac{P}{\max\limits_{i}\max\limits_{j}\Delta_i(j)} \tag{6-3}$$

当$\max\limits_{i}\max\limits_{j}\Delta_i(j)>3P$时，$\varepsilon<\rho<1.5\varepsilon$；当$\max\limits_{i}\max\limits_{j}\Delta_i(j)<3P$，$\varepsilon<\rho<2\varepsilon$。在实际计算过程中，可以通过此方法得到 ρ 值，更符合实际规律。

利用式（6-1）计算关联系数 $\zeta_{ij}$，得到关联系数矩阵：

$$E=(\zeta_{ij})_{m\times n}=\begin{bmatrix}\zeta_{11} & \cdots & \zeta_{1n}\\ \zeta_{21} & \cdots & \zeta_{2n}\\ \vdots & \cdots & \vdots\\ \zeta_{m1} & \cdots & \zeta_{mn}\end{bmatrix} \tag{6-4}$$

（3）灰熵综合计算。设有限离散序列 $X=\{x_i|i=1,2,\cdots,n\}$，$\forall_i$，$x_i\geqslant0$，同时$\sum_{i=1}^{n}x_i=1$，则有：

$$H(X)=-\sum_{i=1}^{n}x_i\ln x_i \tag{6-5}$$

其中，H(X)为序列 X 的灰熵。

对参考数列与比较数列的关系值进行映射处理，可得：

$$S_{ij}=\frac{\zeta_{ij}}{\sum_{i=1}^{n}\zeta_{ij}} \tag{6-6}$$

结合灰熵定义和灰色关系数分布映射，可以得出以 S 为属性信息的灰熵，可表示为：

$$H(S_j)=-\sum_{i=1}^{n}S_{ij}\ln S_{ij},\ j=1,2,\cdots,m \tag{6-7}$$

（4）评定灰熵关联。H 为比较列熵集 $H = \{H_j, j = 1, 2, \cdots, m\}$，当 $H_j^* = \max H_j$ 时，比较列与参考列之间的关联性最强。

灰熵在各个属性相等的时候取得最大值，此时其值与序列的属性不相关，只与属性元素的个数相关，则有 $H_m = \ln n$，灰熵关联度为：

$$E_j = H_j / H_m \tag{6-8}$$

可以得到，比较列的灰熵关联度越大，则说明比较列与参考列的关联性越强，表明影响因子排序越靠前。

#### 6.3.3.2　应急物资协同配送效率关键影响因素

（1）标准评价集的建立。考虑各指标对于总目标的影响程度，建立如表 6-6 所示的评价指标所对应的评价等级表，即为评判集 $U_f = \{1, 2, 3, 4, 5\}$，其中，等级从 1 到 5，指标的影响程度依次增加，等级为 1 表示该指标影响程度最小，等级为 5 表示该指标影响程度最大。由 5 位专家分别对各级指标的影响程度进行评价，得出指标评价矩阵 $Q = \{q_{ij} | i = 1, 2, \cdots, n;\ j = 1, 2, \cdots, m\}$。

**表 6-6　指标影响程度分类**

| 等级分类 | 影响程度 |
|---|---|
| 1 | 无影响 |
| 2 | 小影响 |
| 3 | 中等影响 |
| 4 | 大影响 |
| 5 | 严重影响 |

（2）第二层次灰熵综合评价。依据 6.3.3.1 所述的灰熵综合评价模型，以团队因素 B2 为例，其评价表如表 6-7 所示。

**表 6-7　团队因素评价表**

| 专家评定 | 评价指标 | | | | |
|---|---|---|---|---|---|
| | 团队人数 | 团队文化 | 组织规范 | 协作配合 | 信息共享程度 |
| Z1 | 4 | 3.5 | 3 | 4.5 | 4 |
| Z2 | 3.5 | 3.5 | 4 | 4 | 3.5 |
| Z3 | 3 | 2.5 | 2 | 4 | 4.5 |
| Z4 | 4.5 | 3 | 4 | 4.5 | 3 |
| Z5 | 3 | 4 | 3.5 | 3 | 4.5 |

由于评判等级为指标的影响程度，根据实际意义，可知指标的影响程度越高越好，所以设定参考数列为 $Q_{oj}=\{5, 5, 5, 5, 5\}$。

计算比较数列和参考数列之间的差值，可以得到如表 6-8 所示的结果。

**表 6-8 差值计算表**

| | $\Delta_1$ | $\Delta_2$ | $\Delta_3$ | $\Delta_4$ | $\Delta_5$ |
|---|---|---|---|---|---|
| Z1 | 1 | 1.5 | 2 | 0.5 | 1 |
| Z2 | 1.5 | 1.5 | 1 | 1 | 1.5 |
| Z3 | 2 | 2.5 | 3 | 1 | 0.5 |
| Z4 | 0.5 | 2 | 1 | 0.5 | 2 |
| Z5 | 2 | 1 | 1.5 | 2 | 0.5 |

根据式（6-2）和式（6-3）可以得到：

$$P=\frac{\sum_{j=1}^{m}\sum_{i=1}^{n}\Delta_i(j)}{mn}=1.38$$

$$\varepsilon=\frac{P}{\max\limits_{i}\max\limits_{j}\Delta_i(j)}=0.46$$

依据 ρ 的取值原则，可以得到 $\max\limits_{i}\max\limits_{j}\Delta_i(j)<3\Delta$，$\varepsilon<\rho<2\varepsilon$，所以取 $\rho=0.75$。将 ρ 代入，可以得到关联系数矩阵：

$$E=\begin{bmatrix}0.846 & 0.733 & 0.647 & 1 & 0.846\\ 0.733 & 0.733 & 0.846 & 0.846 & 0.733\\ 0.647 & 0.579 & 0.524 & 0.846 & 1\\ 1 & 0.647 & 0.846 & 1 & 0.647\\ 0.647 & 0.846 & 0.733 & 0.647 & 1\end{bmatrix}$$

利用关联系数矩阵中数据，结合式（6-6）和式（6-7）可以得出各因素的灰熵值：

$H(S_1)=1.592$，$H(S_2)=1.540$，$H(S_3)=1.544$，$H(S_4)=1.659$，$H(S_5)=1.637$

最后根据式（6-8）得到各因素的熵关联度：

$E_1=0.989$，$E_2=0.957$，$E_3=0.959$，$E_4=1.031$，$E_5=1.017$

1）个人因素。同理，可以计算得出个人因素下各指标（教育程度、文化背景、工作经验）的熵关联度为：

$E_1$ =1.126，$E_2$ = 1.098，$E_3$ = 1.135

2）物资因素。物资因素下各指标（物资重量、物资配送量、物资装卸时间）的熵关联度：

$E_1$ = 1.111，$E_2$ = 1.124，$E_3$ = 1.119

3）环境因素。环境因素下各指标（配送距离、社会压力、自然环境）的熵关联度：

$E_1$ = 1.129，$E_2$ = 1.098，$E_3$ = 1.130

4）结果因素。结果因素下各指标（配送时间、配送质量、配送满足率）的熵关联度：

$E_1$ = 1.131，$E_2$ = 1.001，$E_3$ = 1.117

5）第一层次灰熵综合评价。应急物资协同配送效率下一级指标（个人因素、团队因素、物资因素、环境因素、结果因素）的熵关联度：

$E_1$ = 0.924，$E_2$ = 1.038，$E_3$ = 1.026，$E_4$ = 0.954，$E_5$ = 1.010

（3）最终结果。综合上述得到的各级指标熵关联度，可以得到如表 6–9 所示的应急物资协同配送效率影响因素综合评价表。

**表 6–9　应急物资协同配送效率影响因素综合评价表**

| 总目标 | 一级指标 | 二级指标 | 熵关联度 |
| --- | --- | --- | --- |
| 应急物资协同配送效率 | 个人因素 B1 0.924 | 教育程度 C11 | 1.126 |
| | | 文化背景 C12 | 1.098 |
| | | 工作经验 C13 | 1.135 |
| | 团队因素 B2 1.038 | 团队人数 C21 | 0.990 |
| | | 团队文化 C22 | 0.957 |
| | | 组织规范 C23 | 0.959 |
| | | 协作配合 C24 | 1.031 |
| | | 信息共享程度 C25 | 1.017 |
| | 物资因素 B3 1.026 | 物资重量 C31 | 1.111 |
| | | 物资配送量 C32 | 1.124 |
| | | 物资装卸时间 C33 | 1.119 |
| | 环境因素 B4 0.954 | 配送距离 C41 | 1.129 |
| | | 社会压力 C42 | 1.098 |
| | | 自然环境 C43 | 1.130 |
| | 结果因素 B5 1.010 | 配送时间 C51 | 1.131 |
| | | 配送质量 C52 | 1.101 |
| | | 配送满足率 C53 | 1.117 |

由表 6-9 可以得到影响应急物资协同配送效率的关键因素为团队因素、物资因素和结果因素，在这三个一级指标下，最重要的影响因素有团队人数、协作配合、信息共享程度、物资重量、物资配送量、物资装卸时间、配送时间、配送质量、配送满足率。

在应急物资协同配送过程中，团队配合影响整个团队决策时间，物资的基本条件对于整个配送的准备阶段和运输阶段有较大的影响，最后的配送结果对于配送效率的评价和分析有关键的作用。在应急物资协同配送过程中，团队的协作配合是影响其效率的关键因素，越是配合默契的团队，协作程度越高，其任务完成率也会越高。同时，物资的基本条件也会影响协同配送效率，对于物资因素来说，物资重量、物资配送量和物资装卸时间对于物资运输所需时间和运输的质量至关重要。对于结果因素来说，配送时间、配送质量和配送满足率是衡量整个配送过程的重要依据，可以根据其数据评价整个配送过程，从而分析配送的效率。

### 6.3.4 地震灾后应急供应链配送效率评价

协同效率是研究在相关任务下，各团队或子系统依靠自身知识、技术等优势，合作完成任务，最后达到的整个系统的工作效率。协同效率能够反映各个部门配合下系统的整体效率，即各个投入因素与产出因素之间的比值，进一步得到资源的配置利用情况。得到整个系统的协同效率，能够帮助我们清晰认识到各项资源的利用情况，并明确了解系统在哪一方面还存在不足，针对性加以改善，从而达到资源的优化配置。对于地震灾害中的物资协同配送效率，则是主要研究在地震灾害中，在各应急部门的协同合作下应急物资的配送效率，即应急物资投入的财力、物力能否满足应急救援的需求。研究应急物资的协同配送效率，能够保证应急物资的时效性和合格率，为应急救援做好物资上的供应，保证救援的顺利进行。

#### 6.3.4.1 模型构建

在一般效率的计算中，都是利用 DEA 方法。DEA 方法最早由 Charnes，Cooper 和 Rhodes 共同提出，通过计算输入、输出指标，来评价和比较决策单元的相对有效性。传统的 DEA 要求输入和输出的都是定量指标，所以必须给出精确的数据。而在实际应用环境中，常用定性指标描述客观对象，将模糊数与 DEA 方法结合，能够很好地解决这一问题。

设有 n 种应急物资，即决策单元，$X_j=(x_{1j},\ x_{2j},\ \cdots,\ x_{mj})^T$ 表示第 j 种应急物资的输入量，即影响第 j 种应急物资的因素值；$Y_j=(y_{1j},\ y_{2j},\ \cdots,\ y_{tj})^T$ 表示第 j 种物资的输出量，即在影响因素确定下，能够反映第 j 种物资配送效率的因素值。应急物资的 DEA 模型：

$$\min\theta$$

$$\begin{cases}\sum_{j=1}^{n}\lambda_j X_j+S^-=\theta X_j\\ \sum_{j=1}^{n}\lambda_j Y_j-S^+=Y_j\\ \lambda_j\geqslant 0\quad j=1,\ 2,\ \cdots,\ n\\ S^-\geqslant 0,\ S^+\geqslant 0\end{cases}$$

其中，$S^-$、$S^+$分别为输入和输出的松弛变量；$\lambda=(\lambda_1,\ \lambda_2,\ \cdots,\ \lambda_n)^T$ 为第 n 种物资的某种权重组合；θ 为第 j 种物资配送效率的评价指数，即配送过程中投入—产出效率值。该模型要求在 n 个决策单元的某种权重组合下，使在不低于第 j 种物资输出的条件下，输出值尽可能的小。若 $\lambda^*$、$S^-$、$S^+$、$\theta^*$ 为模型的最优解，则当 $\theta^*=1$ 时，决策单元 DEA 有效。

（1）模糊三角数。定性指标很难用精确的数值来刻画，只能将语言评价值转换为区间模糊数。因此，在表示定性指标时，运用 L–R 模糊数。

L–R 模糊数定义：若存在$\tilde{A}$是属于实数域 R 上的模糊集，且存在任意 φ，满足 0≤φ≤1，同时，其截面$\tilde{A}\varphi$ 是一个闭区间，则说明$\tilde{A}$是模糊数，当$\tilde{A}$的隶属函数如图 6–13 所示时，则称$\tilde{A}$为 L–R 型模糊数。

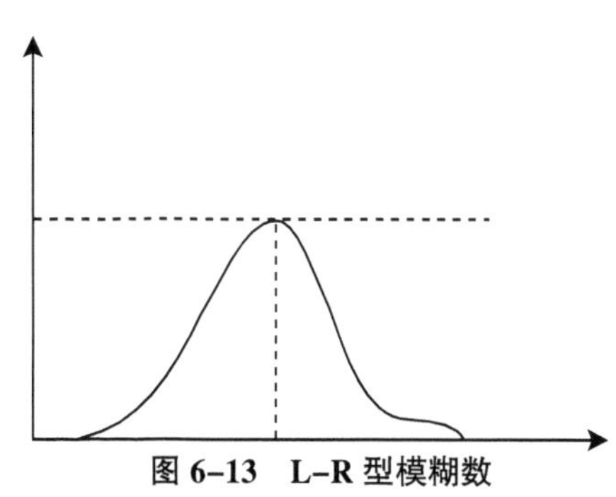

**图 6–13　L–R 型模糊数**

L-R 模糊数：$\tilde{A}=[\underline{a},\ a,\ \bar{a}]$

其中，$\tilde{A}$表示与配送效率有关的某种因素的模糊值；$\underline{a}$ 表示$\tilde{A}$的最小可能值，即某影响因素的最小可能值；a 表示$\tilde{A}$的最可能值，即某影响因素的最可能值；$\bar{a}$ 表示$\tilde{A}$的最大可能值，即某影响因素的最大可能值。本书运用的模糊指标值域为[0，10]，指标值越大，表明方案在该指标方面越有优势。

（2）α-截面。要严格比较两个模糊数$\tilde{P}$和$\tilde{Q}$的大小关系，必须当$\tilde{P}$的最大可能值、最可能值和最小可能值都小于$\tilde{Q}$的时候，即：

$$\underline{p}\leqslant\underline{q},\ p\leqslant q,\ \bar{p}\leqslant\bar{q} \tag{6-9}$$

可得出$\tilde{P}\leqslant\tilde{Q}$。所以，引入 α-截面求解。

具体 α-截面求解为，设某一模糊数$\tilde{r}_{ij}=(r_{ij1},\ r_{ij2},\ r_{ij3})$表示第 j 种物资在第 i 个指标下的模糊数，则可以得到 $(r_{ij})_\alpha^L=\min\{r_{ij}\mid r_{ij}\in supp(r_{ij})$且$\mu(r_{ij})\geqslant\alpha\}$，$(r_{ij})_\alpha^R=\max\{r_{ij}\mid r_{ij}\in supp(r_{ij})$且$\mu(r_{ij})\geqslant\alpha\}$。所以，$(r_{ij})_\alpha^L=r_{ij1}+\alpha(r_{ij2}-r_{ij1})$，$(r_{ij})_\alpha^R=r_{ij3}-\alpha(r_{ij3}-r_{ij2})$。由此，得出模糊数$\tilde{r}_{ij}$在 α-截面的 $[(r_{ij})_\alpha^L,\ (r_{ij})_\alpha^R]$ 范围内变动，其中，$(r_{ij})_\alpha^L$表示第 j 种物资在第 i 个指标下的悲观值，$(r_{ij})_\alpha^R$表示第 j 种物资在第 i 个指标下的乐观值。

（3）模糊 DEA 模型。在引入 L-R 模糊数后，原 DEA 模型变形为 α-FCCR 模型：

$$\min\theta$$

$$\begin{cases}\sum_{j=1}^{n}\lambda_j\tilde{X}_j+S^-=\theta\tilde{X}_j\\ \sum_{j=1}^{n}\lambda_j\tilde{Y}_j-S^+=\tilde{Y}_j\\ \lambda_j\geqslant0\quad j=1,\ 2,\ \cdots,\ n\\ S^-\geqslant0,\ S^+\geqslant0\end{cases} \tag{6-10}$$

根据 α-截面，考虑对决策单元最不利的情况，即被评价物资指标因素的模糊数取 α-截面下限，其余指标因素取模糊数的上限，得到应急物资协同配送悲观模型：

$$\min\theta$$

$$\begin{cases}\sum_{j=1}^{n}\lambda_j(X_j)_\alpha^R+\lambda_{j0}(X_0)_\alpha^L+S^-=\theta(X_0)_\alpha^L\\ \sum_{j=1}^{n}\lambda_j(Y_j)_\alpha^L+\lambda_{j0}(Y_0)_\alpha^R-S^+=(Y_0)_\alpha^R\\ \lambda_j\geqslant 0\quad j=1,\ 2,\ \cdots,\ n\\ S^-\geqslant 0,\ S^+\geqslant 0\end{cases}\tag{6-11}$$

同理，考虑对决策单元最有利的情况，乐观模型：

$$\min\theta$$

$$\begin{cases}\sum_{j=1}^{n}\lambda_j(X_j)_\alpha^R+\lambda_{j0}(X_0)_\alpha^L+S^-=\theta(X_0)_\alpha^L\\ \sum_{j=1}^{n}\lambda_j(Y_j)_\alpha^L+\lambda_{j0}(Y_0)_\alpha^R-S^+=(Y_0)_\alpha^R\\ \lambda_j\geqslant 0\quad j=1,\ 2,\ \cdots,\ n\\ S^-\geqslant 0,\ S^+\geqslant 0\end{cases}\tag{6-12}$$

由上述悲观模型和乐观模型可知，只要确定了置信水平 $\alpha$ 的值，即可求解。为了得到更全面的信息，可以在 0~1 选取足够多的 $\alpha$ 值，得出不同投入—产出组合在不同 $\alpha$ 值下的效率值，更精确地评价结果。

（4）决策单元有效性排序。根据悲观模型和乐观模型得到的 $\theta_{max}$、$\theta_{min}$，即最大和最小的配送投入、产出效率值，计算决策单元的平均置信有效性：

$$\bar{\theta}=\frac{\sum_{i=1}^{k}\alpha_i((\theta_{max})\alpha_i+(\theta_{min})\alpha_i)}{2\cdot\sum_{i=1}^{k}\alpha_i}\tag{6-13}$$

根据求解得出的平均置信有效性，对不同投入—产出组合，得到投入—产出效率值，进行物资的协同配送效率排序分析，得出最佳的应急物资配送投入—产出组合。

#### 6.3.4.2　指标设置

根据计算得出的应急物资协同配送效率关键影响因素，并结合实际物资配送情况，依据应急物资协同配送的紧迫性、大量性和多样性等特点，分析其投入—产出指标，如表 6-10 所示。

**表 6-10　应急物资协同配送投入—产出指标**

| | 指标名称 | 指标性质 |
|---|---|---|
| 投入指标 | 团队人数 | 定量指标（单位：人） |
| | 物资重量 | 定量指标（单位：吨） |
| | 物资装卸时间 | 定量指标（单位：小时） |
| | 配送数量 | 定量指标（单位：件） |
| | 配送距离 | 定量指标（单位：公里） |
| | 团队协作性 | 定性指标 |
| 产出指标 | 配送时间 | 定量指标（单位：小时） |
| | 配送满足率 | 定量指标（配送量/需求量，单位：%） |
| | 配送质量 | 定性指标 |

由表 6-10 可知，在投入指标中，考虑了团队、物资和环境因素，考虑到指标的可测性和关键影响因素，最终在团队因素中选取了团队人数和团队协作性作为评价指标；又由于是应急物资协同配送，将所有物资子指标因素选入投入指标中。在环境因素中，相对其他指标，配送距离是直接影响配送结果的，其重要性较高。同时将结果因素作为产出指标，由此建立评价模型，进行效率评价。

#### 6.3.4.3　模型求解与效率评价

本书参考《应急管理与灾后重建》、《地震救援·恢复·重建系统工程》和《我国破坏性地震应急救灾物资配送系统优化研究》，并结合四川省民政局相关数据，总结应急物资和应急配送特征，得出以下 10 批次应急物资具体指标参数值，如表 6-11 所示。对指标体系中团队协作性、配送质量两类模糊指标，通过专家打分，用三角模糊数表示（最小值、可能值、最大值），以 0~10 为衡量标尺。

其中，输入指标：$I_1$ 为团队人数；$I_2$ 为物资重量；$I_3$ 为物资装卸时间；$I_4$ 为配送数量；$I_5$ 为配送距离；$I_6$ 为团队协作性。

输出指标：$O_1$ 为配送时间；$O_2$ 为配送满足率；$O_3$ 为配送质量。

**表 6–11　应急物资的有效性输入、输出指标**

| | 输入指标 | | | | | | 输出指标 | | |
|---|---|---|---|---|---|---|---|---|---|
| | $I_1$ | $I_2$ | $I_3$ | $I_4$ | $I_5$ | $I_6$ | $O_1$ | $O_2$ | $O_3$ |
| A1 | 2 | 4 | 1 | 460 | 45 | (6.5，7.0，7.5) | 1.5 | 0.8 | (7.5，8.0，8.5) |
| A2 | 5 | 5 | 1.5 | 780 | 95 | (8.0，8.5，9.0) | 2.5 | 0.4 | (5.1，5.6，6.1) |
| A3 | 3 | 3 | 0.6 | 300 | 70 | (5.6，6.1，6.6) | 2.0 | 0.5 | (6.0，6.5，7.0) |
| A4 | 4 | 6 | 3.5 | 1440 | 65 | (7.8，8.3，8.8) | 1.5 | 1.0 | (8.1，8.6，9.1) |
| A5 | 6 | 4 | 1.3 | 560 | 80 | (4.3，4.8，5.3) | 4.0 | 0.5 | (4.8，5.3，5.8) |
| A6 | 5 | 3 | 0.5 | 500 | 140 | (5.6，6.1，6.6) | 3.5 | 0.9 | (8.1，8.6，9.1) |
| A7 | 4 | 7 | 4 | 1860 | 120 | (7.8，8.3，8.8) | 2.5 | 0.8 | (7.5，8.0，8.5) |
| A8 | 4 | 4 | 1.5 | 1000 | 75 | (8.0，8.5，9.0) | 3.0 | 0.7 | (6.0，6.5，7.0) |
| A9 | 5 | 5 | 1 | 980 | 60 | (6.5，7.0，7.5) | 3.0 | 0.6 | (4.8，5.3，5.8) |
| A10 | 4 | 6 | 0.5 | 500 | 75 | (4.3，4.8，5.3) | 2.5 | 1.0 | (5.1，5.6，6.1) |

根据模糊 DEA 模型，以物资 A1 为例，其模糊 DEA 的评价规划（配送时间指标是成本型指标，建模时取其倒数）：

$$\min\theta$$

$$\begin{cases}
2\lambda_1+5\lambda_2+3\lambda_3+4\lambda_4+6\lambda_5+5\lambda_6+4\lambda_7+4\lambda_8+5\lambda_9+4\lambda_{10}\leqslant 2\theta \\
4\lambda_1+5\lambda_2+3\lambda_3+6\lambda_4+4\lambda_5+3\lambda_6+7\lambda_7+4\lambda_8+5\lambda_9+6\lambda_{10}\leqslant 4\theta \\
1/1\lambda_1+1/1.5\lambda_2+1/0.6\lambda_3+1/3.5\lambda_4+1/1.3\lambda_5+1/0.5\lambda_6+1/4\lambda_7+1/1.5\lambda_8+1/1\lambda_9+1/0.5\lambda_{10}\leqslant 1/1\theta \\
460\lambda_1+780\lambda_2+300\lambda_3+1440\lambda_4+560\lambda_5+500\lambda_6+1860\lambda_7+1000\lambda_8+980\lambda_9+500\lambda_{10}\leqslant 460\theta \\
45\lambda_1+95\lambda_2+70\lambda_3+65\lambda_4+80\lambda_5+140\lambda_6+120\lambda_7+75\lambda_8+60\lambda_9+75\lambda_{10}\leqslant 45\theta \\
\tilde{7}\lambda_1+8.\tilde{5}\lambda_2+6.\tilde{1}\lambda_3+8.\tilde{3}\lambda_4+4.\tilde{8}\lambda_5+6.\tilde{1}\lambda_6+8.\tilde{3}\lambda_7+8.\tilde{5}\lambda_8+\tilde{7}\lambda_9+4.\tilde{8}\lambda_{10}\leqslant\tilde{7}\theta \\
1/1.5\lambda_1+1/2.5\lambda_2+1/2\lambda_3+1/1.5\lambda_4+1/4\lambda_5+1/3.5\lambda_6+1/2.5\lambda_7+1/3\lambda_8+1/3\lambda_9+1/2.5\lambda_{10}\geqslant 1/1.5 \\
0.8\lambda_1+0.4\lambda_2+0.5\lambda_3+1\lambda_4+0.5\lambda_5+0.9\lambda_6+0.8\lambda_7+0.7\lambda_8+0.6\lambda_9+1\lambda_{10}\geqslant 0.8 \\
\tilde{8}\lambda_1+5.\tilde{6}\lambda_2+6.\tilde{5}\lambda_3+8.\tilde{6}\lambda_4+5.\tilde{3}\lambda_5+8.\tilde{6}\lambda_6+\tilde{8}\lambda_7+6.\tilde{5}\lambda_8+5.\tilde{3}\lambda_9+5.\tilde{6}\lambda_{10}\geqslant\tilde{8} \\
\lambda_i\geqslant 0,\ i=1,\ 2,\ \cdots,\ 10 \\
\alpha=0.1,\ 0.2,\ 0.3,\ \cdots,\ 0.9,\ 1
\end{cases}$$

根据 α–FCCR 模型，同时依据式（6–11）和式（6–12）可以得出相应的悲观模型和乐观模型分别如下：

（1）悲观规划模型。

$$\min\theta_1^L$$

$$\begin{cases}2\lambda_1+5\lambda_2+3\lambda_3+4\lambda_4+6\lambda_5+5\lambda_6+4\lambda_7+4\lambda_8+5\lambda_9+4\lambda_{10}\leqslant 2\theta_1^L\\4\lambda_1+5\lambda_2+3\lambda_3+6\lambda_4+4\lambda_5+3\lambda_6+7\lambda_7+4\lambda_8+5\lambda_9+6\lambda_{10}\leqslant 4\theta_1^L\\1/1\lambda_1+1/1.5\lambda_2+1/0.6\lambda_3+1/3.5\lambda_4+1/1.3\lambda_5+1/0.5\lambda_6+1/4\lambda_7+1/1.5\lambda_8+1/1\lambda_9+1/0.5\lambda_{10}\leqslant 1/1\theta_1^L\\460\lambda_1+780\lambda_2+300\lambda_3+1440\lambda_4+560\lambda_5+500\lambda_6+1860\lambda_7+1000\lambda_8+980\lambda_9+500\lambda_{10}\leqslant 460\theta_1^L\\45\lambda_1+95\lambda_2+70\lambda_3+65\lambda_4+80\lambda_5+140\lambda_6+120\lambda_7+75\lambda_8+60\lambda_9+75\lambda_{10}\leqslant 45\theta_1^L\\(7.5-\alpha\times0.5)\lambda_1+(8.0+\alpha\times0.5)\lambda_2+(5.6+\alpha\times0.5)\lambda_3+(7.8+\alpha\times0.5)\lambda_4+(4.3+\alpha\times0.5)\lambda_5+\\(5.6+\alpha\times0.5)\lambda_6+(7.8+\alpha\times0.5)\lambda_7+(8.0+\alpha\times0.5)\lambda_8+(6.5+\alpha\times0.5)\lambda_9+(4.3+\alpha\times0.5)\lambda_{10}\leqslant(7.5-\alpha\times0.5)\theta_1^L\\1/1.5\lambda_1+1/2.5\lambda_2+1/2\lambda_3+1/1.5\lambda_4+1/4\lambda_5+1/3.5\lambda_6+1/2.5\lambda_7+1/3\lambda_8+1/3\lambda_9+1/2.5\lambda_{10}\geqslant 1/1.5\\0.8\lambda_1+0.4\lambda_2+0.5\lambda_3+1\lambda_4+0.5\lambda_5+0.9\lambda_6+0.8\lambda_7+0.7\lambda_8+0.6\lambda_9+1\lambda_{10}\geqslant 0.8\\(7.5+\alpha\times0.5)\lambda_1+(6.1-\alpha\times0.5)\lambda_2+(7.0-\alpha\times0.5)\lambda_3+(9.1-\alpha\times0.5)\lambda_4+(5.8-\alpha\times0.5)\lambda_5+\\(9.1-\alpha\times0.5)\lambda_6+(8.5-\alpha\times0.5)\lambda_7+(7.0-\alpha\times0.5)\lambda_8+(5.8-\alpha\times0.5)\lambda_9+(6.1-\alpha\times0.5)\lambda_{10}\geqslant(7.5+\alpha\times0.5)\\\lambda_i\geqslant 0,\ i=1,\ 2,\ \cdots,\ 10\\\alpha=0.1,\ 0.2,\ 0.3,\ \cdots,\ 0.9,\ 1\end{cases}$$

（2）乐观规划模型。

$$\min\theta_1^R$$

$$\begin{cases}2\lambda_1+5\lambda_2+3\lambda_3+4\lambda_4+6\lambda_5+5\lambda_6+4\lambda_7+4\lambda_8+5\lambda_9+4\lambda_{10}\leqslant 2\theta_1^R\\4\lambda_1+5\lambda_2+3\lambda_3+6\lambda_4+4\lambda_5+3\lambda_6+7\lambda_7+4\lambda_8+5\lambda_9+6\lambda_{10}\leqslant 4\theta_1^R\\1/1\lambda_1+1/1.5\lambda_2+1/0.6\lambda_3+1/3.5\lambda_4+1/1.3\lambda_5+1/0.5\lambda_6+1/4\lambda_7+1/1.5\lambda_8+1/1\lambda_9+1/0.5\lambda_{10}\leqslant 1/1\theta_1^R\\460\lambda_1+780\lambda_2+300\lambda_3+1440\lambda_4+560\lambda_5+500\lambda_6+1860\lambda_7+1000\lambda_8+980\lambda_9+500\lambda_{10}\leqslant 460\theta_1^R\\45\lambda_1+95\lambda_2+70\lambda_3+65\lambda_4+80\lambda_5+140\lambda_6+120\lambda_7+75\lambda_8+60\lambda_9+75\lambda_{10}\leqslant 45\theta_1^R\\(6.5+\alpha\times0.5)\lambda_1+(9.0-\alpha\times0.5)\lambda_2+(6.6-\alpha\times0.5)\lambda_3+(8.8-\alpha\times0.5)\lambda_4+(5.3-\alpha\times0.5)\lambda_5+\\(6.6-\alpha\times0.5)\lambda_6+(8.8-\alpha\times0.5)\lambda_7+(9.0-\alpha\times0.5)\lambda_8+(7.5-\alpha\times0.5)\lambda_9+(5.3-\alpha\times0.5)\lambda_{10}\leqslant(6.5+\alpha\times0.5)\theta_1^R\\1/1.5\lambda_1+1/2.5\lambda_2+1/2\lambda_3+1/1.5\lambda_4+1/4\lambda_5+1/3.5\lambda_6+1/2.5\lambda_7+1/3\lambda_8+1/3\lambda_9+1/2.5\lambda_{10}\geqslant 1/1.5\\0.8\lambda_1+0.4\lambda_2+0.5\lambda_3+1\lambda_4+0.5\lambda_5+0.9\lambda_6+0.8\lambda_7+0.7\lambda_8+0.6\lambda_9+1\lambda_{10}\geqslant 0.8\\(8.5-\alpha\times0.5)\lambda_1+(5.1+\alpha\times0.5)\lambda_2+(6.0+\alpha\times0.5)\lambda_3+(8.1+\alpha\times0.5)\lambda_4+(4.8+\alpha\times0.5)\lambda_5+\\(8.1+\alpha\times0.5)\lambda_6+(7.5+\alpha\times0.5)\lambda_7+(6.0+\alpha\times0.5)\lambda_8+(4.8+\alpha\times0.5)\lambda_9+(5.1+\alpha\times0.5)\lambda_{10}\geqslant(8.5-\alpha\times0.5)\\\lambda_i\geqslant 0,\ i=1,\ 2,\ \cdots,\ 10\\\alpha=0.1,\ 0.2,\ 0.3,\ \cdots,\ 0.9,\ 1\end{cases}$$

由此，建立物资 A1~A10 的模糊评价规划，选取不同的 $\alpha$=（0.1，0.2，⋯，1）

值，并采用 LINGO11 对模型求解，得到各物资的不同评价区间值，如表 6-12 所示。

**表 6-12　不同置信水平下的评价结果**

| | 0.1 | 0.2 | 0.3 | 0.4 | 0.5 |
|---|---|---|---|---|---|
| A1 | (1.0000，1.0000) | (1.0000，1.0000) | (1.0000，1.0000) | (1.0000，1.0000) | (1.0000，1.0000) |
| A2 | (0.6486，0.8402) | (0.6510，0.8279) | (0.6611，0.8158) | (0.6713，0.8038) | (0.6817，0.7920) |
| A3 | (1.0000，1.0000) | (1.0000，1.0000) | (1.0000，1.0000) | (1.0000，1.0000) | (1.0000，1.0000) |
| A4 | (1.0000，1.0000) | (1.0000，1.0000) | (1.0000，1.0000) | (1.0000，1.0000) | (1.0000，1.0000) |
| A5 | (0.6785，0.8516) | (0.6785，0.8387) | (0.6785，0.8260) | (0.6785，0.8135) | (0.6853，0.8011) |
| A6 | (1.0000，1.0000) | (1.0000，1.0000) | (1.0000，1.0000) | (1.0000，1.0000) | (1.0000，1.0000) |
| A7 | (0.9534，0.9532) | (0.9651，0.9488) | (0.9769，0.9446) | (0.9888，0.9405) | (1.0000，0.9367) |
| A8 | (0.8505，1.0000) | (0.8642，1.0000) | (0.8780，1.0000) | (0.8921，1.0000) | (0.9062，1.0000) |
| A9 | (0.6212，0.8492) | (0.6254，0.8328) | (0.6339，0.8166) | (0.6429，0.8008) | (0.6525，0.7852) |
| A10 | (1.0000，1.0000) | (1.0000，1.0000) | (1.0000，1.0000) | (1.0000，1.0000) | (1.0000，1.0000) |
| | 0.6 | 0.7 | 0.8 | 0.9 | 1.0 |
| A1 | (1.0000，1.0000) | (1.0000，1.0000) | (1.0000，1.0000) | (1.0000，1.0000) | (1.0000，1.0000) |
| A2 | (0.6921，0.7804) | (0.7027，0.7689) | (0.7134，0.7575) | (0.7242，0.7463) | (0.7352，0.7352) |
| A3 | (1.0000，1.0000) | (1.0000，1.0000) | (1.0000，1.0000) | (1.0000，1.0000) | (1.0000，1.0000) |
| A4 | (1.0000，1.0000) | (1.0000，1.0000) | (1.0000，1.0000) | (1.0000，1.0000) | (1.0000，1.0000) |
| A5 | (0.6962，0.7888) | (0.7073，0.7768) | (0.7186，0.7648) | (0.7299，0.7530) | (0.7414，0.7414) |
| A6 | (1.0000，1.0000) | (1.0000，1.0000) | (1.0000，1.0000) | (1.0000，1.0000) | (1.0000，1.0000) |
| A7 | (1.0000，0.9329) | (1.0000，0.9293) | (1.0000，0.9258) | (1.0000，0.9224) | (1.0000，0.9191) |
| A8 | (0.9206，1.0000) | (0.9351，1.0000) | (0.9498，1.0000) | (0.9646，0.9949) | (0.9797，0.9796) |
| A9 | (0.6631，0.7699) | (0.6738，0.7548) | (0.6847，0.7400) | (0.6971，0.7254) | (0.7111，0.7111) |
| A10 | (1.0000，1.0000) | (1.0000，1.0000) | (1.0000，1.0000) | (1.0000，1.0000) | (1.0000，1.0000) |

根据式（6-13），可以计算出每个决策单元的平均置信有效性，如表 6-13 所示。

**表 6-13　决策单元的平均置信有效性**

| | A1 | A2 | A3 | A4 | A5 | A6 | A7 | A8 | A9 | A10 |
|---|---|---|---|---|---|---|---|---|---|---|
| $\bar{\theta}$ | 1.000 | 0.7363 | 1.000 | 1.000 | 0.7438 | 1.000 | 0.9681 | 0.9655 | 0.7157 | 1.000 |

#### 6.3.4.4　结果分析

（1）综合分析。由表 6-12 和表 6-13 可以得出，A1、A3、A4、A6、A10 在所有置信水平下输出的结果都是 1，分析得出其配送效率高，投入—产出相对平衡，说明这几个协同配送团队效率高，协同配合默契。

A7、A8在不同置信水平下的输出结果都在0.8~1.0间，说明这几个协同配送团队效率比较好，只要稍作调整，就可以到达投入—产出效率平衡。

A2、A5、A9在不同置信水平下的输出结果在0.7~0.8间，投入—产出效率一般。分析其原因，可以看出这三批次物资的投入因素水平较高，但其产出因素水平较低，结果导致这几种物资DEA无效，投入—产出比不高，协同配送效率不高。

（2）具体分析。具体结合表6-12分析，在投入方面，在配送时间、配送满足率和配送质量都相当的水平下，投入的协同人员、物资配送数量、物资质量和配送距离越少，其投入—产出相对越平衡，协同配送的效率越高（见A1和A7）。在协同人员数、物资基本情况、配送数量、配送距离都相当的情况下，团队协作性越高，配送质量和配送满足率越高，协同配送效率也就越高（见A8和A9）。

产出方面，在团队协作人员数、物资重量和物资装卸时间都相当的情况下，协同配送效率受到配送满足率和配送质量的影响，配送满足率越高，配送质量越高，投入—产出越能达到平衡，容易达到DEA有效（见A4和A7）。

具体分析未达到DEA有效的配送批次，可以得到A2的团队人员数、物资重量和数量、团队协作性都是相对较高的。但其在较高的投入因素下，产出因素水平却是较低的（配送满足率和配送质量），这就导致投入—产出比较低，协同配送效率较低。对于A2来说，产出指标太小，是导致配送效率低下的主要原因。因此，提高效率的方法主要是提高配送满足率和配送质量。

A5的协同人员数较多，但其团队协作性较低，配送时间相对较长，配送满足率和配送质量也不高，所以其配送效率不高。深入分析可以得到，A5团队之间协作性太低，团队成员之间沟通不畅，成员之间的差异性太大，这是导致协同配送效率低的主要原因。所以，对于A5而言，提高团队成员之间的协作程度，加强成员相互沟通，才能提高配送协作效率。

A9相对投入大量的团队协作人员，同时物资配送数量和重量较大，配送时间相对配送距离来讲较长，配送的质量较低，所以投入—产出比不平衡。与A2一样，A9也是因为其产出指标较低而影响其配送效率。通过分析可以发现，在A9中，配送时间相对其他配送批次是较高的，同时配送质量极低，因此，对于A9来说，可以通过修改配送方案，缩短配送时间，加强配送质量的控制等措施来提高整体配送效率。

## 6.4 破坏性地震灾后应急供应链协同管理研究

### 6.4.1 地震灾后应急供应链协同关系分析

将应急救援协同关系定义为在救援过程中存在工作相互交叉、相互依赖、相互辅助、信息交流协同共享等情况或在应急救援协同流程中存在前后逻辑关系。结合救援实际，分别构建地震应急救援组织内部协同关系图、应急救援工作内部协同关系图以及应急救援组织和应急救援工作间的外部协同关系图。国务院抗震救灾指挥部是我国应急救援指挥体系的关键组织机构，在地震应急救援过程中指挥应急指挥部，根据中国地震局的地震监测预报结果及地震应急预案制定应急救援计划，实施救援，同时对企业、公众、非政府组织进行监督、管理；应急指挥部接收国务院抗震救灾指挥部下达的救援指示，在地震现场与企业、公众、非政府组织相互协调合作；中国地震局根据国务院抗震救灾指挥部及应急指挥部提供地震监测及灾情调查分析结果，制定防震减灾规划和地震应急预案，为具体救援计划的制定和实施提供依据；企业、公众、非政府组织作为社会救援力量的组成部分，在救援过程中应相互合作，加强信息的交流沟通，三者之间可能存在相同救援任务，故存在协同关系，见图 6–14。

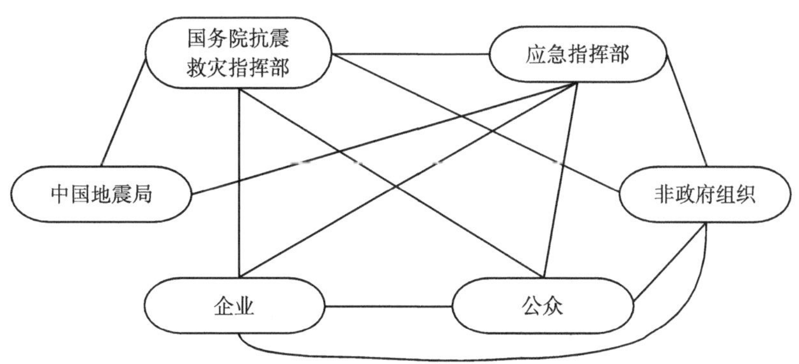


**图 6–14　第二层级应急救援组织内部协同关系**

应急指挥部下的各应急救援组织之间的协同关系如图 6–15 所示：地震监测部门负责震后灾情的监测及各种次生灾害的监测和预防，可为工程抢修部门、卫生防疫部门及各级地方救援队提供救援信息。各级地方救援队主要承担人员搜寻、受灾群众安置等工作，救援过程需要工程抢修部门维持供电、保证通信及道路畅通，心理援助机构可协助进行灾民心理辅导和鼓励工作，与卫生防疫部门在受灾群众安置方面进行配合，确保灾民生命安全。

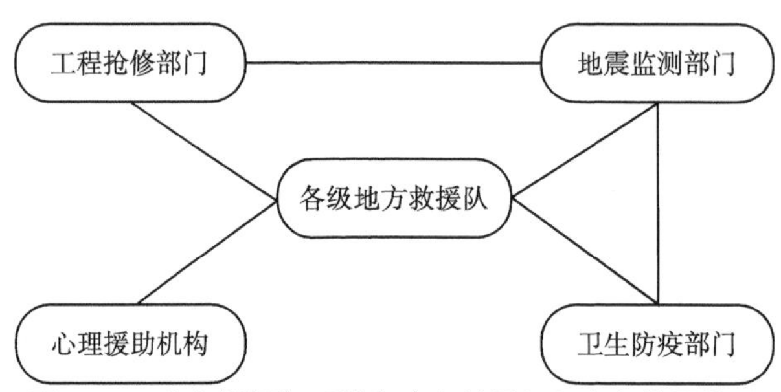


**图 6–15　应急指挥部下的各应急救援组织内部协同关系**

应急救援工作内部协同关系如 6–16 所示，灾情调查分析是其他所有救援工作的基础和前提，与其他所有应急救援工作存在信息交流协同。在伤员救治、物资筹备及调运、次生灾害排查及受灾群众安置过程中均要确保救援物资及灾区人民的卫生健康，因此与卫生防疫工作存在协同关系。物资筹备及调运工作需要与工程抢修部门进行沟通，制定调运方案，确保调运工作的时效性，为次生灾害排查、卫生防疫、人员搜救、伤员救治、受灾群众安置提供所需应急物品。次生灾害排查和受灾群众安置的顺利进行依赖于某些工程抢修工作，故分别与工程抢修存在协同关系。人员搜救、伤员救治、受灾群众安置过程中需要心理抚慰工作的

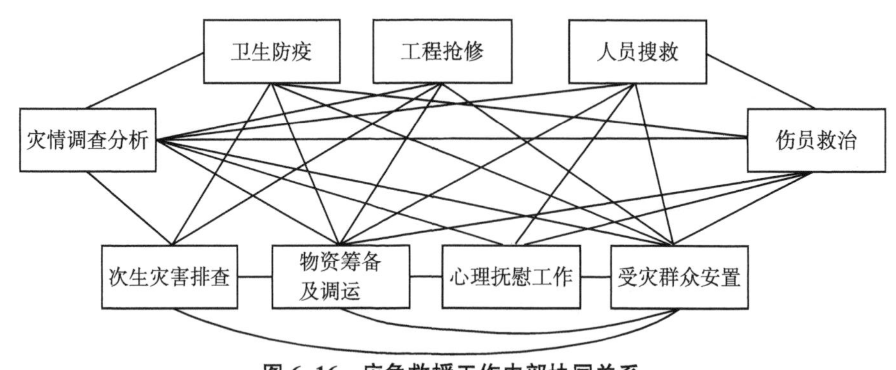


**图 6–16　应急救援工作内部协同关系**

配合，在救援协同流程上，人员搜救的后续工作为伤员救治和受灾群众安置。受灾群众安置工作是其他所有应急救援工作的目的和结果，故与其他所有应急救援工作都存在协同关系。

应急救援外部协同关系指应急救援工作与应急救援组织之间的协同关系，即纵向协同关系。这种纵向协同关系比较简单，某些应急救援工作的完成涉及哪些应急救援组织的参与，就说这项应急救援工作与这些应急救援组织之间存在协同关系。由图 6–17 可知，地方地震局、区域抗震救灾指挥部、地震现场流动指挥部与除心理抚慰工作之外的其他八项应急救援工作均有协同关系。此外，与灾情调查分析具有协同关系的应急救援组织还有地震检测部门、卫生防疫部门、工程

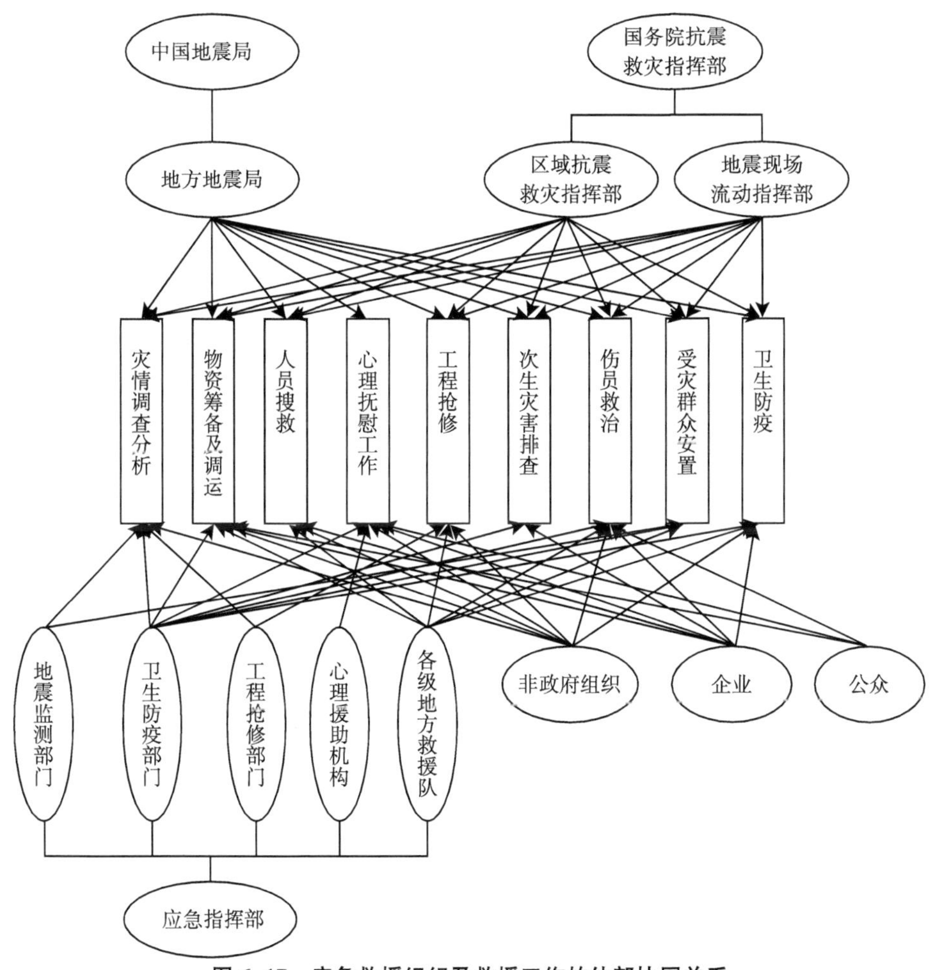


**图 6–17　应急救援组织及救援工作的外部协同关系**

抢修部门及非政府组织。与物资筹备及调运工作存在协同关系的应急救援组织为卫生防疫部门、各级地方救援队、非政府组织、企业、公众。与人员搜寻存在协同关系的有各级地方救援队、非政府组织、企业。工程抢修与工程抢修部门、各级地方救援队、非政府组织具备协同关系。而与次生灾害排查相互协同的应急救援组织为卫生防疫部门和企业。卫生防疫部门、各级地方救援队、非政府组织、企业和公众与伤员救治存在协同关系。与受灾群众安置协同的有地震监测部门、卫生防疫部门、各级地方救援队。卫生防疫工作的协同应急救援组织包括卫生防疫部门、各级地方救援队、非政府组织和企业。地方地震局、卫生防疫部门、心理援助机构、非政府组织、企业和公众则参与心理抚慰工作，与其存在协同关系。

### 6.4.2 地震灾后应急供应链协同管理流程分析

地震应急救援的主体包括应急救援工作和应急救援组织，研究应急救援供应链的协同作用应建立在对应急救援流程分析的基础上，详细了解地震应急救援流程，进行救援流程的改善优化，有利于提高应急救援效率。本书将地震应急救援流程分为三个方面，包括震后灾情信息收集分析、震后生命救援和震后生活保障。震后灾情信息收集分析包括灾情调查分析和次生灾害排查。震后生命救援包括人员搜救、伤员救治和卫生防疫。震后生活保障包括物资筹备及调运、工程抢修、受灾群众安置和心理抚慰工作。根据每个应急救援工作特点，建立相应的应急救援流程，以便为地震应急救援提供参考。

(1) 信息流程。灾情信息收集分析既是地震应急救援的首要工作，也是基础工作，是开展其他应急救援行为的前提。好的开头是成功的关键，及时、精确的灾情信息收集分析有利于及时了解受灾情况，明确应急救援资源数量，确定救援物资调运路线，组织应急救援队伍，制定相关的应急救援方案，促使应急救援组织快速地组织救援。因此，地震爆发后信息的调查收集至关重要。

根据地震实际应急救援情况，分析和总结其他关于地震方面的研究，本书将地震的灾情信息分为震感强烈度、基本生活、交通、生命救援、房屋、次生灾害排查六个方面，建立灾情信息收集分析流程（见图 6-18）。有关保证基本生活方面的信息包括食物、衣物、通信、水电气、其他物资五类。地震爆发后应及时对受灾地区的基本生活物资进行调查统计，查看基本生活物资的损毁情况，确定短缺物资种类和数量，制定应急物资需求计划，并进行实时跟踪，统计应急物资的

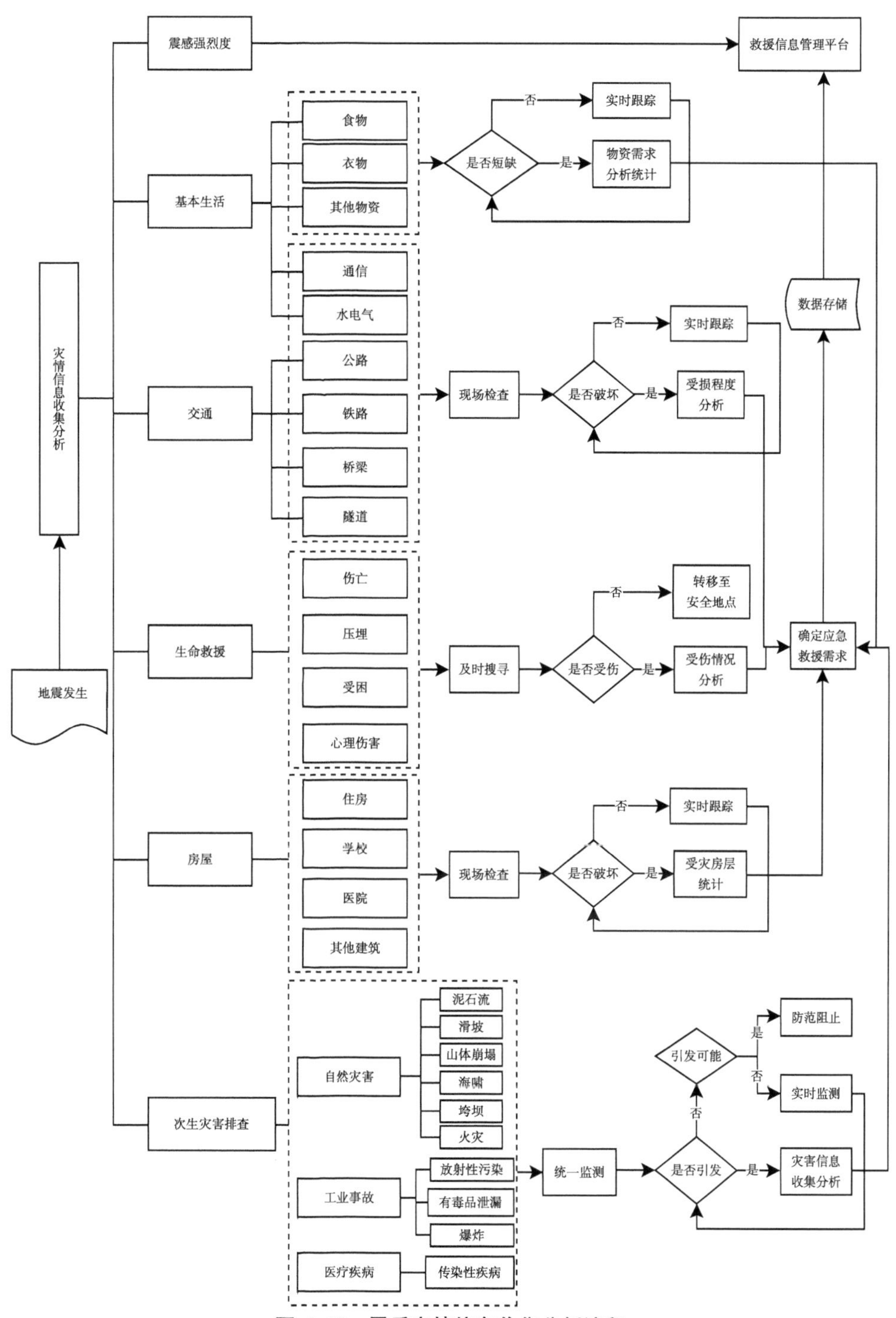


**图 6-18　震后灾情信息收集分析流程**

消耗情况；快速检查灾区通信和水电气的破坏情况，制定维修方案，建立临时通信线路，确保灾区灾民的基本生活得以维持；交通方面的信息包括公路、铁路、桥梁、隧道，交通是救援队伍进入受灾地区的通道，为确保外界各地救援队伍顺利进入受灾地区，应及时对灾区交通进行现场检查，确定受破坏道路，对其受损情况进行分析，为应急救援资源的调度及制定抢修方案提供依据；有关生命救援的信息分为伤亡、压埋、受困、心理伤害。对生命救援的信息进行分类搜寻、统计有利于救援力量和资源的分配，在统计这类信息时，应分析压埋、受困人员的数量，分析受伤人员的伤情和数量、未受伤人员的数量，以便确定专业救援队人数及医疗救援资源数量，及时将未受伤人员转移到临时安置点；对于住房、学校、医院、其他建筑的破坏情况进行分析统计，有利于应急医疗救援及灾后恢复重建；次生灾害排查是震后应急救援的一项重要工作，及时对可能引发的次生灾害进行排查和预防，有利于避免灾情的扩大和各方面损失的加重，因此，在进行信息调查时，须对可能引发的自然灾害、工业事故及医疗疾病进行统一监测，判定是否存在引发的可能及是否引发，若存在引发可能性应及时防范阻止，若已引发应及时对灾情进行分析，制定救援方案。对于灾情信息调查分析的数据应及时储存更新，建立应急救援信息管理平台进行信息管理。

（2）救援流程。震后生命救援是地震应急救援的最主要任务，地震爆发破坏自然环境、居住房屋、工农业生产，造成巨大经济损失，严重影响人们的生存环境和生活秩序。但是，这些破坏和损失都是可以恢复的，只有人员死亡是无法弥补和恢复的。因此生命救援是地震应急救援的主要目标和重点工作，任何国家在进行突发事件应急救援时，都应该竭尽全力抢救受灾人民，确保其生命安全，尽可能减少人员伤亡，所以震后生命救援流程非常关键。

震后生命救援主要包括人员搜救、伤员救治和卫生防疫三方面。震后生命救援流程如图 6-19 所示。人员搜救主要是对受困、压埋以及受伤人员的搜查解救。专业搜寻队伍及医疗救援团队应在受灾地区建立救援营地，开展救援行动，利用专业搜救设备将受困和压埋人员解救出来时，如果受困人员已经死亡，则首先需要对死者身份进行鉴定，然后进行遗骸的清理工作；如果受困人员成功幸存，医疗人员要检查其是否受伤，判断受伤程度和类型，及时进行医疗救援。由于灾区救援资源的限制，某些大病、伤情严重或者需要手术住院的伤员应及时转出，送到附近某些医疗条件足够的医疗机构进行治疗，对于可以就地治疗的伤员，应马上抢救，并转移至安全区进行安置。本书将卫生防疫归入生命救援流程中。地震给受灾地区原有的自然环境带来破坏，使其变得非常脆弱，容易引发传染病，当地水资源有可能已被污染，过多死亡人员的遗体若处理不好，则会引起病菌和疾病的蔓延。卫生防疫主要是对传染病进行预防，注意灾区饮水和食品卫生，重视个人和环境卫生。进行传染病预防可以采取控制传染源、切断传播途径、保护易感染人群和传染病监测等措施，其他卫生防疫措施还包括及时并正确处理死亡人员遗骸，进行空气和环境表面消毒工作，加强饮水、食品和个人卫生等。

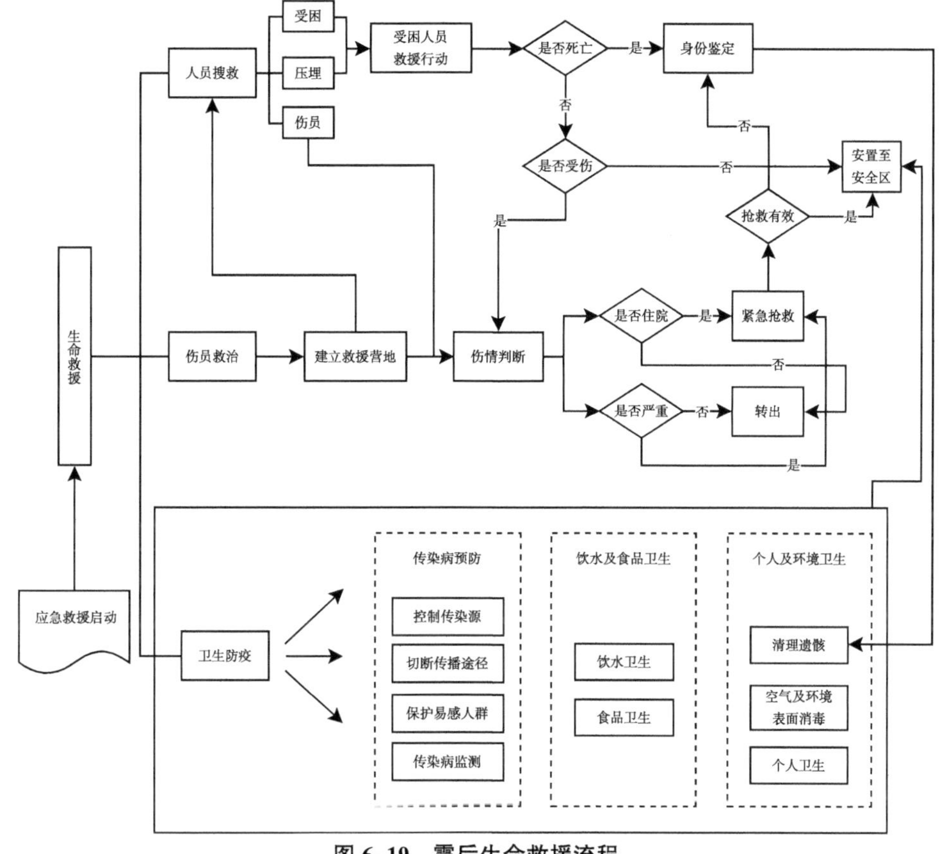


**图 6-19　震后生命救援流程**

（3）保障流程。震后生活保障是震后生命救援的延伸，在确保生命安全的前提下，要保障灾区人民的基本生活，才能使生命得以维持和继续，否则震后生命救援将毫无意义。众所周知，地震爆发后灾区的一切社会活动和工作都被迫停止，生活和生存物资匮乏且难以正常供应，这往往造成灾区人民恐慌，出现物资抢购甚至抢夺现象，社会秩序一片混乱。为了避免由于灾区生活物资缺乏而造成的死亡发生，地震应急救援组织应积极做好灾区的生活保障工作。

从图 6-20 可知，震后生活保障流程由物资筹备及调运、工程抢修、受灾群众安置和心理抚慰组成。通过灾区信息收集及分析过程确定了各灾区应急物资的需求情况，应急救援组织应根据实际需求，将应急物资从物资储备中心运往物资配送中心，随后运往灾民救助中心，分发至灾民救助点。如果物资筹备中心某些应急物资短缺，则需要采取紧急采购、研发生产或者组织募捐等措施，募捐到的物资应统一放至物资筹集中心，再根据需要调配至物资配送中心。

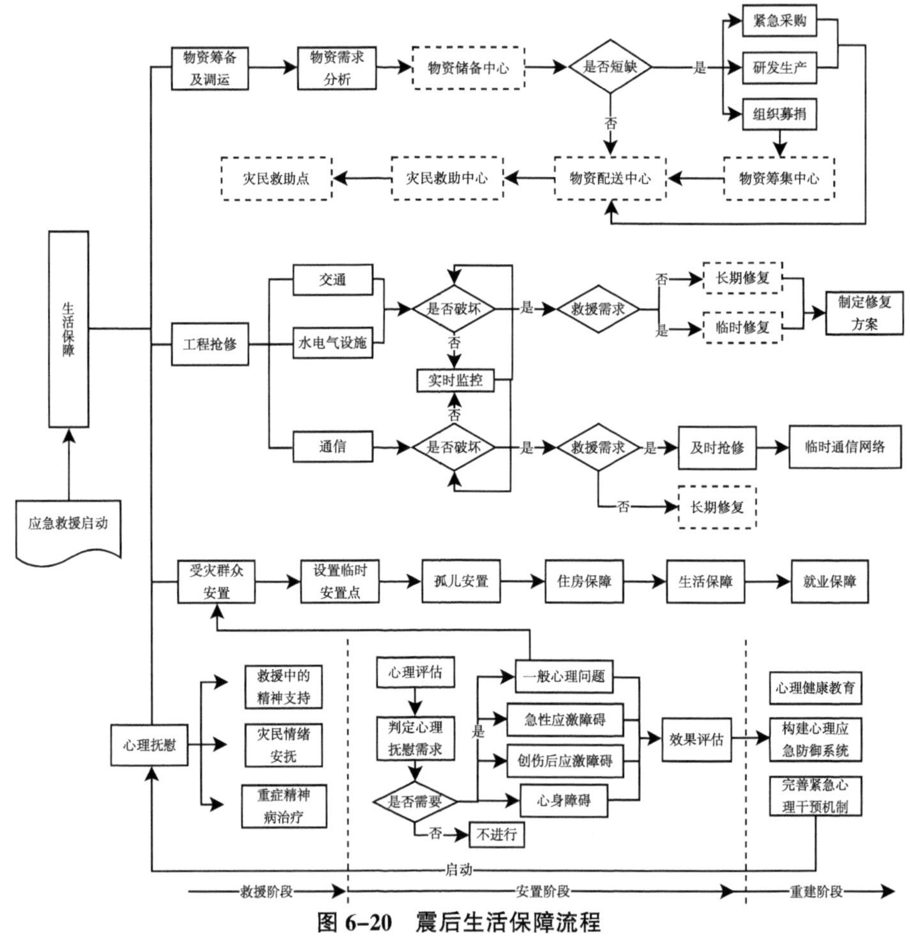


图 6-20 震后生活保障流程

工程抢修主要是对交通、水电气设施和通信进行抢修，经过现场勘测检查后，需判定是否为其他应急救援活动所需要，如某些被破坏的道路是应急物资运往灾区的唯一通道或者抢修某些被破坏的道路能加快应急物资运送效率，正常的供电和通信才能确保救援设备的使用及救援的指挥和协调，若为应急救援所需要，应根据救援要求制定抢修方案进行临时修复，对于通信抢修可建立临时通信网络，满足其他救援活动需求。对于不受救援要求束缚的工程可视为震后恢复工程，制定可靠方案进行长期修复工作。

受灾群众安置工作首先需要选取安全可靠地区设立临时安置点，作为灾区人民的临时栖息场所供其暂时生活。此外，还需依次关注孤儿的安置问题、灾区人民的住房保障、生活保障及就业保障等。

心理抚慰工作可以分为三个阶段进行。首先是救援阶段的心理抚慰工作，主要是对灾区人民进行思想教育，安抚其因地震灾害而产生的害怕、恐慌情绪，鼓励其重树信心，勇敢抗灾。对于长时间等待救援的受困和压埋人员及重大伤患，要及时给予鼓励，使其相信救援的力量，不轻易放弃希望。一些心理脆弱的灾区人民，因地震爆发的强烈刺激患上重症精神病，也应在救援阶段给予心理治疗。其次是安置阶段，是心理抚慰工作持续时间比较长的一个阶段，亦属于受灾群众安置的一个部分，一般要进行心理评估，判定其是否需要心理援助，若需要，则要判定心理问题类型，一般分为四种：一般心理问题、急性应激障碍、创伤后应激障碍、心身障碍，针对不同类型的心理问题采取不同的治疗方法，治疗结束后需要进行效果评估。最后是重建阶段，包括对灾区人民进行心理健康教育、根据评估结果构建完善心理应急防御系统、完善紧急心理干预机制等，通过加强心理预防和完善紧急心理干预机制，建立比较完整的心理救援体系，提高心理抚慰工作效率。

（4）协同模式及流程构建。地震应急救援工作和应急救援组织是震后应急救援的两个重要组成部分，要提高地震应急救援效率，降低灾害损失，可以从这两方面出发进行研究。协同作为一种能使资源发挥最大效能的合作模式，在地震应急救援研究领域应用较为广泛，从国内外已有研究成果来看，关于应急协同方面的研究多数集中在特定情况下的协同物流网络及协同应急管理机制的研究，对于地震应急救援组织及应急救援工作协同效率的研究较少。本书尝试从这两部分出发，建立基于应急救援组织和救援工作的协同模式，以期为地震应急救援提供一种参考。

地震应急救援协同分为横向协同和纵向协同。从应急救援组织和主要救援工作两个角度出发，以实际救援过程为基础，建立如图 6-21 所示的地震应急救援协同模式。应急救援工作分为灾情调查分析、物资筹备及调运、人员搜救、心理抚慰工作、工程抢修、次生灾害排查、伤员救治、受灾群众安置、卫生防疫九部分，救援过程中每项救援工作存在相互交叉、互相依赖的关系，针对彼此之间的关系，建立一种基于应急救援任务的协同工作模式，有利于救援效率的提高。因而，应急救援工作之间是一种横向协同模式，即内部协同。各应急救援组织在执行救援任务的过程也存在任务的交叉和相互合作的关系。本书建立的应急救援组织结构为三层级的救援指挥结构，上下级组织间的协同为纵向协同模式，同级救援组织之间的协同属于横向协同模式。各应急救援组织和应急救援工作间的协同

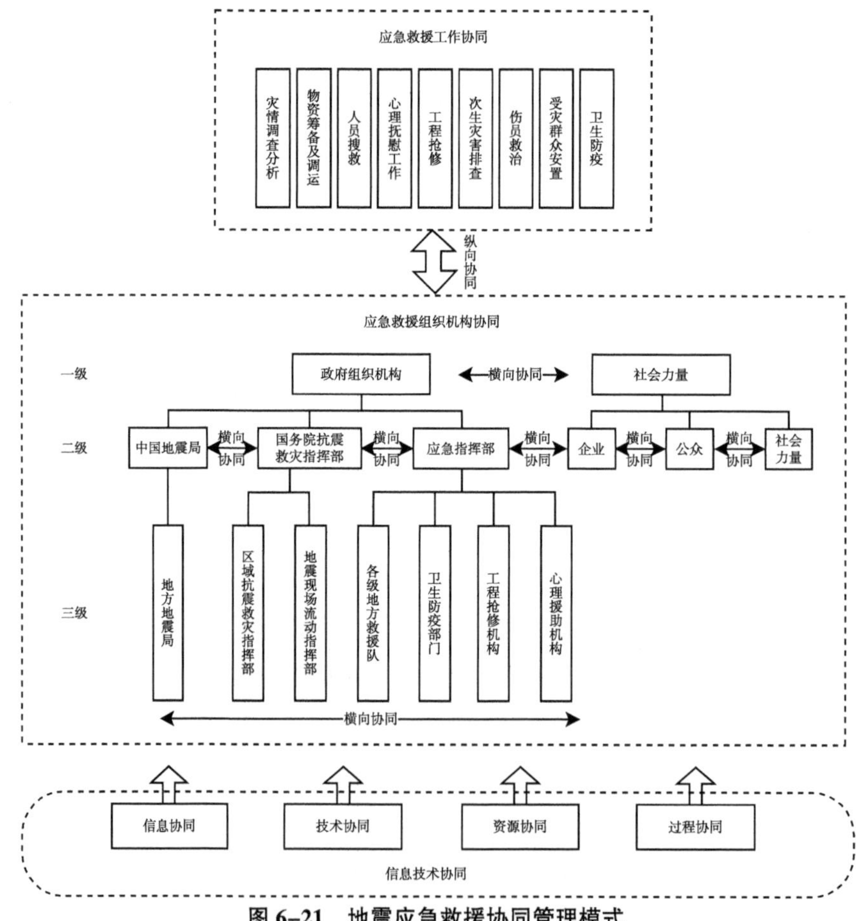


图 6-21 地震应急救援协同管理模式

属于纵向协同，即外部协同。在救援过程中存在信息协同、技术协同、资源协同和过程协同，用以支持应急救援组织进行应急救援工作，因而整个地震应急救援过程就是一个协同的过程。

（5）协同流程。结合地震应急救援流程图，设计如图6–22所示的应急救援工作间的协同流程图，地震爆发后的第一时间启动灾情信息收集及分析过程，这个过程贯穿地震应急救援的全过程，为了不耽误救援时间，信息收集和分析必须快速且准确，以便根据分析结果立即启动应急救援，各项应该救援工作不分先后顺序，各应急救援组织根据应急预案各司其职，相互配合、相互协调，确保救援工作有序而高效地进行，从整个救援协同流程来看，应急救援工作间的几种横向协同如下：①工程抢修是物资调运、人员搜救和伤员救治的辅助工作，如道路的损坏影响应急物资调度速度，甚至导致某些应急物资无法抵达某些受灾点，只有及时恢复交通，才能顺利进行应急物资调运工作，某些搜寻设备及医疗救援设备需要电力支持，如果电路被破坏，搜寻工作难以顺利执行。因此，某些工程抢修需要在这些应急救援工作之前完成，在实际救援过程中，各救援组织应加强沟通协调，保证这些任务之间的相互协作性。②物资筹备及调运是为人员搜救、伤员救治和受灾群众安置等工作服务的，即为这些救援工作提供所需材料，救援是一项持续时间长的复杂工程，消耗大量应急救援物资，这就需要外界源源不断的供应，才能确保救援持续顺利地进行。因此，应急物资筹备及调运是确保其他应急救援工作顺利进行的前提。③心理抚慰工作是人员搜救、伤员救治和受灾群众安置过程中不可或缺的工作。因地震给灾区的人民群众带来巨大冲击，很多人因此患上心理方面的疾病，在进行伤员救治及受灾群众安置时要考虑对其进行心理方面的引导或医治，在进行人员搜救时要对受困或被压埋灾民进行鼓励，帮助其努力坚持等待救援。④卫生防疫是灾民转移和安置过程中的必要工作。生命救援是过程，生命维持是目的，只有确保安置区和灾民的卫生健康，之前一系列的生命救援工作才有意义。所以，做好卫生防疫工作，给灾区人民提供一个良好健康的居住场所非常重要。

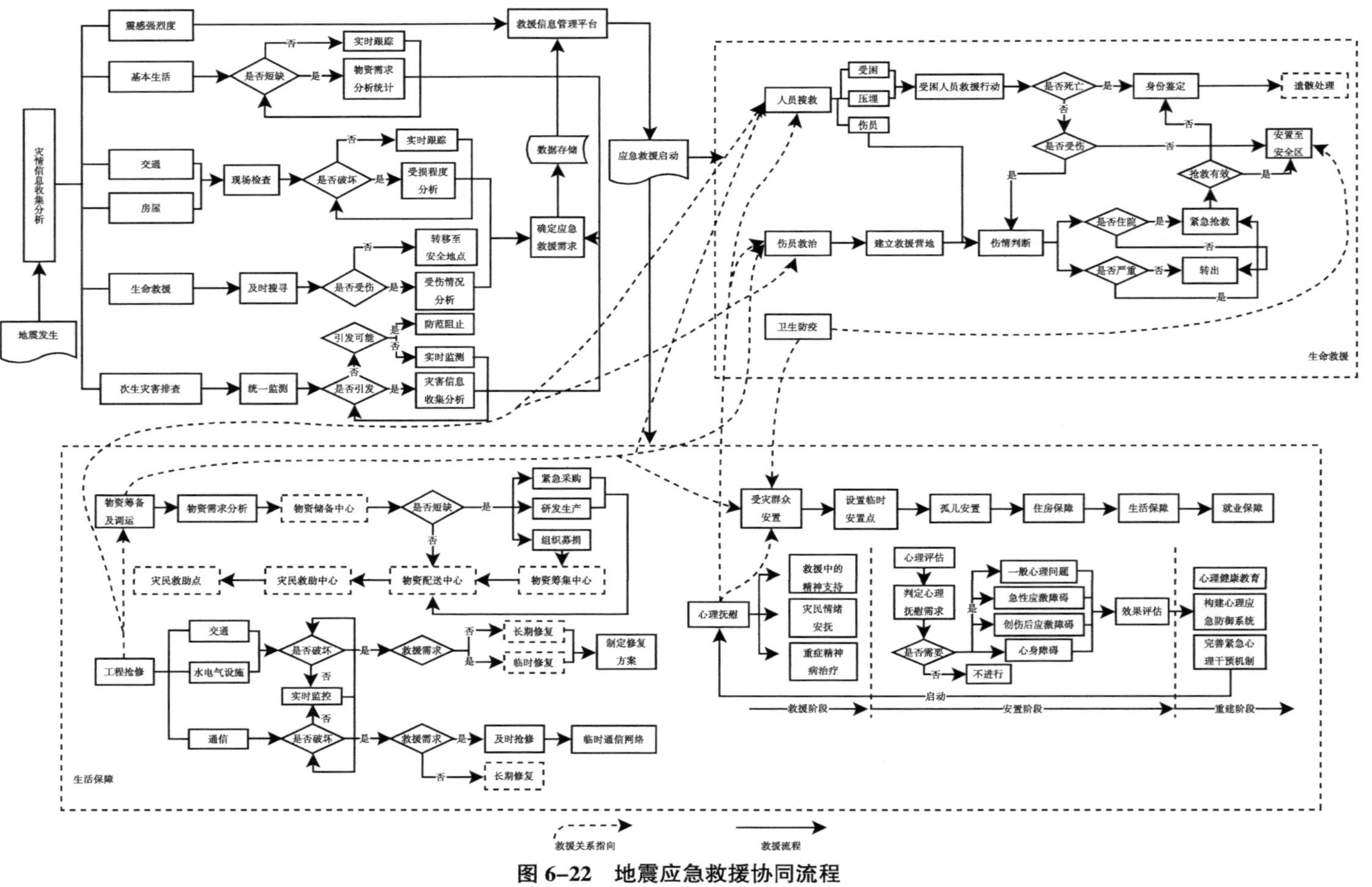


图 6-22 地震应急救援协同流程

### 6.4.3 地震灾后应急供应链协同管理模型设计

对地震灾后应急供应链实施协同管理的根本目的是提高应急资源供应保障能力。通过信息共享机制，整合地震灾区前方反馈的信息流、供应商反馈的物流和信息流，并以政府部门提供的资金流作为保障，使应急资源到达各个灾区需求点，形成一个整体的协同管理模型。

地震灾后应急供应链不仅追求救援成本的最大程度节约，更追求救援时间的最小化，同时提高救援效益和效率①。把某地区的应急物资储备点和供应商都视为一个系统，即协同供应储备系统。该系统包括两个部分：一部分和储备相关，即协同储备；另一部分和供应相关，即协同供应。针对协同储备和协同供应分别建立两个管理模型，建立目标函数，在这两个模型的基础上提出协同供应储备管理模型②③④。

#### 6.4.3.1 地震灾后应急物资协同储备模型

应急物资协同储备系统具备的特征由该系统内储备库和救灾指挥枢纽两部分组成。指挥枢纽的作用就是用于协调各个应急物资储备库的关系。这些仓库之间依靠两个指定指标来考核：第一个指标为地震灾后应急物资的缺货率，即不能按时交付物资的概率；第二个指标为管理标准化系数，用来衡量物资储备库的管理水平和效益。救灾指挥枢纽对这两个指标有自己心中的底线，即缺货率底线和管理标准化系数底线。救灾指挥枢纽根据地震等级和从其他各方面得到的情报，甚至是历史经验等，提前做好准备，储备好一定量的地震灾后应急物资，并依据各个物资储备库的平均缺货率和管理标准化系数，来比对缺货率底线和管理标准化系数底线，初步选择出合乎要求的物资储备库，然后向符合要求的储备库分配定额，在分配时可能遇到下列情形：①符合要求的物资储备库的储备能力超过预测到的总量时，存在优化的空间，可以通过协调各储备点的数量，达到降低库存成本的目的。②当符合要求的应急物资储备库的储备能力小于预测的总量时，可以

---

① 陈正杨. 社会救援资源应急供应链的协同管理［J］. 北京理工大学学报（社会科学版），2013，15（3）：95-99.

② 玄光男，程润伟. 遗传算法与工程优化［M］. 于欲杰，周根贵译. 北京：清华大学出版社，2003.

③ 李然，王华. 产销不平衡问题的遗传算法研究［J］. 铁路运输与经济，2005，27（8）：66-68.

④ 张志强. 基于供应链的应急物资保障模型研究［D］. 华中科技大学，2009.

增加物资储备库的数量，例如将救灾指挥枢纽的底线进一步降低，依次递补进来新的物资储备库。③如果降低底线之后，储备库的储备能力之和仍小于预测总量时，那么就有必要考虑新增加一些物资储备库。

综上所述，上面三种情况中第三种情况属于物资储备库的绝对数量不足，基本上没有可以优化的空间和余地，而第一种和第二种存在优化成本的可能性。前两种情况有一定的相似之处，即利用分配的定额不同，来寻求优化的方案，这属于一般的线性规划问题，可用线性规划的方法求解。然而，指挥枢纽会根据自己的两个底线来从所有的物资储备库中筛选符合条件的物资储备点，其中牵涉非固定函数问题，不同于简单的线性规划，因此要对线性规划问题进行转换，使之符合要求，我们引入分段函数

$$\sigma(x)=\begin{cases}1, & x\geqslant 0\\ 0, & x<0\end{cases}$$

将目标函数作为一个多目标函数来考察。

(1) 模型构造。设在某地区时间段 T 内，有 N 个地震灾后应急物资储备库，救灾指挥枢纽预测需要 K 应急物资 M 单位，C 为储备库的总储备成本，K 物资的仓库最大储备量为 $Q_K$，$Q_{KT}$ 为 K 应急物资储备库储备数量，L 为符合底线要求的储备库真实储备的数量，$C_{1K}$ 表示 K 物资储备库的单位订货成本，$C_{2K}$ 为 K 物资储备库的单位储备成本，$C_{3K}$ 为 K 物资储备库的单位缺货成本，$P_{KT}$ 为 K 物资仓库缺货率，$B_{KT}$ 表示 K 物资仓库的管理标准化系数，$B_b$ 为指挥枢纽能够接受的管理标准化系数底线，$P_b$ 为指挥枢纽能够接受的缺货率底线，$P_D$ 为把缺货概率放大引入的乘数。

引入

$$\delta(x)=\begin{cases}1, & x\geqslant 0\\ 0, & x<0\end{cases}$$

假如 K 物资储备库的缺货率 $P_{KT}$ 大于或等于 $P_b$，则 $\delta(P_{KT}-P_b)=1$，否则若 $P_{KT}$ 小于 $P_b$，就有 $\delta(P_{KT}-P_b)=0$，以此类推，当 $B_{KT}$ 大于或等于 $B_b$，得 $\delta(B_{KT}-B_b)=1$；当 $B_{KT}$ 小于 $B_b$，得 $\delta(B_{KT}-B_b)=0$。判断各物资储备库的储备能力与需求预测总量之间的关系，引入函数

$$\delta\left|\sum_{K=1}^{N}\delta(P_b-P_{KT})\delta(B_b-B_{KT})Q_K-M\right| \tag{6-14}$$

容易看出，当各物资储备库的储备能力大于需求预测总量，式（6–14）的值为 1，否则其值为 0。另外，可以把目标函数

$$\sum_{K=1}^{N}\delta(P_b - P_{KT})\delta(B_{KT} - B_b)(C_{1K} \times Q_{KT} + C_{3K} \times (1 - B_{KT} + P_{KT}) \times Q_{KT})$$

替换成

$$\sum_{K=1}^{N}(C_{1K} \times Q_{KT} + C_{2T} \times Q_{KT} + C_{3K} \times (1 - B_{KT} + P_{KT}) \times Q_{KT})$$

淘汰掉不符合救灾指挥枢纽底线要求的应急物资储备库。因此，该线性规划改造为：

$$\begin{aligned}\min C = {} & \delta\left|\sum_{K=1}^{N}\delta(P_b - P_{KT})\delta(B_{KT} - B_b)Q_K - M\right| \\ & \times \sum_{K=1}^{N}\delta(P_b - P_{KT})\delta(B_{KT} - B_b)(C_{1K} \times Q_{KT} + C_{3K} \times (1 - B_{KT} + P_{KT}) \times Q_{KT}) \\ & + \delta\left|\sum_{K=1}^{N}\delta(P_b - P_{KT})\delta(B_b - B_{KT})Q_K - M\right| \\ & \times \sum_{K=1}^{N}\delta((1 + P_D)P_b - P_{KT})\delta(B_{KT} - B_b)(C_{1K} \times Q_{KT} + C_{2T} \times Q_{KT} \\ & + C_{3K} \times (1 - B_{KT} + P_{KT}) \times Q_{KT})\end{aligned}$$

其中，$K = 1, 2, \cdots, N$；$(1 - B_{KT} + P_{KT}) \times Q_{KT}$ 为 K 物资储备库的缺货量。

（2）模型求解。遗传算法求解步骤如下：

首先，设地震灾后应急物资的缺货率底线为 $P_b$，管理标准化系数底线为 $B_b$。

其次，令

$$D = \sum_{K=1}^{N}\delta(P_{KT} - P_b)\delta(B_{KT} - B_b)Q_{KT} - M$$

计算得出 D 的值后判断算法流程：

第一步，若 $D \geq 0$，转第四步；

第二步，若 $D < 0$，转第三步；

第三步，调节缺货率底线的扩大乘数 $P_D$，转第四步；

第四步，选定符合要求的应急物资储备库集合，转第五步；

第五步：根据遗传算法子流程，选择储备方案，转第六步；

第六步：合计该应急物资的总储备成本，转第七步；

第七步：结束。

#### 6.4.3.2 地震灾后应急物资协同供应模型

把供应商加入地震灾后应急物资协同储备模型中，就构成了地震灾后应急物资协同供应模型。该系统中包括救灾指挥枢纽、应急物资储备库、供应商。救灾指挥枢纽根据自己的标准选择合适的供应商向某应急物资储备库供应物资。供应商是需要优化的对象，假定供应商提供的产品都能满足应急需求，只考虑提供应急物资的成本和交货提前期。交货提前期是从救灾指挥枢纽下发订单到地震灾后应急物资到达应急物资储备库所需要的时间。由于地震灾后应急物资的特点决定了它对于时间的要求很苛刻，超时间要求的物资就算质量再好、数量再多，也没有任何意义。当符合条件的供应商的供应能力在交货提前期底线内不能完成交付任务时，我们考虑放大交货提前期底线。救灾指挥枢纽在选择供应商时遇到的情况与协调储备类似：第一，满足交货提前期要求的供应商的供应能力恰好等于地震灾后应急物资需求的数量；第二，满足交货提前期要求的供应商的供应能力大于地震灾后应急物资需求的数量，我们可以利用分配不同的定额来优化运输成本；第三，满足交货提前期要求的供应商的供应能力小于地震灾后应急物资需求的数量，先选择满足交货提前期的供应商以最大供应能力来保障供给，然后再适当延长交货提前期，吸收新的供应商来提供应急物资。如果延长交货提前期之后满足条件的供应商的供应能力大于实际需求时，也存在优化的空间，如果延长后仍不能满足实际需求，则以交货提前期最短为原则确定配额。

综上所述，第二种和第三种情况存在优化的空间和余地，可以认定为线性规划，目标函数形式不唯一，我们引进

$$\delta(x)=\begin{cases}1, & x\geqslant 0\\ 0, & x<0\end{cases}$$

根据 $\delta_1\left|\sum_{K=1}^{N_i}Q_K-M\right|$ 的符号判断满足交货提前期小于 MAXTIME 的供应商最大供应能力之和是否满足总需求量，若大于零，说明这些供应商符合要求；若小于零，表示其不能满足要求。此时我们可以调整交货提前期的底线，具体做法就是延长交货提前期（假设延长为原来的 a 倍）；根据 $\delta_1\left|\sum_{K=1}^{N_i}Q_K-M\right|\times\delta_1\left|M-\sum_{K=1}^{N_i}Q_K\right|$

的正负来识别延长交货提前期后供应商的供应能力是否满足要求，如果大于零，说明新的供应商组合的产能仍不能满足要求，此时可以做出调整。

（1）模型构造。若有 N 个供应商供给某应急物资储备库，假定这 N 个供应商协同提供应急物资的需求。如果该应急物资储备库需要应急物资 M 单位，假定供应商的交货提前期不超过底线 MAXTIME；某一时间段内供应商 K 的供给能力是 $Q_K$ 单位，根据假定有 $\sum_{K=1}^{N} Q_K \geqslant M$，假设通过车辆来配送物资，单位车辆的装载能力为 W 单位；K 供应商供给该地震灾后应急物资的运输时间是 $T_K$，单车运输成本是 $C_K$。如果 K 供应商打算向指定应急物资储备库供应物资的运输成本为 $Q_{Ki}$，L 为向应急物资储备库供应货源的供应商的数目，$N_i$ 为交货提前期小于 MAXTIME 的供应商的数量，a 是 MAXTIME 的放大系数，$N_{ai}$ 为交货提前期小于等于 a 倍底线时间的供应商的数量，$N_{min}$（tsk）为交货提前期小于等于 a 倍 MAXTIME 的供应商中交货提前期最短的供给数量。建立如下目标函数：

$$
\begin{aligned}
\min\gamma C = {} & \delta_1\left|\sum_{K=1}^{N_i} Q_K - M\right| \times \sum_{K=1}^{N_i}\left(\mathrm{int}(Q_{Ki}/W) + \delta(Q_{Ki}/W)\right) \times C_K \\
& + \delta_1\left|M - \sum_{K=1}^{N_i} Q_K\right| \times \delta_1\left|M - \sum_{K=1}^{N_{ai}} Q_K\right| \times \sum_{K=1}^{N_{min(tsk)}}\left(\mathrm{int}(Q_{Ki}/W) + \delta(Q_{Ki}/W)\right) \\
& \times C_K + \sum_{K=1}^{N_{ai}-N_i}\left(\mathrm{int}(Q_{Ki}/W) + \delta(Q_{Ki}/W)\right) \times C_K + \sum_{K=1}^{N_i}\left(\mathrm{int}(Q_{Ki}/W) + \delta(Q_{Ki}/W)\right) \\
& \times C_K + \delta_2\left|\sum_{K=1}^{N_i} Q_K - M\right| \times \sum_{K=1}^{N_i}\left(\mathrm{int}(Q_K/W) + \delta(Q_K/W)\right) \times C_K
\end{aligned}
$$

其中，K=1，2，3，…，N；$\sum_{K=1}^{N_i} Q_{Ki} = M$，$Q_{Ki} \leqslant Q_K$，$\delta(x) = \begin{cases} 1, & x\text{不为整数} \\ 0, & x\text{为整数} \end{cases}$，

$\delta_1(x) = \begin{cases} 1, & x \geqslant 0 \\ 0, & x < 0 \end{cases}$，$\delta_2(x) = \begin{cases} 1, & x = 0 \\ 0, & x \neq 0 \end{cases}$，int(x)为取整函数。

（2）模型求解。求解步骤如下：

第一步，由 $t_k$<MAXTIME 选择符合条件的供应商并确定供应商数目 $N_i$。

第二步，让 $E = \sum_{K=1}^{N_i} Q_K - M$，计算 E 的值并判断算法流程。①如果 E=0，供应商竭尽所能向仓库供应应急物资，计算总的供给成本，转第七步；②如果 E<

0，转第三步；③如果 E>0，选定符合 $t_k<MAXTIME$ 的供应商作为优化的潜在目标，转第六步。

第三步，调节交货提前期扩大系数 a，选定 $t_k<a<MAXTIME$ 的供应商集团以及集团的个体数 $N_{ai}$，转第四步。

第四步，让 $F=\sum_{K=1}^{N_{ai}} Q_K - M$，计算 F 的值并由此计算结果，判断算法流程：①若 F>0，选定符合 $MAXTIME<t_k<a\times MAXTIME$ 的供应商集合及集合包含的个数 $N_{ai}$，转第四步；②若 F<0，转第五步。

第五步，根据交货提前期来选定符合条件的供应商集合，交货提前期越短的优先考虑，然后计算总的运输成本，转第七步。

第六步，利用遗传算法，计算运输成本较小的方案，不一定是最小，但是至少比较合理经济，转第七步。

第七步，结束。

#### 6.4.3.3 地震灾后应急物资协同供应储备模型

协同供应储备模型综合了协同储备和协同供应模型，为弥补救灾指挥枢纽的调度局限性，让多个供应商协同供应多个应急物资储备库，在协同的过程中应用遗传算法来求解使目标函数最优化，也就是包含运输成本和储备成本总成本最小化的方案。

救灾指挥枢纽在调度时会遇到以下三种情形：①根据供应商对交货提前期的要求，选择交货提前期小于供应时间底线的供应商集合，优化这些交货提前期符合要求的供应商的供货数量。②当符合交货提前期的供应商的最大供应能力小于应急物资储备库的需求总量时，将交货提前期底线乘以一个放大系数，再重新选择供应商。当新入选的供应商的最大供应能力满足应急物资储备库的储备要求时，就存在优化的空间和余地。③当把交货提前期放大以后，新入选的供应商集合提供的最大能力仍然不能满足要求时，需要采取非常措施，要么选择新的供应商加入，要么刺激供应商扩大产能。

对于目标函数可以采取类似于上文中的方法做类似处理。

（1）模型构造。假定在时间 T 内，有 N 个供应商向 M 个应急物资储备库供应地震灾后应急物资。假定救灾指挥枢纽预测需求某防震物资 U 单位；y 应急物资储备库的物资定额为 $Z_y$，易知 $\sum_{y=1}^{M} Z_y = U$；供应商 K 对某地震灾后应急物资的最大供应能力是 $Q_K$，假定 $\sum_{K=1}^{N} Q_K \geqslant U$；y 应急物资储备库储备某应急物资的单位储备成本是 $C_y$；我们考虑各供应商有足够的车辆配送物资，假定每车可装载能力为 W 单位；供应商 K 交付到 y 应急物资储备库的运输时间为 $t_{Ky}$，运输成本是 $C_{Ky}$；C 是总成本。假定 $Q_{Ky}$ 为 K 供应商打算提供给 y 应急物资储备库的数量，$N_{Ki}$ 是满足供应条件的供应商的数量，$N_i$ 为交货提前期小于 T 的供应商数，a 是 T 的放大系数，$N_{ai}$ 为交货提前期小于等于 a×T 的供应商数。

$$\min C = \delta_1\left|\sum_{K=1}^{N_i} Q_K - U\right| \times \left|\sum_{y=1}^{M}\sum_{K=1}^{N_i} Q_{Ky}C_y + \sum_{y=1}^{M}\sum_{K=1}^{N_i}\left(\mathrm{int}(Q_{Ky}/W) + \delta(Q_{Ky}/W)\right) \times C_{Ky}\right|$$

$$\times \delta_1\left|\sum_{K=1}^{N_i} Q_K - U\right| \times \delta_1\left|\sum_{K=1}^{N_{ai}} Q_K - U\right| \times \left|\sum_{y=1}^{M}\sum_{K=1}^{N_{ai}}\left(\mathrm{int}(Q_{Ky}/W) + \delta(Q_{Ky}/W)\right) \times C_{Ky}\right|$$

$K=1, 2, \cdots, N$，$y=1, 2, \cdots, M$，s.t，$\sum_{y=1}^{N_{Ki}} Q_{Ky} = Z_y$，$\sum_{y=1}^{M} Q_{Ky} \leqslant Q_K$，$\sum_{y=1}^{M} Z_y = U$；

$$\delta(x) = \begin{cases} 1, & x\text{ 不为整数} \\ 0, & x\text{ 为整数} \end{cases}, \quad \delta_1(x) = \begin{cases} 1, & x \geqslant 0 \\ 0, & x < 0 \end{cases}$$

（2）模型求解。计算步骤如下：

第一步，令 $t_k \leqslant T$，锁定满足要求的所有供应商，设供应商的数目为 $N_i$。

第二步，令 $G = \sum_{K=1}^{N_i} Q_K - U$，计算 G 然后判断算法流程：①如果 $G \geqslant 0$，锁定符合要求的供应商，转第六步；②如果 $G<0$，转第三步。

第三步，设定交货提前期的放大系数 a，锁定满足 $T_K \leqslant a \times T$ 要求的所有供应商，确定供应商的个数 $N_{ai}$，转到第四步。

第四步，令 $E_1 = \sum_{K=1}^{N_{ai}} Q_K - U$，计算 $E_1$ 然后判断算法流程：①如果 $E_1 \geqslant 0$，那么符合 $T_K \leqslant a \times T$ 的供应商就被锁定，确定被锁定的供应商的数目，转第六步；②如果 $E_1<0$，转第五步。

第五步，引入新的符合条件的供应商或者同已经锁定的供应商做好沟通工作，刺激其采取扩大产能的措施。

第六步，用遗传算法，确定经济合理方案，力争使总成本最小化，转第七步。

第七步，结束。

### 6.4.4 地震灾后应急供应链协同管理流程优化

能否建立高效的应急供应链协同管理模式，关系着地震灾后应急救援工作是否能迅速开展，充足的应急物资是否能科学及时地运到灾区，解决灾后的人员搜救、伤者救治、生活供给、卫生防疫等问题。但是应急供应链不同于传统供应链，比传统供应链更加强调及时性，对应急供应链的管理就必须以时间效率为核心，成本成了次要考虑的因素。另外，应急供应链参与主体多样，运作环境难以预测，比传统的供应链管理涉及范围更广，过程更复杂，整体难度更大，如图 6–23 所示。因此，对应急供应链进行协同管理流程优化，以便以最短的时间、最高的效率、最安全的方式将物资准时、准确地发放到目的地，这也是很多自然灾害频发的国家重点研究的问题。

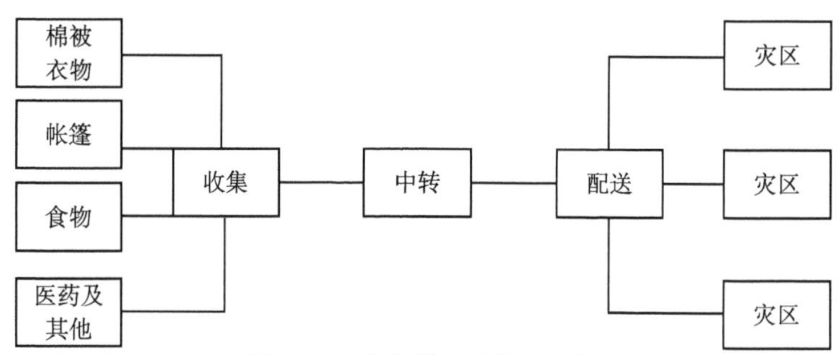


**图 6–23 应急供应链基本流程**

应急供应链一般由政府主导，社会相关组织配合，涉及应急物资种类繁多，征集地域分散，数据信息繁杂，是一个复杂的网络状系统。整个应急供应链环节众多，环节之间彼此联系紧密，相互影响又相互制约，环环紧扣，一个环节出现问题，其他环节甚至整个供应链系统都会受到影响。应急供应链协同管理流程优化能够对当前的应急供应链进行深入研究，从系统的角度对各环节进行重新整合，提高整个供应链的反应速度和执行能力，有效地解决实际事件中遇到的各种问题。

应急供应链协同管理流程优化是应急供应链构建过程中的一个重要环节，应急供应链协同管理流程优化主要从优化目标、优化原则和优化方法三个方面加以叙述。

#### 6.4.4.1　优化目标

为了有效发挥应急供应链的潜力和价值，在对协同管理流程进行优化时着重考虑以下几个目标：

（1）快速反应。地震灾害发生后，灾区对应急资源的需求会在短时间内达到较大规模，应急资源需求特别是与生命救援相关的应急资源都会在黄金救援时间内形成需求高峰，具有高度的时间紧迫性，并且要求尽快予以满足。但是，由于灾害突发后的演化规律非常复杂，并受灾情程度以及灾区人口规模、地理位置、通信条件等多方面因素的影响，很难在第一时间明确灾区对应急资源种类和数量方面的需求。因此，需要通过对供应链资金流、物流、信息流的协同控制，对应急供应链协同管理的流程进行优化，以减缓因应急资源需求不确定带来的迟滞效应，达到快速反应的目标。

（2）质量最优化。通过应急供应链各主体与各工作间的协同，提升地震灾情发生后的人员救援效果和灾区应急物资的保障水平是我们追求的根本目标。灾后应急供应链管理围绕受灾人群展开，应急供应链高质量运行的关键是受灾人群满意度。因此，要保障应急资源的零缺陷，保证应急供应链管理全过程、全方位的质量最优化①，最终实现为受灾人群提供最满意的救援保障和灾后服务保障。

（3）总成本最小化。灾后应急供应链不同于传统的供应链，时间效率是其管理核心，但也不意味着就可以不计成本，浪费资源。寻求应急供应链协同管理流程的优化，要最大程度地减少浪费，达到应急供应链整体保障效率的最优化。应急资源的生产、筹集、运输、储备、配送成本以及应急保障的其他成本费用都是相互关联的。总成本最小化目标并不是指这些成本中的一个或几个最小，而是应急供应链整体的成本总和最小化。因此，从这一意义出发，供应链中的各主体通过信息集成、计划同步，使整个应急供应链的保障过程达到高度均衡。

#### 6.4.4.2　优化原则

为了达成上述的几个基本目标，必须要在一定的优化原则范围内进行，这是进行相应优化过程的基础。表6-14中列出了相关的优化原则，按照这些基本优化原则进行，能够减少流程优化的时间，提高流程优化的效率。优化原则如下：

---

① 龚卫锋. 应急供应链管理研究［J］. 中国流通经济，2014（4）：50-55.

(1) 时效性与经济性原则。应急供应链首先强调的是时效性而非经济性。灾难面前，生命和财产安全是第一要位。比如，如果能稍许提前将应急救灾设备运送到灾区，就可能会搜救出更多的生命，很大程度地减轻地震灾害带来的损失。应急供应链的弱经济性意味着传统供应链中的经济效益原则和成本分析原则不再是其考虑的首位原则，但也不能完全舍弃，否则势必造成严重浪费，带来无谓的损失。因此，对应急供应链协同管理流程进行优化，首先要正确处理好时效性与经济性的关系，在确保满足应急物资时效性要求的前提下，适度兼顾经济效益原则。比如在物资运输过程中选择合理的运输路线，采用经济的运输方式等[①]，从而使应急供应链能以尽量小的成本，高效率地运作与管理。

(2) 适应性原则。对于灾后的突发状况，不确定性因素随处可见，后续突发情况的发生、发展更是难以预测的。这些不确定性直接导致信息、物资供需等的不确定性，从而使整个供应链系统处于不稳定状态。适应性应当以供应链各主体与各工作的协同性为基础，怎样使各成员动态地适应这些不确定性，是整个供应链协同管理的关键。

(3) 先进性与适用性原则。采用先进设备和技术是应急供应链体系得以高效运转的必要条件。地震灾情发生后，倘若没有先进的运输设备与技术作支撑，想要在短时间内将大量的救灾设备与物资运送至灾区是不可能实现的。但同时我们也清楚地知道，地震灾害发生后的应急供应链，是在自然环境恶劣、非常规作业条件下运行的。有时先进的设备往往受到实际情况的制约，无法或很难抵达救援现场，发挥不出它应有的效果[②]。所以，在优化应急供应链协同管理流程时一定要认真处理好技术和设备的先进性与适用性关系。联系实际情形，在可行的情况下发挥先进性，才能取得好的效果。

(4) 全程可控原则。动态和静态监督控制应急供应链全过程，收集包括灾情发展变化、物质资源供求、物资采购、存储、配送、回收等环节的实时信息，为应急决策机构提供可靠的决策依据[③]。各级应急保障决策部门之间要加强协调，充分配合，提高应急保障的透明度。在应急供应链管理中实施集成协作战略，通过共享应急保障信息，消除相关职能部门间的障碍，实现透明化供应，从而提高

①② 张勇. 突发事件下应急物流体系及其物资管理研究 [D]. 合肥工业大学，2012：19-20.
③ 方静，陈建校. 我国应急物流现状及系统优化 [J]. 铁道运输与经济，2008，30 (8)：75-78.

应急供应链保障水平。

（5）防范事故原则。应急供应链追求快速反应，但并非以牺牲准确率为代价。应急调度中心要确保应急物资的品种、数量、用途等信息翔实准确，杜绝在物资运输和配送过程中出现各类事故或差错[①]。

**表 6–14　优化基本原则**

| 基本原则 | 作　用 | 涉及方面 |
| --- | --- | --- |
| 时效性与经济性原则 | 时间效率优先并适度兼顾经济性 | 合理规划运输路线、基础设施的建设等 |
| 适应性原则 | 有效应对突发情况，及时采取有效措施 | 建立信息共享机制，采取分工负责制等 |
| 先进性与适用性原则 | 有效提供物资设备资源 | 先进运输设备的科学高效与实际环境结合等 |
| 全程可控原则 | 消除相关职能部门间的障碍，提高应急保障的透明度 | 灾情信息、物资运送等信息的动态和静态监督控制等 |
| 防范事故原则 | 避免在物资运输和配送过程中发生各类事故或差错 | 应急物资的准确调度、配送等 |

### 6.4.4.3　优化方法和工具

应急供应链协同管理流程优化主要分为流程改造和流程重组两个主要内容。流程改造指在充分理解和分析现有应急物流流程的基础上，对现有流程进行局部的非结构性的改变以达到优化供应链的目的。而流程重组主要是指从根本上考虑供应链的运作方式，零起点重新设计流程，即彻底的流程再构。在实际应用过程中两者经常结合运用，同时发挥流程改造和流程重组各自的优点，达到整个供应链长期和短期运作效率的改善，表 6–15 列出了它们的主要优化方法和工具。

**表 6–15　优化基本方法**

| 优化方法 | 方法关键 |
| --- | --- |
| 流程可视化 | 将应急供应链整个流程细化、分解和合理组合 |
| 流程图运筹学方法 | 建立运筹学流程图模型进行优化 |
| 价值链分析法 | 分析供应链各环节价值，改进或去除低价值环节，加强高价值环节 |
| 关键成功因素法 | 找出关键成功因素并进行改善 |
| 约束理论法 | 找出约束因素并进行改善 |

（1）流程可视化。传统应急供应链缺乏透明度，整个流程缺乏管理和监督，容易导致流程的僵化，难以有效发挥供应链的潜力。基于信息平台的建设，流程

① 方静，陈建校. 我国应急物流现状及系统优化［J］. 铁道运输与经济，2008，30（8）：75–78.

可视化方法能将应急供应链整个流程细化、分解和合理组合，从而达到优化的目的。

（2）流程图运筹学方法。应急供应链涉及参与主体、物资种类、流程交叉等各种复杂因素，这些因素彼此相互关联的同时也相互制约，要达到供应链整体的最优，必须综合考虑这些限制因素，基于运筹学基础的流程图运筹学方法能够很好地解决这些问题。

（3）价值链分析法。这是一种系统的梳理供应链的运作活动，分析供应链的竞争优势，制定优化策略以提高整个供应链运作效率的基本工具。其基本思想是整个供应链可以分为各个相对独立的环节或系统，这些环节和系统都为达到统一的目标而存在相应的价值，通过合理分析提供的价值，改进或去除低价值环节，加强高价值环节，从而达到应急供应链整体优化的目的。

（4）关键成功因素法。该方法认为在一个现行的系统中，总存在多个变量影响目标的实现，其中总有若干个因素是必要和关键的，找出这些关键成功因素，围绕这些关键因素来确定系统的需求，从而实现在最大程度上满足应急供应链的需求，达到整个供应链整体最优。

（5）约束理论法。该方法认为一个供应链体系中多数环节问题的改善并不有利于整个系统的改善，整体效果的改善并不等同于所有问题改善的叠加，而是取决于各个环节中最薄弱的环节，即约束因素（瓶颈因素）。通过约束理论法可以使供应链中各主体从全局考虑、关注并改善约束因素，最终达到整体最优的效果。

### 6.4.5 地震灾后应急供应链协同管理评价

为了保证协同管理模型的顺利运行和不断完善，对协同管理进行评价是必不可少的部分。因此，当发生地震等自然灾害时，不定时地对地区的地震应急供应链协同管理进行评价并给出改进意见，将填补应急供应链上的空缺。

#### 6.4.5.1 指标体系构建

在进行评价前，首先要建立一个评价指标体系，针对协同管理的框架内容将组织联动指标、流程协同指标和资源共享指标作为评价地震灾后应急供应链协同管理评价体系的一级指标①，并根据其涉及的方面细分出二级指标与三级指标，

① 陈正杨. 社会救援资源应急供应链的协同管理［J］. 北京理工大学学报，2013（3）：97-99.

具体指标体系如表 6–16 所示。

**表 6–16　地震灾后应急供应链协同管理评价体系**

| | 一级指标 | 二级指标 | 三级指标 |
|---|---|---|---|
| 地震灾后应急供应链协同管理评价体系 | 组织联动指标 A | 参与主体数量 A1 | 各级政府数量 A11 |
| | | | 应急指挥部数量 A12 |
| | | | 企业数量 A13 |
| | | | 非政府组织数量 A14 |
| | | 目标冲突度 A2 | 总成本 A21 |
| | | | 时间效益性 A22 |
| | | 法律法规健全度 A3 | 国家相关法律强制性 A31 |
| | | | 地区相关法律强制性 A32 |
| | | 职责明确度 A4 | 政府主导性 A41 |
| | | | 应急指挥部协调性 A42 |
| | | | 企业、非政府组织辅助性 A43 |
| | 流程协作指标 B | 物资获取安全性 B1 | 长期供应商数量 B11 |
| | | | 联盟企业数量 B12 |
| | | 运输安全性 B2 | 运输装备数量 B21 |
| | | | 运输装备专业化程度 B22 |
| | | | 运输方式 B23 |
| | | | 运输路径状况 B24 |
| | | 储存安全性 B3 | 储存地点数量 B31 |
| | | | 物资是否按要求储存 B32 |
| | | | 物资是否分类储存 B33 |
| | | | 仓库管理人员的专业程度 B34 |
| | | | 合格储存仓库数量 B35 |
| | | 分配合理性 B4 | 物资供需比率 B41 |
| | | | 重灾区的判定合理性 B42 |
| | | | 受灾面积 B43 |
| | | | 灾民人口密度 B44 |
| | | | 经济竞争力 B45 |
| | 资源共享指标 C | 物资信息共享 C1 | 生产计划共享 C11 |
| | | | 生产能力信息共享 C12 |
| | | | 库存信息共享 C13 |
| | | | 灾区实施情况共享 C14 |
| | | 人力资源共享 C2 | 应急培训机构数量 C21 |
| | | | 专业应急人员数量 C22 |
| | | 基建设施共享 C3 | 通信设备信息 C31 |
| | | | 运输设备信息 C32 |
| | | | 救援设备信息 C33 |

在组织联动指标下，参与主体的数量展现了应急机制设立的全面覆盖性和应急意识的渗透度，目标冲突度的高低能体现主体间相互支持、舍弃个人利益追求时间效益最优化的程度，一般供应链上的主体的目标追求商业利益最大化，成本最小化，在一定程度上违背了应急供应链的首要目标。所以，在应急供应链上要求各主体明确时间效益最大化的目标并在实践过程中切身执行。法律法制健全度体现了地震应急工作和主体协同管理的强制性，职责明确度能够反映出主体在供应链中工作执行效力和配合参与度，优劣明确的职责分工在灾情发生时间紧迫性的要求下不会出现多方主导指挥、救援流程混乱的情况。

在流程协作指标下，通过分析各个流程的安全性，反映参与主体分工合作实际执行性，确保应急供应链的时间效益最优化，使灾情发生后物资设备能快速及时地到达灾区，在第一时间展开救援工作。灾民的满意度可以通过实际获取量与需求量的比值即物资供需比率体现，灾民的满意度越高，则分配合理性越高。而借鉴之前的救灾实践发现受灾面积、灾民人口密度和经济竞争力指标越高的人对救济物资的需求越高①，在分配上需要综合考虑影响因素。

在资源共享指标下，从人、力、物的角度达到资源全面共享，确保信息不遗漏，虽然本书的研究对象是地震，但地震灾害在不同地理位置、外界因素的影响下会具有区别性，在救援过程中，由于次生灾害以及信息获取的不完全性导致很有可能发生紧急情况。需求、供给、伤亡信息会发生变动，在各个组织了解全面信息的情况下，面对供应链短暂断裂能快速及时调整工作流程，能做好紧急调度与计划改变。

#### 6.4.5.2 供应链流程与指标体系

物资配送流程见图 6-24。

#### 6.4.5.3 评价方法

(1) 决策树法。决策树法通过二叉图形来表示，每一个可行方案作为节点，事情发生的可能性作为分支，这样不断循环形成了类似树木生长的状态。整个图形包括决策节点、方案分支、自然状态节点和概率分支，将各个方案及可能性概率表现得逻辑层次分明。适用于限制条件少、影响因素少及逻辑关系不复杂的

---

① 郎坤，张明媛，袁永博. 基于可变集的地震灾害应急物资分配模型［J］. 灾害学，2014（29）：202-203.

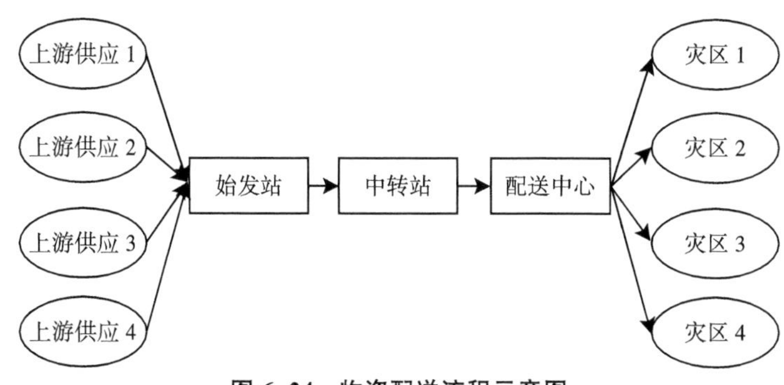


**图 6-24　物资配送流程示意图**

情况①。

（2）层次分析法。层次分析法，简称 AHP，是研究者在实践中最常用的一种评价方法。层次分析法是由美国运筹学家 Saaty 在 20 世纪 70 年代提出的，他将影响决策的因素分为目标层、准则层、方案层。构成一个层次框架，让决策者在使用过程中逻辑清晰、构成要素明了。同样，层次分析法下的指标体系也会包括定量指标与定性指标，需要对指标数值进行归一化处理。在确定每一限制条件对目标的权重时还要确定每一方案对于限制条件的权重。分为以下几个步骤：

第一步，构建层次框架，根据因素的复杂程度将其分为目标层、准则层和方案层。

第二步，构建判断矩阵 R（$x_{ij}$），数据来源于使用者们心目中对应指标所占的权重。并计算出各自的特征值。

第三步，根据上一步算出的特征值计算一致性指标 CI 并检验一致性。对各层次中的因素进行排序。其中：

$$CI = \frac{\lambda_{max} - n}{n - 1} \tag{6-15}$$

第四步，将指标体系中的所有指标进行总排序，综合考虑权重和影响因素，选出合适的方案。

（3）因子分析法。首先每一个指标体系下都会有数十个甚至上百个指标，往往会造成收集数据困难、计算过程复杂的局面，而因子分析法则是通过计算指标之间的关联度来筛选具有代表性的指标，即将关联度大的几个指标整合为一个指

① 杜波. 应急物流协同决策方法研究［D］. 北京交通大学，2010：35-43.

标。这样整合下来的指标既能反映出原有指标的大部分信息，又从数量上减少了，从而简化了计算分析过程。对于使用者来说，可以更方便、快捷地找出影响决策的因素。

（4）主成分分析法。主成分分析法和因子分析法都是通过简化指标的方式减少指标数量。但二者也存在着区别，主成分分析法利用降维的思想，将每一方案用变量的线性组合表示，通过线性变换以及统计软件计算出各自的特征值及方差贡献率，一般选择特征值大于 1 的指标和方差累计贡献率大于 80%的指标。拥有最大方差的指标作为第一主成分，以此类推。这样的过程就叫作降维。除此之外，还会进行因子旋转来检验主成分与对应测度项的关系，考虑综合全面。在选择方法的过程中，主成分分析法经常与因子分析法、层次分析法和相关性分析法进行对比区别。

（5）模糊决策法。由于地震灾害应急处理中存在着信息难以获取、具体情况复杂的特殊性，例如环境影响因素，所以建立的指标体系中涉及部分指标不确定性及模糊性。例如，在决定指标权重时，决策主体的偏好行为因素会导致同一指标选择不同的比重，进而会得出不一致的评价结果。而模糊决策法能很好地考虑这些因素，并将不存在可比关系的定性指标与定量指标进行量纲化，降低结论不可靠性。

从表 6-16 可以看出，指标体系 O 分别包含三个子因素集 A、B、C，可将三个子因素集的评价等级分为五个等级：很好、好、一般、不好、很不好。分别对应评语集 V 中的 $v_1$、$v_2$、$v_3$、$v_4$、$v_5$。

在确定了因素集和评语集后，构建指标权重矩阵，得出各指标的权重，对子因素集中的指标进行二级模糊优化得出评价矩阵，最后和权重矩阵相乘得出结果，对因素集就可以进行模糊综合评价。

（6）灰色关联分析法。面对出现的信息不完全以及不确定，华中理工大学邓聚龙教授提出了灰色系统理论。最初是想通过曲线几何走向来描述各要素之间的关系，后来引申出了灰色关联度。最具代表性的就是邓氏灰色关联模型[①]。

第一，确定参考数列与比较数列，选取每一方案下对应的最优指标值作为参

① 刘思峰，蔡华，杨英杰，曹颖. 灰色关联分析模型研究进展［J］. 系统工程理论与实践，2013（8）：2041-2042.

考数列，将指标归一化处理后，根据式（6–1）计算每个指标的关联度。当 $\zeta_{ij}$ 越大时，说明比较数列越接近参考数列。

第二，根据每个指标的权重 W，乘以各自的评判矩阵 R 得出结果，根据结果数值的高低进行排序，选出最优方案。

**6.4.5.4　指标确定权重方法**

确定权重的方法有很多种，目前广泛采用的有专家评分法、层次分析法和熵值赋权法。

（1）专家评分法。指标的权重可以通过多个领域专家小组依据他们的知识层面、丰富经验、描述能力等得出的结果来确定，但这样的方法具有主观性，不能公正地反映每个地区地震灾后应急供应链协同管理模型的优劣性。

（2）层次分析法。层次分析法也可以用来对指标权重赋值，主要有四种方法①：

第一种，几何平均法，分子上将每一行的向量相乘再开 n 次方得出一个新向量，再除以每一列的新向量总和求出比重。

$$w_i = \frac{\left(\prod_{j=1}^{n} x_{ij}\right)^{\frac{1}{n}}}{\sum_{i=1}^{n}\left(\prod_{j=1}^{n} x_{ij}\right)^{\frac{1}{n}}} \tag{6-16}$$

第二种，算术平均法，即将向量简单加和平均求出权重。

$$w_i = \frac{1}{n}\sum_{j=1}^{n}\frac{x_{ij}}{\sum_{k=1}^{n} x_{kj}} \tag{6-17}$$

第三种，特征向量法，将判断矩阵 R 右乘权重比矩阵，再将所得结果进行归一化处理，即为所求权重。

$$RW = \lambda_{max} W \tag{6-18}$$

第四种，最小二乘法，保证向量间的残差平方和最小，进行拟算的权重，求解式（6–19）与式（6–20）。

① 邓雪，李家铭，曾浩健，陈俊羊，赵俊峰. 层次分析法权重计算方法及其应用研究［J］. 数学的实践与认识，2012（7）：93–95.

$$\min Z=\sum_{i=1}^{n}\sum_{j=1}^{n}(x_{ij}w_j-w_i)^2 \tag{6-19}$$

$$s.t.\sum_{i=1}^{n}w_i=1 \tag{6-20}$$

除此之外，因子分析法、主成分分析法也可以用来确定指标权重。在对目标进行评价的过程中，一般都会将几种方法综合使用，结合各自的优缺点。

(3) 熵值赋权法。对获取的原始指标数值进行归一标准化处理让各指标可比，再通过一系列科学的计算公式得出最后的指标权重，整个过程公开化，得出的结果具有客观性及高度可信性①。

熵的概念源于热力学，用于解释系统中能量的转化方向和极限。后来引申出了统计熵、信息熵，逐渐应用于各个领域学科的问题研究。

设指标体系内有 n 个一级指标，m 个二级指标。首先根据所有指标建立一个判断矩阵，然后将判断矩阵 R（$x_{ij}$）（i=1，2，…，n；j=1，2，…，m）中的所有指标归一化处理，得到归一化判断矩阵 B（$b_{ij}$）；其次计算分指标的熵值 $e_i$；最后就可以计算出指标的熵权 $W_i$。

$$e_i=-\frac{1}{\ln m}\left(\sum_{j=1}^{m}f_{ij}\ln f_{ij}\right) \tag{6-21}$$

$$f_{ij}=\frac{b_{ij}}{\sum_{j}^{m}b_{ij}} \tag{6-22}$$

$$w_i=\frac{1-e_i}{\sum_{i=1}^{n}(1-e_i)} \tag{6-23}$$

从公式中得出，指标的信息熵值小，信息含量就大，其所占的权重则大，指标更具有说服力；反之则所含信息量小，所占的权重值小，指标就不那么重要了。

指标体系中的部分数据在灾情发生前由上下级制定目标计划并执行后是可以直接获取的。例如生产计划信息、生产能力信息以及设备数量等。部分指标数据是要在灾情实际发生后才能获取的，例如运输路段状况、物资供需比率、受灾面

① 孙利娟，邢小军，周德群. 熵值赋权法的改进［J］. 统计与决策，2010（21）：153-154.

积等。所以，对地区地震灾后应急供应链协同管理进行评价时，是根据以往受灾情况或者其他地区受灾实例综合调整指标得出的数据来评价协同管理流程模型的可靠性和可行性，对发现的问题加以分析，并得出结论，提出建议。

# 第7章 破坏性地震灾后应急供应链优化

## 7.1 地震灾后应急物资调度关系分析

### 7.1.1 应急物资调度的含义

#### 7.1.1.1 应急物资调度的含义

应急物资调度是指突发事件发生时，利用一切手段将特定数量和类型的救灾物资从仓库或中转站运送到指定地点，合理高效地保证充足的应急物资供应，从而有效实施应急管理，最大限度地减轻因突发事件造成的损失[①]。

#### 7.1.1.2 应急物资调度与一般物资调度的区别[②][③]

由于突发事件的特殊性，应急物资调度与一般物资调度有以下区别：

（1）应急物资调度经济性不太强。应急物资调度更强调时效性和安全性，尽可能迅速地将救灾物资运到目的地是其中心目标[④]；而一般调度问题追求运输成本最小化。

（2）应急物资调度过程具有不确定性。由于突发事件规模、类型的不确定，

---

① 陈琨. 灾害应急设施选址与物资调度研究［D］. 北京邮电大学，2011.

② 刘北林，马婷. 应急救灾物资紧急调度问题研究[J]. 哈尔滨商业大学学报（社会科学版），2007（3）：3-5.

③ 唐伟勤，张敏，张隐. 大规模突发事件应急物资调度的过程模型［J］. 中国安全科学学报，2009，19（1）：34-37.

④ 张睿. 突发事件应急物资的调度建模［D］. 中国科学技术大学，2009.

救灾物资、供应点和需求点可能不重合，可用的运输车辆、材料供应点的数量等随着事件的发展也将发生变化①。一般物资的调度，其供应点和其他参数在规划期内，数量基本上是确定的，不随时间变化。

(3) 应急物资调度具有非常规性，通常由政府负责组织实施。由于在地震、洪水等灾害发生时，道路、桥梁等都会受到不同程度的毁坏，在应急物资调度过程中，经常会在不同的运输方式间进行转换。

## 7.1.2 应急管理的含义

### 7.1.2.1 应急管理的概念

应急管理是针对突发事件提出的。应急管理是指在突发事件的全过程，由政府部门统一指挥，其他部门协调合作，紧急响应突发事件，采取必要的应急措施，制定应急调度计划，对突发事件进行有序的计划、组织、协调和控制，以求达到最大限度地减少人员伤亡和降低财产损失的目标，直到社会恢复正常秩序的活动。针对突发事件的潜伏、爆发、影响和结束四个阶段，应急管理可以相应地分为预防、准备、响应和恢复四个阶段，应急管理是一个动态管理过程，四个阶段并不是独立的，有部分交集，但是每一个阶段都有自己侧重的目标和主要的工作。应急管理过程如图 7-1 所示。

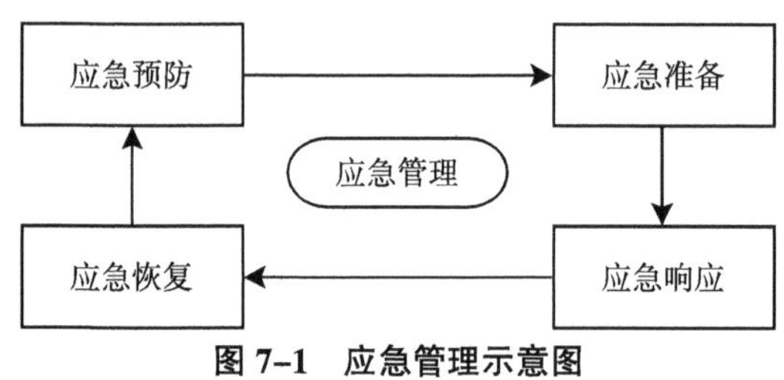


**图 7-1 应急管理示意图**

### 7.1.2.2 应急管理的主要内容

应急管理是一个完整的系统工程，其主要内容包括突发事件应急预案、应急管理体系、运行机制和法制①。

(1) 应急预案主要的作用是消除隐患，防患未然，凸显应急救援的“应急”，

---

① 缪成，许维胜，吴启迪. 大规模应急物资运输问题的研究现状与发展方向［J］. 新疆职业大学学报，2007，15 (1)：35-38.

对可能发生的突发事件，进行事先监督预警，提前准备规划，超前处置化解，在突发事件爆发时，应急预案能够使应急救援组织井然有序地实施救援，制定救援方案，有效控制事件负面发展，以最大限度地降低人员伤亡和财产损失。

（2）应急管理体系是应急管理的核心要素，它通过一系列的制度安排和条件保障，使得应急救援工作有秩序、有计划高效开展，让所有参与应急救援的部门上下一致。完善的应急管理体系，能够提升整个救援工作的应急效率，增加救援工作应急力量，减少因突发事件发生带来的损失。

（3）运行机制主要是指建立监督预测机制、应急协调机制和应急信息反馈机制、恢复重建机制。通过这些机制使得来自不同部门的救援组织能够协调合作、统一作战，快速响应突发事件，及时为受灾群众提供救援服务。在日常情况下，运行机制处于监督预警的状态，主要监控突发事件的相关触发指标。当某些指标发出预警信号时，应急决策者需要根据专家意见结合应急预案，迅速判定突发事件的类型和级别，将可能发生的突发事件及时扼杀。如果事态进一步恶化，没有得到控制，应急决策者需及时将信息反馈给上一级，重新制定应急方案，采取有效应急措施，直到突发事件得到有效控制。随后进行灾后重建工作，对应急方案进行评估，及时补充修改应急预案。

（4）法制是指行政单位通过制定规章制度使得针对突发事件的应急管理有法可依、有章可循。突发事件的爆发可能会扰乱社会秩序和国家稳定，法律法规可以防止社会全面失控，恢复正常的社会生活。目前，我国应急法制还不完善，健全的应急法律法规缺失使得在应急救援工作中职权和职责都不明确。大多数时候政府处理突发事件都是以行政手段为主，缺乏服务，容易损害群众的利益。此外，许多应急的法律规章不明确，可操作性不强，或者出现应急法律法规执行不严格，造成有法不依、执法不严的局面。我国自然灾害频发，建立完备的应急法律法规是刻不容缓的，也是构建和谐社会主义的重要任务。

### 7.1.3 应急物流的含义

应急物流不同于一般商业物流，是一种具有特别意义的物流活动，主要是指针对大规模自然灾害、突发性公共卫生、公共安全事件等突发公共事件而对应急资源（人力、物力）进行紧急配置的活动过程。其主要内容包括事件爆发前期的应急物资采购储备，事件爆发后应急物资筹集、运输工具组合优化、可靠运输路径选择等。应急物流由流体、载体、流量等要素构成，这些要素在空间、时间上相互作用决定着应急物资能否尽快配送到受灾区，及时为受灾群众提供救援服务。应急物流是一种特殊的物流，它和一般商业物流有极大的差别。应急物流一般具有突发性和不可预知性、弱经济性、应急需求随机性和时间紧迫性等特点。应急物流关系着生命安全，因而是通过配置效率实现物流效益。而一般商业物流追求利润，既注重效率又强调其运输成本。

应急物流最初是由军事物流演变发展而来的，第二次世界大战结束以后，美国学者研究了如何在战争中保持物资供给，这是美国对应急物流的最早研究。从2003 年 SARS 爆发因封锁带来生活必需品的缺乏到 2008 年汶川地震和南方大雪灾因物资缺乏造成人员伤亡，都给我们深刻的警示：我国人口众多，大规模自然灾害频发，公共卫生设备低端，我国的应急物资调度管理发展还十分不完善，其管理中还存在很多问题。为了能够应对当今社会对于应急物资调度越来越高的需求，需要对其管理过程提出创新并且制定相应的管理措施。作为应急管理的核心部分，应急物流系统的顺利运转决定着整个应急管理体系的应急效率，因而建立完整的应急物流系统是刻不容缓的。此外，制定应急物流预案也是必要的，一方面所需信息的不完备和应急决策者的素质限制无法保证在应急情况下决策者所做决策都是正确的；另一方面突发事件爆发后可能会造成道路堵塞，应急物资无法按照原先的路径到达受灾区，因而要结合应急物流选择可靠运输路径。

### 7.1.4 应急物资调度、应急管理、应急物流三者间的关系

要了解与把握应急物资调度，就必须要明确应急物资调度、应急管理、应急物流三者间的关系。应急物流的核心就是应急物资的调度，而应急物资的管理则是应急管理大范畴中的一个板块，需要准确地把握这三者的关系，才能更进一步研究应急物资的调度。

总体来说，应急管理是个较为概括性的概念体系，它是一个包含了我国政府和一些其他相关机构针对突发性事件的预防、应对、解决和善后几个部分工作的总的管理体系。

而应急物流则是该体系下针对事发应对阶段中所需要的人员与资源救助、运送的必要环节。当然，必须要明确的是，应急物流之所以不同于一般商业物流，是因为应急物流是针对应急管理产生的，应急物流只有放在应急管理总体架构

中，才能凸显其重要地位，彰显其应急的特点，也就是说，应急物流只有置于应急管理这个大环境下，才能履行职能。只有经过不断反馈的动态应急物流才符合物流的定义，而这种动态性的呈现与维持则依赖于应急物流中的应急物资调度环节。在应急物流的体系中，救援物资、救援人员、救援设备能否从供应地区按要求及时运送到不同灾情的多处需求点，是物资调度方案和供应网络布局的重点和难点，原因就在于其是实时的、动态的，只能未雨绸缪但又不可能面面俱到。也正因为如此，应急物资调度才成为了应急物流体系中的核心环节。具体可以将三者的关系概括为图 7–2。

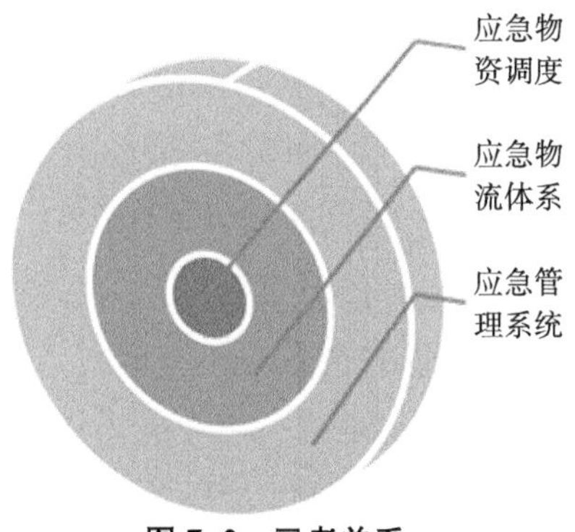


**图 7–2　三者关系**

如图 7–2 所示，整体上三者呈现为“靶心”包含关系，应急物流体系包含于应急管理系统，而应急物资调度包含于应急物流体系。同时，应急管理系统的核心是应急物流体系，而应急物资调度则是应急物流体系的核心部分。应急物资调度不但是应急物流体系的核心部分，同时也是应急管理系统中的重要核心点。只有将“靶心”的应急物资调度的设计与施行做好，才能把握大方向，使得应急物流体系稳定运转，最终促进整个应急管理系统更好地运作。

## 7.2 地震灾后应急供应链物资调动过程分析

### 7.2.1 地震灾后应急物资调动基础概念

随着人类社会的发展，人类对于自然的改造活动越来越频繁，自然灾害的广泛度及严重程度也在日益增多，加之诸如战争、冲突等人类行为所造成的突发事件，为了尽可能减小人力及财力的损失，及时的救援与事件处置就显得尤为重要。应急物流管理直接决定事件处置的效率高低，而应急物流管理中的应急物资调度，则是应急物流管理系统中的生命线，毕竟在绝大多数的紧急突发事件中，资源与设备能否及时到位直接关系着救援措施及处置措施能否及时顺利开展。

应急物资调度作为应急物流管理中的核心板块，其概念是在紧急事件（如自然灾害、事故、人为大规模伤亡事件等）突发时，在规定的时间内（尽可能短的时间）利用协调、统筹等系统化的调度方式，高效地运用不同的运输方式协同工作，将规定数量和特定种类的救援物资及救援设备等从储藏处（如仓库、运输中转站等）按时运送到紧急事件突发所在地。

从上述的概念中我们可以看出，应急物资调度的好坏决定着已储备好的应急救援物资能否在规定的调度时间内进行合理的配置和有效的调度，以便能够及时、充足地供应到突发事件受灾区，从而为应急救援工作的高效、全面开展提供可靠的物资保障。

### 7.2.2 地震灾后应急物资调度的特殊性

了解了应急物资调度的概念后，就清楚了应急物资调度在应急物流管理中的作用，并且对于应急物资调度的理论基础有了一个初步的认识，但是为了能够对应急物资调度系统有更清楚的认识，下面细化分析应急物资调度的功能特点：

（1）时效急迫性。由于突发事件（如自然灾害、事故、人为大规模伤亡事件等）本身的性质，其通常发生得极为突然，且破坏力、损害效果非常明显，在非常短的时期内甚至会产生巨大的变化。因此，应急处理突发性大规模事件常常具有急迫性，这就要求对于应急物资的调度具有时效性。时效是指在一定时期内能够发生的效用，而对于应急物资调度的时效，则是指在应急物资的调度中必须要求其被迅速有效地决策并执行，从而确保救援物资、设备的运输任务及时完成，为后续的救援任务打下良好的硬件基础。

（2）不可预见性。突发事件在什么时候、什么地点、以什么形式发生往往具有不可预见性，同时对于其短期内的破坏发展程度和破坏所波及的范围往往都不能进行准确、细致的预估。例如地震的发生可能出现在任何地区，若发生在城市的闹市区可能会造成大面积人员伤亡，房屋倒塌，交通瘫痪；而发生在山区很有可能对公路造成毁灭式的破坏，并且有可能产生山体滑坡、泥石流等次生灾害对公共交通道路、桥梁、通信设施等造成二次破坏；即便是发生在海底，也有可能引起海啸对沿海地区造成难以估计的破坏。这是日常物资调度所不具备的特点，也正是应急物资调度的难点所在。

这种不可预见性的特点一直伴随着应急物资调度运输的全过程。因为当遇到较为严重的突发事件时，对交通阻碍处理的时间具有不确定性，其他应急通勤措施的调度运行和物资运输载具本身也同样具有损坏的风险。这些未知因素无疑加大了应急救援工作的难度，自然也变成了应急物资调度的困难和显著特性。

（3）多处并发性。在现实生活中，突发事件通常并不会一件件发生，给应急救援的调度管理者充足的时间进行管理安排、统筹调度，而是伴随而生，甚至是多地区同时并发。这种特性不免给应急物资调度工作带来了巨大的难度，如一片具有河流、山林的地区内出现大面积暴雨，在河流的周边区域会形成势头凶猛的洪水，而同时在山林的区域则可能会形成严重的山洪或山体滑坡，这样严峻且紧急的情况就给应急救援工作的调度管理者带来很大的挑战，其不但要针对不同地区的突发事件做不同的规划与调度，同时还要考虑不同的运输方式，还可能要根据具体的运输通勤情况做细致、具体的调度规划。

（4）弱经济性。突发性公共事件的影响非常广，不仅涉及个人，还具有群体性，且突发性公共事件的发生往往具有连发性，在导致人员伤亡、财产损失和环境污染的同时扰乱社会秩序、破坏社会功能和基本价值。因此，在突发事件爆发后，尽可能控制事态恶化，降低人员伤亡和财产损失，尽快恢复人民的生产和社会正常运转成为应急救援的首要目标。而运输成本、采购成本等经济要素不是应急调度中的重要目标，应在追求时间效益最大化后酌情考虑。在突发事件爆发后，为了在第一时间能够最大程度挽救人员生命、降低财产损失，应急物资调度管理者通常会将第一工作重点放在迅速施救上，从而弱化对救援工作经济性的考虑。现实生活中经常出现同时动用消防武警、医院、警察等部门系统地救援几个人的实例。

(5) 资源约束性。虽然突发事件具有弱经济性的特点，但这并不意味着应急救援的人力、财力就是无限的，允许无限制使用。相反，正因为是应急物资的调度，在正常情况下，这些资源处在一种暂冷冻的状态，一旦紧急突发事件发生后，才开始进行积极的调配、运输、使用。这些暂冷冻状态的应急资源应在能够保证应对突发事件的情况下尽可能减少，如果为了保障应对突发事件而储备大量的资源会造成可用资源的闲置并造成生产生活资料的浪费。

在现实生活中，我国人口众多，资源有限，虽然在突发事件爆发时，除了紧急储备的应急物资，还会开通多种渠道面向社会各方面筹集应急物资。但是，对于出现多受灾地区且受灾情况都特别严重的突发事件，应急救援资源则变得极为匮乏，个人所占物资非常少。在这种情况下，则导致短时间内对救援物资、救援人员以及运输载具的需求骤增，这也是应急物资调度的明显特征。

因此，针对上述应急物资调度中的特殊性与复杂性，不能简单地将基础的物资调度理论和方法应用到应急物资的调度中。由于应急物资调度问题非常复杂，是应急管理领域的核心课题，因而需要结合灾害学、运筹学、管理学等不同领域的多门学科进行研究，而且在实际的应急物资调度中，也需要社会多个部门参与，并协调合作共同对抗突发事件。可以通过建立合理的数学分析模型，结合应急物资调度的特点，为应急物资调度的实际管理运行提出一种新的管理思路。

### 7.2.3 地震灾后应急物资调度的必要性

应急管理的核心工作是在突发事件爆发后迅速响应并制定有效的救援方案，及时开展救援，表现为筹集社会各方面资源，快速组织调运到受灾区，及时控制突发事件的蔓延和防范新的突发事件，尽可能将突发事件所带来的人员伤亡和财产损失降到最低。应急物资调度是整个应急物流管理的中心环节，由于调度本身就决定着效率的高低，而应急物流的核心又是效率，因此应急物资调度的存在和合理设计是非常有必要的。具体体现在如下方面：

(1) 应急物资调度是应急物流管理顺利进行的基石。在应急物流管理中，从突发事件发生开始，依照事先拟定的应急预案，包括救援资源分析、运输路线的规划、应急处置资源的布局规划全部都要最终进入应急物资调度的环节才能进行实际执行。然后才会产生后续的动态调整，并反馈到应急物资调度的环节进行再次管理规划。不管是前期的调度还是后期的动态调整，作为承上启下、中部枢纽的应急物资调度是整个应急物流管理能否顺利运行的基石。

（2）应急物资调度直接影响救援行动的成效与结果。从实际效果上来看，应急物资调度直接影响着实际救援行动的成效与结果。无论是自然灾害的救援、重大工程事故，或是人为事件造成的大规模伤亡，单纯依靠人力来抢修与救援显然是不切实际的，应急物资（包括应急装备与设备）直接决定着救援速度与救援能力的综合效果。如某山区发生森林大火，若应急物资的调度及时将消防车、切割机、鼓风机等设备依照一定顺序安排运输到山火现场，并对应急物资进行合理的运用，将大大提高熄灭森林大火的速度，有效防止其蔓延。

（3）良好的应急物资调度对于政府应对突发事件有积极影响。及时、通畅、合理的应急物资调度会积极影响应急物流管理系统，使其取得良好的成效，最终会直接关系到政府对于突发事件处理的社会评价，而这种良好的社会评价会大大影响政府的执行力、公信力。

### 7.2.4　地震灾后应急物资调度的过程分析

突发事件爆发后，快速响应突发事件，筹集应急物资，储存包装应急物资并及时配送到灾区，这一系列的活动集中表现为应急物资调度。应急物资调度需要社会多方协调合作，其主要内容包括应急物资储存、应急物资需求预测、多方应急物资筹集、应急资源配置、物资调度方案评估等。

由于突发事件的类型和级别不确定，受灾情况无法正确预估，且随着时间的变化，突发事件的事态会发生变化，受灾群众所需物资也是随之变化的，因而应急物资的种类和数量等方面也需要及时进行动态调整。应急物资调度凸显“应急”，具有强烈的弱经济性，以追求时间效益最大化和损失最小化为目标，但是我国资源有限，在满足时间约束的前提下，还需要酌情考虑救灾成本。

应急物资调度过程主要包括准备、实施和评估三个阶段。其调度过程模型如图 7–3 所示。

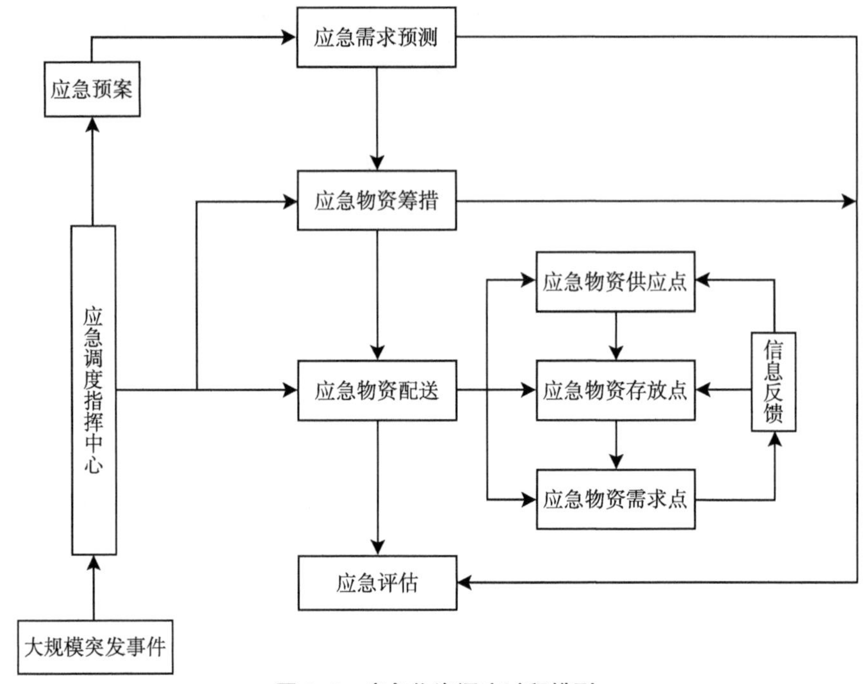


**图 7–3 应急物资调度过程模型**

（1）准备阶段。这个阶段主要包括成立应急调度指挥中心、事件类型级别判定、应急需求预估和应急物资筹集。大规模突发性事件爆发后，政府部门应立即组织相关部门，邀请相关专家紧急成立应急调度指挥中心，负责指挥决策从突发事件爆发到事件影响完全消除的应急物资调度全过程。随后，应急调度指挥中心应快速判定突发事件的类型和级别。在突发事件爆发初期，应根据现有信息并结合响应应急预案，对应急物资的种类和数量需求进行预估。在应急物资需求预测的基础上，应急调度指挥中心不仅紧急动用储备，还需开通多方渠道从社会各方面进行应急物资筹措，比如，物资征用和国内外捐助等，必要时还要组织突击生产。需要注意的是，从社会各方面筹集来的物资数量庞大、种类繁杂，需要成立专门的物资配送中心，将物资按类分拣，并把物资相关信息输入数据库。在突发事件中后期，应根据事态发展和前方信息反馈，及时动态调整应急物资需求。

（2）实施阶段。这个阶段主要是应急物资的配送过程。从提高整个物资调度效率出发，根据实际情况，有些应急物资可以从应急物资供应点直接配送到应急需求点，也可以把物资运送到一个中心需求点，然后依次给其他需求点发放，如果应急需求点比较多且分散，需要设立应急物资存放点，采用就近和灾情轻重存放原则。此外，应急配送还需考虑配送工具、车辆路径选择等，以求达到时间效益最大且最大限度减少由时间引起的人员伤亡和财产损失。

（3）评估阶段。在评估阶段，主要工作是建立完整的评估体系，采用正确的评估方法，对应急物资调度整个过程进行绩效评估。其主要内容包括对从准备阶段到实施阶段的协调效率评估、应急存放点的选址评估、应急路径的确定评估、应急需求点满意度评估等。其中，从准备阶段到实施阶段为评估的重点。对应急调度全过程的评估，帮助预案库及时更新和修改应急数据，为建立更优、更贴近实际的应急物资调度模型提供指导，帮助其更好地开展应急救援工作。

## 7.3　地震灾后应急物资调度体系构建

在大型灾害、事件突发时，虽然政府会迅速成立救灾指挥中心，成立救灾、抢险、安防、通信、医疗等专项小组，但灾害、突发事件中产生的紧急状况或二次损害依然会导致交通阻塞、通信中断等情况的发生，以至于大量的抢险设备、救灾物资无法被及时地配送到需求地区，延误了最佳的救灾时机。在现实情况中，突发事件爆发时，事前储备的应急物资远远不能满足受灾群众的需求，因而会开通多种渠道筹集物资。但是这些物资来自社会各个方面，数量庞大，种类繁杂，由于没有专门的工作人员将这些物资进行按类分拣，导致配送到受灾地区的物资参差不齐，出现重复运输、有些物资冗余而有些物资不足的局面，造成不必要的人力、物力浪费，不仅耽误了紧急救援，而且还增加了救灾成本。因而，设计一个整合需求预测、物资筹集、物资储存、物资包装和物资配送为一体，提供物资及时运送到灾区，满足受灾群众需求的完整系统是非常必要的。

在这样的背景下，作为应对紧急突发情况的综合机制，应急物资调度应当具备自身较为完整的体系，以应对不同情形下的自然灾害与突发事件。总体上来看，主要根据应急物资调度中的流程环节，抓住重点和要点，从以下几个方面进行构建。

### 7.3.1 救援物资贮藏设施与配送中心的基础建设

通常情况，对于一个地区乃至一个国家而言，突发性事件的发生时间不但非常突然，同时对突发地点也可以说是毫无规律，具有很强的随机性。在这样的环境下，为了保证各类应急资源能够用最少的时间送达事发地和救灾机构，高效的应急物资调度工作首先应当做好救援物资贮藏设施与配送中心的基础建设工作。建立物资配送中心是非常必要的，一方面，突发事件爆发的影响会波及一定的范围，出现多个受灾点，每个受灾点的受灾程度都不一样，因而所需的应急物资也会有一定的差别，应急物资来自社会各个方面，数量庞大、种类繁杂，这就需要在配送中心进行分拣，按需配送。另一方面，突发性事件可能会造成道路损毁，带来恶劣的天气，很多物资易碎，不适应运输中的颠簸，需要在配送中心重新包装，还有一些物资如一些救治药品需要简单加工才能使用。例如，可以借用数学中“几何中心”的基本原理进行配送中心的选址，再用同样的方法以各区域的配送中心为基准选址救援物资贮藏地。

在进行合理的选址后还应当考虑应急物资调度的系统效益，从动态上把握物资调度。在突发事件爆发时，所需要的应急物资不仅有来自事前为了预防事件发生储存的，而且还有来自社会各方面的捐助，因而会在全国很多省市设立物资筹集中心，但是这些筹集中心离灾区有一定的距离，为了提高整个应急救援的效益，更好地衔接社会捐助和应急救援，需要在离灾区较近的地方设立配送中心，管理来自社会各个方面数量庞大、种类繁杂的应急物资，根据灾区的需求，配送一定种类数量的应急物资，及时提供救援服务。在整个物资调配活动中，核心点应在配送中心，其不仅担当应急物资的中心枢纽，还应当作为调度过程中信息反馈传递中心，随着时间的推移，突发事件的事态不断发展，或者引发新的事件，因而受灾点所需的应急物资数量和种类会发生相应变化，应急救援人员应不断收集需求信息，及时传递给配送中心，并经过系统和人工筛选，依照轻重缓急的不同优先顺序将信息及时地反馈给应急指挥中心和当地政府，通过协调调度，使得物资供应和灾区需求达到平衡。

### 7.3.2 设计合理的应急物资调度方案

应急物资调度方案的设计主要考虑供应点数目、关键线路、载具选择与运输方式组合。在实际的应急救援活动中，应急物资并非全部都事先准备好，而是由广泛的社会途径而来（如社会捐赠、企业拨付等），因此，调度方案中应作已备好的救援物资与临时进入供应点物资两项分配方案。同时，还应对需求量大、刚性需求的常用救灾物资（如粮食、帐篷、被褥等）设计特别的调度决策方案，例如在突发事件发生区域附近进行临时的应急物资调配点，以便于供给和分发。

应急物资调度方案具有强烈的不确定性，一方面，突发事件爆发前，突发事件的类型和级别无法确定，因而所需的应急物资也不确定。此外，突发事件爆发后，随着事态的发展变化，或者可能会出现新的紧急情况，应急物资的需求也会产生一定的变化。另一方面，在突发事件爆发的初期，时间就是降低人员伤亡和财产损失的保证，因而在初期追求时间效益最大化。但是，我国资源有限，在事态趋于平稳时，应酌情考虑救灾成本，及时调整应急物资调度方案。如上所述，制定应急物资调度方案时，应遵守以下原则：

（1）时间效益原则。突发事件的突发性，决定了应急救援工作的首要目标是时间效益最大化。突发事件爆发后，造成大量的人员伤亡和财产损失，而最短的救援时间是降低人员伤亡和财产损失的前提，只有本着这个前提，才能快速响应突发事件，制定应急调度计划，及时为受灾群众提供救援服务，由于时间紧迫，这时不再追求经济效益最大原则。

（2）以人为中心原则。在应急物资调度的全过程，要始终坚持以人为中心的原则。人是社会的主体，是各种财富的创造者，生命的意义高于一切，因而在突发事件爆发时，首先要考虑挽救受灾群众的生命，保护人民最基本的生存权利。

（3）成本最小原则。我国人口众多，个人所占资源有限，因而制定应急救援方案时，在保障应急物资及时、充足供应的同时要酌情考虑救灾成本，减少不必要的浪费。

（4）动态调整原则。突发事件爆发后，应急物资调度不是一次性完成的，而是分阶段的，随着时间的推移，事态会产生变化，受灾群众所需应急资源的种类和数量也会相应变化。例如，在突发事件爆发初期，受灾群众需要大量的食品和医疗物品等物资，而在灾后重建阶段，受灾群众需要房屋建筑物资和心理辅导等。因此，在应急救援过程中，要及时调整应急物资调度计划，尽可能满足受灾主体的物资需求，直至突发事件的危害完全消除。

### 7.3.3 迅捷、准确的信息反馈机制

若将救援物资贮藏设施与配送中心的基础建设完善，应急物资调度方案得到合理的规划设计，那么接下来就必须关注应急活动中的动态处理环节——信息反馈机制的建立。从概念上来说，信息反馈机制指某一控制系统将信息接收进系统，进行信息的收集、整理和分析，再将其产生的作用结果发给信息源头，如此反复对信息不断影响、控制，以达到预定的目标与结果。那么，引申到应急物资调度体系中的信息反馈机制，则是主要针对突发事件所在的救援物资需求地、作为不同供给源的应急物资供应地和物资管理配送中心这三点间的信息收集、分析控制和传递过程。

在建立该机制过程中，主要注意以下几个特性：

（1）针对性。从需求地收集来的信息应当有很强的针对性，即需求地需要怎样的应急物资与设备，需要的量为多少，有几种救援环节或情况，分别采取如何的措施或设备，必须做到细致、具体。

（2）及时性。信息在不断的反馈中不仅必须保证准确性和及时传递性，不管是信息采集还是发送都应当迅速，实际中表现为尽可能利用高效的通信设备（如卫星通信、顺畅的网络、电话通信等），同时对于人为传递环节要严加把控，防止渎职、疏忽的情况出现，从而最终保证快速发现问题、解决问题。

（3）连续性。作为一种信息反馈的机制，连续性也是极其必要的，这里的连续不但指在信息分析、制定物资调度计划的环节，同时也包括传递中的连续。比如从需求地到配送中心，再到上级政府相关机构，再到供应地，不同层次的反馈必须要保证连续性，不能出现断层。

（4）准确性。准确性是任何信息传递中最为重要的一环，不管多具体、多迅速的信息传递反馈，如果传递的信息是错误的，那么从结果上来看就是完全失败的。因此，对于迅捷、准确的信息反馈机制，准确性是贯穿始终的重中之重，应在任何环节都放在首位。

### 7.3.4 常规和特殊情况下的通勤保障

大规模的自然突发事件爆发时，强大的破坏力往往导致通信系统的中断和交通系统的瘫痪，如地震引起的道路坍塌、山体滑坡、桥梁倒塌等情况，都会给应

急运输带来巨大的障碍，贻误应急救援工作，要保障交通系统不出现问题，就得提前做好预防应急准备工作，具体可从以下几点出发：

（1）设立专项应急道路通勤抢险小组。政府应提前向社会中各企业或其他部门预先协调设立一支“预备役”式的专项应急道路通勤抢险小组，在平时的工作生活中各司其职，但应当处于随时待命的状态，以在突发事件发生时能够第一时间进行排障工作，专项负责道路通勤的抢险，保证应急物资调度的运输工作顺利开展。

（2）建立应急绿色通道。大规模突发事件爆发后，大量的应急物资急需运送到灾区，需要征用大量的运输工具，为了避免出现时间紧迫、运输工具缺乏的情况，应在监督预警阶段与一些大型运输公司签订长期协议：假如出现大规模突发事件，运输公司应快速提供一定的运输工具，为应急救援开通绿色通道，甚至在必要时，与军方协调，动用军用运输设备，且在应急物资调度过程中，适时采用交通管制，缩短运输时间，总的来说，应采取所有可能的措施来保障应急物资及时配送。这些方式可以解决应急物资调度在交通阻塞或迟缓的非常规运输中进行的难题。

（3）构建应急交通动员体制。对于大型突发性事件，由于其影响范围较广，对人民的生活财产安全影响较大，因此在发生后的应对处理需要社会各部门和政府各部门的参与，这就必然要求政府预先构建应急全动员的体制，而这种体制下首先应当重点争取交通的协助，为了能让重要应急物资及时安全地到达需求地点，需要多环节的协调配合，大到交通管理部门，小到地方群众，都应当积极地参与到应急动员中，以保障道路通畅。

# 7.4　复杂不确定环境下多供应点、多受灾点物资调度模型

复杂系统的模型与行为、复杂网络的结构研究是现在科学研究的新热点。越来越多的国内外学者开始研究复杂网络的工作。他们所采用的研究方法是将多种复杂系统变为节点和边的集合（连接了节点的边）。其中，节点代表系统中的基

本单元，边则代表各个节点中的相互作用。这种研究复杂网络的方法对于设计交通流等方面的规划可以发挥巨大的作用。

因此，将应急点和受灾点作为节点，将各应急点和受灾点的距离、运输代价、到达时间等因素作为边，将这些节点和边置于复杂网络环境下，来研究应急供应，优化应急条件成为不同于以往研究应急调度模型的一个亮点。

由于应急物资调度中存在多种事先难以预知的因素，因此在现实世界中，人们构造调度的数学模型时，我们常常会碰到随机和模糊这两类不确定性现象。随机变量是描述、刻画随机现象的量，随机规划和模糊规划分别是含有随机参数和模糊参数的数学规划。随机性和模糊性都具有不确定性，所以将随机规划和模糊规划统称为不确定规划[①]。

本书主要运用不确定规划，使用区间值对物资到达时间进行描述，对物资量采取满足 α 置信区间的满足条件，即只要达到该置信区间的条件就认为满足了约束条件，根据提前设定的置信水平，将机会约束规划分为各自的确定等价类，然后求解其等价的确定性模型。

换句话说，就是把概率问题转化为一般的线性约束条件。机会约束规划也可以推广为机会约束目标规划和机会约束多目标规划。

根据以上论述和本书实际运用的模型，建立一种具有现实意义的机会约束数学模型：

$$\begin{cases} \max \ \bar{f} \\ \text{s.t.} \\ \Pr\{g_i(x,\ \xi) \leqslant 0,\ j=1,\ 2,\ \cdots,\ p\} \geqslant \alpha \end{cases}$$

在上述公式中，Pr（·）为集合中事件的成立概率，α 是提前设定的置信水平。$\bar{f}$为目标函数，以点 x 的相关参数设置来表达出违反约束条件的概率小于（1–α）。

基于上述数学模型，我们建立一个复杂网络机会规划模型，在更为具体的条件下研究最优调度问题。

### 7.4.1 问题分析与模型建立

综上所述，根据实际中可能出现的情况，在模型中加入更多的不确定性因

① 徐艳艳. 应急物资调度模型及其求解方法［D］. 中南大学，2011.

素，使模型更具现实意义。大规模突发自然灾害爆发后，强大的破坏力可能会导致道路损毁、山体滑坡、桥梁坍塌等问题，因而需要对这些道路和桥梁进行抢修，这使得应急物资运输的时间不确定，此外，随着时间的推移，突发事件的事态会发生变化，而且可能会衍生次生灾害，出现新的紧急情况，因而应急物资的需求也会随着发生改变。因此，本书把物资运输时间设立为区间数，物资需求量为随机变量的应急物资调度模型，使之更贴近实际情况。该问题的具体描述如下：

突发事件后，设受灾点 $A_j$（j=1，2，…，m）对某物资的需求量为 $b_j$，设 $b_j$ 为服从正态分布的随机变量，记为 $b_j \sim N(\mu_j, \sigma_j)$，这些物资可从 $B_1$，$B_2$，…，$B_i$，…，$B_n$ 供应点调度（i=1，2，…，n），各个供应点的最大供应量为 $a_1$，$a_2$，…，$a_n$，由 $B_i$ 到 $A_j$ 的单位应急物资配送到灾区的时间是一个区域段数，用如下矩阵表示：

$$T_{n\times m}=\begin{pmatrix} T_{11} & T_{12} & \cdots & T_{1m} \\ T_{21} & T_{22} & \cdots & T_{2m} \\ \vdots & \vdots & \ddots & \vdots \\ T_{n1} & T_{n2} & \cdots & T_{nm} \end{pmatrix}$$

记为 $T_{ij}=[t_{ij}^1, t_{ij}^2]$，其中 $t_{ij}^1<t_{ij}^2$。各供应点实际调度物资用如下矩阵表示：

$$X_{n\times m}=\begin{pmatrix} X_{11} & X_{12} & \cdots & X_{1m} \\ X_{21} & X_{22} & \cdots & X_{2m} \\ \vdots & \vdots & \ddots & \vdots \\ X_{n1} & X_{n2} & \cdots & X_{nm} \end{pmatrix}$$

在有限的调度条件下，使得平均调度时间最短。考虑受灾程度后，综合调度距离最小。在此我们引入一个新的概念——综合调度距离 $C_{n\times m}$。在发生灾害时，受灾程度不同，有些受灾点受灾情况较重，但是可能由于实际距离、运输成本等客观原因，导致这些受灾点未在最优调度安排的优先位置，即没有因为其受灾程度的原因而被优先考虑。这是实际救灾调度中不愿看到的，因为很多情况下，受灾较重的地区应该忽略运输代价问题而首先得到物资满足。所以，我们引入综合调度距离，综合调度距离是基于单位运费得到的，是指物资从供应点到受灾点由基本单位运费 $c_{n\times m}^{(1)}$ 和可忽略运费 $c_{n\times m}^{(2)}$ 构成的耦合。其中，基本运费 $c_{n\times m}^{(1)}$ 是指无灾难情况下两地运费的正常值。由于灾难程度不同，在发生特大灾害时我们应忽略运输代价，通过综合调度距离的定义，根据各点受灾程度人工地缩短重灾区与供应点的距离，减少在目标函数中的数值，为这些受灾点尽可能优先安排物资。为此我们建立一个基于基本运费 $c_{n\times m}^{(1)}$ 的可忽略运费 $c_{n\times m}^{(2)}$，将两个指标关联起来。定义可忽略运费：

$$c_{n\times m}^{(2)}=\begin{cases}d_1c_{n\times m}^{(1)}\\d_2c_{n\times m}^{(1)}\\d_3c_{n\times m}^{(1)}\end{cases}$$

其中，$d_1$、$d_2$、$d_3$ 分别为轻度灾害、一般灾害和中度灾害对应的权值，$0<d_1<d_2<d_3<1$。由以上定义我们给出综合调度距离 $C_{n\times m}$ 的具体表达形式：

$$C_{n\times m}=\begin{cases}(1-d_1)c_{n\times m}^{(1)}\\(1-d_2)c_{n\times m}^{(1)}\\(1-d_3)c_{n\times m}^{(1)}\end{cases}$$

可见 $C_{n\times m}$ 是一个基于各节点运输费用的值。

由于调度模型是根据网络的拓扑结构给出的，因此，我们首先确定网络结构，再由以上论述给出调度模型。

在实际应急调度问题中往往存在多个受灾点，受灾程度相同或存在差异，这些受灾节点的分布有时比较集中，有时比较分散，如图 7-4 所示，其中灰色节点表示物资供应点，黑色表示受灾点，黑色越深受灾越重（下同）。

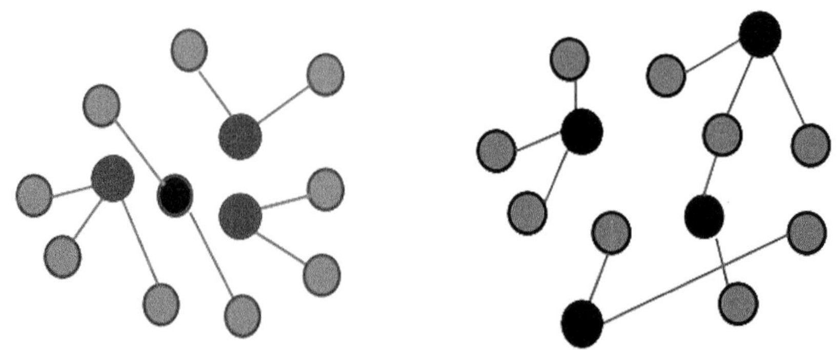

**图 7-4　实际应急调度问题中的受灾点**

但是，这些分布的一个共同特点是受灾点的物资供应只与供应点有关，与其他受灾点没有直接的联系，假设物资供应点同时向多个受灾点提供物资援助，在满足各受灾点物资需求的前提下，平均到达时间用如下目标函数表征：

$$F_1 = \left[ \sum_{i=1}^{n} diag(Xt^{1'})/n，\ \sum_{i=1}^{n} diag(Xt^{2'})/n \right]$$

综合调度距离用如下目标函数表征：

$$F_2 = \sum_{i=1}^{n} diag(XC')$$

根据以上特点，我们建立应急调度的数学模型（Ⅰ）：

$$\begin{cases} \min\ F_1 + F_2 \\ s.t.\ \sum_{i=1}^{n} x_{ij} \geqslant b_j，\ 0 \leqslant \sum_{j=1}^{m} x_{ij} \leqslant a_i \end{cases} (b_i \sim N(\mu_i，\ \sigma_i)，\ i = 1，\ \cdots，\ n)$$

其中，约束条件分别表示物资提供量不少于各受灾点的基本要求，且物资提供不得超出各供应点的供应能力。

与上述情况不同的是，如果各受灾点比较集中，且有某一个受灾点处于交通要道，那么我们就可以考虑先将物资运输到该受灾点，再由该受灾点依次往下分发，如图 7-5 所示。

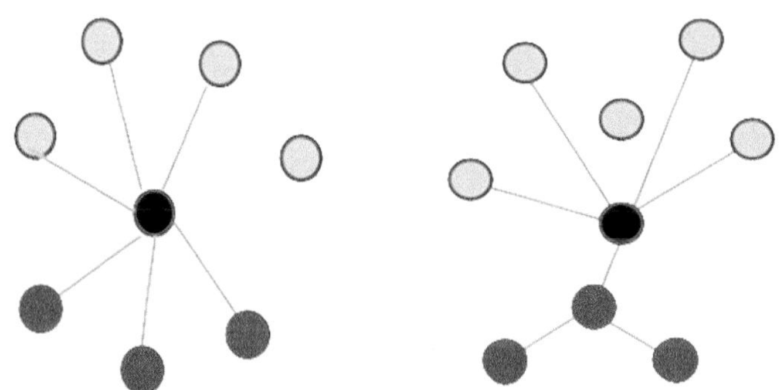

**图 7-5　先考虑交通要道受灾点**

这里，我们考虑左图的特殊情况，这种情况类似于一个受灾点和多个供应点的模型，只是在目标函数中时间和运费各多加了一个常数，即由该枢纽受灾点向受灾的邻近节点供应物资的时间平均值和各节点的调度距离总和。类似地，我们定义该枢纽受灾点为 A，对某物资的需求总和为 b，设 b~N（$\mu$，$\sigma$）。这些物资可由 $B_1$，$B_2$，…，$B_i$，…，$B_n$ 供应点运输（i = 1，2，…，n），每个供应点供应物资能力为 $a_1$，$a_2$，…，$a_n$，由 $B_i$ 到 A 运输单位物资到达时间为区间数 $T_i$，记为 $T_i = [t_i^1，\ t_i^2]$。各供应点实际调度物资：

$$X_{n\times1}=\begin{pmatrix}x_{11}\\ \vdots\\ x_{n1}\end{pmatrix}$$

相应地，综合调度距离 $C_{n\times1}$ 的具体表达形式：

$$C_{n\times1}=\begin{cases}(1-d_1)c_{n\times1}^{(1)}\\(1-d_2)c_{n\times1}^{(1)}\\(1-d_3)c_{n\times1}^{(1)}\end{cases}$$

由该枢纽受灾点到各受灾点的单位运输时间为 $S_q$（q=1，2，…，l），综合调度距离为 $R_q$（q=1，2，…，l），每个邻近节点受灾点需求物资量为 $e_q$。其中，由供应点到枢纽受灾点，再由枢纽受灾点到邻近节点受灾点的平均时间如下：

$$G_1=[\,diag(Xt^{1'})/n,\ diag(Xt^{2'})/n\,]+diag(Se')/l$$

由供应点到枢纽受灾点，再由枢纽受灾点到邻近节点受灾点的总运费如下：

$$G_2=\sum_{i=1}^{n}diag(XC')+Re'$$

以此建立数学模型（Ⅱ）：

$$\begin{cases}\min G_1+G_2\\ s.t.\ \sum_{i=1}^{n}x_{il}\geqslant b,\ 0\leqslant x_i\leqslant a_i\end{cases}\ (b_i\sim N(\mu_i,\ \sigma_i),\ i=1,\ \cdots,\ n)$$

模型（Ⅱ）与模型（Ⅰ）各个表达式意义相似。

### 7.4.2 模型求解

模型（Ⅰ）和模型（Ⅱ）中既有随机参数又有区间数，根据上述对随机规划的介绍可知，需要对这些不确定量进行确定性转化。考虑到可能会有不利情况发生，那么制定的决策也许不能满足约束条件。因此，采用一个计算原则来解决这种问题，这个原则可表述为：若决策让约束条件成立的概率不小于某置信水平，那么决策可以在一定程度上不满足约束条件。在模型中的随机变量 b 是服从正态分布的，可以采用机会约束的方法解决约束条件的转化，使得其在一定的置信水平内成立。当 x 是一维列向量时，设函数 $g(x,\ \xi)=a_1x_1+a_2x_2+\cdots+a_nx_n-b$，其中 $\xi=(a_1,\ a_2,\ \cdots,\ a_n,\ b)$，$a_i$ 和 b 为相互独立的正态随机变量，于是随机约束

$\Pr\left\{\sum_{i=1}^{n} a_i x_i \leqslant b\right\} \geqslant \alpha$ 的确定性等价类为：

$$\sum_{i=1}^{n} E[a_i]x_i + \varphi^{-1}(\alpha)\sqrt{\sum_{i=1}^{n} V[a_i]x_i^2 + V[b]} \leqslant E[b]$$

其中 $\varphi^{-1}$ 是标准正态分布的概率分布的逆函数。

若模型（Ⅱ）至少以置信水平 $\alpha$ 成立，即 $P\left\{-\sum_{i=1}^{n} x_i \leqslant -b\right\} \geqslant \alpha$，由上述结论可以得到 $\sum_{i=1}^{n} x_i \geqslant \mu + \sigma\varphi^{-1}(\alpha)$ 的形式，为了最大限度节约人力、物力，将上式不等号取为等号，其中 b~N（μ，σ）。于是，我们可将上述结论运用到本书的各供应点实际调度物资 $X_{n\times m}$。将模型（Ⅰ）转化为模型（Ⅲ）：

$$\begin{cases} \min F_1 + F_2 \\ \text{s.t.} \sum_{i=1}^{n} x_{ij} = \mu_j + \sigma_j\varphi^{-1}(\alpha),\ 0 \leqslant \sum_{j=1}^{m} x_{ij} \leqslant a_i \end{cases} \quad (b_i \sim N(\mu_i,\ \sigma_i),\ i = 1,\ \cdots,\ n)$$

该模型是一个区间线性规划模型，对模型（Ⅲ）的求解算法则是分步求解的过程，令：

$$z_1 = \sum_{i=1}^{n} \text{diag}(Xt^{1\prime})/n + \sum_{i=1}^{n} \text{diag}(XC')$$

$$z_2 = \sum_{i=1}^{n} \text{diag}(Xt^{2\prime})/n + \sum_{i=1}^{n} \text{diag}(XC')$$

将区间线性规划变为两个线性规划问题求解，求出区间下限的最大值：

$$\begin{cases} \max Z_1 \\ \text{s.t.} \sum_{i=1}^{n} x_{ij} = \mu_j + \sigma_j\varphi^{-1}(\alpha),\ 0 \leqslant \sum_{j=1}^{m} x_{ij} \leqslant a_i \end{cases} \quad (b_i \sim N(\mu_i,\ \sigma_i),\ i = 1,\ \cdots,\ n)$$

解出区间下限最大值，设为 $z_1^*$。

将区间下限最大值作为一个新的约束条件，再求解以下线性规划模型：

$$\begin{cases} \min\ z_2 \\ s.t.\ z_2 \leqslant z_1^* \\ \sum_{i=1}^{n} x_{ij} = \mu_j + \sigma_i \varphi^{-1}(\alpha)\ (b_i \sim N(\mu_i,\ \sigma_i),\ i=1,\ \cdots,\ n) \\ 0 \leqslant \sum_{j=1}^{n} x_{ij} \leqslant a_i \end{cases}$$

求出以上规划模型的最优值 $z_2^*$，即模型（Ⅰ）的最优解和相应的各地实际的调度物资安排。

同理，也可以求出模型（Ⅱ）的最优解。

### 7.4.3 算例分析

在地震灾害后，某两地 $A_1$ 和 $A_2$ 急需某种物资 $b_1=40$，$b_2=10$，$B_1$，⋯，$B_5$ 五个供应点供应能力分别为 30、5、10、20、10。由于事态会随着事件发生变化，且可能出现新的紧急情况，加上受灾情况不确定，因此应急物资需求量为随机变量且服从正态分布，其中，$b_1 \sim N$（40，5），$b_2 \sim N$（10，2），置信水平 $\alpha=0.9$，$A_1$ 受灾严重，$A_2$ 受灾较轻。给出基本运费如下：

$$c_{5\times2}^{(1)} = \begin{pmatrix} 1.5 & 2.25 \\ 2.5 & 3.5 \\ 4.5 & 3.5 \\ 3.5 & 3.25 \\ 1.25 & 2.5 \end{pmatrix}$$

其中，$d_1=0.5$，$d_2=0.3$，$d_3=0.1$，那么我们可以计算出：

$$C_{5\times2} = \begin{pmatrix} 0.75 & 2.025 \\ 1.25 & 3.15 \\ 2.25 & 3.15 \\ 1.75 & 2.925 \\ 1.125 & 2.25 \end{pmatrix}$$

单位物资运输到达时间如表 7-1 所示。

**表 7–1　单位物资运输到达时间表**

| | $B_1$ | $B_2$ | $B_3$ | $B_4$ | $B_5$ |
|---|---|---|---|---|---|
| $A_1$ | [1，2] | [2，3] | [4，5] | [3，4] | [1，1.5] |
| $A_2$ | [2，2.5] | [3，4] | [3，4] | [3，3.5] | [2，3] |

经过优化后得到目标函数最小值为 $z_2^*=106.68$，相应的各出救点到受灾点的出救安排如表 7–2 所示。

**表 7–2　调度物资安排**

| | $B_1$ | $B_2$ | $B_3$ | $B_4$ | $B_5$ |
|---|---|---|---|---|---|
| $A_1$ | 21.5835 | 5.0000 | 0 | 9.8165 | 10 |
| $A_2$ | 8.4165 | 0 | 0 | 4.1435 | 0 |

# 第8章

# 破坏性地震灾后应急供应链管理决策

## 8.1 面向地震灾害的应急供应链管理决策

### 8.1.1 地震灾后应急供应链管理决策概述

应急供应链管理是全要素、全过程的管理模式，它涵盖了整个应急供应链体系，包括但不限于应急物资供应管理、应急配送管理、应急物流管理等。

为防止突发事件造成灾害的进一步加剧，满足应急物资的突发需求，应急供应链应运而生。应急供应链管理系统的建立不但可以消除我国多年来管理体制带来的不利因素，而且可以显著提高政府应急管理的能力。因此，研究应急供应链的特点，建立完善的应急供应链体系，加强应急供应链体系管理，比如采购管理、储备管理、运输环节的管理和风险管理等，是形势发展变化的迫切需要。在应急情况下，决策者面对巨大压力，压力主要来自突发事件的时间紧迫性、资源有限性、信息不对称性和决策失误代价的严重性，但又不得不在短时间内做出决策。

供应链管理决策根据管理层次可以分为运作决策、战术决策和战略决策。运作决策是涉及短期的运作控制中的日常活动；战术决策涉及企业中期的发展；战略决策通常与企业2~5年的中长期战略相关，涉及绝大多数的企业伙伴。

政府应急管理需要集中资源，统筹部署，协同作战，在保证信息准确、畅通的情况下，有效地整合各类组织、各种资源，有效调配人员、资金、物资等各种应急资源，形成高效、完善的应对公共危机的快速响应系统。

### 8.1.2 地震灾后应急供应链管理决策可行性分析

应急供应链管理是综合利用现代信息技术手段，非常规性地组织物品从供应地到接受地的供应链过程，以提供自然灾害、公共卫生事件和重大事故（如火灾求援、危险物质事件、抗洪抢险、海啸和抗震救灾、疫情控制等）等突发性事件所需应急物资。应急供应链管理追求时间效益最大化和灾害损失最小化。鉴于此，我国建立地震灾害应急供应链管理决策系统是必要的，本书认为也是可行的，具体包括以下几个方面：

（1）建立地震灾害应急供应链管理决策系统，符合我国应急管理的基本要求。当前，我国应急管理系统不够完善，导致应急救援方案实施不够到位，进一步影响应急救援效果。随着我国应急管理水平的不断提高，应急管理的模式逐渐由单个部门向多部门协同合作发展，这就进一步需要建立应急供应链管理模式，全面加强部门之间的合作、上下游之间的链接，保证整个应急救援过程的顺利进行。同时，建立针对地震灾害的应急供应链管理决策，可以便于在信息化发展的未来统一组织、指挥应急救援活动，增强应急物资供应和配送能力，提高应急救援效率，减少灾害带来的损失。

（2）为进一步丰富和完善应急供应链管理体系提供理论支撑。我国现行灾害管理体制实行政府统一决策，各职能部门根据职责分工，相互配合；军队在救灾中发挥重要作用。同时，在应急管理理论方面，随着相关研究的不断发展，逐渐形成了协同、多部门、供应链等方面的理论基础研究，强调多部门共同合作，共同制定应急预案，分析灾情，发挥各部门优势，联合制定救援方案，并分析突发事件的供应链各个环节特点，建立应急供应链过程模型，为应急救援提供依据。

（3）我国应急物流水平的不断提高，为应急供应链管理决策提供支撑。随着信息化技术的不断发展，我国的应急物流水平也在逐渐完善，形成了以现代化信息技术为核心的先进应急物流系统，使得应急物流信息实现及时更新，应急物流设施不断完善，建立自动化仓库，使用现代化运输设施，大大节约了时间成本，保证了应急物流运输过程的准确性。同时，由于研究的不断深入，使得应急配送点、长期储存点的选址更加合理，极大地节约了应急配送的成本，提升了对突发事件的应对效率。在不断完善的应急物流水平下，应急供应链管理的建立也是较为容易的，也保证了应急供应链管理决策的实现，发挥决策的重大作用。

（4）国外一些发达国家的应急供应链管理模式，为建立符合国内基本要求的供应链管理决策模型提供了参考依据。以美国为例，其经过多年努力已经建立了一套完善的国家级灾害应急计划，其在事前会有大量的模拟演练，运用高科技的装备，根据实际情况准备不同的救灾方式，整个救灾计划实现涉及联邦、州、地方和部落各级政府力量的高度统一和集合，以保证最大限度地应对灾害情况。同时，日本因特殊的地理位置，经常发生地震灾害，其应急管理系统也是相当先进的，其有完善的应急救灾预案，一旦灾害发生，立即启动应急预案，各级部门立即采取相关措施。我国在发展建立应急供应链管理模式时，应该不断借鉴国外的先进经验，同时结合国内实际情况，提升我国政府的应急管理能力，发展先进的应急供应链管理决策模式。

### 8.1.3　地震灾后应急供应链管理决策过程分析

地震灾后应急供应链管理决策过程是一个包含多部门、多机构的协同合作过程，只有多方参与，形成庞大、齐全的知识库，才能更全面地分析震后灾区需求，制定救援计划，同时，多部门的参与，防止了因单一决策带来的主观失误，有效地提高了决策的正确性。一般的决策过程由决策参与主体、非决策主体和决策环境共同构成。对于地震灾后应急供应链管理决策来说，其更具有公益和社会性质，参与主体主要包括政府部门、交通运输部门、卫生防疫部门、工程抢修部门、救援部门及通信部门等，决策环境是相对多变和不确定的。决策的首要目标是保证生命救援，尽可能挽回生命财产损失，保证生命安全。其决策过程一般是由决策参与主体根据搜集的信息判断分析，非决策主体在整个过程中搜集灾情信息，并不断协作配合，以保证决策的正常进行。具体决策过程如图 8-1 所示。

由图 8-1 可以得出，在破坏性地震灾后应急供应链决策管理过程中，首先，需要明确整个应急救援的整体目标，确定救援的侧重点，为整体应急救援提供指导依据。其次，决策主体通过多部门协商讨论，研究、规划整体救援方案，方案由政府部门、交通运输部门、卫生防疫部门、工程抢修部门、救援实施部门、通信部门参与制定，利用反馈的需求信息和灾区受灾情况，通过反复修改、协定，得出救援方案，并对方案进行实施。再次，物资供给中心是整个应急供应链的运作部门，整条链由物资供应系统、应急物流系统和物资需求系统三部分构成。物

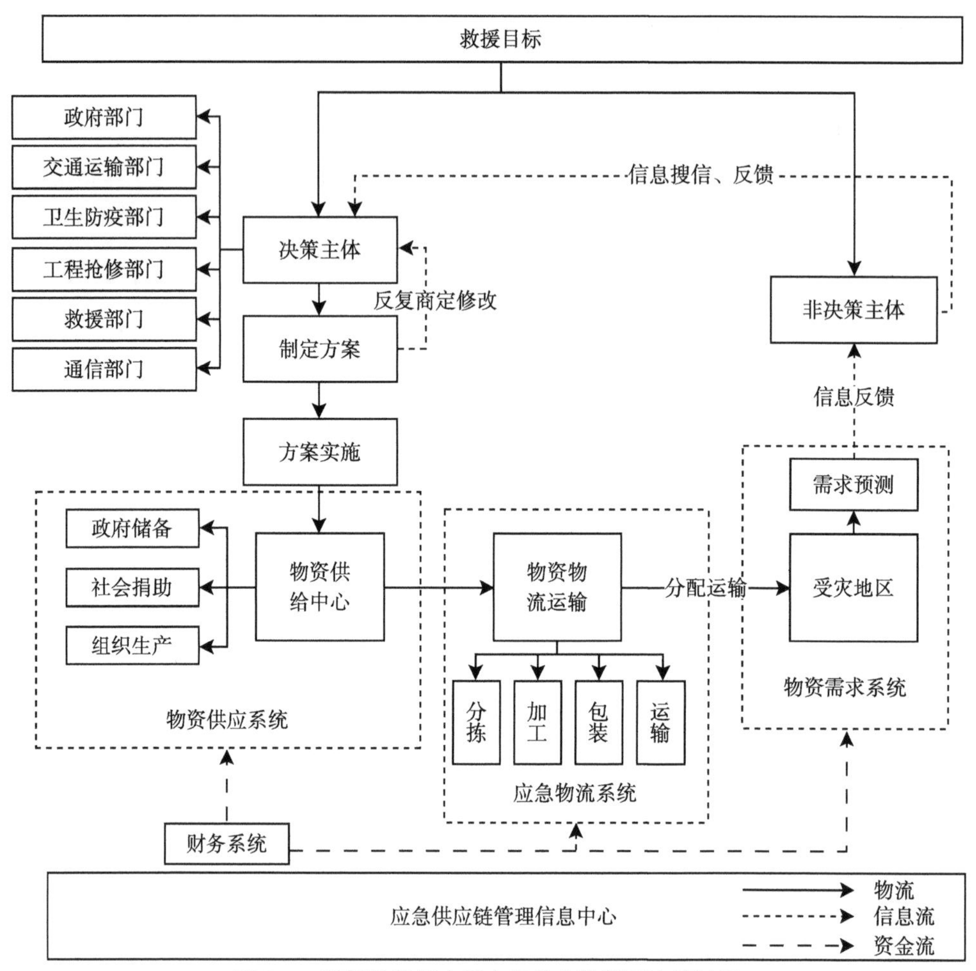


**图 8-1　破坏性地震灾后应急供应链管理决策过程**

资供应系统主要负责筹集物资工作，通过政府应急物资储备、社会慈善机构捐助和临时组织相关部门生产几种方式筹集物资，为应急救援提供物资基础。应急物流系统是整条供应链的核心部门，主要运输救灾物资，通过一般供应链上对物资的分拣、加工、包装、运输等步骤进行一个再加工和分配运输的工作，同时，其强调时效性和准确性，而弱化了成本经济性，应急物流系统是保证物资及时、准确运送到灾区的关键。物资需求系统由各个受灾地区构成，根据受灾情况的不同，统计得出具体物资需求种类和数量，以更快、更准确地获得救援物资，保证人民的正常生活。最后，由非决策主体进行灾区需求信息的搜集、统计、整理，以此将信息及时反馈给决策主体进行决策分析，并结合需求预测，对灾区需求信息做进一步的分析，保证灾区需求得到及时满足。这样就形成一个回路，以确定需求信息的及时传送，救援物资的准确、快速送达，进一步保证整个救援工作的正常运行，减少灾害带来的损失。在整个过程中，需要由应急供应链管理信息中心作为通信信息的支撑，保证信息及时、准确传送，为准确决策提供保障。

在破坏性地震灾后应急供应链决策管理过程中，信息流、物流、资金流三种流通方式同时进行，其中，信息流和物流是关键，是保证救援工作顺利进行的前提；同时，由于应急供应链的弱经济性，资金流这一因素被弱化了。这一决策过程，需要多部门的密切配合，共同参与救援工作。在决策过程中，各参与主体需要不断进行信息交换和反馈，对应急方案进行及时修正和调整，以达到最大满足灾区需求的目的，各组织之间通过协调合作，提高决策的准确性和效率，最小化灾害带来的损失并最大化救援效率。

## 8.2　破坏性地震灾后应急供应链管理决策研究

### 8.2.1　破坏性地震灾后应急供应链管理决策特征分析

破坏性地震灾后应急供应链管理决策，是针对灾后应急救援的特殊决策，相对于一般决策，其面临很多特殊的阻碍，震后信息阻碍、资源需求激增、社会舆论压力增大和决策时间短暂等困难，决策失误的成本也是巨大的，再加上震后应急救援的特殊要求，使得应急供应链管理决策呈现出如下四个方面的特性：

（1）决策的时效性。应急供应链管理决策，是解决应急救援中生命救援和物资运输的关键，而应急救援往往强调时间的紧迫性，这就要求决策能够在尽可能短的时间内得出方案，更加要求决策的时效性。生命救援是有时间限制的，越早决策，就越有可能救援生命。所以，要求决策者在短时间内依据提供的信息，做出正确的决断，并且及时、有效地传达到下级分步实施，这样，才能保证决策的效果。同时，在极短时间内的决策，也对决策者的专业素质和心理素质提出了更高的要求。

（2）决策的协同性。在整个应急供应链管理中，需要多部门参与、多机构协作，需要不同领域专家相互沟通协调、积极配合，才能得出更有效的救援方案。同时，由于破坏性地震的影响特点，其带来的破坏是多方面的，包括人员、基础设施、道路交通、通信、供水等，这也决定了相应的决策是需要多方面人员共同参与的。各个领域的专家根据相应的信息，结合自己的行业知识，对多方面的情况进行分析，并不断讨论、分析，得出最终的应急救援方案。应急救援工作的展开，是离不开多方面、多部门的参与的，只有集合多人的力量，才能更好地做出正确的决策，提高救援效率。

（3）决策的动态性。应急供应链管理决策，针对的是应急突发事件，在决策过程中，往往会根据救援进展情况、次生灾害发生情况、物资需求类型等信息的变化，而不断发生改变，以适应当前救援现状。同时，由于灾情时时刻刻都处于一个动态的变化中，无法及时、准确得到预测，这就要求决策能够随机应变，根据不同的情况，采取有效的应对措施，尽可能及时做出调整，以适应灾情的变化。决策的动态性，对决策人员的能力进一步提出考验，要求其能够准确判断当前灾情，并预测未来发展动向，从而采取有效措施。

（4）决策的社会效益。一般供应链上的管理决策，都是基于提升供应链响应速度、减少整条链上的成本而提出的。但是，对于应急供应链管理决策，首要考虑的是尽可能快速满足灾区需求，维护社会稳定，弱化了成本因素的考虑。决策重点也是基于尽量挽救生命财产损失，会倾向考虑时间效益，物流运输目标是尽快配合完成运输物资，成本因素将不再是考虑重点。所以，应急供应链管理决策是具有社会效益的，首要目标是尽量满足灾区需求，维护社会稳定，其决策过程是有异于一般供应链管理决策的。

### 8.2.2 破坏性地震灾后应急供应链管理决策因素分析

破坏性地震灾后应急供应链管理决策是指为了应对地震灾后紧急情况下的供应链需求，由各个供应链元素、环节、实体组成的相互协调、相互联系和相互作用的有机整体，目的是以最短的时间将所获得应急物资通过合适的运输工具运到急需的地点，它具有时间性、快速反应性、开放性和可扩展性等特点①。

① 缪成，许维胜，吴启迪. 大规模应急物资运输问题的研究现状与发展方向［J］. 新疆职业大学学报，2007，15（1）：35-38.

破坏性地震灾后应急供应链管理决策的影响因素分为三个方面：一是指挥协调因素，它强调组织能力；二是应急供应链运作方面的因素，反映了应急供应链运作层面的影响因素；三是信息处理因素，它是信息化的支撑[①]。

#### 8.2.2.1　应急供应链指挥协调因素

（1）调度协调因素。地震灾后灾区往往需要大量的救灾物资，但此时交通和通信是很脆弱的，只有通过良好的协调和调度才能准确地将物资送到目的地，如组织救灾不善，则容易出现交通拥堵，救援物资无法到达目的地，从而延缓救援的进展。因此，优化供应链的协调和指挥系统，提高应急供应链系统敏捷性，以有效应对突发的地震等自然灾害，具有非常重要的意义[②]。

（2）专家决策辅助因素。政府在灾难应急的组织中实际上起到了主导作用，但政府领导机构不具备处理灾害和突发事件的相关专业背景，而盲目指挥行动很可能会造成更大的危害，因此就需要专家评估决策，以确保决策的科学合理。

（3）监测与预警因素。各级各部门通过监测，实时收集、分析和整理有关灾害的信息，进行及时报告预警。通过监测和预警，让政府和专家做出更科学合理的决策。

#### 8.2.2.2　运作因素[③]

（1）物资储备。应急物资的充足储备是灾后救援顺利进行的前提，将应急物资准确、安全无误送到灾区是灾后应急供应链的核心工作。

（2）物资筹措。在灾害发生后，为应对灾区或者应急供应链实施过程中出现的各种问题，需要对相关急需物资面向社会、企业、国际组织等进行筹措，充分调动各种社会资源确保救灾活动的顺利开展。

（3）运输管理。运输是应急供应链的重要环节。由于救灾物资的筹集较为分散，来自不同的地方，因此要合理安排运输方式及运输路线，并确保救灾物资的运输安全。应急供应链的运输有更高的要求，更强的时效性，合理选择应急物资运输途径，对应急供应链有很大的影响。

（4）应急供应中心的设置。供应中心承担救灾应急物资的储备工作，设置合理的应急供应中心可以促使政府和救灾机构在灾害发生后减少由于物资短缺所带

---

① 周尧. 自然灾害应急物流评价体系研究［D］. 武汉理工大学，2009.

② 欧忠文，李科，姜玉宏，王会云，甘文旭. 应急物流保障机制研究［J］. 物流技术，2005（9）：13-15.

③ 阎宏伟. 面向自然灾害的应急供应链管理系统研究［D］. 复旦大学，2008.

来的救援行动滞后事件的发生，及时应对灾害。

#### 8.2.2.3 信息因素[①]

应急供应链对于信息系统要求更高，依赖性更强，各个环节的顺利推进更是离不开现代信息技术的支持。信息技术及其手段十分重要，在组织救灾的过程中，它对于有效收集和分配资源信息，传递应急供应链指令等具有相当重要的作用。

（1）灾后监测预报处置系统。灾后监测预报处置系统可重点监控灾区的环境变化，有效支持应急供应链活动。通过监测气候、自然条件及自然状况的变化情况，对可能发生灾害的地区进行评估，尽量做到未雨绸缪，减少不必要的损失。

（2）信息采集与分析系统。灾害发生后，通过信息采集与分析系统对灾害信息进行处理，为决策部门提供决策支持。要建立完善的公共信息共享制度，构建高科技与传统手段并举、高端与低端相结合的多样化的应急信息收集与处理平台，并确保数据的不断更新，多方位、全视角对各方面信息进行统筹分析，更好地服务于抗震救灾。

### 8.2.3 基于现代电子商务的地震灾后供应链管理决策分析

地震灾后供应链管理是为了确保在发生了地震灾害后及时有效地将救援物资安全、可靠地送到灾区，在电子商务越来越发达的今天，能够利用电子商务的优势结合应急物资和应急物资需求的特点，进行供应链的管理，以确保灾后救援工作的顺利展开，很有必要[②]。

#### 8.2.3.1 地震灾害应急物资需求的特点

（1）需求集中。自然灾害发生后往往带来的是对整个区域的破坏，为了满足整个区域内的救援需求，往往对救灾物资进行筹集发放，所以受灾地区的需求集中。

（2）需求种类多样。灾区灾民不仅需要医疗用品，还需要维持正常生活的各种生活用品，以及灾区恢复的各种生产生活用品。包括生活的各个方面、各个领

① 张琳. 供应链管理在公共危机管理中的应用初探［J］. 学术交流，2005（1）：118–121.

② 次仁曲珍. 基于城镇灾害风险评估研究西藏应急物资保障体系建设［D］. 中国科学院大学，2013.

域，种类繁多。

（3）需求量大。因自然灾害造成的损失往往较大，为了维护灾区的市场秩序和灾民的基本生活，往往需要大量物资供应灾区。像地震、台风等突发性质的自然灾害往往是在较短的时间内造成巨大的损失，物资需求量大，易短缺，而像雪灾、旱灾等缓发性自然灾害，因为有一定的发生过程，基本生活保障时间长，所以也需要较多的物资。

（4）需求信息难以预测。由于自然灾害的发生演变过程较为复杂，像地震，火山爆发等，人们对其认识不够多，很难对其进行有效预测，对于其发生的地点、时间、强度不能准确地预测，故也难以进行物资需求的预测。

（5）需求信息不易获取。自然灾害常常伴随着山体滑坡、路面断裂、房屋倒塌，对交通、通信设施造成损坏。从而影响灾区内外联系，使得灾区的需求信息不能及时有效传出，造成灾区内外的信息不对称，影响救援工作。

（6）需求时效性强。需求的时效性会对应急物资的储备和筹备要求增高，与此同时，对应急物资的运输也提出了一定的要求。因此，对于自然灾害应急物资需求特点的准确把握对应急物资的供应具有重要的指导作用。

#### 8.2.3.2　电子商务下应急物流供应链管理的问题分析

（1）缺乏一个健全的应急物流供需信息分享平台。我国目前信息技术的发展水平还不足以推进现代电子商务下应急物流体系的发展，尚未有一个较为健全的应急物流供需信息分享平台，存在灾区急需的物资不能及时进行生产，以及应急物流运输工具也不能够统一调度等问题，因此也就不能制定对应的战术策略，从而也就使得电子商务下应急物流的效率不能有效提高①。

（2）应急预案协作体系不健全。相关部门应急预案存在不同部门之间的联系，更多的是交叉连接，覆盖面不全。由于应急预案协作体系不健全，于是就出现了应急预案启动救援物资和救援人员协调不力、调度指挥失败、救援工作混乱和延误等情况。

（3）供应链体系不完备。目前，基于电子商务的供应链反应速度迟缓，应急电子商务供应链的程序和流程比较烦琐，不同的物料供应链不能进行统一管理，多个供应链独立运行分散；在不同的条件下，不同的电子商务不能做到应急供应

---

① 许辉强. 基于电子商务的供应链物流研究［D］. 对外经济贸易大学，2004.

中心之间的协调与合作，从而产生了电子商务下的应急物流成本较大的结果。

#### 8.2.3.3 加强电子商务下应急物流管理建设

（1）建立信息控制中心。电子商务应急物流管理最重要的是建立一个全面的、灵活的信息控制中心，这是应急物流的枢纽活动，它是物流活动的总部。首先，良好地管理救灾物资，并每天记录材料，与相关企业建立良好的工作关系，以确保事件的正常处理和稳定的应急供应。其次，当突发事件发生时，应急设备和人员要制定应急预案，收集相关信息，作为整个工作的指挥部，充分发挥协调与控制的作用，优化资源配置，使物流效率最高①。其中，控制中心工作人员必须具备各方面的良好素质，同时具备应对突发事件的能力，能够在多元化领导下高效执行任务。

（2）建立电子商务下应急物流管理的良好外部环境。因为应急物流的各种特点导致了它对外部环境的特殊要求，重点是缩短运输时间，保障运输的可靠性。因此，在灾害频发地建立完善的物资集散点，发达的交通网络显得尤为必要②。

（3）加强电子商务应急物资储备体系建设。第一，应增加仓库的数量，并根据气候等特点因地制宜地对其进行合理布局。第二，加强物资管理。第三，要采用合同储备方式，即政府提前与可以提供应急物资的企业签订合同，在灾难发生后，以最快的速度提供大量物资，缓解救援压力，避免因物资紧缺造成的混乱。第四，加强社会捐赠渠道，在灾难发生时，保证社会各界的捐赠物资能及时到达突发事件发生的地区。只有这样，才能建立健全电子商务应急物资储备体系，在突发事件发生时，确保物流环节正常运行。

（4）完善电子商务下应急物流管理的相关法规。完善电子商务下应急物流管理制度，必须建立健全相关法律法规。一是要对其进行宏观调控，在生产、投入、科学技术等方面进行规范和约束。二是在管理上，对电子商务物流的调节和资源管理、工作中的标准和奖惩情况做出明确规定。三是在操作上，对电子商务下应急物流的信息化和系统化等进行严格的规范。电子商务下应急物流是关系人们生命和财产安全的重要工作，更要标准化、规范化，只有这样，才能在紧急情况下，有条不紊地将物流工作落到实处。

---

① 荆治斌. 浅谈现代电子商务对物流的影响［J］. 中国对外贸易（英文版），2012（6）：385.

② 陈超. 自然灾害应急物资需求分类及需求量研究［D］. 北京交通大学，2011.

（5）健全电子商务下应急物流配送系统。建立健全电子商务下应急物流配送系统有利于协调物流各部门的分工合作，避免在运输途中发生不必要的资源浪费和冲突，力求物流运输效率最高、成本最低。

# 第9章

# 大数据背景下的地震灾后应急管理

## 9.1 大数据时代概述

### 9.1.1 大数据时代概念

#### 9.1.1.1 大数据及大数据平台内涵

大数据本身是一个比较抽象的概念，各行各业大数据的定义呈现多样化的趋势，目前还没有一个统一的定论。在本质上，大数据不仅指数据量大，还有区别于“大量数据”和“海量数据”的特性。目前，主流定义主要是以下两种：①维基百科将大数据定义为所涉及的资料量规模巨大，以至于目前主流软件工具无法在合理时间内达到获取、管理、处理，并整理成为帮助企业经营决策更积极的资讯。②国际数据中心（IDC）给大数据做出了如下定义：大数据技术被设计于从大规模、多样化的数据中通过高速捕获、发现和分析技术提取数据的价值，描述了一个技术和体系的新时代。

大数据平台指计算机硬件或软件的操作环境，泛指进行某项工作所需要的环境或条件，包括技术平台、业务平台、数据平台等[①]。目前，大数据平台还没有一个明确的定义，综合参考多个文献对大数据平台的描述，认为大数据平台是为实现大数据采集、大数据存储管理、大数据分析和大数据应用等而搭建的一个

① 严霄凤，张德馨. 大数据研究［J］. 计算机技术与发展，2013，23（4）：168-172.

系统[①]。其价值在于能接收各种不同的数据源，实现信息的开放共享，能够使用各种不同的工具进行分析和应用。

#### 9.1.1.2 时代背景

（1）国外现状。2009 年，联合国发布"全球脉搏计划"，希望通过大数据缩小落后地区与发达地区的差距。2012 年 1 月，大数据的产生与影响成为世界经济论坛一个重要议题。2012 年 3 月，美国政府发起了一项全球开放政府数据的呼吁，提出了大数据研究和发展倡议，同时投资 2 亿美元促进核心技术研究和应用，涉及美国国家科学基金会、美国国防部高级研究计划局等 6 个政府部门和机构，大数据已经成为美国的一个重要战略规划[②]。英国政府也将大数据技术作为科技发展的重点，英国政府计划投资 6 亿英镑用以发展 8 大高新科技，其中大数据方面的投入占到三成。2014 年 7 月，欧盟委员会呼吁成员国积极采取切实措施发展大数据业务[③]。

（2）国内现状。2013 年 3 月，我国科技部发布了《"十二五"国家科技计划信息技术领域 2013 年度备选项目征集指南》，学术界就大数据这一课题目前已立项了"973 计划"项目 2 项，"973 计划"青年项目 2 项，国家自然科学基金重点项目 2 项。地方政府也对大数据战略高度重视，2012 年，广东省提出了《广东省实施大数据战略方案》，2013 年上海市提出了《上海推进大数据研究与发展三年行动计划》，重庆市提出了《重庆市人民政府关于印发重庆市大数据行动计划的通知》，其他省市也相继推出了各自的大数据发展规划，表 9-1 列出了具有代表性的省市大数据发展规划方案。

### 9.1.2 大数据分析的特征

#### 9.1.2.1 大数据分析定义

大数据不仅数据量巨大，更重要的是对海量数据进行分析处理，处理之后才能获取蕴含在这些海量数据中的有用信息[④]。目前，越来越多的社会经济和科技研究领域涉及大数据应用，而大数据的基本属性，包括数量、速度、多样性等都

---

① 涂新莉，刘波，林伟伟. 大数据研究综述［J］. 计算机应用研究，2014，31（6）：1612-1616，1623.
② 李学龙，龚海刚. 大数据系统综述［J］. 中国科学信息科学（中文版），2015，45（1）：1-44.
③ 何克抗. 大数据面面观［J］. 电化教育研究，2014，35（10）：8-16.
④ 程学旗，靳小龙，王元卓等. 大数据系统和分析技术综述［J］. 软件学报，2014，25（9）.

**表 9-1 部分省市大数据发展规划方案表**

| 省市 | 年份 | 文件 | 目标 | 任务 | 特点 |
| --- | --- | --- | --- | --- | --- |
| 重庆市 | 2013 | 《重庆市大数据行动计划》 | （一）建成大数据产业<br>（二）形成大数据应用模式<br>（三）突破大数据技术 | （一）加快大数据产业发展<br>（二）开展大数据示范应用<br>（三）攻克一批大数据技术<br>（四）强化信息基础设施<br>（五）完善大数据采集形成机制<br>（六）确保大数据信息安全 | 通过大数据产业的发展，形成民生服务、城市管理和经济建设融合发展的新模式 |
| 上海市 | 2013 | 《上海推进大数据研究与发展三年行动计划（2013~2015年）》 | （一）攻克大数据关键技术、形成大数据领域的核心竞争力<br>（二）加速大数据资源的开发利用，推进行业应用<br>（三）培育数据技术链、产业链、价值链，支撑智慧城市建设 | （一）技术攻关和产品研制<br>（二）应用推进和模式创新 | 通过对大数据资源的开发，促进经济结构调整和产业转型 |
| 贵阳市 | 2014 | 《贵阳大数据产业行动计划》 | （一）贵阳大数据相关产业成为经济发展的重要增长极<br>（二）将贵阳市打造成为国家西部大数据集聚区、国家云计算产业新高地、西部智能终端产业基地和国家大数据创新示范区<br>（三）将贵阳市建设成为大数据资源丰富、大数据产业发达、信息消费能力高的智能型城市 | （一）实施“强基工程”，打造西部区域通信枢纽<br>（二）实施“筑云工程”，形成大数据云服务产业集群<br>（三）实施“智端工程”，打造智能终端产业集群<br>（四）实施“掘金工程”，培育大数据应用市场 | 将大数据产业打造成贵阳市重要的战略性新兴产业 |
| 武汉市 | 2014 | 《武汉市大数据产业发展行动计划（2014~2018年）》 | 挖掘武汉市信息技术优势和数据资源价值，构建既有全国领先水平，又有武汉市特色的大数据产业体系 | 重点建设两大大数据产业基地，建设8个云计算中心，并面向若干条件成熟、具有大数据市场前景的领域建立多个大数据应用和交易平台，形成“2+8+N”的大数据产业发展格局 | 依托大数据培育和壮大战略性新兴产业、实现产业转型升级 |
| 广东省 | 2014 | 《广东省大数据发展规划（2015~2020年）》 | （一）推动产业转型升级和生产方式转变<br>（二）实现大数据在国民经济和社会各领域广泛应用，推动全省信息化总体水平再上新台阶，迈入世界先进水平 | （一）建设大数据基础设施<br>（二）开发大数据资源<br>（三）推进大数据应用创新<br>（四）发展大数据技术产业 | 推动大数据应用创新，以应用带动发展，以大数据发展促进社会创新 |

出现层级式增长，所以大数据分析的方法就变得特别重要①。可以说决定信息是否有价值的关键因素就在于分析方法的运用是否得当。大数据分析的方法大致有以下五个基本方面②：

第一，可视化分析。使用大数据分析的既有技术专家，也有普通用户。可视化分析是所有利用大数据分析的技术群体最基本的要求，通过直观的图形化数据，可视化分析可以显示其特性，用户可以通过对比信息读取数据背后的复杂连接。

第二，数据挖掘算法。大数据分析的核心是数据挖掘，数据挖掘算法通常是基于数据的类型和格式，并通过成熟的统计算法挖掘出数据中深层次的信息。因为大数据是数据量大，数据挖掘算法需要快速的解决方案对大数据进行处理，如果算法需要很长的时间才能得出结果，大数据的价值也就无从谈起了。

第三，预测分析。大数据分析是预测分析中最重要的应用领域之一，通过建立科学模型，挖掘出不同类型数据的连接关系，再得到新的数据，从而预测未来的发展方向。

第四，语义引擎。大数据技术在互联网上广泛使用，互联网平台可从用户搜索页面关键词或标签来预测潜在消费方向，从而根据客户的需求生产相应的产品，实现精准营销。

第五，数据质量和数据管理。大数据分析结果的有效性来自数据源和数据管理，在科学研究和应用领域高质量和高效的数据源分类管理，能够确保分析结果的真实性和宝贵性。

#### 9.1.2.2 大数据分析方法与传统数据分析方法的区别

（1）在数据源以及处理方式上的区别。大数据的特点决定了大数据量是巨大的，这些大量数据如何被最有效利用，是大家要解决的问题，数据的发展大致可以分为三个阶段，即数量的产生、科学数据的形成和大数据的产生，由于计算机软件技术的发展，我们获得所需的数据相比传统的数据采集更容易、更快、更便宜。

传统的分析方法处理数据往往被数据库容量所限制，而且都经历了精确的提

---

① 任磊，杜一，马帅等. 大数据可视分析综述［J］. 软件学报，2014，25（9）.

② 方璐. 大数据时代的科学研究方法［D］. 浙江工业大学，2014.

取、转换和加载的流程。也就是说，数据仓库里面存在的数据已经是被筛选过的，这种数据的主要特点就是便于被简单模型所应用，是对已知的、有限的、被分类好的、数据范围内容易理解的数据进行分析。而大数据所分析的则是传统手段难以捕捉的非结构化数据，这使它更具有挑战性，但同时对这些非结构化的数据处理也提供了在数据源中获得更多的洞察力范围优势。

传统分析通常是首先建立一个固定的数据模型，一旦数据之间的关系发展的模型被建立，收集和分析也在此基础上进行。大数据分析的数据来源主要是基于非结构化图像、视频、移动设备、无线射频识别（RFID）和其他形式的数据，所以绝大多数分析超出了传统数据库范畴，是相对不规则数据库的数据源。常用的分析方法是动态建模，通过建模得到实时数据，随后进行数据的趋势跟踪，进而完善续建相应的模型①。

大量的半结构化数据和非结构化数据的数据来源，将意味着数据来源不完全正确。如统计人口，在有限的地理区域统计绝对固定的人口可能是难以做到的，因为人口必然会流动，在不稳定的状态下希望得到固定的结论是很难做到的。大数据只是数据层面的体量巨大，不意味着我们可以收集到总体数据，现实中的总体数据我们可以通过预测得到②。例如，中国的国民收入总量，中国某个姓氏的人口总数。虽然一些数据我们可以通过预测得到，但理论上来讲这种结果并不精确，如上交所所有股票的股价数据，这些股票数据隐含的运行机制我们并不了解，在这个时候进行大数据分析就必须应用统计方法，它可以帮助我们从所选数据中揭示出数据背后的真相。

与传统的数据分析相比，大数据分析因为数据源的关系，分析路径和分析工具会有所不同，但是依然应用的是传统的分析思维，只是因为数据来源不同，处理方法上自然也会不同。但正因为如此，也为大数据分析在应用领域的发挥带来了无限的前景。

与传统的数据分析方法相比，大数据分析的数据源、路径和分析工具之间的关系有所不同，但仍然是传统的分析思想之一，只是针对不同的数据源所采取的处理方法不同。但正因为不同场景的变化，为大数据分析的应用带来了无限的

① 李国杰. 大数据研究的科学价值［J］. 中国计算机学会通讯，2012，8（9）：8-15.

② 陶雪娇，胡晓峰，刘洋. 大数据研究综述［J］. 系统仿真学报，2013（1）.

发展前景。

（2）与传统概率统计分析方法的区别。如果传统的统计研究收集的目的是过滤结构化数据，那么大数据就是各种各样可以记录和存储、不断扩大的数据集。样本收集的传统统计方法是基于抽样计划从而获得预期的标准数据，一旦预期数据不满足预期的需求，那么结果就会偏离预期的计划①。因此，基于样本数据的统计分析，统计分析的方法是有限的，如果遇到预期方案被临时修改的情况，数据将不能被实时收集。大数据分析和传统的统计分析相比主要有以下几点区别：

第一，传统的统计分析方法首先要制定研究标准，这个研究标准就是为了未来基于样本数据分析来确定目标，这个过程主要取决于研究者的经验。进入大数据时代，仅为进行数据分析寻找所需要的数据资源变得容易得多，因此需要大数据分析的主要工作就是确定复杂数据源之间的关系，以便为判断或决策提供依据，并在此基础上得出结论。

第二，根据研究目标，传统的实证分析首先提出假设，然后收集样本数据，建立匹配模型来分析测试这个假设。这种分析假设，往往会局限在提前设定好的假设里。如果假设和收集到的数据不匹配，或选择的样本数据是不完整的，就不能得到有效的结论。许多传统统计实证分析被证实了仅仅为了满足预先假设。在大数据时代，可以去寻找任何可能的数据源客观关系，然后总结并形成结论。这将极大地丰富数据分析的应用场景，提高数据分析的有效性，这有助于发现新的科学规律。

第三，传统的统计推断分析，一般采用分布式理论。其逻辑思想是“分布式理论—概率保证—整体推理”原则，是基于一定的概率分析保证，根据样本的总体特征来推断结论，结果正确与否完全取决于样本收集的数据。大数据时代强调收集所有数据，推断不再需要基于概率分析，只统计全部样本数量。在不需要数据源概率分布的情况下，保证从数据源的相互关系直接推出结论。

传统的概率和统计理论中，最大似然估计和回归分析方法估算模型是数学建模的常用方法。最大似然估计是最大似然估计方法的基本原则，因为它揭示了样本总体估计分析的自然内在机制。回归分析原理是统计学中一个重要的随机变量之间的相关性描述的方法。反观大数据的分析方法，实际上与传统的概率统计方

① 孟小峰，慈祥. 大数据管理：概念、技术与挑战［J］. 计算机研究与发展，2015，50（1）：146-169.

法类似①。具体来说，最大似然估计样本数据分析相较大数据分析方法来说范围更小一点，但大数据分析方法并不直接替代样本总量，样本总体一直在发生实时变化；与回归分析相比，大数据描述随机变量相关关系更复杂、更广泛，正是因为这一点使得大数据分析更容易产生一些新发现，得出一些新的相关关系结论。

#### 9.1.2.3　大数据平台框架

（1）大数据平台技术框架。从大数据的处理过程来看，大数据从数据源经过分析挖掘到最终获得价值，一般需要经过 5 个主要环节，包括数据准备、存储管理、计算处理、数据分析和知识展现，技术体系如图 9–1 所示（图片来自工业和信息化部电信研究院）。

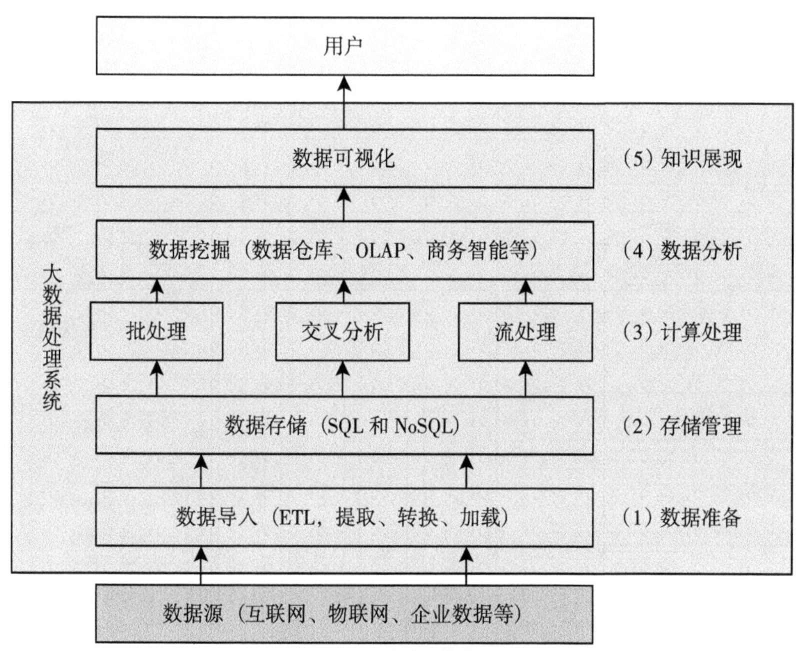


**图 9–1　大数据技术框架**

数据准备。主要是对数据的导入，通过提取、转换、加载等步骤，为数据处理做好准备。

存储管理。采用各种机制和工具实现对数据的存储与管理。

---

① 孟小峰，李勇，祝建华. 社会计算：大数据时代的机遇与挑战［J］. 计算机研究与发展，2015，50（12）：2483–2491.

计算处理。对存储的数据进行计算处理，进而发掘大数据中潜在价值这一过程，例如数据与数据之间潜在的相关性等。常用方式有批处理、流处理和交叉分析等。

数据分析。通过计算处理分析后，再进一步采用数据仓库、联机分析处理（OLAP）和商务智能等技术进行数据挖掘，发现大数据集中的数据模式，提取数据中隐藏的数据。

（2）大数据产业生态。随着技术不断发展和大数据应用程序继续深化，以大数据为核心的产业生态系统正在加速进行建设。从实际情况来看，大数据产业生态包括大数据解决方案提供商、大型数据处理服务提供者、数据资源提供商和大数据应用者四个角色，前三者分别为应用者提供大数据解决方案、大数据服务和大数据资源。大数据产业生态构成如图 9–2 所示（图片来自工业和信息化部电信研究院）。

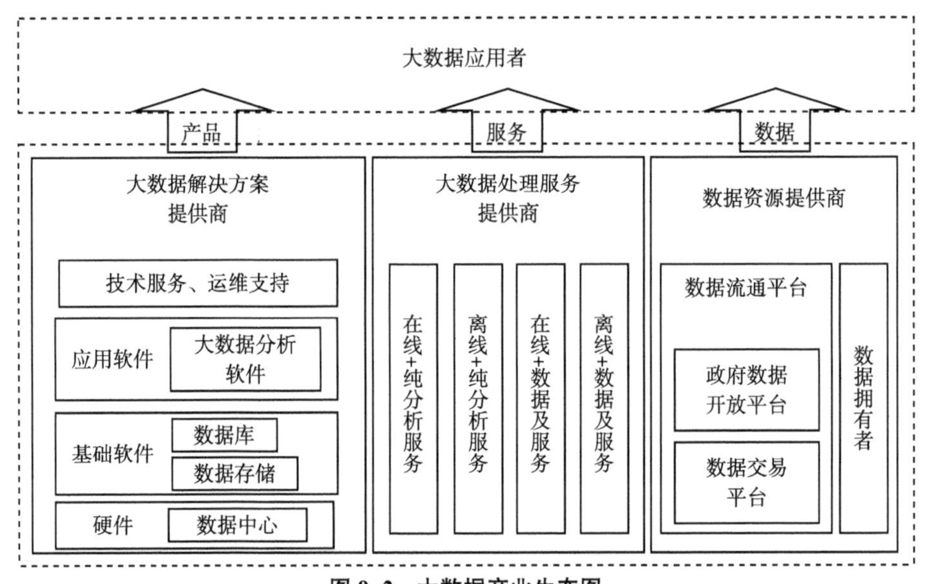


**图 9–2 大数据产业生态图**

### 9.1.3 大数据分析基本方法

大数据分析有数据挖掘技术、云计算方法、大规模并行处理技术等基本的方法，现简单介绍如下：

#### 9.1.3.1 数据挖掘

随着计算机与信息技术的发展，大量的数据库被应用于各种领域，因而产生了海量的数据。面对繁杂的庞大数据，如何从中发现需要的信息，分析转化为可用的结果，挖掘数据的价值为人类所用成为亟待解决的问题。随着人们对此关注的提高和研究的深入，数据挖掘技术应运而生。

数据挖掘是数据库知识发现（Knowledge-Discovery in Databases，KDD）的一个步骤，它是以大数据为基础，通过分类（Classification）、估计（Estimation）、关联规则（Affinity Grouping or Association Rules）、聚类（Clustering）等手段，在海量数据中分析数据间有价值的联系与规律，建立相关模型，挖掘数据中隐藏着的新知识、模式、规律和趋势的科学方法。数据挖掘技术在数据信息的利用和提取中发挥着越来越重要的作用。

数据挖掘系统主要由数据挖掘对象（如数据库、数据仓库）、数据库或数据仓库服务器、知识库、数据挖掘引擎、模式评估模块、可视化用户界面等几个部分构成。数据挖掘技术的基本分析方法如下：

（1）关联分析方法。数据关联分析是从海量的数据中探索相互关联的、有依赖性的知识、规律、模式的一种分析方法。它是一种实用的数据挖掘技术。数据关联分析以找到数据及数据库中隐藏着的相互关联的网络为目标，因为很多时候人们并不知道数据间的关联性，有些数据的关联性是随时变化的，所以需要从大量的数据中挖掘感兴趣的关联和知识。关联分析在许多行业得到了广泛运用。

（2）决策树分析方法。决策树分析是从无序的、无规则的实例中对数据处理、归纳生成决策树的分类规则，利用决策树对数据进行处理的一种分类数据挖掘方法。它也是一种以实例为基础的数据分类处理算法。决策树方法的典型算法有ID3、C4.5、CART等。决策树分析是数据挖掘较常用的方法，它具有模式简单直观、分类精度高、应用广泛等特点。

（3）统计分析方法。统计分析是运用统计方法与概率论知识，对数据进行精确的、定量与定性相结合的数据挖掘、大数据分析的方法。统计分析具有目标较为明确、方法容易使用、定量与定性相结合等特点。在大数据分析中有着广泛的应用。统计分析可以分为如下步骤：描述数据性质；分析数据关系；创建数据模型，总结数据联系；说明模型有效性；预测未来趋势。统计分析的方法主要有回归分析、判别分析、相关分析等，另外，统计分析还包括参数检验、非参数检验、主成分分析、因子分析、方差分析、时间序列等方法。

（4）聚类分析方法。聚类分析是根据数据的特性和一定的规则，把庞杂的数据划分成不同的类别，使相似的聚集成同类，把相似和不同的区分开来的数据挖掘方法。聚类分析分为系统聚类法（Hierarchical Clustering Method）和动态聚类法（Dynamic Clustering Method）。其中系统聚类法是最常用的一种。系统聚类法有最短距离法、最长距离法、类平均法、重心法、离差平方和法（Ward 方法）等方法，动态聚类法主要使用 k 均值法。

此外，数据挖掘技术还有神经网络、主因子分析、预测模型、数据库分段、偏差检测、可视化等研究方法①。

数据挖掘技术是大数据分析的基本方法，是数据管理与分析技术进步的结果。随着对数据挖掘技术研究和实践的进一步深入，数据挖掘技术将要或正在许多领域得到应用，如在政府管理、军事决策、商业经营、传媒通信、物流交通和电子商务等领域，数据挖掘技术有待于在更加广阔的大数据平台上发挥它独特的技术优势②。

#### 9.1.3.2 云计算技术

云计算（cloudcomputing）是分布式计算技术的一种，是网格计算、分布式处理、并行处理的进一步发展。“云”是对互联网的一种形象比喻，云计算拥有每秒数万亿次的庞大运算能力，拥有和超级计算机同样强大的能力③。这种庞大的运算能力在天气预测、大气污染、应急救灾、医学等方面都有很好的应用，给大数据分析以强大的技术与服务支持。云计算是大数据分析的基础平台。许多研究机构与公司，如 Google、IBM、Microsoft 等都对云计算进行了深入的研究，一定程度上促进了云技术的进一步发展。云计算有大规模、高可靠性、经济性、虚拟性和服务性等特点。云计算有以下几个关键技术：

（1）分布式数据存储技术。为了克服传统网络存储方式对大规模数据存储的技术限制，提高数据存储效率，满足用户需求，云计算采用分布式数据存储技术来实现高速可靠、经济实用的数据存储目标。分布式数据存储技术使用多个服务器把数据存放在不同的设备当中，减轻了集中存放数据带来的存储压力，提高了

① 张春华，王阳. 数据挖掘技术、应用及发展趋势［J］. 现代情报，2003，23（4）：47-48.
② 黄解军，潘和平. 数据挖掘技术的应用研究［J］. 计算机工程与应用，2003，39（2）：45-48.
③ 罗军舟，金嘉晖，宋爱波等. 云计算：体系架构与关键技术［J］. 通信学报，2011，32（7）：3-21.

系统运行效率。云计算的分布式数据存储技术主要包括 Google 开发的可扩展的分布式文件系统（Google File System，GFS）技术和 Hadoop 开发的开源系统（Hadoop Distributed File System，HDFS）技术。

（2）编程模式。云计算是一种以数据为中心的数据密集型的超级计算技术。云计算是当前新型的以数据为中心的超级计算模式，人们通过云计算获取经济的用户体验，为了达到这个目标，需要可靠的编程技术提供支撑。云计算采用的是分布式并行编程模式，它能够提高系统可靠性，高效利用资源，让用户简单、快速得到服务，提升用户体验。云计算技术的主要编程模式是 Google 开发的分布式并行编程模型——Map-Reduce 模型。

Map-Reduce 是一种任务调度类编程模型，用于并行数据的调度处理。Map-Reduce 模型的主要思想是把要执行的任务分解为多个子任务，第一步，通过映像（Map）程序将数据分为不相关的区块，调度给计算机进行处理，达到分布式运算的效果；第二步，通过化简（Reduce）程序将最终结果归纳、汇总、输出，实现任务在大规模计算节点上的调度与分配①。

（3）虚拟化技术。虚拟化技术是云计算的关键技术之一，它有别于传统方式对 IT 架构的全面虚拟化。虚拟化技术能够达到资源共享的目的，通过把软件应用与硬件设备相隔离，来提高系统的适应能力和资源利用率，满足用户的需求。虚拟化技术是云计算的基础，为云计算提供强大的数据处理能力，把松散的未利用到的计算能力整合到服务器中，实现 IT 架构的动态化，增强云计算系统的弹性和灵活性，达到降低成本、提升服务水平、提高资源利用效率的目的。

虚拟化技术包括两种应用模式：将单个服务器虚拟化为多个小型独立的服务器去满足不同用户需求的应用模式；将多个服务器整合成一个更大的虚拟服务器的应用模式。虚拟化技术主要应用在云计算、操作系统、服务器等多个方面。

云计算是以低成本、高效率的方式为用户提供高可靠性、高价值性的个性化服务，为此需要分布式数据存储技术、编程模型、虚拟化技术为云计算提供保障，同时云计算还有大规模数据管理技术。上述大数据分析的特征、分布式资源管理、云计算平台管理、信息安全、绿色节能技术等多种技术方法，为大数据分

① 陈全，邓倩妮. 云计算及其关键技术［J］. 计算机应用，2009，29（9）：2562-2567.

析提供支持[①]。

#### 9.1.3.3 大规模并行处理技术（MPP 技术）

大数据分析离不开计算机技术，而大规模并行处理技术是当今时代发展高性能计算机技术的热门研究课题和趋势，是国家科学技术实力的标志。大规模并行处理（Massively Parallel Processing，MPP）技术是一种新兴的超级计算系统。它起源于 20 世纪 80 年代中后期，传统数据处理技术已有大幅度的速度突破，而当时的微处理机芯片和 VLSI 技术得到了快速的发展，为大规模并行处理技术奠定了物质基础，再加上体系结构和算法语言的不断升级、应用领域不断上升的需求，使得大规模并行处理技术应运而生。

大规模并行处理技术以并行处理技术为基础，通过互联网络将大量的通用精简指令集计算机（RISC）微处理器按照拓扑结构相互连接，构成大容量、高速度、高性价比的并行数据处理计算系统。

大规模并行处理技术具有以下特点：①微处理器芯片高性能化；②优良的系统伸缩性；③高速和高峰值性；④高可扩展性。

大规模并行处理技术具有优秀性能和潜力，它的并行性及可伸缩性，使数据分析实现百万亿次、千万亿次，甚至更高的性能成为可能。MPP 技术的应用使其成为目前超级计算机系统发展的趋势和大数据时代数据分析的基本方法之一[②]。

大数据分析方法的战略意义在于对海量数据的专业化处理。对其的探讨研究旨在把这些方法运用到实际当中去，让其为人类更好的服务，并且能够为地震灾后应急管理提供借鉴与思路。

### 9.1.4 大数据时代的应急管理

当前，大数据浪潮汹涌澎湃。大数据所具有的大量（Volume）、高速（Velocity）、多样（Variety）和真实（Veracity）的特性正在推动原有社会生产生活模式的重大变革。在传统管理模式下，应急决策大多是依据个人经验的直觉决策（Heuristic Decision），而大数据技术的应用使得高度不确定性和高度时间压力下的分析决策（Analytical Decision）成为可能。

---

① 王金宝. 云计算系统中索引与查询处理技术研究［D］. 哈尔滨工业大学，2013.

② 杨玉海，宾雪莲，郑玉墙. MPP 互联网关键技术研究［J］. 空军雷达学院学报，2005，15（1）：59-62.

#### 9.1.4.1　大数据于应急准备工作的应用

（1）受灾情况确认。在地震发生的第一时间，救援部队可以从地震局检测中心立即获得地震位置及地震级数，但对于救援工作的展开，这些信息是远远不够的。由于缺乏灾区具体建筑受损程度、交通受损程度以及伤亡人口密集程度的具体信息，救援工作无法以最高效率进行准备。

在大数据技术支持下，首先可以对受灾地区通信供应商数据进行访问，通过一定算法进行数据挖掘后，可以通过供应商基站反馈数据判断当地通信受损程度。由于现在手机的普及，可以通过手机信号与基站之间的交流数据，利用数据挖掘更进一步判断受灾人数。

在确认受灾人数的基础上，可以通过访问该地区一些基础物资供应商的交易数据以及政府有关部门的数据获取该地区基本物资的存量，并且通过人数和存量，依靠算法预估救援物资的需求量，以最快速度做好救援准备①。比如对超市的库存信息进行访问，并通过超市地理位置和震级来分析超市库存物资是否可用；对于农贸市场以及粮食局仓储等部门的库存数据进行挖掘以得到有效信息。因此，为了保证大数据的应用，各个供应商和政府部门都应该做好大数据的基础工作，诸如开放数据以及采用云储存技术，以保证不会出现本地服务器受损导致无信息可用的情况产生。

（2）调度方案确认。在确认基本的受灾情况以后，由中央制定和下达的救援计划，同样可以在大数据的应用下取得更高的效率。地震灾害发生后，受灾地区的交通状况会有不同程度的受损。通过收集大量周边可交流地区的交通受损数据，结合震级、震中、后续余震情况，可以大致判断灾区交通受损情况。同时依靠数据挖掘分析周边地区交通状况数据，可以选择救援效率最高、到达速度最快的地方部队采取路程最短、交通状况最好的路径进行救援，节约大量救援时间。

同时，通过已开放访问的各个供应商以及各大仓储中心的数据，可以根据灾区所需物资种类、数量以及地理位置数据选择物资调度方案，以最快的速度筹集应急物资。并且，结合分析市场海量数据，采购部门可以选择成本最低的采购方案，以节约救援资金。

---

① 马奔，毛庆铎. 大数据在应急管理中的应用［J］. 中国行政管理，2015（3）：30.

#### 9.1.4.2 大数据于应急救援中的应用

（1）感应器的使用。在大数据技术的使用过程中，数据收集处在第一个环节。地震前的数据收集、地震预测属于另一个领域，本书不做论述。在地震发生后，为保证救援效率，划分人员集中区域，对伤亡人员位置进行定位，可以利用直升机等空中交通工具对灾区投放已经连至服务器的感应器。感应器上可配置红外线探测器以及声呐探测器，在投放数量较大的前提下，可以采集巨量的数据。通过对这些数据的分析，对比相似震级灾区的感应器历史数据，可以通过技术手段做到对伤员大致位置的判断和集中程度判断，以提高救援效率。

在得到伤亡人员大致分布情况以后，可以将交通状况结合人员分布一同上传至服务器，通过大量科学的算法计算合理的救援路线和救援人员安排，以求在72小时内保证最高的存活率。

（2）决策与指挥辅助。地震灾害的救援工作涉及多方面队伍的参与，救援过程中的每一次决策都有巨大的机会成本。一次错误的决策将导致时间的浪费，减少受灾人民的生存概率。利用大数据技术，实时收集医疗队伍、运输队伍、救援施工队伍以及军队的位置数据、状态数据、物资数据以及人力资源数据，进行仿真和模拟，找到尽可能优的计划安排，辅助指挥中心做出决策。

（3）云计算的使用。对于收集数据的上传和挖掘，需要大量计算机和服务器以及用于存放的机房。为了提高救援效率并低成本使用大数据技术，救援队伍可以采用租借的方式向民间企业租借服务器和物理机，使用云计算技术。

（4）需求预判以及库存优化。救援工作开展中，物资处于不断消耗和补充的动态平衡之中。救援物资的消耗并不是完全随机的，而是根据救援工作的开展产生相应波动和变化。在救援工作开展中，要实时反馈救援状况，上传救援数据，以避免当大量人员集中救援成功时，出现物资的供应不及时，以及当救援工作进展缓慢时出现救援物资的堆积导致物资的品质受损①。在灾区救援时，物资物流难度大，时间长，每一次供应都需要保证效率。当救援队伍处在学校、居民小区等人员集中的位置时，救援物资必须提前有所调整，以保证受灾人员的基本生存条件。因此，所有救援数据都必须及时上传，及时分析，以确保应急供应链的健康运行。

---

① 陈玉梅，赵颖. 数据开放在应急管理中的应用探析［J］. 电子政务，2015（9）：6.

（5）优化应急供应链。整个供应链的运行数据都一直在上传与分析处理当中，通过对海量数据的处理，察觉应急供应链中的沉滞环节，判断每个环节和作业的效率和成本[①]。对于效率低的环节，利用大数据技术查找原因并进行修正和改进；对于人数投入较多但是收效少的救援路线应该重新计算后进行调整。

#### 9.1.4.3　大数据对于应急管理的长期作用

在抗震救灾工作暂时结束后，通过大数据技术收集的数据以及得出的结论都可以为以后的应急供应链管理工作提供比较系统的经验借鉴和科学理论，对于全世界人民的抢险救灾工作都可以有很大的贡献。

## 9.2　大数据背景下的灾后行为分析

### 9.2.1　灾后行为的时间节点属性

#### 9.2.1.1　时间节点概念

时间节点是一个比较广泛并且很抽象的概念，并没有具体明确的定义，一般可以描述为在某个大的时间段或者某个大环境中的一点或一段，就像是公交车路线的一个站点。另外，在一个事物的发展过程中，如果处于势态转折、性质变化的环节，也可以理解为时间节点。时间节点一般在工作计划、工程工期等方面体现较多。如以工期为例，时间节点可以是这个工程的某个里程碑的点，在这个里程碑之前的工作任务必须在规定的某个时间点完成，这就是常说的时间节点。同样，灾后行为也有时间节点属性，地震灾害发生后随着时间的推移，灾情也会不断的变化，它反映了灾情的出现、发展、平稳的全过程，在这个过程中，救灾人员必须根据不同的灾情在各个时间节点做出迅速反应，及时对灾区人员进行救助，以达到灾害损失最小化的目标。准确把握灾后灾情的时间节点，对于建立完备的预警预防、应急处置和善后建设等都具有十分重要的意义。

---

① 董鹏，张志远，刘书伟. 也谈大数据时代对物流业的“革新”[J]. 中国金属通报，2015（5）：31-33.

#### 9.2.1.2 应急救援时间节点划分和主要任务

地震灾害的发生一般具有突发性，并且发生后快速蔓延，造成巨大伤害，影响范围大，难以遏制，因此必须在限定的时间内快速实施措施，以免造成更大的影响和损失。因此应急管理必须将时间视为重要的因素来衡量灾后行为的效率，即灾后行为具有时间节点属性，必须在规定的时间内完成相应的救灾行动。

根据现在的研究可以将地震灾害救援周期按照时间划分为三个阶段：准备期、处置期和重建期。但是对于地震灾害而言，它具有需求不确定、快速响应、物资需求量大等特点，要求必须尽可能快速地了解整个救援周期各个阶段的救援需求，周期的划分应该能够清晰地反映每个阶段的灾情和物资需求以便及时提供应急救援物资。因此从应急物资需求的角度可以将应急救援周期具体划分为以下七个阶段：储备期、预警期、启动期、搜救期、治疗期、安置期和重建期。图9-1，为地震灾害应急救援周期及时间划分图。

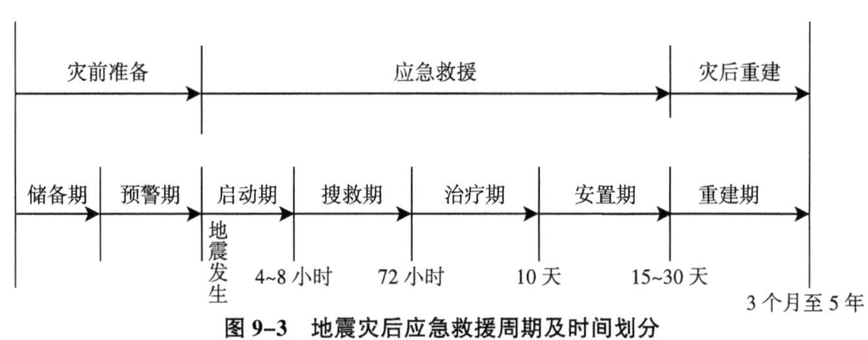


**图 9-3 地震灾后应急救援周期及时间划分**

储备期和预警期是灾害发生之前的预备活动，储备期是指根据对地区灾害发生的风险评估和物资需求判断而进行应急物资储备的时间段，预警期则是对应急物资的需求进行预警，一旦发生灾害则根据需求进行监控，当出现异常情况，及时向有关部门反映，避免出现资源供应不足或浪费现象。启动期、搜救期、治疗期和安置期则是灾害发生后采取一系列救援活动的过程，是地震灾后的初期救援过程。启动期是指灾害发生后立即启动应急预案、组织救援队伍、调运应急物资、制定救援计划的过程，这一过程要求在灾害发生后短时间内立刻进行。搜救期是指对受灾地区被困人员进行搜索、救援的过程，是整个过程中最为紧急的、直接关系到人民生命安全的环节，该过程的期限至少是“黄金 72 小时”，根据情况延长时间。治疗期一般和搜救期交叉进行，为了方便研究，可以把搜救期的终点看作治疗期的起点，主要任务是对受灾人员进行生理和心理上的治疗，包括伤员转移、紧急治疗、心理安抚等。初期救援的时间主要在灾后 0~10 天内，最重要的时间集中在灾后 3 天以内①。安置期是为受灾群众提供临时的住所以及各种生活用品直到灾区重建完成。安置期一般从灾害发生后一直持续到重建完成，在这里仍提出安置期与其他时间不重叠的假设以便于研究。重建期是指整个早期应急过程完成后对灾区进行重建，恢复人们正常生活的过程②。这个时间一般持续很久，根据灾区受灾情况，灾后重建从 3 个月到 5 年不等，甚至更长时间。

救援过程中需要及时预测救援物资需求，满足灾区居民生活需求。灾后需求预测按照时间节点可以分为快速需求评估和长期需求评估。根据实施时间，红新月联合会与国际红十字会将需求评估划分为 3 种：灾后 1 周内快速需求评估、灾后 1 个月内详细需求评估、灾后重建定期评估。联合国人道主义事务协调办公室提出了 4 个阶段和 3 种需求的评估类型：第 1 阶段、第 2 阶段为早期应急响应评估；第 2 阶段、第 3 阶段为早期持续响应评估；第 4 阶段为深入评估。在相应时间进行预测后，应急物资要及时调配，送达各地。图 9–4 为该评估类型的时间节点和评估阶段划分示意图③。

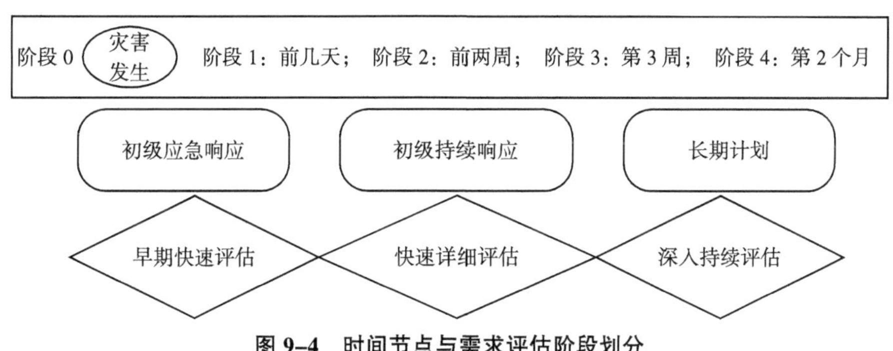


**图 9–4　时间节点与需求评估阶段划分**

灾后应急响应最突出的特征就是“急”，最终目标一般追求时间效益最大化和灾害损失最小化。应急管理不同于一般传统意义上的管理，它不存在缓冲准备时间，灾害发生后必须争分夺秒，以最快的速度行动起来，尽可能减少灾区损

① 唐林霞. 地震灾害应急救援物资配置的全过程机理研究［J］. 中国行政管理，2015（2）：30.
② 王海鹰，孙刚，欧阳春等. 地震应急期关键时间阶段划分研究［J］. 灾害学，2013, 28（3）：166–169.
③ 赵延东，张化枫. 灾后需求评估——理论、方法与实践［J］. 自然灾害学报，2013（3）：4.

失。因此，在应急管理过程中把握灾后行为的时间节点属性，进行有效的时间管理是必要的。

### 9.2.2 灾后行为的空间分析

灾后应急救援空间体系是实施各种救援减灾响应措施的物理性空间载体，地震灾害应急管理的有关部门从地震灾区的救援减灾需要出发，从救援网络规划设计现状出发，建立交通战备保障与应急交通保障统筹协调机制，将指挥、医疗急救、外援、物资、人员等各种救援行为要素或其物化实体分布于空间体系中的某一位置，并进行空间路径优化，以便为各种灾事的应急处置活动提供有效资源与安全场所。

应对非常规突发事件的资源布局不同于应对常规突发事件资源布局，如消防站点、医疗救助点的布局，需要将这些问题转换为标准的覆盖问题。黄钧等及美国、英国等国家提出建立一体化区域的应急物资储备体系应对非常规突发事件[①]。所谓一体化区域，就是在国家范围内分出若干个区域，在每个区域内建立救援设备成套、救援物资匹配的完备储备体系。灾难发生时一体化区域内物资储备共享，统一协调调度，提高区域的储备保障效率。区域一体化的应急物资储备体系要求储备体系在时间、空间、物质储备种类、数量等方面与救援响应的要求相协调，一体化区域资源保障体系往往意味着资源的最优层次配备，这对资源保障体系的设计提出了较高的要求[②]。

### 9.2.3 基于社交网络的灾后行为分析

在科技日益发达的今天，互联网的诞生和发展给我们的生活带来了极大的便利，借助于互联网的平台我们的社交方式也由现实社交扩展到网络社交。社交网络即社交网络服务，社交网络的起点是电子邮件，起初只是完成了一对一的单一线上交流，但随着网络科技的进步和我们对网络使用需求的提高，社交网络随之诞生。它实现了在网络中一对一、多对一、一对多、多对多的交流形式，交流网络交叉点多，涉及范围面广泛，实用性强。其发展历程如图 9-5 所示。

---

① 鞠娜. 城市突发事件应急管理研究［D］. 华东师范大学，2008.

② 徐业洲. 苏州市强化应急管理“十大能力”建设的实践与思考［J］. 中国应急管理，2011（6）：39-42.

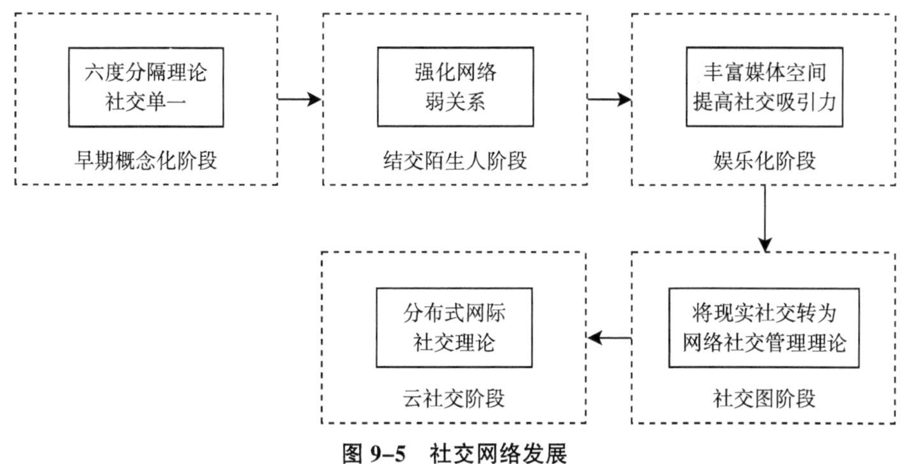


**图 9–5　社交网络发展**

因为网络社交行为的范围广，实时传播性好，信息获取方便快捷，所以在地震灾害发生之后，利用好网络社交平台可以为灾后救援提供很多便利，尽可能减少因为时间和空间距离导致的信息滞后、传递途径阻塞等问题所引起的救援限制。这里将灾后的社交网络行为分为三部分：一是灾后政府社交网络行为；二是灾后社会团体社交网络行为；三是灾后个人社交网络行为。这三部分不光自身需要作为一个社交点来完成自己的信息发出工作，更应该相互配合来使网络平台的影响力最大化，构建一个完整的社交网络，使信息的传递能够尽可能避开外界客观原因带来的阻碍。灾后社交网络如图 9–6 所示。

（1）灾后政府社交网络行为。在地震发生后，除了相关的媒体报道，政府的相关部门所发布的信息也是社会以及公众获取可靠信息的来源之一。政府可以通过其官方网站、内部社交网络来完成信息的传递、救援工作指令的下达，方便、快捷、实时跟进，便于救援工作的进行和不同部门之间的相互协调。在我国，政府作为地震灾后救援的主要力量，其信息的快速传递对于救援工作、社会稳定、灾后重建工作都具有重要的意义。

地震灾害发生后，社会的公益团体，个人都可以通过政府的网络平台来获取救灾的相关信息，政府可以在平台上发起倡议，进行物资的捐助、工作顺序的安排、交通的协调、志愿者的召集等活动来增加救援力度。利用社交网络广泛的覆盖度可以扩大信息的普及面，尽可能实时地将救援情况信息和灾后的重建工作需要进行公布，以便社会公众的辅助救援行动和相应的公益活动能够及时配合救援

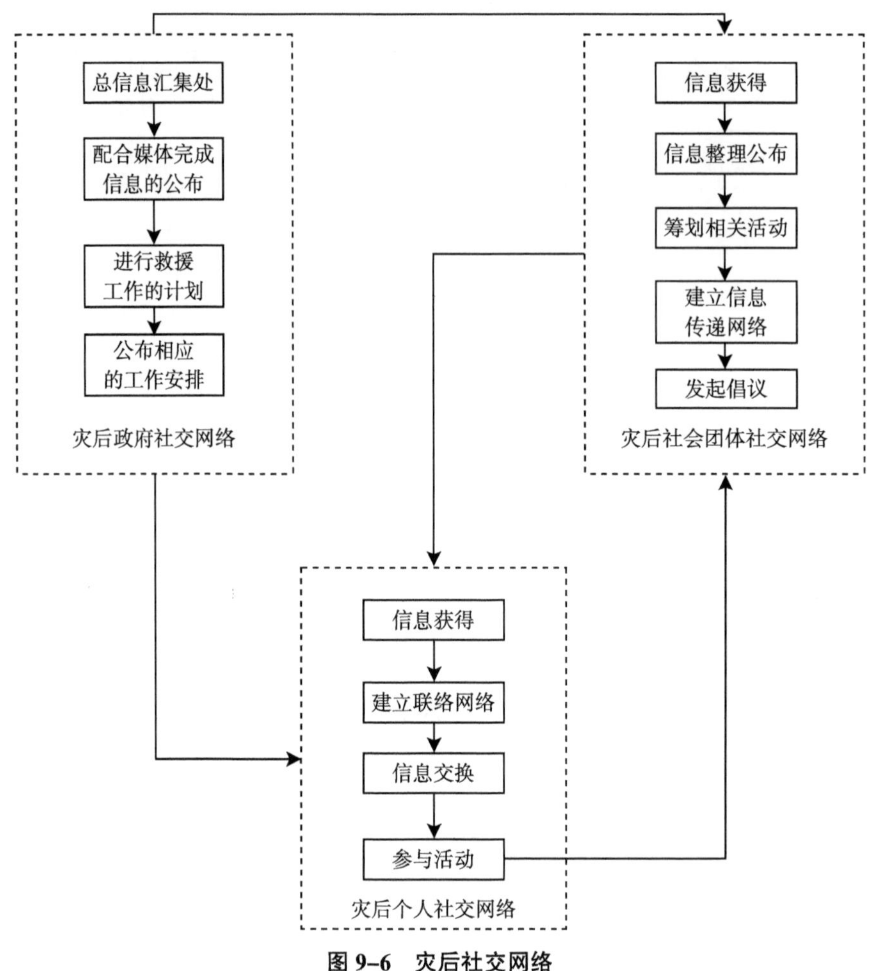


**图 9–6　灾后社交网络**

需要。政府作为社交网络中一个较为官方的社交点，其提供的信息真实度高于其他团体，因此，可在其平台上进行灾后自救、地震自我防护等相关的知识普及，提高公众自身的自救意识和自救能力。

(2) 灾后社会团体社交网络行为。现在的志愿者团体或者公益组织大部分都借助网络的发展建立了自己的网络社交平台，平时利用这个平台组织相关的活动，公布相关的信息。在地震发生后，如果有公益团队或某个志愿者组织想要自发地提出倡议或者参与救援活动，那么就可以利用这个平台进行志愿者的招募、活动的策划、物资的收集，利用这个平台扩大自己团队的影响力和号召力。很多企业会在地震发生后利用网络社交成立一个临时的救援团队，利用可以多人实时交流的便捷组织物资捐助队，并且通过大范围的信息传递克服了距离带来的交流限制，可以了解到不同地域的相关信息，及早安排相应的自发救援工作。

这一类公众社交网络中的信息相比政府的社交网络信息要细化很多，可以较为完整地记录救援工作的进度，或者救援工作中出现的一些状况，及时公布信息，以让公众可以尽快进行信息跟踪，了解相应的地震救援动态。并且，这样的平台相对来说更加公众化、平民化。例如可以通过举办关于地震的征文活动、发起祈福活动、传递爱心活动、关于地震的摄影记录活动等形式，来增强这个事件在公众生活中的影响力，优化社会风气。

（3）灾后个人社交网络行为。灾后个人利用社交网络所能做的事情影响范围就比较小，例如好友、同事、家人之间的沟通话题也许会围绕最近社交网络的高热度话题，能够通过平台所能提供便利来尽快、尽广地获取感兴趣的信息，也可以通过关注政府或者社会团体所发起的相关救援公益活动来贡献一份自己的力量。

## 9.3 大数据背景下的地震灾后应急管理

### 9.3.1 地震事件与大数据分析

发达的电脑技术给我们的生活带来了巨大的转变，在每一个领域中电脑和网络都发挥着越来越重要的作用。随着科技的进步和人类需求的开发，电脑技术和数理统计、信息系统建设等理论的关联也愈加紧密。大数据分析就是这样一种数据管理技术，融合了电脑技术、数理统计来对规模巨大的数据进行分析。大数据可以概括为 4 个“V”，数据量大（Volume）、速度快（Velocity）、类型多（Variety）和真实性高（Veracity）。随之而来的数据仓库、数据安全、数据分析、数据挖掘等围绕大数据商业价值的利用逐渐成为行业人士争相追捧的利润焦点。

（1）大数据分析技术。大数据分析的数据分析工作共有五个步骤，即可视化分析、数据挖掘算法、预测性分析能力、语义引擎、数据质量和管理。其工作流程具体如图 9-7 所示。

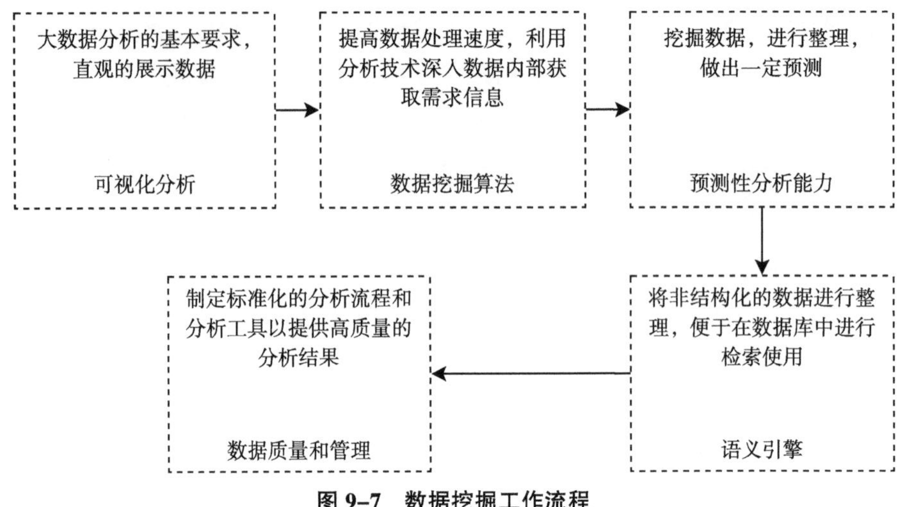


**图 9–7　数据挖掘工作流程**

根据大数据分析技术来收集各个方面的全部信息，利用大量的数据，强大的信息流，建立一个庞大、完整的数据库。通过设计模型或者计算规律来完成数据的统计和管理，找出数据内部隐藏的逻辑和应用价值。通过大数据的预测，为我们提前制定工作计划提供了有力的参考，而计划的提前制定不仅能提高工作效率，还可以减少工作过程中可能出现的种种资源浪费，降低了成本。

（2）利用大数据分析制定灾后救援计划。在防震工作中，我们可以在大数据所建立起的庞大的数据系统中找到很全面的关于地震事件的相关信息，可以通过设置信息的检索条件、建立数据模型来筛选出有效信息，例如地震中自救的相关知识、建筑的规划方式、房屋的用料、避难场所的建立、其他国家在防震方面的措施等。通过整理这些信息，可以针对我国不同的地域情况来制定相应的防震措施，借用参考制定出相应的活动计划，这些计划相对于没有经过调查而做出的计划，可靠性更高，也更加有效。

在地震救援工作中大数据分析的意义则更加明显。地震之后由于黄金救援时间的限制，需要尽快开展救援工作，即安排救援部队、运送救援物资、规划运送物资的交通路线、制定物资的分配模式等，如果能够在地震发生之前就完成相关计划制定的工作，无疑会为救援工作争取到很多宝贵的时间。这些工作方案的计划制定就可以通过用大数据分析技术来预测地震发生后所需要的人员、物资、调度方式等内容来完成。如果能够将这项技术继续开发并优化利用，那么它带给我们的不仅是生活上的便利，而且能在经济、安全等方面带给我们巨大的利益。

## 9.3.2　大数据背景下的地震灾后应急管理体制

### 9.3.2.1　大数据时代对应急管理的影响

当今社会已经逐步进入到以大数据技术为基础的大数据时代，大数据时代深刻改变着人们的思维方式、生活方式以及商业模式等，并且将影响公共管理的运作。在应急管理方面，大数据技术的出现和发展对其产生两方面的影响：

（1）大数据的出现加深了突发事件的不确定性，改变了其发生、发展、演化的模式。数据和信息的快速传递扩大了突发事件的影响范围，使得某些负面消息通过互联网快速扩散，引发恐慌。同时数据的传输和存储过程也面临着空前的安全隐患。

（2）大数据技术的发展为测量、预测、追踪方面提供了技术和管理工具。大数据技术可以将复杂的数据处理成有价值的有效信息。在传统的应急管理模式下决策大多依靠个人经验，而大数据技术为决策提供了精确的决策方法①。

### 9.3.2.2　目前中国应急管理体制存在的问题

目前中国的应急管理体制仍然是按照传统的设计理念、技术方法进行运作，在数据收集及处理、灾前预测、信息传递、横向综合管理等方面都存在问题，越来越难以应对复杂多变的突发事件，难以满足大数据时代对应急管理方面的要求。

从近年来历次重大突发事件的应对效果来看，目前中国的应急管理体制取得了较好的成绩。但是随着社会的进步，技术的发展，目前的应急管理体制也逐渐暴露出了一些问题。

（1）目前应急管理的体制设计理念存在着“重应对、轻管理”的错误观点和“重权力、轻科学”的倾向。目前我国应急管理体制是在《突发事件应对法》的基础上构建的，主要是强调突发事件发生后如何应对，而不是对应急管理的全过程进行管理，这就导致应急管理体制中没有建立一个完善的应急管理流程，会造成除应对环节之外的其他环节的缺失。同时，现有体制更多考虑突发事件发生后各政府部门的权力划分，而忽视现代科技力量参与应急管理，制约了应急管理水平的发展。

---

① 刘冰. 大数据时代的应急管理变革［N］. 学习时报，2014（12）：6.

（2）缺乏强有力的统一应急管理机构。我国目前还没有形成一个统一有力的专门应急管理机构来负责应急管理事务，主要是由各地政府的应急管理办公室负责，没有足够的权力和资源，在应急过程中发挥的作用会大大减小，严重影响应急管理的效率。

（3）各部门专业化分工过度，协同机制缺乏。目前的应急管理体制中专业化分工明确，不同的灾害由不同的专业部门负责管理，在一定程度上有利于提高灾害应对的专业化程度，但是由于现在突发事件的复杂性、相互关联，需要实现信息的共享，在目前的管理体制下各系统不愿意进行信息的共享，形成信息壁垒。

（4）信息获取能力差、数据分析技术落后。在大数据时代的背景下，信息量越来越大、数据越来越多，目前中国应急管理体制存在信息获取能力差、数据分析技术落后等问题，更没有办法运用大数据时代的技术和管理方法来为应急管理服务。

#### 9.3.2.3 大数据背景下中国应急管理体制的改革

中国应急管理体制已经初步成形，随着现代社会进入大数据时代的步伐越来越快，将大数据技术整合到整个应急管理体制之中，进行全面的改革，十分必要。

（1）树立新体制的设计理念。在注重突发事件应对环节的同时进行全过程管理。“重应对、轻管理”是目前我国应急管理体制设计理念的错误观点，这一观点导致整个应急管理体制过度注重应急环节，而应急管理预防、评价、学习等其他环节都被忽视，造成应急管理能力和水平停滞不前。现代应急管理体制要遵循科学发展规律，充分利用科技，对应急管理的全过程进行管理，以大数据技术和管理模式构建新的应急管理体制①。

（2）中央建立灾害应急指挥系统或者建立强有力的应急管理机构。目的在于突发事件发生后，指挥系统或管理机构能够根据灾害情况进行统一的抢险救灾指挥。目前我国的应急指挥部门具有临时性，主要在事件应对环节发挥主要作用，而在应急管理的其他环节作用不大。在机构方面，目前主要设立地方应急管理办公室，权力受限，级别不够，在应急管理中难以发挥应有的作用②。因此，需要建立灾害应急指挥系统或者建立强有力的应急管理机构，拥有应急管理的最大权

① 李丹阳. 大数据背景下的中国应急管理体制改革初探［J］. 江海学刊，2014（2）：19.

② 陆嘉楠. 我国政府地震应急管理体制研究［D］. 上海交通大学，2011.

力，统一进行应急管理事务的指挥协调，同时对政府应急管理事务负责。

（3）帮助地方政府构建应急管理系统。中央建立灾害应急指挥系统或者建立强有力的应急管理机构的目的在于统一指挥，而地方政府建立应急管理系统目的在于快速行动。一个地区发生突发事件后，地方政府承担主要的救援任务，确保地方救援队伍能够在中央统一指挥下快速展开工作，因此必须建立地方政府应急管理系统。目前地方政府的应急管理能力还很薄弱，没有充分掌握相关数据的收集、分析的能力，造成救灾任务延误。中央机构应该帮助地方政府建立应急管理系统，确保任务的顺利开展。

（4）充分利用大数据技术，提高应急管理的能力。人类社会的每一次进步都是技术的进步，而技术的进步又为新制度提供保障。大数据技术包括了数据仓库、数据集市、数据可视化、云存储和云计算等技术，大数据技术的出现改变了人们的生活方式、思维方法以及各个方面，人们掌握了更多的信息技术、数据处理能力，改变了整个社会的进程。应急管理体制中预测、决策、协调、指挥等各个环节的顺利开展都离不开科学技术和全面准确的数据，而目前的应急管理体制在信息收集、处理、传递和整合等方面都存在着很大问题，大数据技术为此提供了新的技术支持。利用大数据技术，构建无缝隙的大数据应急管理系统，建立开放的应急管理数据库等都将大大提高应急管理能力①。

（5）完善突发事件管理的专业人才储备。随着社会发展，现代应急管理已经成为一个高度专业化、技术化的理论与实践结合的领域，这就需要满足职位要求的专业性人才。应急管理机构不是普通的政府部门，普通政府工作人员很难担任应急管理工作，现代应急管理机构应该是具有研究、咨询、应急处理和管理等多功能的综合性机构，可以将中科院、国家信息中心等一些政府部门或事业单位整合到新的应急机构中。同时招募、培养具有专业技术和能力的专家和团队，充分利用大数据技术，构建大数据背景下的应急管理体系。

（6）构建非政府组织应急管理参与体系。地震灾害破坏性强、涉及范围广，由国内几次重大地震灾害也可以看出，应对重大地震灾害只依靠政府力量是远远

---

① 李丹阳. 大数据时代的中国应急管理体制改革［J］. 华南师范大学学报（社会科学版），2013（6）：106-111.

不够的，必须动员社会组织、机构的参与，建立社会联动机制[①]。政府部门要为非政府组织的发展创造良好的环境，同时加强非政府组织应急管理能力建设，在应急管理过程中实现彼此信息的交流和共享，建立健全信息公开机制，确保信息沟通渠道畅通，使政府和非政府形成良好的互动，积极应对地震灾害。

### 9.3.3 基于大数据的地震灾后应急管理模式设计

基于大数据的地震灾后应急管理模式设计能够最大程度地减小地震灾害给灾区带来的各种伤害；提高政府应对、处理地震事件的能力，有利于保障群众生命财产安全；维护社会稳定；促进社会经济可持续发展[②]。大数据技术在地震灾后应急管理领域的全面应用，将有力提升中国地震灾后应急管理的应对能力，进而重塑整个应急管理模式。

大数据技术的逐渐发展与成熟给商业管理、社会治理、科技创新等带来了新机遇与新空气，同时激发了许多新的管理模式。如基于大数据的社会管理模式、大数据营销管理模式、大数据的商业管理模式等。但基于大数据的地震灾后应急管理模式却未能引起足够重视。

#### 9.3.3.1 基于大数据的地震灾后应急管理模式设计必要性

（1）大数据在应急管理中的应用不到位，尤其在地震灾后应急管理中，未能与大数据技术层面充分结合。我国目前的地震灾后应急管理只在少数领域对数据进行了简单的利用，并未充分发挥大数据的巨大潜力与价值。

（2）应急管理理念老化，缺乏创新，基于大数据的应急管理体制亟待建立。当前的地震应急管理体制灾前预警能力仍然比较欠缺，地震灾后应急管理的联动机制不完善。灾后应急管理部门间职能分工不明确，责任落实不到位，管理的整体性差，协作效果不佳，不能做到协同管理。

（3）利用数据及信息的能力不足。无法及时、有效地从庞杂的大数据海洋中发现地震灾后所需的关键信息，把数据提炼、转化为有价值的知识和信息，来指导政府快速、正确做出决策，为抗震救灾服务。忽视数据在应急管理流程中的基础性作用，我国目前地震灾后应急管理的数据信息系统不畅通，抗震救灾快速响

---

① 温志强. 地震灾后反思应急管理准备机制：挑战与对策［A］. 建设服务型政府的理论与实践研讨会暨中国行政管理学会 2008 年年会论文集，2008.

② 李丹阳. 大数据：应急管理能力升级新引擎［J］. 决策，2015（2）.

应机制受阻。

(4) 流程节点的协同性不高。对地震灾害的应急管理，关键在于发挥 1+1 > 2 的节点协同效应，在这一点上，我国地震灾后应急管理还有很大提升空间。尽快提升应急管理流程协同性是迫切需要解决的难题①。因此，要设计一套适用于地震灾后的应急管理模式及流程，以解决上述问题。

#### 9.3.3.2　基于大数据的地震灾后应急管理模式设计的目标与任务

大数据是一项极具价值的信息资产，通过对大数据的有效挖掘与利用，设计出一套系统完备、科学适用、协同合作、流程可靠的应急管理模式，为确保能够高效、畅通地完成地震灾后应急管理工作提供有力保障是基于大数据的地震灾后应急管理模式设计的目标。

针对我国当前地震灾后应急管理产生的问题，为解决管理中的问题，优化应急管理运作流程，以数据降低成本、以数据提高效率、以数据提高管理水平成为基于大数据的地震灾后应急管理模式设计的任务。

#### 9.3.3.3　基于大数据的地震灾后应急管理模式设计基本原则

(1) 系统性原则。地震灾后应急管理以政府为主导，联合军队、地方、社会还有人民群众等各方力量，共同协作，相互配合，完成抗震救灾的一系列任务。基于大数据的地震灾后应急管理是一个集数据、信息、物资、人员、资金于一体的复杂的有机系统。灾后应急管理模式设计只有遵循系统性原则，把综合管理、财务、人力资源、供应链、数据信息等多个子系统统一在应急管理的大系统内，才能完成地震灾后应急管理的最终目标。

(2) 适用性原则。基于大数据的地震灾后应急管理的模式设计是要改变目前我国应急管理现状，解决当前问题所采取的一项重要变革，涉及应急管理体系、部门职责、运作流程、数据信息、资源调配等多个领域体系的综合设计，也是对应急管理模式的流程再造过程，因此基于大数据的地震灾后应急管理模式设计还应遵循适用性原则。适用性原则就是要在模式设计时注意应急管理的管理模式与内容要素的黏合度、适用性、协调性，合理规划，明确分工，通力合作，权责对等，避免出现响应迟钝、资源浪费、技术闲置等现象。

(3) 数据支持原则。在云计算、互联网和物联网的大数据时代，越来越多的

---

① 戈悦迎，寇有观，金江军等. 大数据时代下城市应急管理发展之路 [J]. 中国信息界，2014 (1)：17.

管理模式在用大数据思维去探索，越来越多的管理问题在用大数据技术去解决。在基于大数据的地震灾后应急管理模式设计中，大数据的支持作用举足轻重。数据的采集分析与挖掘给应急管理决策提供了可靠的信息来源；大数据的技术方法给应急管理运作提供了坚实的技术基础；数据信息的开放共享给应急管理环节与部门间带来了巨大的便利。大数据支撑着快速响应机制，数据支持着资源可用性及信息可达性。因此，基于大数据的地震灾后应急管理的模式设计必然要遵循数据支持原则，发挥数据关键性作用。

（4）协同整合原则。由于地震灾后应急管理的各个子系统不是相互独立的，是统一在应急管理总系统里的，因此基于大数据的地震灾后应急管理模式设计要遵循协同整合原则，以系统全局为出发点，根据大数据分析结果及系统间的关联性使各子系统相互协同配合，通过整合各部门的职责、数据、信息、人员、业务流程、资源等各方面因素，有效利用所拥有的各种资源，实现地震灾后应急管理的协同合作，协调整合，使地震灾后的各个部门统一行动、快速响应，科学、协调、合作有序地进行各项工作。

（5）流程优化原则。大数据的地震灾后应急管理是一项复杂的、需要配合协同的系统工程，从灾前预警、灾害处理到灾后恢复，涉及应急预警、数据分析、地震救援、物资调拨、灾民安置、灾后重建等一系列流程。要使这项工程顺利地开展，需要对这个应急管理流程进行优化设计。基于大数据的地震灾后应急管理模式设计要遵循流程优化原则，在大数据时代背景下，发挥大数据优势与互联网云计算、数据挖掘分析等专业化技术能力，对应急管理流程模式进行再设计，通过对流程的优化提高应急管理效率，以更少的成本做更有益的事，把地震灾害带来的损失降到最低，获得社会效益、经济效益与环境效益①。

#### 9.3.3.4 基于大数据的灾后应急管理模式设计基本内容要素

（1）涉及的部门机构。政府组织机构，包括中国地震局及其下属的地方地震局、地震应急指挥中心（涉及卫生防疫部门、地震救援部门、工程抢修部门、地质检测部门等多部门）、地方政府、应急物资回收中心、军队武警公安消防部门。社会组织机构，包括志愿者组织、企业厂商、人民群众、非政府组织等。

（2）涉及的模式体系。供应链管理体系、网络舆情管理体系、应急管理体

① 庞琳. 四川移动公司物流中心管理模式设计［D］. 四川大学，2005.

系、运作流程体系、资金运作体系、数据信息系统管理、资源调配管理、工程建设管理、人力资源管理、灾后重建管理、对口援建等多个领域。

(3) 涉及的运作流程系统。大数据管理流程、供应链管理流程、应急管理流程等一系列流程。

#### 9.3.3.5 基于大数据的地震灾后应急管理模式设计总体布局

基于大数据的地震灾后应急管理模式设计的总体布局分为以下三个主要阶段:

(1) 灾前准备阶段。这是基于大数据的地震灾后应急管理模式设计的基础阶段，此阶段需要有效应对地震灾害，并做出一系列预测与准备。虽然我们目前技术还达不到预测地震的程度，但是可以为减灾抗震、应急救援、高效管理等一系列工作“未雨绸缪”，为地震灾后应急管理赢得宝贵时间，打好基础。

地震灾后应急管理的灾前准备、灾情处置和灾后恢复各阶段都应该和大数据充分结合。在灾前准备阶段，基于大数据的灾前准备工作整体是在数据搜集整理、分析预测、系统建设、技术准备的框架内实施的。灾前准备工作包含以下内容:

一是基于大数据的防灾减灾保障中心建设与物资储备。防灾减灾保障中心是确保地震灾后应急工作顺利开展的基础性机构，它为地震灾区提供各种急需物资储备资源与应急支持，因此根据大数据分析地震灾害多发区、灾害发生救灾难易程度等各因素，有计划地进行建设，利用大数据技术在保障中心储备适用、适量的物资。

二是基于大数据分析的气象、通信、信息、医疗准备。在灾害发生前，把大数据云计算、互联网等技术应用于气象预测、交通通信、信息系统、医疗救治中，为地震灾后复杂条件下应用这些技术做好准备。

三是数据网络信息中心建设，软件、硬件准备。构建地震灾害大数据网络信息管理中心，统筹建设地震灾害应急数据基础平台，在地震灾情发生前就建设好界面友好、操作性强、可扩展的应用软件和网络设备与主机系统，数据库系统与模型、应急指挥支撑和评价系统等系统。同时注意系统及网络的安全问题，建立和完善信息安全技术支撑系统，及时应对地震灾害的发生。

四是应急管理机制与应急管理法律法规设立与完善。在地震灾后应急管理体制改革基础上，完善灾后应急管理保障机制、地震灾后应急协同管理机制、地震灾后应急调度机制等管理机制。应急管理相关的法律法规也要逐步设立与完善，只有在地震灾害发生前就设立与完善这些管理机制与法律法规，灾后才不至于手忙脚乱。

五是人力资源储备与充实，技能与专业化。专业人员搜救、工程技术、专业设备操作人员、医疗救治、供应链管理人员等人力资源需要有一定的储备与充实，这是地震灾后抢险救灾的人力保障。要提高工作人员的专业技能与水平，否则会造成资源浪费、效率低下、耽误救灾黄金时间等不良后果。

六是地震演习与地震相关知识宣传教育培训。地震灾情的预演及相关知识的宣传教育能够在地震灾害发生时帮助挽救更多的生命，降低人们的心理恐慌，在宝贵的时间内争取到更大的存活率。所以有必要加大宣传、教育、培训力度，普及地震自救基本知识，汲取本国及国外有益经验，保证宣传效果。

七是地震灾害相关基础设施改善与建设。建设防灾设施，加强地震相关基础设施的建设能够提高灾后应急管理效率。在此基础上，加大我国基础设施建设和道路交通设施，提高设施质量，严格监管工程质量，提高基础设施抗震标准，都有利于在灾害发生时降低人员伤亡水平和工程建筑财产损失，还能够提高物资调度效率。

（2）灾情处置阶段。这是基于大数据的地震灾后应急管理模式设计的核心阶段。所做的一切努力都是为了在此阶段发挥价值。在地震灾害发生时，通过灾情处置阶段，最大限度挽救生命，减少损失，提高管理效率，降低应急成本。

在灾情处置阶段，基于大数据的地震灾情处置就是要运用大数据技术对数据分析挖掘，决策统筹，应用从大数据中得到的知识与信息，支持与指导灾后应急管理。灾情处置工作包含：①数据信息系统运作。大数据的价值产生于分析挖掘的过程，通过对实时采集传输到的数据，聚类，处理、分析、整合并可视化，为灾后应急管理决策提供依据与支持。②应急管理决策。大数据指导下的应急决策更加可靠。③应急预案启动。及时启动在上一阶段预先制定的应急预案，达到快速响应的应急管理目的。④人员搜救。对地震受损坍塌建筑物困阻、掩埋的群众的搜寻和营救是应急管理工作的重点之一。⑤医疗救治。及时的医疗救治可以挽救更多群众的生命，因此要利用大数据信息及技术，加强搜救信息的传递与医护调度，快速对人员进行搜寻进而采取救治措施。⑥工程及道路抢险。工程道路抢修工作有利于保障救灾人员的及时到位和救灾物资的供应，是一项重要的工作。

⑦应急及救灾人员调配。用大数据协调人员的调配，做到“人”尽其用。⑧物资调配。物资调配讲求效率，涉及供应链管理的一系列流程，和大数据结合较深，利用大数据对物资调度各环节进行优化能够极大地提高调度、应急管理效率。⑨设备及车辆调配。在保证工程道路通畅的前提下进行设备及车辆调配以满足灾区对专业设备及专业救灾车辆的需求。⑩军队武警公安消防调集。抗震救灾需要和军队武警公安消防等部门协同合作共同完成应急救灾任务，需要对他们进行统一的调度。⑪受灾群众安置。灾区群众的房屋、财产等受到破坏性地震灾害的损毁较严重，无家可归，食宿是很大的问题，及时对灾区群众进行安置，有利于社会稳定。⑫受灾群众心理疏导。灾区群众受到各种损失，有的还要承受失去亲人的痛苦，心理压力较大，政府要安排专业人员对其进行心理疏导，减轻他们的痛苦与压力。⑬次生灾害排查。强震发生后还是渐次发生一些余震，强度大小不一，随之会带来一些山体滑坡、泥石流、建筑物的多次破坏坍塌等次生灾害，应急管理要考虑到这些次生灾害带来的危险与问题，及时排查险情。⑭地震应急救灾监管。灾后应急管理还要对整个灾情处置过程进行监督和控制，防止可能出现的各种高成本低效率现象的发生。

（3）灾后恢复阶段。这是基于大数据的地震灾后应急管理模式设计的完善阶段。经过灾前预警和灾后响应，最后，就要进行地震灾后的恢复工作，对许多后续问题进行完善，以完成整个应急管理过程，开启灾区重建及正常生产生活。

在灾后恢复阶段，基于大数据的地震灾后恢复就是要对数据进行整理，提取、优化、经验分析和总结，继续指导应急管理工作并为以后的应急管理提供借鉴。灾后恢复工作包含以下内容：

其一，灾后物资回收。对于未使用的富余物资、零件或包装损毁的物资和设备等进行回收再加工再制造，从供应链环节上提高资源利用率，实现可持续发展。

其二，灾区废弃物及危险品清理。对于不能回收的废弃物，如建筑、生活垃圾，医疗用品垃圾等，还有一些危险品，清理、运送到特定场所进行处理。

其三，救灾人员分批撤离，人员交替。灾情处置结束后，一些专业救援人员的职责履行完毕，可以组织撤离，替换为其他工程建设经济开发等人员，以保持灾区秩序。

其四，资金审计核查与管理。对地震灾后的资金的使用情况进行审计与核查，有效控制成本，管理资金。

其五，救灾情况反馈、总结、效果评估。对地震灾后应急管理的效果进行评估，分析大数据下应急管理的优势与不足，及时反馈，总结改正，防止再犯，优化大数据应急管理。

其六，灾后重建，就业安置，恢复经济。应急管理告一段落，开展之后的灾后重建、就业安置、恢复经济等一系列工作①。

基于大数据的地震灾后应急管理模式布局设计如图 9-8 所示。

#### 9.3.3.6 基于大数据的地震灾后应急管理模式流程设计

基于大数据的地震灾后应急流程设计是灾后应急管理模式设计的关键。在灾后应急管理模式的应用过程中，应急管理模式流程的设计科学与否，决定了整个地震灾后应急管理活动能否高效展开。应急管理流程设计最重要的是保障应急管理运作的连续性、畅通性和高效性。应急管理流程设计除了遵循地震灾后应急管理模式设计原则以外，还应遵循高效、快速、低成本的原则。在尽可能优化流程、缩短运作流程时间的基础上，提高管理工作效率，降低救灾成本，实现各流程节点之间的无缝连接。尤其是在大数据的支持下尽量减少应急延迟的时间，减少信息传递的时间，提高应急响应速度，增加应急管理模式流程的柔性及其适应能力。

基于大数据的地震灾后应急管理模式流程是一个科学、连续的系统，它以大数据信息与技术为基础，以地震灾后应急管理流程为主线对整个运作流程进行了再造，把大数据纳入了价值创造及效能优化的流程，使各个流程节点都能从大数据中获益，改变了传统的地震灾后应急管理模式。下面从大数据管理流程、供应链管理流程、应急管理流程几个方面设计应急管理流程。

（1）大数据管理流程。基于大数据的地震灾后应急管理，在大数据的基础上，对所涉及的救援、气象、医疗、工程、供应链、经济、商业等多个领域的数据进行收集整理和归纳分析，综合其中的联系，充分挖掘数据的潜力与价值。然后采取行之有效的灾后应急管理措施以提高灾后应急管理数据的关联及应用能力。大数据管理流程主要由数据收集、数据挖掘、数据分析、数据应用、辅助决策五个环节组成。

---

① 马奔，毛庆铎. 大数据在应急管理中的应用［J］. 中国行政管理，2015（3）：30.

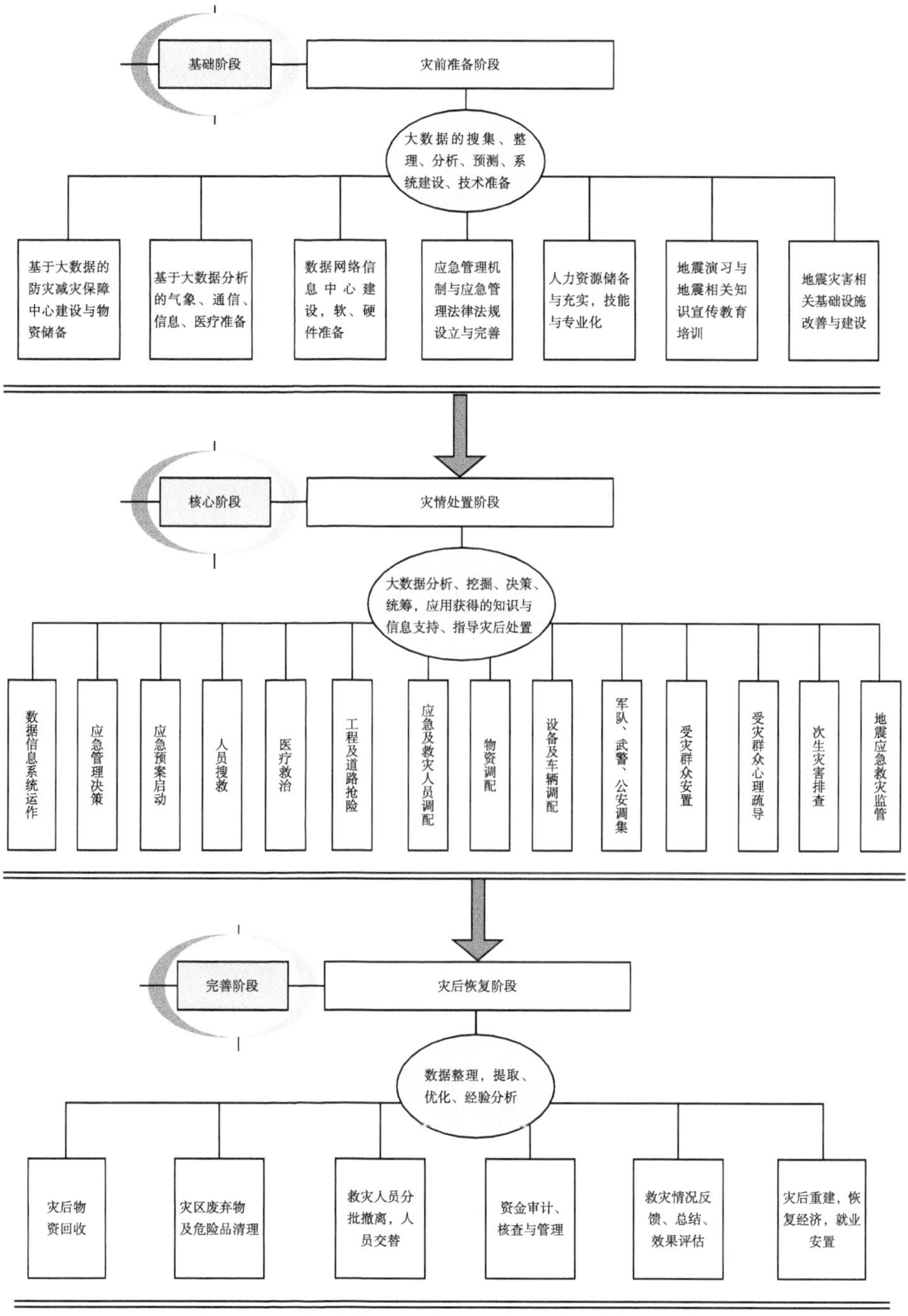


**图9–8　基于大数据的地震灾后应急管理模式布局设计**

对地震灾后应急管理的相关数据进行收集和把握是大数据流程的基础。只有掌握了尽可能多的数据，技术管理人员才可能从中挖掘出有价值的知识，分析出可应用的领域，运用所掌握的技术，用好这些数据和信息，才能够为灾后应急决策者提供可靠、准确的科学依据，辅助其进行合理决策。

大数据技术包括数据挖掘、大规模并行处理技术、可视化、云存储、云计算等信息技术，还有移动互联网技术等，在云计算环境下，地震灾后大数据应用的发展既需要先进的数据收集、分析、挖掘和应用等相关技术，还需要和科学有效的应急管理方法相结合，才能发挥其最大的能量。把大数据的技术引入地震灾后应急管理模式，能有效重塑地震灾后应急管理模式和流程，提高地震灾后应急管理的科学性和预见性。我国处于大数据战略机遇期，应在大数据地震灾后应急管理应用方面做出部署。

(2) 供应链管理流程。地震灾后供应链管理流程的顺畅与否关系到地震灾后应急管理能否成功顺利进行。供应链管理流程中的各个环节只有紧密衔接、有机集成、改善优化，剔除无关或冗余环节，实现大数据与供应链线上和线下的联动，才能使整个应急管理活动更加通畅，让救灾急需的设备、物资、人员快速地向正确的方向、地点流动。使地震从发生到结束整个流程得到持续改进，降低损失。在此流程中，应注意与大数据技术的结合。大数据的先进技术可以大大优化供应链流程，地震灾后应急供应链中的信息流也是与大数据的结合点。供应链管理流程由生产、采购、配送、接收、仓储、使用、回收几个连续的过程组成。

地震灾后供应链管理生产与采购流程通过组织政府、企事业单位、企业厂商等有效协同协作，加强灾后信息沟通反馈，制定科学生产采购方案，基于大数据信息分析救灾物资需求，做出生产及采购决策，各执行主体间通过协调沟通，迅速行动，根据采购需求计划合理使用采购资金，在采购中及采购后对采购物资的质量、有用性、使用效果进行监督和控制。

地震灾后供应链管理配送和接收流程通过利用大数据分析结果和技术，合理调配物资，安排运输路线，监测地质、气象及路况信息，建立物资接收数据库，使地震灾后供应链配送快速、及时，物资接收统一、有序。

地震灾后供应链管理仓储、使用及回收流程通过大数据技术支持指导，保持科学适量库存，科学优化仓储布局，合理安排使用救灾物资，均衡配置资源。实时与网络信息中心传递物资接收信息，建立物资发放使用数据库。根据仓储数据库中的物资信息优化应急供应链回收流程节点。对收集来的富余物资、回收品、废弃物进行初步整理，进行有用性评估。对需要回收循环利用的产品重回生产环节，对无回收价值的物资及固体、液体废弃物及时进行处理。

地震灾后供应链管理流程就是集合人、财、物的优势，基于大数据的云计算、物联网、移动互联网、大数据技术的集成与应用。把地震灾后供应链各环节的职责与业务流程进行优化与设计，使各个环节之间、业务流程之间紧密衔接，保持最优状态，从而使供应链管理流程的功能最大化。

（3）应急管理流程。地震灾后应急管理流程是集应急计划、应急决策、应急响应、应急恢复、应急评估于一体的管理系统，和地震灾后供应链流程、大数据管理流程共同构成基于大数据的地震灾后应急管理流程。

在地震灾后应急管理流程中有一系列的职能节点，包括：在应急计划过程中进行的机构建设、体制建设、网络信息中心建设；在应急决策后对资金的筹集、人员的调配、应急预案的启动；在应急响应过程中的人员搜救、伤员救治和卫生防疫工作；在应急恢复流程中的工程建设、灾后清理和应急管理反馈与评估。地震灾后应急管理流程要与供应链流程和大数据管理流程有效联动，加强部门环节与流程间的沟通与协调。更加注重大数据在地震灾后应急管理流程中的基础性作用，与供应链系统相协同，最终建立以数据为基础的地震灾后应急管理流程，进而提高地震灾后应急管理流程的整体运行效能。

地震灾后应急管理需要具有更强的信息洞察力、组织决策力和流程优化能力。作为基础技术条件和工具的大数据资源能够挖掘和放大其他资源的价值和能量。因此，把大数据与地震灾后应急管理流程整合起来，构造出基于大数据的地震灾后应急管理模式。它通过对整体资源的整合与所有部门的合作协同达到资源与信息共享产生最大化效益的目的。基于大数据的地震灾后应急管理模式流程设计如图 9–9 所示。

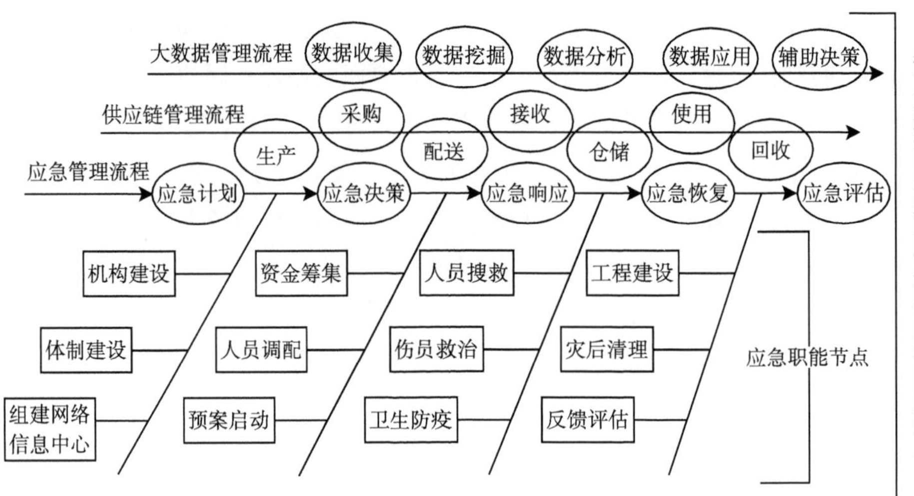


图 9-9　基于大数据的地震灾后应急管理模式流程设计

# 第10章 破坏性地震灾后应急供应链管理应急预案

## 10.1 破坏性地震应急预案

### 10.1.1 地震灾害预警防控

随着人类社会的发展，高度集约化和城市化的人类居住模式在地震灾害面前面临着更加严重的威胁。自工业革命以来，世界各国都加大了对于地震的研究，发展预测地震的方法和技术，目前已经形成了一门完善和复杂的学科。当前人们对于地震已经有了一定的了解，但是在预测和防控地震方面还缺乏有效的方法和手段，因此目前的研究主要集中在地震的预测和防控方面①。

古代地震的预警主要是集中在表面的、可以观测的异常自然现象方面。比如地震发生前鸡、鸭、鱼、牛等动物焦躁不安。虽然这些预测方法存在很大的误差，和现代预测方法相比有很多不足和缺陷，但这些都是古代人类经验和智慧的结晶，是人类和地震灾害做斗争的历史和见证。

现代地震的预警主要基于目前对于地震发生的机理理论的研究之上。目前世界普遍认为地震的发生和地球内部地质活动有着重要的关系，地震灾害前期往往伴随着频繁和复杂的地质活动，只要对这些地质活动进行监测和研究，并结合现有地质活动情况就能够在一定程度上对地震发生的概率做出预测。地震发生时，

① 马奔，毛庆铎. 大数据在应急管理中的应用［J］. 中国行政管理，2015（3）：30.

剧烈的地质活动导致产生众多的地震波，主要分为 P 波（纵波）和 S（横波）。实践经验表明，S 波的破坏性最强，P 波的破坏性较弱。同时，两者在地下传播速度也不一样，P 波的传播速度较 S 波快很多，利用两种波的传播速度差做出地震灾前预测，从而给灾区群众留下宝贵的撤退或者安置的黄金时间，这也是现今地震预测的理论基础①。

图 10-1 是现代地震预警原理的示意图。地震发生时由于地质板块的变化同时产生 P 波和 S 波，两波同时由震中向四周传播开去。由于两者传播速度不一样，所以到达其他地区时间也不一样，两者存在一个宝贵的时间差，通过在一些地方设立监测站，及时发现传播较快的 P 波，并通过相关的预警系统向目标人群发送预警信息，就能在 S 波来到之前做好相应准备，从而减少地震发生时的人员和经济损失。

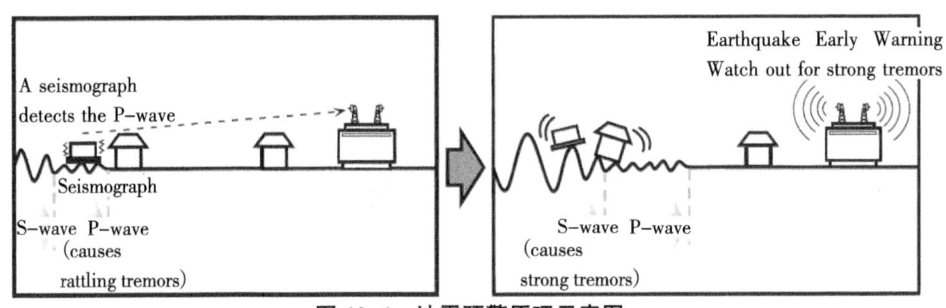


**图 10-1 地震预警原理示意图**

将现代地震预警技术运用到实际当中就形成了地震预警系统。地震预警系统能够收集关于地震相关数据的实时信息，再通过通信系统将信息传送至控制中心，并最终做出预警决策。地震预警系统主要由地震监测系统、通信系统、控制中心和预警发布系统四个部分组成，每个部分相互联系且相对独立，通过共同作用来发挥整个预警系统的预警效果。为了对地震灾害做出有效预测，世界上很多国家都根据自己的实际情况发展了自己的地震灾害预警系统，或多或少减少了本国地震灾害带来的损失②。

① 畲天莉，高峰，马树林. 地震预警仪器研究［J］. 世界地震工程，2014（12）：129-135.

② 赵纪东，张志强. 地震预警系统的发展、应用及启示［J］. 地质通报，2009（4）：456-462.

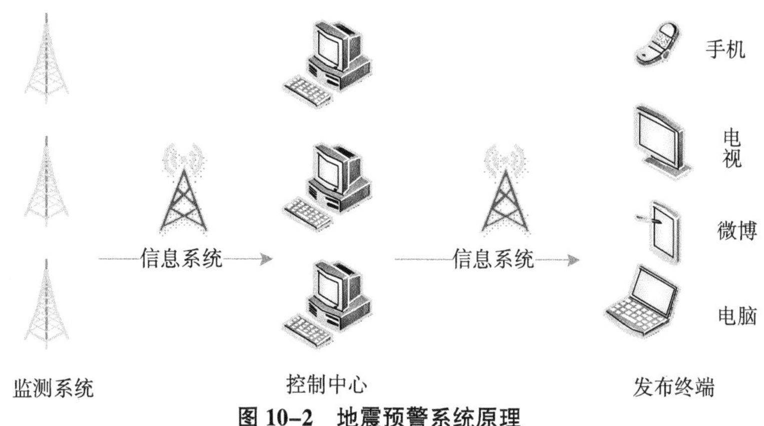


**图 10–2　地震预警系统原理**

部分发达国家的灾害预防系统可以为我国灾害预警系统的建立提供参考。

（1）美国加利福尼亚州预警系统。美国加利福尼亚州综合地震台网构建的地震预警系统是世界上比较先进的系统，构建后准确地预测了自 1989 年加利福尼亚州马普列塔地震以来旧金山海湾最大的地震明矾岩地震。它的精确度极高，在 3~4 秒内就估算出了地震的等级，误差在 0.5 级之内。另外，该系统提供的信息还包括地震发生的方位、震源深度、影响范围等，目前随着技术的不断进步和更新，该系统的功能也越来越完善，将会在未来发挥更大的作用。

（2）日本地震早期预警系统。日本是地震频发的国家，在长期与地震灾害做斗争的过程中，日本逐渐发展出了一套高效、及时的地震早期预警系统——EEW，为其他国家提供了良好的借鉴。日本国内拥有大量的监测站，这些监测站 24 小时全负荷工作，严密监视着日本国内地质活动情况。当地震发生后，震源附近的监测站接收到地震产生的 P 波时，会根据收到的信号对地震进行分级，当达到了一定等级后，EEW 就会通过预警发布系统发出预警，之后其他的监测站接收到信号后会根据各自的分析判断地震等级，并更新预警内容。

（3）墨西哥城地震预警系统。墨西哥城地震预警系统于 20 世纪 90 年代初投入使用，并开始向公众发布预警信息。该系统主要由四个部分组成：①地震检测系统，墨西哥在格雷罗沿海地区布置了 12 台数字强震仪，每台强震仪内部都配置一台计算机，能够对检测到的信息进行分析和处理。当这些强震仪检测到信号并且分析出的结果大于某个级别时就会发出预警。当两台以上的强震仪确定地震发生就会向公众发布预警信息。②通信系统，基于现代信息技术建立广泛的信息传递网络，能够在 2 秒内将信息传递给墨西哥城。③中央处理系统，该系统通过处理和分析接收到的信息，决定是否向公众公布预警信息。④警报发布系统，通过各种宣传媒介，包括手机、电视、广播等向公众发布警告。

地震的发生具有很大的不确定性，即使我们拥有了先进的预警系统，也不能完全准确预测出地震的确切信息，更不能完全避免地震带来的灾害损失。因此，完善和科学的地震灾前防控措施成为了减少地震损失最有效的方法。地震灾前防控措施涉及内容广泛，包括政策制度的制定、地震灾害相关教育、地震险的普及、地震应急基金的建立和地震研究等很多方面。未雨绸缪，做好应对地震来临的充足准备，在地震真正来临时，就能够将灾害损失降到最低，最大程度上保障人民群众的生命和财产安全。为了做好地震的防控措施，主要从以下几个方面着手：

第一，建立地震相关国家标准和规定。日本作为世界上地震灾害发生次数最多的国家之一，为了更好地应对地震带来的伤害，制定了一整套国家房屋建设标准，另外还包括社区应急通道、避难场所的建设标准等，这些标准的实施使日本增加了应对地震灾害的抵抗能力，有效降低了地震带来的巨大人员和财产损失。由此可见，建立一套适应本国灾害的相关国家标准，能够很大程度上整体提高国家和地区对于地震的抵抗能力，减少相应的损失。具体的标准包括房屋建设标准、公共场所绿色通道标准、应急疏散方案规定等。

第二，地震知识教育活动。自“5·12”汶川大地震以来，我国加大了对地震灾害的教育活动，提高了国人应对地震的方法和技巧，减少了不必要的损失。之后的芦山地震、玉树地震等，人们已经能够理性面对地震灾害，避免了之前的混乱无序的状态。完善的地震知识教育活动应当配以相应的演练，将理论和实际相结合，才能在真正遇到危机时沉着应对，冷静处理。相应的教育措施包括课堂教学、场景演练、知识竞赛和演讲、设立地震国家公园等。

第三，地震险。地震的发生具有不确定性，概率极小，但是一旦发生将会带来巨大的人员和财产损失，给人民群众的生产和生活带来严重的影响。为了有效减少因地震灾害对人民生产生活带来的不利影响，由商业保险衍生而来的地震险应运而生。地震险的设立是为了在地震发生后在一定程度上弥补个人或家庭的损失，保障人民群众的利益，但是这种保险有别于一般商业保险，因为它带有一定的公益性质，而且给保险公司的经营带来重大的风险。因此，目前世界上很多国家将地震险作为一种福利，只需要人民自愿缴纳一定的保险费用，最终的赔偿风险由政府和相应保险公司一同承担，最大程度上保障群众和商业企业的利益。地震险作为提高普通民众应对地震灾害的抵抗能力的手段，在世界各国都取得了很好的效果①。

第四，地震基金。地震的发生往往带来突然性的、大规模的财产损失，对个人和国家造成重大的影响。地震灾害造成的损失将会成为政府巨大的经济负担，包括应急救援物资的消耗、卫生医疗的消耗、机械设备的消耗以及之后的灾后重建等，都需要政府短时间内投入大量的物质和经济资源。建立一只常备的地震基金，能够在应急情况下保证各项救灾事宜的顺利开展，提高救灾和重建的效果和进度。

第五，地震灾害相关研究。地震的成因虽然极其复杂，难以控制，但是通过不断的分析和研究，我们仍然可以逐渐了解它、适应它，从而更好地做出决策。通过加大对地震灾害的研究，能够促进相关学科的发展，从而提高我们对地震发生机理、地震传播特性、地震预兆等的了解，并更新我们的预警系统和改善相应的应对措施，最大限度减少地震灾害带来的损失。

### 10.1.2　地震灾害应急报告

地震灾害应急报告是地震应急预案中必不可少的一个环节。地震灾害应急报告是指发生破坏性地震灾害后，负有信息报告责任的政府机关及有关部门向上级或其他政府机关部门及时传递地震相关信息的过程。准确及时的应急信息报告是应急准备、处置的前提与依据。

#### 10.1.2.1　地震应急信息的特点

地震应急信息是整个应急报告环节的核心，它可以理解为与地震本身和地震灾害相关的数据、文字、图像、图形、影音等资料和知识的总称。由于地震灾害是瞬时突发的，应急信息有如下特点：

（1）复杂性。首先，应急信息内容丰富、涉及面广，包含了受到地震灾害影响的方方面面；其次，应急信息量巨大，在短时间内形式不同、内容各异的信息会大量产生并汇集；最后，应急信息分布零散，虽然震后短时间内会有大量信息

① 赵苑达. 论我国地震保险制度的建设［J］. 保险研究，2003（10）：36-38.

汇集，但是由于一些信息来源不确定或者收集信息形式不规范，造成了信息的零散、交叉、模糊等，给应急信息及时、准确的报告带来不便①。

（2）时效性。凡是信息皆有其时效性，超出了一定时间范围就会造成信息失效，地震应急信息更是不例外。震后的各种信息始终处于一个动态的变化过程中，不同时间段信息获取的目的也各不相同，某一时段的信息往往只对该时段的决策有效。地震应急报告信息的时效性要求必须尽可能在短时间内获取各类所需信息，并在这些信息的有效期内进行报告②。

#### 10.1.2.2 地震灾害应急报告信息分类

基于地震应急信息具有复杂性和时效性的特点，有必要在信息的收集、汇聚前进行信息分类，将纷繁复杂的信息按类别处理、报告。地震应急信息分类的核心目的就是实现各类相关信息的快速、准确报告和关键特征信息的识别。在地震应急黑箱期，通过信息分类可以有针对性地识别和提取对应急响应以及之后开展应急指挥、应急救援工作有用的关键信息，也为信息的编码、入库和之后的科学考察研究提供便利，实现更科学合理的灾情动态评估，提高地震应急指挥部门掌握信息的时效性和准确性，进而为辅助决策提供客观依据③。本书将应急报告信息分成了以下三类（见表 10-1）：

**表 10-1 地震应急报告信息分类**

| 一级分类 | 二级分类 | 内容描述 |
|---|---|---|
| 地震震情信息 | 地震参数 | 地震三要素、震中位置图等 |
| | 地震序列 | 余震分布、余震程度、余震统计等 |
| | 震源信息 | 破裂过程、震源机制解、矩震级、矩张量、滑动分量、应力降 |
| | 强震记录 | 强震波形数据、地震动加速度、地震动位移等 |
| | 地震趋势分析 | 不同时段震情趋势的分析判断 |
| 地震灾情信息 | 人员伤亡信息 | 伤亡人数、伤员情况等 |
| | 房屋破坏信息 | 房屋类型与分布、破坏数量、破坏程度 |
| | 骨干生命线受灾信息 | 生命线类型与分布、破坏程度、影响范围 |
| | 特殊工程震害信息 | 特殊工程名称、地点、破坏程度、影响范围 |
| | 次生灾害信息 | 类型、分布、影响范围 |
| | 地表破坏信息 | 破坏类型、破坏区域、破坏程度 |

① 董曼，杨天青. 地震应急灾情信息分类探讨［J］. 震灾防御技术，2014，9（4）：937-943.

② 苏桂武，聂高众，高建国. 地震应急信息的特征、分类与作用［J］. 地震，2003，23（3）：27-35.

③ 白仙富，李永强，陈建华等. 地震应急现场信息分类初步研究［J］. 地震研究，2010，33（1）：111-118.

续表

| 一级分类 | 二级分类 | 内容描述 |
|---|---|---|
| 灾区基础信息 | 自然背景信息 | 地理信息、地质环境和气候、气象等 |
| | 人文背景信息 | 灾区人口、行政区域划分、民族分布、宏观经济数据等 |

（1）地震震情信息。是反映地震发生情况的各类参数与信息，包括地震参数、地震序列、震源信息、强震记录和地震趋势分析等。其中，地震参数包括地震三要素、震中位置等，是用来描述地震基本特征的物理量；地震序列是指主震发生后在一段时间内连续发生的大小地震排列，用来检测和统计余震的发生；震源信息是指地震发生时的力学过程，包括破裂过程、震源机制解、矩震级、矩张量、滑动分量、应力降等；强震记录是指强震发生时地面震动的记录，包括强震波形数据、地震动加速度、地震动位移等；震情趋势分析，主要包括震后不同时段的震情趋势分析与判断意见。

（2）地震灾情信息。是反映地震直接或间接破坏程度的信息，包括人员伤亡信息、房屋破坏信息、骨干生命线受灾信息、特殊工程震害信息、次生灾害信息、地表破坏信息等。人员伤亡信息包括死亡人员和受伤人员信息，对伤亡人数、人员受伤情况进行统计。房屋破坏信息包括居民住房、商业建筑以及学校、医院、工厂、政府等组织机构的房屋破坏数量、面积、程度等。骨干生命线受灾信息包括交通系统、通信系统、供排水系统、供电系统、供气系统等方面的破坏程度与影响范围信息。特殊工程震害信息包括大型水坝、核电站、军事基地、航天基地、海港码头、海洋开采平台等的震害信息，记录其名称、类别与破坏程度。次生灾害信息包括两方面内涵，其中火灾、毒气、爆炸、环境污染、瘟疫属社会次生灾害，山体滑坡、滚石、崩塌、泥石流、水流填塞等属自然次生灾害，分别记录其发生类型、地点、规模等信息。地面破坏信息包括地震断层、地裂、震陷、喷砂、冒水、沙土液化等，描述其破坏类型、破坏程度等。

（3）灾区基础信息。反映某地在灾害前的基本情况，包括自然背景与人文背景基础信息。自然背景信息包括灾区基础地理信息、地质环境和气候气象等。人文背景信息包括灾区人口数目、民族分布、行政区域划分、城市建设情况、宏观经济数据等信息。震情信息和灾情信息要与灾区背景信息结合进行报告，是进行启动应急预案和进行应急决策的基础。

根据以上的信息分类原则，各有关部门根据规定流程将震后的各种信息进行快速处理并及时报告（见图 10–3）。地震震情信息由地震相关工作部门直接提供，其中，中国地震台网中心（CENC）承担着全国地震监测和地震速报职责，对各类地震监测数据进行汇集与处理。中国地震台网中心是直属于中国地震局的事业单位，可以实现对国内或周边震级≥4.5 的地震速报初定位时间不超过 10 分钟，精定位时间不超过 20 分钟，30 分钟内完成震源破裂过程、震源机制解等的震情速报。在一次地震灾害事件发生后，中国地震台网中心作为应急响应的最前站，将震情信息、震情快速评估信息第一时间上报中国地震局。震区所在的省（市、自治区）地震局从国家地震局快速获取震情信息，同时初步评估受灾情况，将震情信息、灾情初步评估以及震区基本情况上报灾区所在省级人民政府与中国地震局。然后中国地震局汇总震情、灾情等情况后上报给国务院及国务院抗震救灾指挥部和其成员单位；同时灾区所在省级人民政府在了解震情和灾情情况之后，确定应急工作规模，报告国务院并抄送中国地震局。国务院及所属抗震救灾指挥部根据掌握的灾害情况，结合已规定的应急预案响应等级判定标准，启动相应等级应急响应预案，按照预案流程与指示开展抗震救灾工作。地震震级等参数是应急预案中启动应急响应等级的最直接依据，要确保灾害发生后在最短时间内取得准确的震情信息并保障流畅的信息传递渠道。灾情信息的全面获取是需要一段时间的，但为了应急指挥部尽快确定应急响应级别、启动应急预案，需要对灾情进行快速评估。在获知地震震级等参数的震情信息后，结合灾区基本信息与地震灾害历史数据，并在地震灾区内借助高空摄像、直升机摄像等途径对受灾情况做出快速评估、整体判断，以提供辅助决策依据。

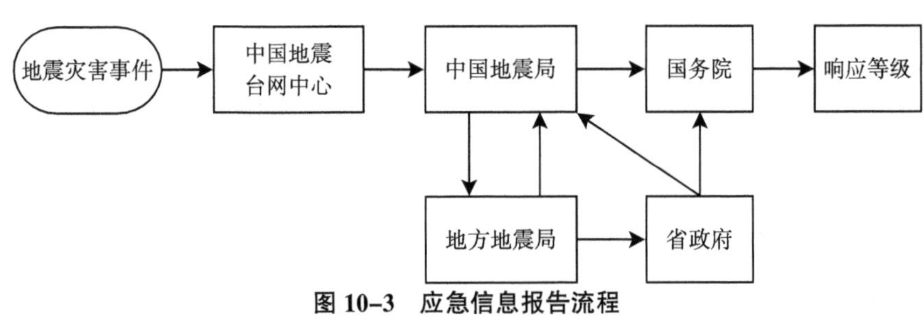


**图 10–3　应急信息报告流程**

### 10.1.3　地震灾害应急准备

应急准备或称灾害准备体系，是指为有效应对突发事件而事先采取的各种措施的总称，包括应急管理组织体系、应急意识、应急队伍、应急资源与应急预案等各种准备，这种应急管理新概念在“9·11”事件后才受到特别重视。继印度洋大海啸、卡特里娜飓风和日本“3·11”地震等一系列灾害发生之后，各国政府和学界认识到灾害的严重性，开始认真总结经验和教训，一致认为酿成灾难损失严重的主要原因之一是准备能力不够，进而提出了应急管理的核心任务是应急准备的思想[①]。

#### 10.1.3.1　应急准备体系概述

过去传统观念认为，应急准备是防震减震工作的一个重要组成部分，其应急工作的重点及内容仅限于地震发生的前期阶段，而现代应急管理思想则强调，应急准备不再仅仅限于事故发生的前期基础性工作，更是贯穿从应急救援过程的全过程，并且要通过对其不断的评审改进，提高应急工作的能力[②]。应急准备体系是一个多维层次结构体系：

（1）在基础层面，包括应急相关法律标准、社会道德及应急准备文化等。

（2）在支撑层面，包括应急所需的科学技术、资金、人力等相关资源。

（3）在功能要素方面，包括应急所需队伍、设施、物资等单元，以及这些要素组成的各种应急能力。

（4）在具体行动层面，包括各种必要且适度的应急能力、应对某类突发事件的制度性安排。

#### 10.1.3.2　应急准备的重要性

结合我国突发事件的发生和应急响应过程，可以发现应急准备体系是否健全、完善对应急工作的效率影响深远[③]，主要表现在以下几个方面：

（1）若没有制定清晰应急准备的战略目标，则很容易造成应急工作中应急能

① 邓芳，刘吉夫. 玉树地震中政府的应急准备研究［J］. 北京师范大学学报（自然科学版），2011，47（5）：528–532.

② 刘铁民. 玉树地震灾害再次凸显应急准备重要性［J］. 中国安全生产科学技术，2010，6（2）：5–7.

③ 彭云金，张卫国，苟健等. 强化地震应急准备　积极应对地震事件［J］. 高原地震，2007，19（2）：29–32.

力不平衡、布局不合理，甚至出现应急能力缺失或者重复应急现象。

（2）若没有建立应急准备持续改进的机制，则很难通过对应急工作的演练或救援实践对已制定的预案等准备活动实现评审和改进。

（3）若缺乏类似美国 NIMS 那种能普遍适用于全国重大突发事件的应急法规，那么在救援过程中就需要很长时间来形成统一、有效的指挥系统。

（4）若缺乏积极、健康、向上的应急准备文化，则会使应急工作人员工作复杂、烦琐，出现差错。

**10.1.3.3 应急准备的必要条件**

（1）建立健全的地震应急管理体制。完善地震应急管理体制，加大管理机制改革，积极应对地震事件。

（2）高素质的队伍。地震应急涉及社会及自然科学的诸多方面，并且救援过程中会遇到许多突发事件，提高应急救援队伍的素质很有必要。

（3）完善的应急预案制度。在灾害发生前需建立完善的应急预案制度，在灾害发生时才能充分发挥应急准备的作用，体现应急准备的重要性。

（4）良好的硬件设施。在地震局配备应急物资的基础上，配备其他必备的应急物资，发现报废的物资及时进行补充等。随着硬件设施的健全，将大大提高地震的应急能力。

（5）科学的震情趋势判定。地震部门根据震情分析研究制定符合实际的地震趋势报告，为相关部门做出正确决策提供科学依据，因此需建立科学的震情趋势判定，以做好应急准备工作。

（6）及时科学地开展应急宣传。正确、及时的舆论导向对应急工作的顺利进行具有重要意义，震后应及时根据不同情况开展应急宣传，以稳定灾后秩序。

（7）需查明地震谣传、误传来源和原因。某些通过媒体报道的异常事件一旦传播出去，就会在群众中引起骚动，当发生此类事件时，需及时查明发生异常的具体原因，依据相关情况向群众或新闻媒体解释异常原因，具体分析、回答提出的问题。

（8）报送及发布震情信息必须依法办理。对于不依法报送和发布地震信息的情况，须依法办理。

（9）良好的身体素质。地震特别是破坏性地震大多发生在偏远山区，救援路程十分艰难，需要跋山涉水等。因此，救援人员需要良好的身体素质做基础，才能更好地救援。

#### 10.1.3.4　应急准备的措施

我国应对巨大灾难的巨大优势：强大政治动员能力、全员积极参与、丰富的可支配物资、良好的国际地位等，建议采取以下措施：

（1）组织专业化力量，找出应急准备工作存在的缺陷，为改进应急准备工作的结构和制度提出具体政策性的建议。

（2）转变应急管理指导思想，使指导思想由应急处置型向应急准备型转变。

（3）制定应急准备发展规划，包括应急准备目标、应急准备体系建设计划、应急预案体系编制管理导则等。

（4）强调应急准备文化，使应急准备思想文化深入生活中各个细节，使民众具有危机意识，防患未然，积极做好准备，减少个人、社会财产损失，保护人身安全。

（5）改造基础设施，加固现有民房，为农民加固、改造现有危房提供具体建议、措施及帮助，使现有农房抗震能力提高。

### 10.1.4　地震灾害应急处置

地震灾害应急处置是在灾害发生后，根据具体情况对灾区各种应急灾情进行具体救援指导，动态灵活地实施物资、技术人员配备等，力图将损失降到最低，并保障灾后工作顺利进行的过程。

#### 10.1.4.1　地震灾害应急处置内容

（1）组织查明并消除次生灾害危害。地震具有突发性，其发生是很难被预知的，除了在发生后初期获取灾情信息，各应急指挥部需要随时关注地震中后期所引起的次生灾害种类、可能性及危害信息，例如不知晓余震信息、人员未疏散到安全地带导致的伤亡人数增加，违背了救援活动以救人为首要目标。为避免这样的状况发生，地震发生后第一时间获取灾情信息并对次生灾害进行预估显得尤为重要①。

（2）制定应急处置方法和工作流程。实施应急处置工作必然要建立具有针对性和效率性的方案，地震灾害应急处置工作流程与供应链上各个流程息息相关，

① 徐敬海，聂高众. 城市地震应急处置方案技术研究［J］. 地震地质，2014（1）：196-198.

物资需求、信息传递、各部门职权分明都是顺利进行应急处置过程所必要的元素。目前虽然我国已经逐步完善了灾害应急预案的体系，但地方预案经常表现出编制质量不高，在大灾情下适应性低、操作性低。所以要求从技术可靠性角度出发去制定应急处置方案。

#### 10.1.4.2 地震灾害应急处置不足点

（1）地震灾害应急预案操作性不强。自 2005 年《国家地震应急预案》颁布后，全国响应，省级、市级、县级纷纷建立地震灾害应急预案，从这方面来看，实现了横向与纵向的预案体系全面覆盖。然而在灾害突发后，却发现事先的应急预案无法完全满足灾区所需①。首先，应急指挥部的指挥人并非专业的技术人员，只能从最表面获取的信息做出应急处置决策，而实施救援活动的人员一般也不是技术人员，导致执行操作时遇到一定的困难。目前，国内的专业技术人员队伍数量少，大多数情况下人民军队和警察在救援现场负责主要工作，在面对大型灾害时，就会出现整体效力差、资源配置不合理和处理能力单一。其次，灾情发生后，各方面各类的信息交互传递，容易出现信息需求流向的不明确，例如物资信息找不到实际负责的部门，导致救援活动受阻，灾民无法及时和充分得到所需保障。

（2）地震应急方案与相关方案的配套性低。就像供应链上的每一个流程都是环环相扣，地震应急处置应在地震发生后根据具体的灾情状况调整计划，灵活变动，所以必须尽可能考虑所有灾后的变动因素，例如次生灾害、坍塌建筑物。单纯从灾区的信息传递做出应急处置决策是片面的，例如，由于时代的发展，建筑材料种类、强度等发生变化，如果事先不了解灾区建筑数量、材料的信息，影响搜救计划、搜救策略、搜救区的先后，很有可能无法安排合适的技术人员进行搜救活动，从而耽误了搜救的黄金时间。

（3）方案的针对性弱。虽然在全国基本建立了横向与纵向的应急处理预案的体系，但各个地方的预案内容大同小异，框架结构类似。这也印证了预案操作性不强的缺陷。首先，地震灾害发生地区的灾情及救援强度会受到诸多因素的影响。例如，灾区的地理位置不同导致救援渠道的选择不同及多样性；根据灾区情

---

① 张祯，王建军，陈虹. 从大震救援分析国家地震应急预案存在的问题［J］. 灾害学，2011（4）：139-142.

况划分等级，划分救援强度。其次，每个地区的通信条件、物资储备、物资高技术化程度也不尽相同，在进行预测每年灾情所需生活物资、救援设备时，除了原定的预算方案，还需要策划补给方案，在灾情发生实时变动时及时调度所需物资。

（4）方案时效性差。《国家地震应急预案》规定我国的应急预案每五年更新一次，但这些年我国频频发生地震灾害造成人员伤亡、经济损失。正因为地震的突发性与不可预知性，更应该总结经验和吸取教训，做好一切准备。对于突发性事件的控制，五年发生变动的可能性可以说是100%。借鉴国外的经验，突发性事件应急预案应该每年修订一次，在每次突发性事件发生后的处理过程中，都能发现新的难题。为了减少人员伤亡和经济损失，要不断完善方案的框架与内容，在保证框架与内容的前提下，应急处置的动态性调整才会顺利有效地进行，而不会出现混乱局面。

#### 10.1.4.3　地震灾害应急处置改进建议

（1）地震灾害应急预案的改进，加强配套方案衔接性。地震灾害应急预案是应急处置的行动指南，而现今预案的操作性弱导致应急处置行动过程中遇到诸多难题。所以必须对地震灾害应急预案进行改进，在预案的框架体系中，加强明确各部门的职责和权力，政府负责主导、应急指挥部负责指挥与协调、企业等社会团体辅助救援活动。条理清晰，发生问题能迅速找到负责部门提出解决方案。

除此之外，还要从其他配套方面完善地震灾害应急体系。比如，考虑增加房屋建筑构造技术专家小组，对地区的房屋特性做出分析，让应急指挥部及其他协作部门了解房屋信息，在从坍塌房屋下救出伤亡人员时能指派出专业技术人员；增加应急演练体系，不定时模拟灾害演练，使得同一框架下的各个部门互相熟悉自己及其他协作部门之间的运作内容、原理和流程。在灾害实际发生时，才能体现应急处置部门间的衔接性和默契①。在进行应急演练时，各部门派出的执行人员必须是专业救援技术队伍，具有多项应急处置技能，例如语言方面，以应对动态性变化的应急现场。具体组成结构依各地区的特性决定。如地震可能会导致泥石流、滑坡、堰塞湖引发的洪水而造成二次伤害，这不仅增加了伤亡人员，也加大了救援的工作量与难度。对地区存在的次生灾害种类及可能导致的后果必须进行预估并给出解决方案。

---

① 范开红，谢湛，申源. 西南省域地震应急处置分析与建议［J］. 国际地震动态，2014（4）：17-21.

（2）相关法律健全及民众观念建设。时间紧迫下的应急处置行动中往往会出现临时难题需要快速响应解决，但由于实施救援活动的主力人员未被授予相关权利而无法及时满足灾民的合理需求。相关的法律是可以设立条例规定在突发事件情况下，救援队伍有权调度物资、设备的使用。又如，在对伤亡人员发放赔偿金、体恤金时依据相关的法律法规行事。

因为地震具有突发性，各救援部门接收到伤亡信息的时间与灾民受伤的时间肯定是有时间差的。要保证人员伤亡最低得从普通民众身上出发，先向学生宣传地震科学知识，通过他们向社区、家人传递。且群众也可以加入应急演练训练，明确地震发生时正确的逃生方式，以便实际发生地震时提高逃生率，减少伤亡。

（3）完善基础设施建设。获取灾情的第一信息很重要，信息平台的建设帮助各个主体及时获取灾区信息。灾情发生前建设骨干站点，为使通信系统覆盖面广泛，可考虑在应急避难点旁设立。以 GIS、GPS、RS 技术为代表作为空间信息平台技术的底部支撑，配合多种传输手段，建立信息网络平台。灾情发生后房屋坍塌、设备损坏、通信中断时，可以建立临时空中基站与其他通信点连接。

针对地方的地理环境特征，建立相适应的运输系统和医疗救护系统。以西南地区为例，如四川省土地面积的 97.46%是山地、高原和丘陵，除四川盆地外，大部分地区岭谷高差均在 500 米以上，道路崎岖，交通条件极差，致使外界救援力量和物资难以达到灾区，而待救人员能坚持的时间又大大缩短[①]。这就要求将救援运输系统和医疗救护系统细分到各个地区，实行就近救援。各个省区、市区的地理环境因素也不尽相同，所以要根据本地区的环境特征设立出一套可行性高、实效性强的运输系统与医疗救护系统。

（4）灾民安置保障。地震灾害应急处置以人员抢救为首要目标，同时还要保障灾民的基本生活和灾后工程恢复。对于未受伤或者受轻伤的灾民，提供日常生活用品保障，例如帐篷、被单、食物、水资源以及少量预防生病的药品。对于重伤灾民，除了生活用品还需要提供尽可能安全的卫生医疗环境和全套的医疗设备。由于灾区设施受损，所以这些物品都需要从其他地方调度，这就涉及物资供需、救援设备等预案框架环节下设立的应急对策。可以通过下达指令让附近的超

---

① 崔云，孔纪名，吴文平. 汶川地震次生山地灾害链成灾特点与防治对策［J］. 自然灾害学报，2012（1）：109-116.

市、供水企业向灾区提供资源。

(5) 划分时段和灾区应急处置。在地震发生后，依据任务内容的不同分为紧急部署期、地震救援期和灾后重建期。从获取信息的第一时间做出方案决策到灾区现场实施救援活动和安置灾民，再到后期对建筑房屋进行重建修复的过程。地震发生时，除了地震源所在地区，还有周围邻近地区会受到地震的波及而发生大小不一的伤亡情况。所以，要根据获取的灾情信息划分灾区等级，从物资调度、救援活动强度等方面实行不同的应对措施，并且随时注意动态变化及时补给或调整。

### 10.1.5 地震灾害应急终止

地震灾害应急终止机制是保持地震应急管理周期完整性必不可少的部分。缺失或错误终止会带来灾情的反复、资源的浪费，引发新的灾情等问题[①]。

地震灾害应急终止活动可以分为地震灾害应急有效终止、地震灾害应急无效终止、地震灾害应急有害终止三种。

地震灾害应急有效终止能够顺利解除灾情，有助于常态下预防、监测地震灾害事件。有效终止需要按照有效的终止方式、程序来完成终止活动。

地震灾害应急无效终止是指终止不能保证灾情完全解除，没有起到应有的作用，相当于没有终止。

地震灾害应急有害终止指的是终止活动没有消除灾情，甚至使灾情恶化，或者造成负面影响，如社会恐慌等。

终止活动的实施需要多方参与，具体角色可分为官方政府、相关领域专家和公众三种。官方政府扮演决策者角色，对地震灾害事件应对有决定权；相关领域的专家扮演战略家角色，对现状进行分析，提出专业性的建议；公众是决定性因素，公众反应对政府决策和专家评价影响巨大。公众具有话语权。若公众对该事件的反应依然负面、强烈，专家评价时会将公众反应作为重要标准，政府也不会做出终止的决策。

终止程序的执行须通过官方政府、相关领域专家、公众三方评价，终止程序

① 武艳南，陈安. 应急管理终止机制设计及实施初探 [J]. 三峡大学学报（人文社会科学版），2008 (S2).

如图 10–4 所示。

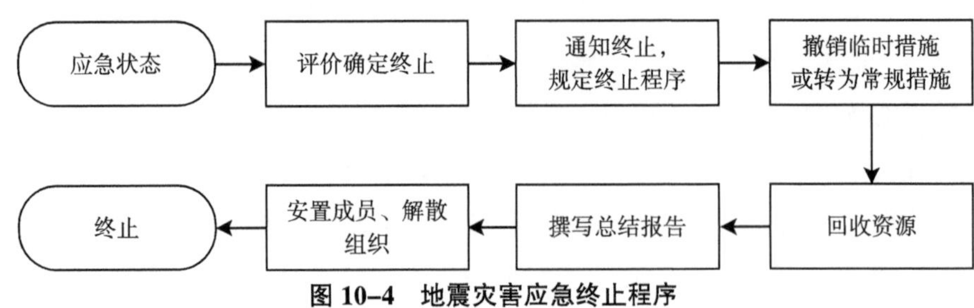


**图 10–4　地震灾害应急终止程序**

地震灾害应急终止属于地震灾后应急响应机制的最后一环，也是应急管理从应急的紧张状态转为应急稳定状态并进入常态的关键，过早或过晚结束都可能导致严重的次生灾害和巨大的资源浪费。因此，应急终止应在当地震灾害发展态势被限制在一定的范围内，一般性的应对措施就足以完成对事件的控制，或者地震灾害发展态势已经被遏制，短时间内有望消除事件，进入全面恢复阶段状态时进行。

### 10.1.6　国家破坏性地震应急预案

（1）一般破坏性地震的应急反应。一般破坏性地震是指造成一定数量的人员伤亡和经济损失（指标低于严重破坏性地震）的地震。一般破坏性地震发生后，省、自治区、直辖市人民政府要迅速了解震情、灾情，确定应急工作规模，报告国务院并抄送国务院有关部门；宣布灾区进入震后应急期；由设立的抗震救灾指挥部部署本行政区域内的地震应急工作。中国地震局要及时将震情、灾情上报国务院并抄送国务院有关部门，根据灾情向国务院提出建议。国务院视情况对灾区进行慰问。

（2）严重破坏性地震的应急反应。严重破坏性地震是指地震发生后造成人员死亡 200~1000 人，直接经济损失达到该地区（省、自治区、直辖市）上年国内生产总值 1%~5%的地震。在 100 万人口以上的大城市或地区发生大于 6.5 级、小于 7.0 级的地震，或在 50 万~100 万人口的城市或地区发生 7.0 级以上的地震，也可视为严重破坏性地震。严重破坏性地震发生后，省、自治区、直辖市人民政府应立即采取应急行动并向国务院报告，国务院视情况做出应急反应[①]。

（3）省、自治区、直辖市人民政府的应急行动。省、自治区、直辖市人民政府迅速了解震情、灾情，确定应急工作规模，报告国务院并抄送国务院有关部门，同时通报当地驻军领导机关；宣布灾区进入震后应急期；由设立的抗震救灾指挥部部署本行政区域内的地震应急工作；必要时决定实行特别管制措施。

第一，做好饮食的把控工作。饮用水要严格保护，防止污染。天然水源，如水井、溪流要清掏并且消毒。饮水前要保障水已经经过净化、消毒等；尽可能喝开水。救灾食品的存放、运输和配发要派监督小组进行监督；灾区的食品，不管是空投，还是挖掘出的都应该检验合格后再食用。对于灾区的公共餐厅、营业性质的饮食店要加强卫生检查和监督，并督促做好室内杀菌、餐具消毒等工作[②]。应该合理设置简易的防蝇防蚊厕所，垃圾分类整洁堆放，并且派人定时清理。

第二，及时消灭蚊蝇等病毒的传播媒介。要大面积地喷洒多种药物来防蚊防蝇，街道、室内等凡是蚊虫可能繁殖生长的地方都应该喷洒药物。在疟疾发生的区域，要尤其注意蚊虫。若灾民突然出现发热、头痛、恶心呕吐、脖子僵硬等，应及时就医。

第三，密切监察大坝安全。所谓的地震次生灾害，主要是指由地震引发的洪水、火灾和毒害气体的扩散。灾后一定要积极防止二次伤害的发生。对于大型的水库、大坝等，要做地震前检查，如有问题及时修缮加固。应密切关注下游水库大坝安全，在危险的情况下，除了迅速组织专业力量救援，还要迅速地转移到安全地区。如果地震发生在山区，山体有滑坡或塌方，有可能会堵塞河道，如遇到类似的情况，组织人员立即清除以防洪水。在山区，还要远离悬崖，以避免山体滑坡、崩塌时受到伤害。还应该远离那些容易塌陷的河堤、河流等地[③]。

如在作业的过程中发生地震，在撤离作业现场之前，要尽所能消除火源，拔掉开关，中断机器的运作。对于工矿企业中的易燃、易爆、有毒等物品，必须按照国家标准规范存储、运送，严格管理。地震时，一旦发现有毒或可燃性气体泄漏，应立刻开展抢修抢救工作[④]。

---

① 王佼. 新疆铁路应急保障能力发展规划问题研究［D］. 北京交通大学，2010.
② 周尧. 自然灾害应急物流能力评价体系研究［D］. 武汉理工大学，2009.
③ 郭咏梅. 应急物流管理的物资支撑体系研究［D］. 长安大学，2008.
④ 黄洪涛. 应急物流系统研究［D］. 大连海事大学，2006.

## 10.2 地震灾后应急后勤保障方案

### 10.2.1 应急救援后勤机构设置

应急救援体系的构建对于应对突发自然灾害和社会公共安全事件具有重大的作用和意义，良好的应急救援体系是人民生命和财产安全的重要保障。突发的地震灾害不可预测，对现有经济和社会稳定状态具有很大的破坏性，同时常规的供应体系很大程度上失去了作用。因此，构建科学、完善的应急救援体系变得尤为重要，其中后勤机构的建设则是重中之重。科学高效的应急救援后勤机构，能够对复杂多样的情况统一指挥，全面协调，有效减少救援过程中出现的各种迟缓、浪费现象，最大限度减少灾区的人员和财产损失。

构建高效的应急救援后勤保障机构是救援活动有序展开、救援物资及时准确送达灾区的前提，是国家防震减灾战略中的重要一环。良好的应急救援后勤保障机构具有以下特点：

（1）统一指挥，权责分明①。在应对突发自然灾害和公共安全事件中，面临的情况和形式极其复杂，任何一个微小的失误都有可能造成连锁反应，带来不可挽回的损失。因此，应急救援后勤机构应该拥有统一、高效的指挥机构，能够统一协调所有的资源，然后根据实际情况进行分配，以求最大限度利用现有资源的价值，杜绝无谓的损失和浪费。同时，权责一致，实行问责机制，加强监管，公开详细信息，提高应急后勤机构的透明度和稳定性。

（2）部门设置完善细致，相对独立而又紧密联系。为了有效应对面临的复杂情况，应急救援后勤机构的设置要符合实际需要，不能出现多余的部门，更不能出现职能的缺失，导致后勤保障不到位、不及时的情况。各个部门具有专门的职能，负责某一特定方面的工作，同时和其他部门协同配合，互通有无，共同完成后勤供给的整个过程。

---

① 薛澜，张强，钟开斌. 危机管理：转型期中国面临的挑战［M］. 北京：清华大学出版社，2003.

(3) 从业人员综合素质高，具有一定的专业技能和经验。作为应急救援体系最重要的部分之一，要求机构人员具有较高的专业素养和知识，能够高效完成当前面临的问题和挑战。因此，应急后勤保障机构要经常开展培训，提高人员应对突发事件的能力，并大力引进需要的高学历、高素质专业人才，充实人才储备队伍。另外，也可聘请相关领域的教授、工程师等作为专业顾问，为相关工作提供科学、合理的依据和建议。

(4) 信息化程度高，具有高度专业化的应急救援设备和工具。科学技术就是生产力，同样科学技术也是“救援力”。应急救援过程中涉及很多领域和方面，面对巨大的信息量，这对应急救援效率是个很大的挑战。建设信息平台，提高各个环节的信息化程度能够很大程度减少时间的浪费，提高信息处理和决策的速度和准确度。另外，专业的救援设备也能够减少救援过程中遇到的困难，提高救援的效率，最大程度上减少人员和财产损失。

(5) 动态维护，不断完善。外界事物是不断变化的，任何一个组织或机构都不可能适应所有的情况，也不可能一直有效解决遇到的问题。为了保持机构的活力和有效性，必须不断总结和改进，去掉多余的部分，完善缺乏不足的部分，使组织机构不断处于更新之中，以便能够及时适应面临的新情况和新问题。

我国的应急救援体系建设发展比较迟，在基础设施建设、应急管理水平等方面和发达国家还有差距，但是在历次突发自然灾害的考验和磨炼中，逐渐形成了适应我国国情、具有社会主义特色的应急救援体系和后勤机构设置。在 2003 年 SARS 病毒、2008 年汶川地震和特大冰雪灾害等的应对过程中，显示了中国应急救援后勤保障体系的高效性和实用性。目前。世界各国都在根据本国实际情况致力于构建本国的应急救援供应体系，并具有各自不同的特点，但总体上却相差不大，都是主要由指挥中心、信息组、物资设备组、医护组等构成，每个组负责特定一方面的工作，同时相互配合，相互协同，一起完成应急救援任务[①]。

① 孔竞，马敬东. 突发公共卫生事件应急机制中主要问题及原因分析［J］. 中国卫生事业管理，2009 (3)：208-210.

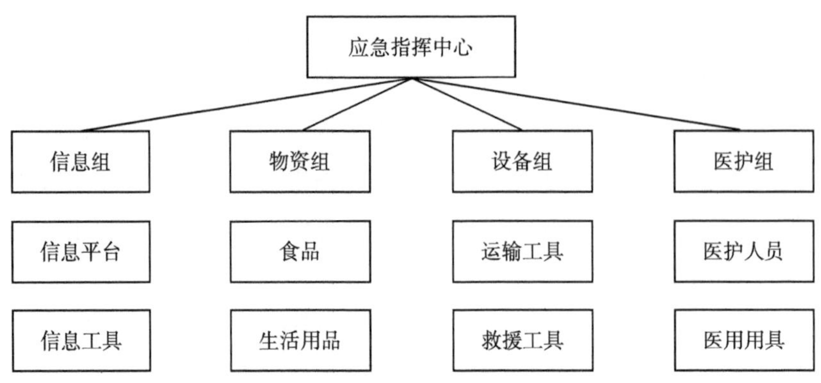


**图 10-5　应急救援后勤机构一般设置**

构建完善的应急救援后勤机构能够提高社会对突发自然灾害的反应速度和应对能力，因此应急救援后勤机构的构建也成为了很多国家应急供应链构建的重中之重。为了构建完善的应急后勤机构，应注意以下几点①：

第一，创新管理理念。加强管理理念的创新，由被动应急向主动准备转变，由单一指挥向多向协同转变，由粗放式管理向系统管理转变。

第二，加强后勤机构的科学管理能力。根据实际情况建立科学管理机制，应用科学管理的理论和实践到具体工作中去，切实提高机构的工作效率。同时加强从业人员的科学管理培训，提升从业人员的科学管理水平，从而整体提高机构的管理和工作效率。

第三，提高后勤机构的信息化程度和技术保障能力。信息化给当今社会带来了巨大的改变，使各行各业焕发出了勃勃的生机。将先进的信息技术运用到应急救援后勤机构中能够很大程度上提高机构的运转效率。减少时间和资金的损失，最大程度上满足客观的需要。另外，技术保障能力也是后勤机构发挥作用的重要基础，是实际应用中不可或缺的一个方面。

第四，加强与社会组织联系，实行多方面统一协调和控制。应急救援涉及繁多复杂的物资和设备，同时，短时间内需要大量的人力、物力、财力的投入，仅仅依靠政府是远远不能达到要求的。因此，与其他相关社会组织建立广泛的联系能够提高后勤机构的资源调度和控制能力，最大限度利用有限的资源，发挥最大

① 杨复兴，胡江天. 建立和完善政府应急机制需要研究的若干问题［J］. 云南行政学院学报，2004（3）：63-65.

的经济和社会效益。

### 10.2.2　后勤保障措施

地震灾后应急后勤保障是指在地震抢险救援行动过程中，相关后勤机构在最短时间内为抗震救灾指挥部以及地震现场救援队伍提供后勤保障服务，包括饮食、服装等生活必需品和通信、设备、技术、安保等基本工作条件的保障[①②]。后勤保障工作的有力开展，可以为地震应急救援争取时间，是灾后应急指挥中心和地震现场工作能够持续有序开展的保证。地震应急保障部门应负有如下职责：

（1）生活物资保障。提供救援人员生活所必需的一系列的物品，包括水、食物、帐篷、生活用品等。保证救援人员饮食和饮水安全，保障救援人员基本生活条件，是地震应急后勤保障应负的职责。

（2）救援设备和技术保障。现代化的救援设备在地震灾害现场起着无可替代的作用，针对救援设备进行专门的储备、调拨、投放是地震应急后勤保障应负的职责，并且要切实提高现代化救援设备维护的技术保障能力。

（3）通信保障。破坏性地震发生后，灾区的通信设施势必遭到破坏，造成通信不畅，给应急救援带来不利影响。这要求后勤保障部门在应急指挥中心和灾害现场要配备指挥、传输、通信器材，并且在信号不畅或者中断的情况下，及时联络移动通信部门进行检修，确保通信畅通。

（4）供水供电保障。后勤部门提供必需的供水、发电、照明设备，协助水力、电力相关部门进行维修，尽快恢复供水、供电。

（5）灾后卫生防疫。开展广泛的防疫宣传，加强卫生防疫的科学指导和检查工作。

（6）安全保障。确保指挥中心所在地和救援现场的安全保卫十分重要。查验出入应急指挥中心人员身份，做好出入人员登记、来宾和新闻记者引导、阻止劝导围观群众等，必要时及时联系公安部门参与安全保卫。

地震灾后应急后勤保障工作的特点主要表现在以下几个方面[③]：

---

① 叶培荣. 地震应急工作中的后勤保障［J］. 福建地震，2007（2）.

② 姚培友. 浅析地震灾害应急救援后勤保障［J］. 消防技术与产品信息，2011（9）：9.

③ 张军慧，李清华，陈灏杰. “5·12” 汶川地震对军队和医院后勤保障工作的启示［J］. 防灾科技学院学报，2009，11（4）：102–104.

第一，地震灾后应急后勤保障突出时间紧迫性。由于地震具有突发性，作为地震应急后勤保障工作，不能按照一般事件的模式进行处理，必须保证地震应急紧急启动和地震现场工作的需求，要做到快速反应、保障有利。一旦地震灾害发生，救援队伍要快速出击，如果设备器材保障不力，就可能延误时机，造成更多的人员生命受到威胁。这就要求后勤保障工作必须在尽可能短的时间内完成后勤保障，这对后勤保障能力提出了严格的要求①。

第二，地震灾后应急后勤保障应对情况复杂。地震灾害的发生不可预见，并且时常伴随着不同情况的次生灾害，应急救援在发展过程中情况会出现多种变化，这些复杂的情况给实施精准的后勤保障增加了难度。这需要调集很多专业部门参与，处置工作技术性强，地震救援中的器材、装备等具有种类多、功能多，后勤保障部门要动态地制定保障方案，根据势态的发展，科学、合理地设置各类后勤基地，及时提供各种所需的装备物资，做到有备无患②。

第三，后勤保障持续时间久，条件差。地震灾害事故发生后面积大，涉及领域多，救援人员数量众多，救援时间持久，参与救援人员的体力、精力消耗极大。并且救援人员还要面临各种恶劣的自然条件，如在汶川、玉树等地地震救援中，地震造成灾区道路严重毁损、通信中断、水源污染、生活物资十分紧缺的情形，这既给后勤保障带来了巨大困难，又影响了救灾行动的开展。后勤保障部门需要提前制订好后勤保障预案，做好应急物资储备，及时、连续不断地将灾害现场各种实际需要的战备物资送到救援地点③。

另外，为了在地震灾后给地震救援工作提供及时、完备的后勤保障支持，应采取如下措施：完善后勤保障应急预案，确保后勤供给高效有序；建立健全后勤保障组织体系，形成稳定、通畅的后勤物资信息系统；完善物资储备机制，夯实后勤保障的物质基础；创新物资应急采购机制，力求灵敏高效；实施快速、多元的物资运输形式，立足灵活应对；建立高素质的后勤人员队伍。

---

① 李玉梅. 地震应急救援后勤保障质量评价体系的探讨［J］. 防灾科技学院学报，2006，8（4）：21-23.

② 吴炳成，何平. 特大灾害事故现场后勤保障探析［J］. 武警学院学报，2003，19（1）：42-45.

③ 廖宏，金一. 谈后勤保障体系建设应对突发灾害［A］. 2008 年抗冰保电技术论坛论文集（二），2008.

第11章

# 地震应急供应链管理相关法律法规

## 11.1 地震应急设备管理法律法规

应急设备管理，就是根据预测的地震灾情特点，结合公路抢险养护的工作状况，合理配备相应数量的抢险地震应急设备，提高应急抢险的机械化设备水平，在险情、灾情到来时，迅速调动地震所需的机械设备，使设备能及时高效地投入抢险应急之中。

### 11.1.1 地震应急设备管理法律法规条例

#### 11.1.1.1 地震应急设备管理法律法规

应急法制是指应对突发事件的法律、法规、规章。我国目前已基本建立以宪法为依据、以相关单项法律法规为配套的应急管理法律体系，应急管理工作也逐渐步入了制度化、规范化、法制化的轨道。地震应急设备管理法律法规则是应对突发事件中对设备管理要求的法律法规，在地震抢险中使设备合理、合法、及时、迅速、高效地投入使用。有关地震应急设备管理法律法规如下：

(1)《中华人民共和国防震减灾法》[①]。《中华人民共和国防震减灾法》由1997年12月29日第八届全国人民代表大会常务委员会第二十九次会议通过，由1997年12月29日中华人民共和国主席令第94号公布，自1998年3月1日起

① 附件1。

施行。其中，第四章第二十七条规定："国家鼓励、扶持地震应急、救助技术和装备的研究开发工作。可能发生破坏性地震地区的县级以上地方人民政府应当责成有关部门进行必要的地震应急、救助装备的储备和使用训练工作。"第二十八条规定："破坏性地震应急预案：应急、救助装备的准备。"第三十二条规定："严重破坏性地震发生后，为了抢险救灾并维护社会秩序，国务院或者地震灾区的省、自治区、直辖市人民政府，可以在地震灾区实行紧急应急措施：(一) 临时征用房屋、运输工具和通信设备等；(二) 需要采取的其他紧急应急措施。"第五章第三十八条规定："因救灾需要，临时征用的房屋、运输工具、通信设备等，事后应当及时归还；造成损坏或者无法归还的，按照国务院有关规定给予适当补偿或者作其他处理。"

(2)《破坏性地震应急条例》[①]。《破坏性地震应急条例》由 1995 年 2 月 11 日中华人民共和国国务院令第 172 号发布，自 1995 年 4 月 1 日起施行。其中，第四章第二十条规定："在临震应急期，有关地方人民政府有权在本行政区域内紧急调用物资、设备、人员和占用场地，任何组织或者个人都不得阻拦；调用物资、设备或者占用场地的，事后应当及时归还或者给予补偿。"第五章第二十五条规定："交通、铁路、民航等部门应当尽快恢复被损毁的道路、铁路、水港、空港和有关设施，并优先保证抢险救援人员、物资的运输和灾民的疏散。其他部门有交通运输工具的，应当无条件服从抗震救灾指挥部的征用或者调用。"第二十六条规定："通信部门应当尽快恢复被破坏的通信设施，保证抗震救灾通信畅通。其他部门有通信设施的，应当优先为破坏性地震应急工作服务。"第二十七条规定："供水、供电部门应当尽快恢复被破坏的供水、供电设施，保证灾区用水、用电[②]。"

(3)《地震监测管理条例》。[③]《地震监测管理条例》由 2004 年 6 月 4 日国务院第五十二次常务会议通过，并已予以公布，自 2004 年 9 月 1 日起施行。其中，第四章第二十六条规定："禁止占用、拆除、损坏下列地震监测设施：(一) 地震监测仪器、设备和装置；(二) 供地震监测使用的山洞、观测井（泉）；(三) 地震监测台网中心、中继站、遥测点的用房；(四) 地震监测标志；(五) 地震监测

① 附件 2。

② http：//www.jycj.net/show.aspx？ id=1566&cid=111.

③ 附件 3。

专用无线通信频段、信道和通信设施；（六）用于地震监测的供电、供水设施。”

（4）《中华人民共和国突发事件应对法》[①]。《中华人民共和国突发事件应对法》由中华人民共和国第十届全国人民代表大会常务委员会第二十九次会议于 2007 年 8 月 30 日通过，自 2007 年 11 月 1 日起施行。该法律共七章七十条。其中，第二章第十九条规定：“城乡规划应当符合预防、处置突发事件的需要，统筹安排应对突发事件所必需的设备和基础设施建设，合理确定应急避难场所。”第二十四条规定：“公共交通工具、公共场所和其他人员密集场所的经营单位或者管理单位应当制定具体应急预案，为交通工具和有关场所配备报警装置和必要的应急救援设备、设施，注明其使用方法，并显著标明安全撤离的通道、路线，保证安全通道、出口的畅通。有关单位应当定期检测、维护其报警装置和应急救援设备、设施，使其处于良好状态，确保正常使用。”第三十六条规定：“国家鼓励、扶持具备相应条件的教学科研机构培养应急管理专门人才，鼓励、扶持教学科研机构和有关企业研究开发用于突发事件预防、监测、预警、应急处置与救援的新技术、新设备和新工具。”第四章第四十九条规定：“禁止或者限制使用有关设备、设施，关闭或者限制使用有关场所，中止人员密集的活动或者可能导致危害扩大的生产经营活动以及采取其他保护措施。”第五十二条规定：“履行统一领导职责或者组织处置突发事件的人民政府，必要时可以向单位和个人征用应急救援所需设备、设施、场地、交通工具和其他物资。”第六十二条规定：“履行统一领导职责或者组织处置突发事件的人民政府，应当组织协调运输经营单位，优先运送处置突发事件所需物资、设备、工具、应急救援人员和受到突发事件危害的人员。”

**11.1.1.2　有关应急特种设备管理法律法规**

（1）《国务院关于修改〈特种设备安全监察条例〉的决定》是由国务院令第 549 号公布的，条例由 2009 年 1 月 14 日国务院第 46 次常务会议签署，自 2009 年 5 月 1 日起实施。

（2）《特种设备安全监察条例》是由国务院令第 373 号公布的，由 2003 年 2 月 19 日国务院第六十八次常务会议通过，自 2003 年 6 月 1 日起施行。其中，第三十一条规定：“特种设备使用单位应当制定特种设备的事故应急措施和救援预案。”第六十五条规定：“特种设备安全监督管理部门应当制定特种设备应急预

---

① 附件 5。

案。特种设备使用单位应当制定事故应急专项预案，并定期进行事故应急演练。”

### 11.1.2 我国地震应急设备管理法律评价

我国地震应急设备管理法律法规主要存在以下问题：

(1) 现有地震应急设备管理法律法规适用上的混乱与冲突。我国现有的应急设备管理类法律法规在法律适用层次上相对混乱，其中既有全国人大制定的正规性法律法规，又有一些部门规章及行政法律法规等，另外，由于关于应急事件的种类较多，并且各自适应的法律不同，致使地震应急设备管理法律法规适用上出现混乱与冲突的局面。

(2) 地震应急设备管理立法空白领域。部分地震应急设备管理类相关法律法规，适用于国内非常严重的地震灾害，但在小规模地震灾害发生时，就有点大材小用，造成各方面的资源浪费。因此，需要一部小规模地震的设备管理法规。

(3) 缺少地震应急设备管理常设性应急机构。若要及时并有效地处置地震应急设备管理突发事件，就必须多个部门相互合作，因此，地震应急设备管理常设性应急机构极为重要，这个常设机构能统率各部门，并且能有效协调多个部门应急工作。

### 11.1.3 应急设备管理法律法规改进建议

地震应急设备管理类法律法规作为非常时期的特别法，不仅要具备一般行政法的基本原则，还应具备一些其他特别的基本原则，以适应特殊时期的特殊要求，应对应急事件①。

(1) 权力集中原则。地震应急事件由于往往需要多个政府职能部门共同合作处理，因此，地震应急设备管理类法律法规应涉及大部分甚至所有应急突发事件都会涉及的所有行政权力。

(2) 方法科学原则。由于突发事件领域的特殊性，在突发事件的应急救援过程中有很强的科学性，若使用常规的政府救援模式实施救援，不仅达不到良好的救援效果，可能还会使灾害情况进一步恶化。因此，制定应急设备管理法律法规应当考虑突发事件的特殊性，根据不同的突发事件配备相应的专业化人员，体现

---

① 牛建国. 重大突发事件的法律规制建设之我见［J］. 四川省干部函授学院学报，2010（4）：70-76.

方法科学原则，达到更好的应急救援效果。

(3) 分级分类原则。由于突发事件的种类不同、强度不同，不能把所有突发事件归为一类，因此，为了更好地应对突发事件，应根据不同突发事件，分级分类设置地震应急设备的相关法律法规。

## 11.2　地震应急物资管理法律法规

在一次产品交易中，涉及多方主体的利益，那么就必须制定具有规范作用的法律去授权和制约各方主体的行为，确保形成共赢局面。在物资管理法律的基础上，应急物资管理法律则是为对突发事件下所需应急物资从储备、运输、到达目的地所涉及的经济关系进行规范而颁布的规章制度。在地震应急物资管理下，牵涉的经济关系便不再是一般生产供应链上的经济关系，而是要处理政府部门、中国地震局、应急指挥部、非政府组织、企业和群众之间协同管理的问题，弱化了经济问题。

### 11.2.1　我国地震应急物资管理法律法规

地震给人类带来的生命财产损失在地质灾害中是最大的，要明确各主体的权利与责任、规范各组织的行为以确保救灾活动的顺利进行。国家必须单独建立关于地震防治的法律体系。自唐山大地震以来，我国开始着手建立地震灾害法律体系，逐步形成了以《中华人民共和国防震减灾法》为中心，以《破坏性地震应急条例》、《地震预报管理条例》、《地震监测设施和地震观测环境保护条例》、《地震预报管理条例》、《关于加强地震和重点监视区的地震防灾工作的意见》、《地震灾情上报暂行规定》、《地震灾情速报规定》、《地质灾害防治管理办法》等为补充的法律体系。除此之外，2006 年 1 月公布的《国家自然灾害救助应急预案》，2007 年 11 月 1 日起施行的《中华人民共和国突发事件应对法》、《国家综合防灾减灾规划》也对处理地震灾害应急工作做出了贡献①。

① 孙振凯. 中国政府抗击强震迅疾有力　应对破坏性地震法律依据充足［J］. 国际地震动态，2008（5）：3.

（1）《中华人民共和国防震减灾法》。2008 年 12 月 27 日，《中华人民共和国防震减灾法》由中华人民共和国第十一届全国人民代表大会常务委员会第六次会议修订通过，自 2009 年 5 月 1 日起施行修订后的 《中华人民共和国防震减灾法》。其中，第四章第二十八条规定了应急预案中的内容要包括抢险救援人员的组织和资金、物资的准备；第三十二条规定，严重破坏性地震发生后，为了抢险救灾并维护社会秩序，国务院或者地震灾区的省、自治区、直辖市人民政府，可以在地震灾区实行对食品等基本生活必需品和药品统一发放和分配的紧急措施。第五章第三十三条规定，严重破坏性地震发生后，国务院应当对地震灾区提供救助，责成经济综合主管部门综合协调救灾工作，并会同国务院其他有关部门，统筹安排救灾资金和物资；第三十五条规定，地震灾区的县级以上地方人民政府应当组织民政和其他有关部门和单位，迅速设置避难场所和救济物资供应点，提供救济物品，妥善安排灾民生活，做好灾民的转移和安置工作；第四十条规定，任何单位和个人不得截留、挪用地震救灾资金和物资，各级人民政府审计机关应当加强对地震救灾资金使用情况的审计监督。第六章第四十六条规定，截留、挪用地震救灾资金和物资，构成犯罪的，依法追究刑事责任；尚不构成犯罪的，给予行政处分。

（2）《破坏性地震应急条例》。该条例为了加强对破坏性地震应急活动的管理，减轻地震灾害损失，保障国家财产和公民人身、财产安全，维护社会秩序而制定的，由1995 年 2 月 11 日国务院令第 172 号发布，自 1995 年 4 月 1 日起施行。其中，第四章第二十条规定，在临震应急期，有关地方人民政府有权在本行政区域内紧急调用物资、设备、人员和占用场地，任何组织或者个人都不得阻拦；调用物资、设备或者占用场地的，事后应当及时归还或者给予补偿。第五章第二十五条规定，交通、铁路、民航等部门应当尽快恢复被损毁的道路、铁路、水港、空港和有关设施，并优先保证抢险救援人员、物资的运输和灾民的疏散。其他部门有交通运输工具的，应当无条件服从抗震救灾指挥部的征用或者调用。第二十八条规定，卫生部门应当立即组织急救队伍，利用各种医疗设施或者建立临时治疗点，抢救伤员，及时检查、监测灾区的饮用水源、食品等，采取有效措施防止和控制传染病的暴发流行，并向受灾人员提供精神、心理卫生方面的帮助。医药部门应当及时提供救灾所需药品。其他部门应当配合卫生、医药部门，做好卫生防疫以及伤亡人员的抢救、处理工作。第二十九条规定，民政部门应当迅速设置避难场所和救济物资供应点，提供救济物品等，保障灾民的基本生活，做好灾民的转移和安置工作。其他部门应当支持、配合民政部门妥善安置灾民。第三十七条规定，对于贪污、挪用、盗窃地震应急工作经费或者物资的负有直接责任的主管人员和其他直接责任人员依法给予行政处分；属于违反治安管理行为的，依照治安管理处罚条例的规定给予处罚；构成犯罪的，依法追究刑事责任。

(3)《山东省防震减灾条例》。1999 年 10 月 25 日山东省第九届人民代表大会常务委员会第十一次会议通过了《山东省防震减灾条例》。其中，第四十五条规定，地震救灾资金和物资，通过国家救助、生产自救、公民互助、保险理赔、社会捐赠、自筹、信贷、国外援助等多种方式解决。救灾资金和物资必须专用，任何单位和个人不得截留、挪用。审计机关和有关部门应当加强对地震救灾资金和物资使用情况的监督。

### 11.2.2　我国地震应急物资管理法律评价

我国的地震应急法律最大的缺点就是操作性不强，实施起来十分僵化。从代表性的法律法规内容可以看出，对地震应急物资管理的储备、运输、送达、保障流程以及相关惩处的法律设立虽均有相关内容，但仅停留在阐述层面，并未有详细的运作机制。

(1) 权力不集中。在法律条例中，并未明确哪些部门具有临时调度物资的权力，在实际操作中突发情况发生需要各个部门协调配合，由于权力的不集中，部门及救援人员因无法调度一定的物资、财力去满足灾区的需求而阻碍了救援工作的进行。

(2) 物资管理法律环节考虑不详尽。在物资管理板块涉及储备管理、运输管理、供应管理和后续保障管理。地震应急物资涉及面广、体积小、种类多、数量大。在储备环节要考虑到分类合格的放置在仓库，涉及的储存建筑、储存条件必须遵循相关准则规定；在供应环节应根据具体需求发放食品、医药品等，并且要留存足够的物资数量作为灾后群众的生活保障。在整个物资流通的过程中还要对物资及负责的人员进行监督。针对这些具体的运作机制，负责部门在已有的法律法规中并未设立相关条例。

### 11.2.3 应急物资管理法律法规改进建议

以日本为参照对象，日本位于地震多发地带，境内的活火山数量多，每年发生的地震次数极其多。为了降低给国家和居民带来的损失，日本不断建立与优化国家对地震的应急预案和法律体系。

（1）加强组织层次体系构建。在应急体制中实行相对集中的管理政策，强化政府主体职能。《中华人民共和国突发事件应对法》中明确说明了地震部门为抗震救灾的管理主体[①]，应该建立以地震部门为树干，纵深横向形成各个部门分支的一个组织体系。明确各部门的权利责任，在不同严重程度的突发事件发生时采取正确、科学、适当的方法处理，达到效果优化。否则会适得其反，加重灾情。

（2）培养群众物资储备意识。日本在对普通民众进行防灾、抗灾及灾时自我救助的理念宣传教育和演练培训方面已经做到了几乎家家都有预防灾害发生的手电筒、基本药品以及饮用水和食品的储备。在专业抗灾救灾人才培养方面，日本也是迄今世界上培训机制最为健全的国家，从技术上保证应急预案的可操作性和救援工作的顺利进行[②]。

从广义上讲，地震属于突发事件，日本国内将所有的突发事件类法律法规按照事件发生的时间和阶段大致分为防灾类、救援救济类、恢复重建类以及财政支持类，同时又将众多的法律按照功能分为几个小的部分，横纵均有联络，很好地保证了突发事件发生时能够有法可依。其中也包括地震灾害法律体系，值得我国的地震灾害立法工作研究、学习和借鉴。

---

① 郎爱云. 论地震部门在震后抗震救灾指挥工作中的地位和职能——兼论地震法律制度的衔接和《破坏性地震应急条例》的修改［J］. 法制与社会（旬刊），2013（16）：189-190.

② 李婉. 论我国突发事件应急管理的法律制度构建——以健全我国突发事件应急管理法律体系为中心［D］. 西南政法大学，2009.

# 附 件

## 附件 1 中华人民共和国防震减灾法

（1997 年 12 月 29 日第八届全国人民代表大会常务委员会第二十九次会议通过 2008 年 12 月 27 日第十一届全国人民代表大会常务委员会第六次会议修订）

### 目 录



### 第一章 总 则

**第一条** 为了防御和减轻地震灾害，保护人民生命和财产安全，促进经济社会的可持续发展，制定本法。

**第二条** 在中华人民共和国领域和中华人民共和国管辖的其他海域从事地震

监测预报、地震灾害预防、地震应急救援、地震灾后过渡性安置和恢复重建等防震减灾活动，适用本法。

**第三条** 防震减灾工作，实行预防为主、防御与救助相结合的方针。

**第四条** 县级以上人民政府应当加强对防震减灾工作的领导，将防震减灾工作纳入本级国民经济和社会发展规划，所需经费列入财政预算。

**第五条** 在国务院的领导下，国务院地震工作主管部门和国务院经济综合宏观调控、建设、民政、卫生、公安以及其他有关部门，按照职责分工，各负其责，密切配合，共同做好防震减灾工作。

县级以上地方人民政府负责管理地震工作的部门或者机构和其他有关部门在本级人民政府领导下，按照职责分工，各负其责，密切配合，共同做好本行政区域的防震减灾工作。

**第六条** 国务院抗震救灾指挥机构负责统一领导、指挥和协调全国抗震救灾工作。县级以上地方人民政府抗震救灾指挥机构负责统一领导、指挥和协调本行政区域的抗震救灾工作。

国务院地震工作主管部门和县级以上地方人民政府负责管理地震工作的部门或者机构，承担本级人民政府抗震救灾指挥机构的日常工作。

**第七条** 各级人民政府应当组织开展防震减灾知识的宣传教育，增强公民的防震减灾意识，提高全社会的防震减灾能力。

**第八条** 任何单位和个人都有依法参加防震减灾活动的义务。

国家鼓励、引导社会组织和个人开展地震群测群防活动，对地震进行监测和预防。

国家鼓励、引导志愿者参加防震减灾活动。

**第九条** 中国人民解放军、中国人民武装警察部队和民兵组织，依照本法以及其他有关法律、行政法规、军事法规的规定和国务院、中央军事委员会的命令，执行抗震救灾任务，保护人民生命和财产安全。

**第十条** 从事防震减灾活动，应当遵守国家有关防震减灾标准。

**第十一条** 国家鼓励、支持防震减灾的科学技术研究，逐步提高防震减灾科学技术研究经费投入，推广先进的科学研究成果，加强国际合作与交流，提高防震减灾工作水平。

对在防震减灾工作中做出突出贡献的单位和个人，按照国家有关规定给予表彰和奖励。

## 第二章 防震减灾规划

**第十二条** 国务院地震工作主管部门会同国务院有关部门组织编制国家防震减灾规划，报国务院批准后组织实施。

县级以上地方人民政府负责管理地震工作的部门或者机构会同同级有关部门，根据上一级防震减灾规划和本行政区域的实际情况，组织编制本行政区域的防震减灾规划，报本级人民政府批准后组织实施，并报上一级人民政府负责管理地震工作的部门或者机构备案。

**第十三条** 编制防震减灾规划，应当遵循统筹安排、突出重点、合理布局、全面预防的原则，以震情和震害预测结果为依据，并充分考虑人民生命和财产安全及经济社会发展、资源环境保护等需要。

县级以上地方人民政府有关部门应当根据编制防震减灾规划的需要，及时提供有关资料。

**第十四条** 防震减灾规划的内容应当包括：震情形势和防震减灾总体目标，地震监测台网建设布局，地震灾害预防措施，地震应急救援措施，以及防震减灾技术、信息、资金、物资等保障措施。

编制防震减灾规划，应当对地震重点监视防御区的地震监测台网建设、震情跟踪、地震灾害预防措施、地震应急准备、防震减灾知识宣传教育等作出具体安排。

**第十五条** 防震减灾规划报送审批前，组织编制机关应当征求有关部门、单位、专家和公众的意见。

防震减灾规划报送审批文件中应当附具意见采纳情况及理由。

**第十六条** 防震减灾规划一经批准公布，应当严格执行；因震情形势变化和经济社会发展的需要确需修改的，应当按照原审批程序报送审批。

## 第三章 地震监测预报

**第十七条** 国家加强地震监测预报工作，建立多学科地震监测系统，逐步提高地震监测预报水平。

**第十八条** 国家对地震监测台网实行统一规划，分级、分类管理。

国务院地震工作主管部门和县级以上地方人民政府负责管理地震工作的部门或者机构，按照国务院有关规定，制定地震监测台网规划。

全国地震监测台网由国家级地震监测台网、省级地震监测台网和市、县级地震监测台网组成，其建设资金和运行经费列入财政预算。

**第十九条** 水库、油田、核电站等重大建设工程的建设单位，应当按照国务院有关规定，建设专用地震监测台网或者强震动监测设施，其建设资金和运行经费由建设单位承担。

**第二十条** 地震监测台网的建设，应当遵守法律、法规和国家有关标准，保证建设质量。

**第二十一条** 地震监测台网不得擅自中止或者终止运行。

检测、传递、分析、处理、存贮、报送地震监测信息的单位，应当保证地震监测信息的质量和安全。

县级以上地方人民政府应当组织相关单位为地震监测台网的运行提供通信、交通、电力等保障条件。

**第二十二条** 沿海县级以上地方人民政府负责管理地震工作的部门或者机构，应当加强海域地震活动监测预测工作。海域地震发生后，县级以上地方人民政府负责管理地震工作的部门或者机构，应当及时向海洋主管部门和当地海事管理机构等通报情况。

火山所在地的县级以上地方人民政府负责管理地震工作的部门或者机构，应当利用地震监测设施和技术手段，加强火山活动监测预测工作。

**第二十三条** 国家依法保护地震监测设施和地震观测环境。

任何单位和个人不得侵占、毁损、拆除或者擅自移动地震监测设施。地震监测设施遭到破坏的，县级以上地方人民政府负责管理地震工作的部门或者机构应当采取紧急措施组织修复，确保地震监测设施正常运行。

任何单位和个人不得危害地震观测环境。国务院地震工作主管部门和县级以上地方人民政府负责管理地震工作的部门或者机构会同同级有关部门，按照国务院有关规定划定地震观测环境保护范围，并纳入土地利用总体规划和城乡规划。

**第二十四条** 新建、扩建、改建建设工程，应当避免对地震监测设施和地震观测环境造成危害。建设国家重点工程，确实无法避免对地震监测设施和地震观测环境造成危害的，建设单位应当按照县级以上地方人民政府负责管理地震工作的部门或者机构的要求，增建抗干扰设施；不能增建抗干扰设施的，应当新建地震监测设施。

对地震观测环境保护范围内的建设工程项目，城乡规划主管部门在依法核发选址意见书时，应当征求负责管理地震工作的部门或者机构的意见；不需要核发选址意见书的，城乡规划主管部门在依法核发建设用地规划许可证或者乡村建设规划许可证时，应当征求负责管理地震工作的部门或者机构的意见。

**第二十五条** 国务院地震工作主管部门建立健全地震监测信息共享平台，为社会提供服务。

县级以上地方人民政府负责管理地震工作的部门或者机构，应当将地震监测信息及时报送上一级人民政府负责管理地震工作的部门或者机构。

专用地震监测台网和强震动监测设施的管理单位，应当将地震监测信息及时报送所在地省、自治区、直辖市人民政府负责管理地震工作的部门或者机构。

**第二十六条** 国务院地震工作主管部门和县级以上地方人民政府负责管理地震工作的部门或者机构，根据地震监测信息研究结果，对可能发生地震的地点、时间和震级作出预测。

其他单位和个人通过研究提出的地震预测意见，应当向所在地或者所预测地的县级以上地方人民政府负责管理地震工作的部门或者机构书面报告，或者直接向国务院地震工作主管部门书面报告。收到书面报告的部门或者机构应当进行登记并出具接收凭证。

**第二十七条** 观测到可能与地震有关的异常现象的单位和个人，可以向所在地县级以上地方人民政府负责管理地震工作的部门或者机构报告，也可以直接向国务院地震工作主管部门报告。

国务院地震工作主管部门和县级以上地方人民政府负责管理地震工作的部门或者机构接到报告后，应当进行登记并及时组织调查核实。

**第二十八条** 国务院地震工作主管部门和省、自治区、直辖市人民政府负责管理地震工作的部门或者机构，应当组织召开震情会商会，必要时邀请有关部门、专家和其他有关人员参加，对地震预测意见和可能与地震有关的异常现象进行综合分析研究，形成震情会商意见，报本级人民政府；经震情会商形成地震预报意见的，在报本级人民政府前，应当进行评审，作出评审结果，并提出对策建议。

**第二十九条** 国家对地震预报意见实行统一发布制度。

全国范围内的地震长期和中期预报意见，由国务院发布。省、自治区、直辖市行政区域内的地震预报意见，由省、自治区、直辖市人民政府按照国务院规定的程序发布。

除发表本人或者本单位对长期、中期地震活动趋势的研究成果及进行相关学术交流外，任何单位和个人不得向社会散布地震预测意见。任何单位和个人不得向社会散布地震预报意见及其评审结果。

**第三十条** 国务院地震工作主管部门根据地震活动趋势和震害预测结果，提出确定地震重点监视防御区的意见，报国务院批准。

国务院地震工作主管部门应当加强地震重点监视防御区的震情跟踪，对地震活动趋势进行分析评估，提出年度防震减灾工作意见，报国务院批准后实施。

地震重点监视防御区的县级以上地方人民政府应当根据年度防震减灾工作意见和当地的地震活动趋势，组织有关部门加强防震减灾工作。

地震重点监视防御区的县级以上地方人民政府负责管理地震工作的部门或者机构，应当增加地震监测台网密度，组织做好震情跟踪、流动观测和可能与地震有关的异常现象观测以及群测群防工作，并及时将有关情况报上一级人民政府负责管理地震工作的部门或者机构。

**第三十一条** 国家支持全国地震烈度速报系统的建设。

地震灾害发生后，国务院地震工作主管部门应当通过全国地震烈度速报系统快速判断致灾程度，为指挥抗震救灾工作提供依据。

**第三十二条** 国务院地震工作主管部门和县级以上地方人民政府负责管理地震工作的部门或者机构，应当对发生地震灾害的区域加强地震监测，在地震现场设立流动观测点，根据震情的发展变化，及时对地震活动趋势作出分析、判定，为余震防范工作提供依据。

国务院地震工作主管部门和县级以上地方人民政府负责管理地震工作的部门或者机构、地震监测台网的管理单位，应当及时收集、保存有关地震的资料和信息，并建立完整的档案。

**第三十三条** 外国的组织或者个人在中华人民共和国领域和中华人民共和国管辖的其他海域从事地震监测活动，必须经国务院地震工作主管部门会同有关部门批准，并采取与中华人民共和国有关部门或者单位合作的形式进行。

## 第四章　地震灾害预防

**第三十四条**　国务院地震工作主管部门负责制定全国地震烈度区划图或者地震动参数区划图。

国务院地震工作主管部门和省、自治区、直辖市人民政府负责管理地震工作的部门或者机构，负责审定建设工程的地震安全性评价报告，确定抗震设防要求。

**第三十五条**　新建、扩建、改建建设工程，应当达到抗震设防要求。

重大建设工程和可能发生严重次生灾害的建设工程，应当按照国务院有关规定进行地震安全性评价，并按照经审定的地震安全性评价报告所确定的抗震设防要求进行抗震设防。建设工程的地震安全性评价单位应当按照国家有关标准进行地震安全性评价，并对地震安全性评价报告的质量负责。

前款规定以外的建设工程，应当按照地震烈度区划图或者地震动参数区划图所确定的抗震设防要求进行抗震设防；对学校、医院等人员密集场所的建设工程，应当按照高于当地房屋建筑的抗震设防要求进行设计和施工，采取有效措施，增强抗震设防能力。

**第三十六条**　有关建设工程的强制性标准，应当与抗震设防要求相衔接。

**第三十七条**　国家鼓励城市人民政府组织制定地震小区划图。地震小区划图由国务院地震工作主管部门负责审定。

**第三十八条**　建设单位对建设工程的抗震设计、施工的全过程负责。

设计单位应当按照抗震设防要求和工程建设强制性标准进行抗震设计，并对抗震设计的质量以及出具的施工图设计文件的准确性负责。

施工单位应当按照施工图设计文件和工程建设强制性标准进行施工，并对施工质量负责。

建设单位、施工单位应当选用符合施工图设计文件和国家有关标准规定的材料、构配件和设备。

工程监理单位应当按照施工图设计文件和工程建设强制性标准实施监理，并对施工质量承担监理责任。

**第三十九条**　已经建成的下列建设工程，未采取抗震设防措施或者抗震设防措施未达到抗震设防要求的，应当按照国家有关规定进行抗震性能鉴定，并采取必要的抗震加固措施：

（一）重大建设工程；

（二）可能发生严重次生灾害的建设工程；

（三）具有重大历史、科学、艺术价值或者重要纪念意义的建设工程；

（四）学校、医院等人员密集场所的建设工程；

（五）地震重点监视防御区内的建设工程。

**第四十条** 县级以上地方人民政府应当加强对农村村民住宅和乡村公共设施抗震设防的管理，组织开展农村实用抗震技术的研究和开发，推广达到抗震设防要求、经济适用、具有当地特色的建筑设计和施工技术，培训相关技术人员，建设示范工程，逐步提高农村村民住宅和乡村公共设施的抗震设防水平。

国家对需要抗震设防的农村村民住宅和乡村公共设施给予必要支持。

**第四十一条** 城乡规划应当根据地震应急避难的需要，合理确定应急疏散通道和应急避难场所，统筹安排地震应急避难所必需的交通、供水、供电、排污等基础设施建设。

**第四十二条** 地震重点监视防御区的县级以上地方人民政府应当根据实际需要，在本级财政预算和物资储备中安排抗震救灾资金、物资。

**第四十三条** 国家鼓励、支持研究开发和推广使用符合抗震设防要求、经济实用的新技术、新工艺、新材料。

**第四十四条** 县级人民政府及其有关部门和乡、镇人民政府、城市街道办事处等基层组织，应当组织开展地震应急知识的宣传普及活动和必要的地震应急救援演练，提高公民在地震灾害中自救互救的能力。

机关、团体、企业、事业等单位，应当按照所在地人民政府的要求，结合各自实际情况，加强对本单位人员的地震应急知识宣传教育，开展地震应急救援演练。

学校应当进行地震应急知识教育，组织开展必要的地震应急救援演练，培养学生的安全意识和自救互救能力。

新闻媒体应当开展地震灾害预防和应急、自救互救知识的公益宣传。

国务院地震工作主管部门和县级以上地方人民政府负责管理地震工作的部门或者机构，应当指导、协助、督促有关单位做好防震减灾知识的宣传教育和地震应急救援演练等工作。

**第四十五条** 国家发展有财政支持的地震灾害保险事业，鼓励单位和个人参加地震灾害保险。

## 第五章 地震应急救援

**第四十六条** 国务院地震工作主管部门会同国务院有关部门制定国家地震应急预案，报国务院批准。国务院有关部门根据国家地震应急预案，制定本部门的地震应急预案，报国务院地震工作主管部门备案。

县级以上地方人民政府及其有关部门和乡、镇人民政府，应当根据有关法律、法规、规章、上级人民政府及其有关部门的地震应急预案和本行政区域的实际情况，制定本行政区域的地震应急预案和本部门的地震应急预案。省、自治区、直辖市和较大的市的地震应急预案，应当报国务院地震工作主管部门备案。

交通、铁路、水利、电力、通信等基础设施和学校、医院等人员密集场所的经营管理单位，以及可能发生次生灾害的核电、矿山、危险物品等生产经营单位，应当制定地震应急预案，并报所在地的县级人民政府负责管理地震工作的部门或者机构备案。

**第四十七条** 地震应急预案的内容应当包括：组织指挥体系及其职责，预防和预警机制，处置程序，应急响应和应急保障措施等。

地震应急预案应当根据实际情况适时修订。

**第四十八条** 地震预报意见发布后，有关省、自治区、直辖市人民政府根据预报的震情可以宣布有关区域进入临震应急期；有关地方人民政府应当按照地震应急预案，组织有关部门做好应急防范和抗震救灾准备工作。

**第四十九条** 按照社会危害程度、影响范围等因素，地震灾害分为一般、较大、重大和特别重大四级。具体分级标准按照国务院规定执行。

一般或者较大地震灾害发生后，地震发生地的市、县人民政府负责组织有关部门启动地震应急预案；重大地震灾害发生后，地震发生地的省、自治区、直辖市人民政府负责组织有关部门启动地震应急预案；特别重大地震灾害发生后，国务院负责组织有关部门启动地震应急预案。

**第五十条** 地震灾害发生后，抗震救灾指挥机构应当立即组织有关部门和单位迅速查清受灾情况，提出地震应急救援力量的配置方案，并采取以下紧急措施：

（一）迅速组织抢救被压埋人员，并组织有关单位和人员开展自救互救；

（二）迅速组织实施紧急医疗救护，协调伤员转移和接收与救治；

（三）迅速组织抢修毁损的交通、铁路、水利、电力、通信等基础设施；

（四）启用应急避难场所或者设置临时避难场所，设置救济物资供应点，提供救济物品、简易住所和临时住所，及时转移和安置受灾群众，确保饮用水消毒和水质安全，积极开展卫生防疫，妥善安排受灾群众生活；

（五）迅速控制危险源，封锁危险场所，做好次生灾害的排查与监测预警工作，防范地震可能引发的火灾、水灾、爆炸、山体滑坡和崩塌、泥石流、地面塌陷，或者剧毒、强腐蚀性、放射性物质大量泄漏等次生灾害以及传染病疫情的发生；

（六）依法采取维持社会秩序、维护社会治安的必要措施。

**第五十一条** 特别重大地震灾害发生后，国务院抗震救灾指挥机构在地震灾区成立现场指挥机构，并根据需要设立相应的工作组，统一组织领导、指挥和协调抗震救灾工作。

各级人民政府及有关部门和单位、中国人民解放军、中国人民武装警察部队和民兵组织，应当按照统一部署，分工负责，密切配合，共同做好地震应急救援工作。

**第五十二条** 地震灾区的县级以上地方人民政府应当及时将地震震情和灾情等信息向上一级人民政府报告，必要时可以越级上报，不得迟报、谎报、瞒报。

地震震情、灾情和抗震救灾等信息按照国务院有关规定实行归口管理，统一、准确、及时发布。

**第五十三条** 国家鼓励、扶持地震应急救援新技术和装备的研究开发，调运和储备必要的应急救援设施、装备，提高应急救援水平。

**第五十四条** 国务院建立国家地震灾害紧急救援队伍。

省、自治区、直辖市人民政府和地震重点监视防御区的市、县人民政府可以根据实际需要，充分利用消防等现有队伍，按照一队多用、专职与兼职相结合的原则，建立地震灾害紧急救援队伍。

地震灾害紧急救援队伍应当配备相应的装备、器材，开展培训和演练，提高地震灾害紧急救援能力。

地震灾害紧急救援队伍在实施救援时，应当首先对倒塌建筑物、构筑物压埋人员进行紧急救援。

**第五十五条** 县级以上人民政府有关部门应当按照职责分工，协调配合，采取有效措施，保障地震灾害紧急救援队伍和医疗救治队伍快速、高效地开展地震灾害紧急救援活动。

**第五十六条** 县级以上地方人民政府及其有关部门可以建立地震灾害救援志愿者队伍，并组织开展地震应急救援知识培训和演练，使志愿者掌握必要的地震应急救援技能，增强地震灾害应急救援能力。

**第五十七条** 国务院地震工作主管部门会同有关部门和单位，组织协调外国救援队和医疗队在中华人民共和国开展地震灾害紧急救援活动。

国务院抗震救灾指挥机构负责外国救援队和医疗队的统筹调度，并根据其专业特长，科学、合理地安排紧急救援任务。

地震灾区的地方各级人民政府，应当对外国救援队和医疗队开展紧急救援活动予以支持和配合。

## 第六章 地震灾后过渡性安置和恢复重建

**第五十八条** 国务院或者地震灾区的省、自治区、直辖市人民政府应当及时组织对地震灾害损失进行调查评估，为地震应急救援、灾后过渡性安置和恢复重建提供依据。

地震灾害损失调查评估的具体工作，由国务院地震工作主管部门或者地震灾区的省、自治区、直辖市人民政府负责管理地震工作的部门或者机构和财政、建设、民政等有关部门按照国务院的规定承担。

**第五十九条** 地震灾区受灾群众需要过渡性安置的，应当根据地震灾区的实际情况，在确保安全的前提下，采取灵活多样的方式进行安置。

**第六十条** 过渡性安置点应当设置在交通条件便利、方便受灾群众恢复生产和生活的区域，并避开地震活动断层和可能发生严重次生灾害的区域。

过渡性安置点的规模应当适度，并采取相应的防灾、防疫措施，配套建设必要的基础设施和公共服务设施，确保受灾群众的安全和基本生活需要。

**第六十一条** 实施过渡性安置应当尽量保护农用地，并避免对自然保护区、饮用水水源保护区以及生态脆弱区域造成破坏。

过渡性安置用地按照临时用地安排，可以先行使用，事后依法办理有关用地手续；到期未转为永久性用地的，应当复垦后交还原土地使用者。

**第六十二条** 过渡性安置点所在地的县级人民政府，应当组织有关部门加强对次生灾害、饮用水水质、食品卫生、疫情等的监测，开展流行病学调查，整治环境卫生，避免对土壤、水环境等造成污染。

过渡性安置点所在地的公安机关，应当加强治安管理，依法打击各种违法犯罪行为，维护正常的社会秩序。

**第六十三条** 地震灾区的县级以上地方人民政府及其有关部门和乡、镇人民政府，应当及时组织修复毁损的农业生产设施，提供农业生产技术指导，尽快恢复农业生产；优先恢复供电、供水、供气等企业的生产，并对大型骨干企业恢复生产提供支持，为全面恢复农业、工业、服务业生产经营提供条件。

**第六十四条** 各级人民政府应当加强对地震灾后恢复重建工作的领导、组织和协调。

县级以上人民政府有关部门应当在本级人民政府领导下，按照职责分工，密切配合，采取有效措施，共同做好地震灾后恢复重建工作。

**第六十五条** 国务院有关部门应当组织有关专家开展地震活动对相关建设工程破坏机理的调查评估，为修订完善有关建设工程的强制性标准、采取抗震设防措施提供科学依据。

**第六十六条** 特别重大地震灾害发生后，国务院经济综合宏观调控部门会同国务院有关部门与地震灾区的省、自治区、直辖市人民政府共同组织编制地震灾后恢复重建规划，报国务院批准后组织实施；重大、较大、一般地震灾害发生后，由地震灾区的省、自治区、直辖市人民政府根据实际需要组织编制地震灾后恢复重建规划。

地震灾害损失调查评估获得的地质、勘察、测绘、土地、气象、水文、环境等基础资料和经国务院地震工作主管部门复核的地震动参数区划图，应当作为编制地震灾后恢复重建规划的依据。

编制地震灾后恢复重建规划，应当征求有关部门、单位、专家和公众特别是地震灾区受灾群众的意见；重大事项应当组织有关专家进行专题论证。

**第六十七条** 地震灾后恢复重建规划应当根据地质条件和地震活动断层分布以及资源环境承载能力，重点对城镇和乡村的布局、基础设施和公共服务设施的建设、防灾减灾和生态环境以及自然资源和历史文化遗产保护等作出安排。

地震灾区内需要异地新建的城镇和乡村的选址以及地震灾后重建工程的选址，应当符合地震灾后恢复重建规划和抗震设防、防灾减灾要求，避开地震活动断层或者生态脆弱和可能发生洪水、山体滑坡和崩塌、泥石流、地面塌陷等灾害的区域以及传染病自然疫源地。

**第六十八条**　地震灾区的地方各级人民政府应当根据地震灾后恢复重建规划和当地经济社会发展水平，有计划、分步骤地组织实施地震灾后恢复重建。

**第六十九条**　地震灾区的县级以上地方人民政府应当组织有关部门和专家，根据地震灾害损失调查评估结果，制定清理保护方案，明确典型地震遗址、遗迹和文物保护单位以及具有历史价值与民族特色的建筑物、构筑物的保护范围和措施。

对地震灾害现场的清理，按照清理保护方案分区、分类进行，并依照法律、行政法规和国家有关规定，妥善清理、转运和处置有关放射性物质、危险废物和有毒化学品，开展防疫工作，防止传染病和重大动物疫情的发生。

**第七十条**　地震灾后恢复重建，应当统筹安排交通、铁路、水利、电力、通信、供水、供电等基础设施和市政公用设施，学校、医院、文化、商贸服务、防灾减灾、环境保护等公共服务设施，以及住房和无障碍设施的建设，合理确定建设规模和时序。

乡村的地震灾后恢复重建，应当尊重村民意愿，发挥村民自治组织的作用，以群众自建为主，政府补助、社会帮扶、对口支援，因地制宜，节约和集约利用土地，保护耕地。

少数民族聚居的地方的地震灾后恢复重建，应当尊重当地群众的意愿。

**第七十一条**　地震灾区的县级以上地方人民政府应当组织有关部门和单位，抢救、保护与收集整理有关档案、资料，对因地震灾害遗失、毁损的档案、资料，及时补充和恢复。

**第七十二条**　地震灾后恢复重建应当坚持政府主导、社会参与和市场运作相结合的原则。

地震灾区的地方各级人民政府应当组织受灾群众和企业开展生产自救，自力更生、艰苦奋斗、勤俭节约，尽快恢复生产。

国家对地震灾后恢复重建给予财政支持、税收优惠和金融扶持，并提供物资、技术和人力等支持。

**第七十三条**　地震灾区的地方各级人民政府应当组织做好救助、救治、康复、补偿、抚慰、抚恤、安置、心理援助、法律服务、公共文化服务等工作。

各级人民政府及有关部门应当做好受灾群众的就业工作，鼓励企业、事业单位优先吸纳符合条件的受灾群众就业。

**第七十四条** 对地震灾后恢复重建中需要办理行政审批手续的事项，有审批权的人民政府及有关部门应当按照方便群众、简化手续、提高效率的原则，依法及时予以办理。

## 第七章 监督管理

**第七十五条** 县级以上人民政府依法加强对防震减灾规划和地震应急预案的编制与实施、地震应急避难场所的设置与管理、地震灾害紧急救援队伍的培训、防震减灾知识宣传教育和地震应急救援演练等工作的监督检查。

县级以上人民政府有关部门应当加强对地震应急救援、地震灾后过渡性安置和恢复重建的物资的质量安全的监督检查。

**第七十六条** 县级以上人民政府建设、交通、铁路、水利、电力、地震等有关部门应当按照职责分工，加强对工程建设强制性标准、抗震设防要求执行情况和地震安全性评价工作的监督检查。

**第七十七条** 禁止侵占、截留、挪用地震应急救援、地震灾后过渡性安置和恢复重建的资金、物资。

县级以上人民政府有关部门对地震应急救援、地震灾后过渡性安置和恢复重建的资金、物资以及社会捐赠款物的使用情况，依法加强管理和监督，予以公布，并对资金、物资的筹集、分配、拨付、使用情况登记造册，建立健全档案。

**第七十八条** 地震灾区的地方人民政府应当定期公布地震应急救援、地震灾后过渡性安置和恢复重建的资金、物资以及社会捐赠款物的来源、数量、发放和使用情况，接受社会监督。

**第七十九条** 审计机关应当加强对地震应急救援、地震灾后过渡性安置和恢复重建的资金、物资的筹集、分配、拨付、使用的审计，并及时公布审计结果。

**第八十条** 监察机关应当加强对参与防震减灾工作的国家行政机关和法律、法规授权的具有管理公共事务职能的组织及其工作人员的监察。

**第八十一条** 任何单位和个人对防震减灾活动中的违法行为，有权进行举报。

接到举报的人民政府或者有关部门应当进行调查，依法处理，并为举报人保密。

## 第八章 法律责任

**第八十二条** 国务院地震工作主管部门、县级以上地方人民政府负责管理地震工作的部门或者机构，以及其他依照本法规定行使监督管理权的部门，不依法作出行政许可或者办理批准文件的，发现违法行为或者接到对违法行为的举报后不予查处的，或者有其他未依照本法规定履行职责的行为的，对直接负责的主管人员和其他直接责任人员，依法给予处分。

**第八十三条** 未按照法律、法规和国家有关标准进行地震监测台网建设的，由国务院地震工作主管部门或者县级以上地方人民政府负责管理地震工作的部门或者机构责令改正，采取相应的补救措施；对直接负责的主管人员和其他直接责任人员，依法给予处分。

**第八十四条** 违反本法规定，有下列行为之一的，由国务院地震工作主管部门或者县级以上地方人民政府负责管理地震工作的部门或者机构责令停止违法行为，恢复原状或者采取其他补救措施；造成损失的，依法承担赔偿责任：

（一）侵占、毁损、拆除或者擅自移动地震监测设施的；

（二）危害地震观测环境的；

（三）破坏典型地震遗址、遗迹的。

单位有前款所列违法行为，情节严重的，处 2 万元以上 20 万元以下的罚款；个人有前款所列违法行为，情节严重的，处 2000 元以下的罚款。构成违反治安管理行为的，由公安机关依法给予处罚。

**第八十五条** 违反本法规定，未按照要求增建抗干扰设施或者新建地震监测设施的，由国务院地震工作主管部门或者县级以上地方人民政府负责管理地震工作的部门或者机构责令限期改正；逾期不改正的，处 2 万元以上 20 万元以下的罚款；造成损失的，依法承担赔偿责任。

**第八十六条** 违反本法规定，外国的组织或者个人未经批准，在中华人民共和国领域和中华人民共和国管辖的其他海域从事地震监测活动的，由国务院地震工作主管部门责令停止违法行为，没收监测成果和监测设施，并处 1 万元以上 10 万元以下的罚款；情节严重的，并处 10 万元以上 50 万元以下的罚款。

外国人有前款规定行为的，除依照前款规定处罚外，还应当依照外国人入境出境管理法律的规定缩短其在中华人民共和国停留的期限或者取消其在中华人民共和国居留的资格；情节严重的，限期出境或者驱逐出境。

**第八十七条** 未依法进行地震安全性评价，或者未按照地震安全性评价报告所确定的抗震设防要求进行抗震设防的，由国务院地震工作主管部门或者县级以上地方人民政府负责管理地震工作的部门或者机构责令限期改正；逾期不改正的，处 3 万元以上 30 万元以下的罚款。

**第八十八条** 违反本法规定，向社会散布地震预测意见、地震预报意见及其评审结果，或者在地震灾后过渡性安置、地震灾后恢复重建中扰乱社会秩序，构成违反治安管理行为的，由公安机关依法给予处罚。

**第八十九条** 地震灾区的县级以上地方人民政府迟报、谎报、瞒报地震震情、灾情等信息的，由上级人民政府责令改正；对直接负责的主管人员和其他直接责任人员，依法给予处分。

**第九十条** 侵占、截留、挪用地震应急救援、地震灾后过渡性安置或者地震灾后恢复重建的资金、物资的，由财政部门、审计机关在各自职责范围内，责令改正，追回被侵占、截留、挪用的资金、物资；有违法所得的，没收违法所得；对单位给予警告或者通报批评；对直接负责的主管人员和其他直接责任人员，依法给予处分。

**第九十一条** 违反本法规定，构成犯罪的，依法追究刑事责任。

## 第九章　附　则

**第九十二条** 本法下列用语的含义：

（一）地震监测设施，是指用于地震信息检测、传输和处理的设备、仪器和装置以及配套的监测场地。

（二）地震观测环境，是指按照国家有关标准划定的保障地震监测设施不受干扰、能够正常发挥工作效能的空间范围。

（三）重大建设工程，是指对社会有重大价值或者有重大影响的工程。

（四）可能发生严重次生灾害的建设工程，是指受地震破坏后可能引发水灾、火灾、爆炸，或者剧毒、强腐蚀性、放射性物质大量泄漏，以及其他严重次生灾害的建设工程，包括水库大坝和贮油、贮气设施，贮存易燃易爆或者剧毒、强腐蚀性、放射性物质的设施，以及其他可能发生严重次生灾害的建设工程。

（五）地震烈度区划图，是指以地震烈度（以等级表示的地震影响强弱程度）

为指标，将全国划分为不同抗震设防要求区域的图件。

（六）地震动参数区划图，是指以地震动参数（以加速度表示地震作用强弱程度）为指标，将全国划分为不同抗震设防要求区域的图件。

（七）地震小区划图，是指根据某一区域的具体场地条件，对该区域的抗震设防要求进行详细划分的图件。

**第九十三条**　本法自 2009 年 5 月 1 日起施行。

# 附件 2　破坏性地震应急条例

（1995 年 2 月 11 日中华人民共和国国务院令第 172 号公布，自 1995 年 4 月 1 日起施行）

## 目　录



## 第一章　总　则

**第一条**　为了加强对破坏性地震应急活动的管理，减轻地震灾害损失，保障国家财产和公民人身、财产安全，维护社会秩序，制定本条例。

**第二条**　在中华人民共和国境内从事破坏性地震应急活动，必须遵守本条例。

**第三条**　地震应急工作实行政府领导、统一管理和分级、分部门负责的原则。

**第四条**　各级人民政府应当加强地震应急的宣传、教育工作，提高社会防震减灾意识。

**第五条**　任何组织和个人都有参加地震应急活动的义务。

中国人民解放军和中国人民武装警察部队是地震应急工作的重要力量。

## 第二章　应急机构

**第六条**　国务院防震减灾工作主管部门指导和监督全国地震应急工作。国务院有关部门按照各自的职责，具体负责本部门的地震应急工作。

**第七条** 造成特大损失的严重破坏性地震发生后，国务院设立抗震救灾指挥部，国务院防震减灾工作主管部门为其办事机构；国务院有关部门设立本部门的地震应急机构。

**第八条** 县级以上地方人民政府防震减灾工作主管部门指导和监督本行政区域内的地震应急工作。

破坏性地震发生后，有关县级以上地方人民政府应当设立抗震救灾指挥部，对本行政区域内的地震应急工作实行集中领导，其办事机构设在本级人民政府防震减灾工作主管部门或者本级人民政府指定的其他部门；国务院另有规定的，从其规定。

## 第三章　应急预案

**第九条** 国家的破坏性地震应急预案，由国务院防震减灾工作主管部门会同国务院有关部门制定，报国务院批准。

**第十条** 国务院有关部门应当根据国家的破坏性地震应急预案，制定本部门的破坏性地震应急预案，并报国务院防震减灾工作主管部门备案。

**第十一条** 根据地震灾害预测，可能发生破坏性地震地区的县级以上地方人民政府防震减灾工作主管部门应当会同同级有关部门以及有关单位，参照国家的破坏性地震应急预案，制定本行政区域内的破坏性地震应急预案，报本级人民政府批准；省、自治区和人口在100万以上的城市的破坏性地震应急预案，还应当报国务院防震减灾工作主管部门备案。

**第十二条** 部门和地方制定破坏性地震应急预案，应当从本部门或者本地区的实际情况出发，做到切实可行。

**第十三条** 破坏性地震应急预案应当包括下列主要内容：

（一）应急机构的组成和职责；

（二）应急通信保障；

（三）抢险救援的人员、资金、物资准备；

（四）灾害评估准备；

（五）应急行动方案。

**第十四条** 制定破坏性地震应急预案的部门和地方，应当根据震情的变化以及实施中发现的问题，及时对其制定的破坏性地震应急预案进行修订、补充；涉及重大事项调整的，应当报经原批准机关同意。

## 第四章　临震应急

**第十五条**　地震临震预报，由省、自治区、直辖市人民政府依照国务院有关发布地震预报的规定统一发布，其他任何组织或者个人不得发布地震预报。

任何组织或者个人都不得传播有关地震的谣言。发生地震谣传时，防震减灾工作主管部门应当协助人民政府迅速予以平息和澄清。

**第十六条**　破坏性地震临震预报发布后，有关省、自治区、直辖市人民政府可以宣布预报区进入临震应急期，并指明临震应急期的起止时间。

临震应急期一般为 10 日；必要时，可以延长 10 日。

**第十七条**　在临震应急期，有关地方人民政府应当根据震情，统一部署破坏性地震应急预案的实施工作，并对临震应急活动中发生的争议采取紧急处理措施。

**第十八条**　在临震应急期，各级防震减灾工作主管部门应当协助本级人民政府对实施破坏性地震应急预案工作进行检查。

**第十九条**　在临震应急期，有关地方人民政府应当根据实际情况，向预报区的居民以及其他人员提出避震撤离的劝告；情况紧急时，应当有组织地进行避震疏散。

**第二十条**　在临震应急期，有关地方人民政府有权在本行政区域内紧急调用物资、设备、人员和占用场地，任何组织或者个人都不得阻拦；调用物资、设备或者占用场地的，事后应当及时归还或者给予补偿。

**第二十一条**　在临震应急期，有关部门应当对生命线工程和次生灾害源采取紧急防护措施。

## 第五章　震后应急

**第二十二条**　破坏性地震发生后，有关的省、自治区、直辖市人民政府应当宣布灾区进入震后应急期，并指明震后应急期的起止时间。

震后应急期一般为 10 日；必要时，可以延长 20 日。

**第二十三条**　破坏性地震发生后，抗震救灾指挥部应当及时组织实施破坏性地震应急预案，及时将震情、灾情及其发展趋势等信息报告上一级人民政府。

**第二十四条**　防震减灾工作主管部门应当加强现场地震监测预报工作，并及时会同有关部门评估地震灾害损失；灾情调查结果，应当及时报告本级人民政府抗震救灾指挥部和上一级防震减灾工作主管部门。

**第二十五条** 交通、铁路、民航等部门应当尽快恢复被损毁的道路、铁路、水港、空港和有关设施，并优先保证抢险救援人员、物资的运输和灾民的疏散。其他部门有交通运输工具的，应当无条件服从抗震救灾指挥部的征用或者调用。

**第二十六条** 通信部门应当尽快恢复被破坏的通信设施，保证抗震救灾通信畅通。其他部门有通信设施的，应当优先为破坏性地震应急工作服务。

**第二十七条** 供水、供电部门应当尽快恢复被破坏的供水、供电设施，保证灾区用水、用电。

**第二十八条** 卫生部门应当立即组织急救队伍，利用各种医疗设施或者建立临时治疗点，抢救伤员，及时检查、监测灾区的饮用水水源、食品等，采取有效措施防止和控制传染病的暴发流行，并向受灾人员提供精神、心理卫生方面的帮助。医药部门应当及时提供救灾所需药品。其他部门应当配合卫生、医药部门，做好卫生防疫以及伤亡人员的抢救、处理工作。

**第二十九条** 民政部门应当迅速设置避难场所和救济物资供应点，提供救济物品等，保障灾民的基本生活，做好灾民的转移和安置工作。其他部门应当支持、配合民政部门妥善安置灾民。

**第三十条** 公安部门应当加强灾区的治安管理和安全保卫工作，预防和制止各种破坏活动，维护社会治安，保证抢险救灾工作顺利进行，尽快恢复社会秩序。

**第三十一条** 石油、化工、水利、电力、建设等部门和单位以及危险品生产、储运等单位，应当按照各自的职责，对可能发生或者已经发生次生灾害的地点和设施采取紧急处置措施，并加强监视、控制，防止灾害扩展。

公安消防机构应当严密监视灾区火灾的发生；出现火灾时，应当组织力量抢救人员和物资，并采取有效防范措施，防止火势扩大、蔓延。

**第三十二条** 广播电台、电视台等新闻单位应当根据抗震救灾指挥部提供的情况，按照规定及时向公众发布震情、灾情等有关信息，并做好宣传、报道工作。

**第三十三条** 抗震救灾指挥部可以请求非灾区的人民政府接受并妥善安置灾民和提供其他救援。

**第三十四条** 破坏性地震发生后，国内非灾区提供的紧急救援，由抗震救灾指挥部负责接受和安排；国际社会提供的紧急救援，由国务院民政部门负责接受和安排；国外红十字会和国际社会通过中国红十字会提供的紧急救援，由中国红十字会负责接受和安排。

**第三十五条** 因严重破坏性地震应急的需要，可以在灾区实行特别管制措施。省、自治区、直辖市行政区域内的特别管制措施，由省、自治区、直辖市人民政府决定；跨省、自治区、直辖市的特别管制措施，由有关省、自治区、直辖市人民政府共同决定或者由国务院决定；中断干线交通或者封锁国境的特别管制措施，由国务院决定。

特别管制措施的解除，由原决定机关宣布。

## 第六章 奖励和处罚

**第三十六条** 在破坏性地震应急活动中有下列事迹之一的，由其所在单位、上级机关或者防震减灾工作主管部门给予表彰或者奖励：

（一）出色完成破坏性地震应急任务的；

（二）保护国家、集体和公民的财产或者抢救人员有功的；

（三）及时排除险情，防止灾害扩大，成绩显著的；

（四）对地震应急工作提出重大建议，实施效果显著的；

（五）因震情、灾情测报准确和信息传递及时而减轻灾害损失的；

（六）及时供应用于应急救灾的物资和工具或者节约经费开支，成绩显著的；

（七）有其他特殊贡献的。

**第三十七条** 有下列行为之一的，对负有直接责任的主管人员和其他直接责任人员依法给予行政处分；属于违反治安管理行为的，依照治安管理处罚法的规定给予处罚；构成犯罪的，依法追究刑事责任：

（一）不按照本条例规定制定破坏性地震应急预案的；

（二）不按照破坏性地震应急预案的规定和抗震救灾指挥部的要求实施破坏性地震应急预案的；

（三）违抗抗震救灾指挥部命令，拒不承担地震应急任务的；

（四）阻挠抗震救灾指挥部紧急调用物资、人员或者占用场地的；

（五）贪污、挪用、盗窃地震应急工作经费或者物资的；

（六）有特定责任的国家工作人员在临震应急期或者震后应急期不坚守岗位，不及时掌握震情、灾情，临阵脱逃或者玩忽职守的；

（七）在临震应急期或者震后应急期哄抢国家、集体或者公民的财产的；

（八）阻碍抗震救灾人员执行职务或者进行破坏活动的；

（九）不按照规定和实际情况报告灾情的；

（十）散布谣言，扰乱社会秩序，影响破坏性地震应急工作的；

（十一）有对破坏性地震应急工作造成危害的其他行为的。

## 第七章 附 则

**第三十八条** 本条例下列用语的含义：

（一）“地震应急”，是指为了减轻地震灾害而采取的不同于正常工作程序的紧急防灾和抢险行动；

（二）“破坏性地震”，是指造成一定数量的人员伤亡和经济损失的地震事件；

（三）“严重破坏性地震”，是指造成严重的人员伤亡和经济损失，使灾区丧失或者部分丧失自我恢复能力，需要国家采取对抗行动的地震事件；

（四）“生命线工程”，是指对社会生活、生产有重大影响的交通、通信、供水、排水、供电、供气、输油等工程系统；

（五）“次生灾害源”，是指因地震而可能引发水灾、火灾、爆炸等灾害的易燃易爆物品、有毒物质贮存设施、水坝、堤岸等。

**第三十九条** 本条例自 1995 年 4 月 1 日起施行。

# 附件 3　地震监测管理条例

中华人民共和国国务院令第 409 号

《地震监测管理条例》已经 2004 年 6 月 4 日国务院第 52 次常务会议通过，现予以公布，自 2004 年 9 月 1 日起施行。

总理　温家宝

二〇〇四年六月十七日

## 第一章　总　则

**第一条**　为了加强对地震监测活动的管理，提高地震监测能力，根据《中华人民共和国防震减灾法》的有关规定，制定本条例。

**第二条**　本条例适用于地震监测台网的规划、建设和管理以及地震监测设施和地震观测环境的保护。

**第三条**　地震监测工作是服务于经济建设、国防建设和社会发展的公益事业。

县级以上人民政府应当将地震监测工作纳入本级国民经济和社会发展规划。

**第四条**　国家对地震监测台网实行统一规划，分级、分类管理。

**第五条**　国务院地震工作主管部门负责全国地震监测的监督管理工作。

县级以上地方人民政府负责管理地震工作的部门或者机构，负责本行政区域内地震监测的监督管理工作。

**第六条**　国家鼓励、支持地震监测的科学研究，推广应用先进的地震监测技术，开展地震监测的国际合作与交流。

有关地方人民政府应当支持少数民族地区、边远贫困地区和海岛的地震监测台网的建设和运行。

**第七条**　外国的组织或者个人在中华人民共和国领域和中华人民共和国管辖的其他海域从事地震监测活动，必须与中华人民共和国有关部门或者单位合作进行，并经国务院地震工作主管部门批准。

从事前款规定的活动，必须遵守中华人民共和国的有关法律、法规的规定，并不得涉及国家秘密和危害国家安全。

## 第二章 地震监测台网的规划和建设

**第八条** 全国地震监测台网，由国家地震监测台网、省级地震监测台网和市、县地震监测台网组成。

专用地震监测台网和有关单位、个人建设的社会地震监测台站（点）是全国地震监测台网的补充。

**第九条** 编制地震监测台网规划，应当坚持布局合理、资源共享的原则，并与土地利用总体规划和城乡规划相协调。

**第十条** 全国地震监测台网总体规划和国家地震监测台网规划，由国务院地震工作主管部门根据全国地震监测预报方案商国务院有关部门制定，并负责组织实施。

省级地震监测台网规划，由省、自治区、直辖市人民政府负责管理地震工作的部门或者机构，根据全国地震监测台网总体规划和本行政区域地震监测预报方案制定，报本级人民政府批准后实施。

市、县地震监测台网规划，由市、县人民政府负责管理地震工作的部门或者机构，根据省级地震监测台网规划制定，报本级人民政府批准后实施。

**第十一条** 省级地震监测台网规划和市、县地震监测台网规划需要变更的，应当报原批准机关批准。

**第十二条** 全国地震监测台网和专用地震监测台网的建设，应当遵守法律、法规和国家有关标准，符合国家规定的固定资产投资项目建设程序，保证台网建设质量。

全国地震监测台网的建设，应当依法实行招投标。

**第十三条** 建设全国地震监测台网和专用地震监测台网，应当按照国务院地震工作主管部门的规定，采用符合国家标准、行业标准或者有关地震监测的技术要求的设备和软件。

**第十四条** 下列建设工程应当建设专用地震监测台网：

（一）坝高 100 米以上、库容 5 亿立方米以上，且可能诱发 5 级以上地震的水库；

（二）受地震破坏后可能引发严重次生灾害的油田、矿山、石油化工等重大建设工程。

**第十五条** 核电站、水库大坝、特大桥梁、发射塔等重大建设工程应当按照国家有关规定，设置强震动监测设施。

**第十六条** 建设单位应当将专用地震监测台网、强震动监测设施的建设情况，报所在地省、自治区、直辖市人民政府负责管理地震工作的部门或者机构备案。

**第十七条** 国家鼓励利用废弃的油井、矿井和人防工程进行地震监测。

利用废弃的油井、矿井和人防工程进行地震监测的，应当采取相应的安全保障措施。

**第十八条** 全国地震监测台网的建设资金和运行经费，按照事权和财权相统一的原则，由中央和地方财政承担。

专用地震监测台网、强震动监测设施的建设资金和运行经费，由建设单位承担。

## 第三章 地震监测台网的管理

**第十九条** 全国地震监测台网正式运行后，不得擅自中止或者终止；确需中止或者终止的，国家地震监测台网和省级地震监测台网必须经国务院地震工作主管部门批准，市、县地震监测台网必须经省、自治区、直辖市人民政府负责管理地震工作的部门或者机构批准，并报国务院地震工作主管部门备案。

专用地震监测台网中止或者终止运行的，应当报所在地省、自治区、直辖市人民政府负责管理地震工作的部门或者机构备案。

**第二十条** 国务院地震工作主管部门和县级以上地方人民政府负责管理地震工作的部门或者机构，应当对专用地震监测台网和社会地震监测台站（点）的运行予以指导。

**第二十一条** 县级以上地方人民政府应当为全国地震监测台网的运行提供必要的通信、交通、水、电等条件保障。

全国地震监测台网、专用地震监测台网的运行受到影响时，当地人民政府应当组织有关部门采取紧急措施，尽快恢复地震监测台网的正常运行。

**第二十二条** 检测、传递、分析、处理、存贮、报送地震监测信息的单位，应当保证地震监测信息的安全和质量。

**第二十三条** 专用地震监测台网和强震动监测设施的管理单位，应当将地震监测信息及时报送所在地省、自治区、直辖市人民政府负责管理地震工作的部门或者机构。

**第二十四条** 国务院地震工作主管部门和县级以上地方人民政府负责管理地震工作的部门或者机构，应当加强对从事地震监测工作人员的业务培训，提高其专业技术水平。

## 第四章 地震监测设施和地震观测环境的保护

**第二十五条** 国家依法保护地震监测设施和地震观测环境。

地震监测设施所在地的市、县人民政府应当加强对地震监测设施和地震观测环境的保护工作。

任何单位和个人都有依法保护地震监测设施和地震观测环境的义务，对危害、破坏地震监测设施和地震观测环境的行为有权举报。

**第二十六条** 禁止占用、拆除、损坏下列地震监测设施：

（一）地震监测仪器、设备和装置；

（二）供地震监测使用的山洞、观测井（泉）；

（三）地震监测台网中心、中继站、遥测点的用房；

（四）地震监测标志；

（五）地震监测专用无线通信频段、信道和通信设施；

（六）用于地震监测的供电、供水设施。

**第二十七条** 地震观测环境应当按照地震监测设施周围不能有影响其工作效能的干扰源的要求划定保护范围。具体保护范围，由县级以上人民政府负责管理地震工作的部门或者机构会同其他有关部门，按照国家有关标准规定的最小距离划定。

国家有关标准对地震监测设施保护的最小距离尚未作出规定的，由县级以上人民政府负责管理地震工作的部门或者机构会同其他有关部门，按照国家有关标准规定的测试方法、计算公式等，通过现场实测确定。

**第二十八条** 除依法从事本条例第三十二条、第三十三条规定的建设活动外，禁止在已划定的地震观测环境保护范围内从事下列活动：

（一）爆破、采矿、采石、钻井、抽水、注水；

（二）在测震观测环境保护范围内设置无线信号发射装置、进行振动作业和往复机械运动；

（三）在电磁观测环境保护范围内铺设金属管线、电力电缆线路、堆放磁性物品和设置高频电磁辐射装置；

（四）在地形变观测环境保护范围内进行振动作业；

（五）在地下流体观测环境保护范围内堆积和填埋垃圾、进行污水处理；

（六）在观测线和观测标志周围设置障碍物或者擅自移动地震观测标志。

**第二十九条** 县级以上地方人民政府负责管理地震工作的部门或者机构，应当会同有关部门在地震监测设施附近设立保护标志，标明地震监测设施和地震观测环境保护的要求。

**第三十条** 县级以上地方人民政府负责管理地震工作的部门或者机构，应当将本行政区域内的地震监测设施的分布地点及其保护范围，报告当地人民政府，并通报同级公安机关和国土资源、城乡规划、测绘等部门。

**第三十一条** 土地利用总体规划和城乡规划应当考虑保护地震监测设施和地震观测环境的需要。

**第三十二条** 新建、扩建、改建建设工程，应当遵循国家有关测震、电磁、形变、流体等地震观测环境保护的标准，避免对地震监测设施和地震观测环境造成危害。对在地震观测环境保护范围内的建设工程项目，县级以上地方人民政府城乡规划主管部门在核发选址意见书时，应当事先征求同级人民政府负责管理地震工作的部门或者机构的意见；负责管理地震工作的部门或者机构应当在 10 日内反馈意见。

**第三十三条** 建设国家重点工程，确实无法避免对地震监测设施和地震观测环境造成破坏的，建设单位应当按照县级以上地方人民政府负责管理地震工作的部门或者机构的要求，增建抗干扰设施或者新建地震监测设施后，方可进行建设。

需要新建地震监测设施的，县级以上地方人民政府负责管理地震工作的部门或者机构，可以要求新建地震监测设施正常运行 1 年以后，再拆除原地震监测设施。

本条第一款、第二款规定的措施所需费用，由建设单位承担。

## 第五章 法律责任

**第三十四条** 违反本条例的规定，国务院地震工作主管部门和县级以上地方人民政府负责管理地震工作的部门或者机构的工作人员，不履行监督管理职责，发现违法行为不予查处或者有其他滥用职权、玩忽职守、徇私舞弊行为，构成犯罪的，依照刑法有关规定追究刑事责任；尚不构成犯罪的，对主管人员和其他直接责任人员依法给予行政处分。

**第三十五条** 违反本条例的规定，有下列行为之一的，由国务院地震工作主管部门或者县级以上地方人民政府负责管理地震工作的部门或者机构责令改正，并要求采取相应的补救措施，对主管人员和其他直接责任人员，依法给予行政处分：

（一）未按照有关法律、法规和国家有关标准进行地震监测台网建设的；

（二）未按照国务院地震工作主管部门的规定采用地震监测设备和软件的；

（三）擅自中止或者终止地震监测台网运行的。

**第三十六条** 有本条例第二十六条、第二十八条所列行为之一的，由国务院地震工作主管部门或者县级以上地方人民政府负责管理地震工作的部门或者机构给予警告，责令停止违法行为，对个人可以处 5000 元以下的罚款，对单位处 2 万元以上 10 万元以下的罚款；构成犯罪的，依法追究刑事责任；造成损失的，依法承担赔偿责任。

**第三十七条** 违反本条例的规定，建设单位从事建设活动时，未按照要求增建抗干扰设施或者新建地震监测设施，对地震监测设施或者地震观测环境造成破坏的，由国务院地震工作主管部门或者县级以上地方人民政府负责管理地震工作的部门或者机构责令改正，限期恢复原状或者采取相应的补救措施；情节严重的，依照《中华人民共和国防震减灾法》第八十五条的规定处以罚款；构成犯罪的，依法追究刑事责任；造成损失的，依法承担赔偿责任。

**第三十八条** 违反本条例的规定，外国的组织或者个人未经批准，擅自在中华人民共和国领域和中华人民共和国管辖的其他海域进行地震监测活动的，由国务院地震工作主管部门责令停止违法行为，没收监测成果和监测设施，并处 1 万元以上 10 万元以下的罚款；情节严重的，处 10 万元以上 50 万元以下的罚款。

## 第六章　附　则

**第三十九条**　火山监测的管理，参照本条例执行。

**第四十条**　本条例自2004年9月1日起施行。1994年1月10日国务院发布的《地震监测设施和地震观测环境保护条例》同时废止。

# 附件4　国家地震应急预案

（2012年8月28日修订）

## 1　总则

### 1.1　编制目的

依法科学统一、有力有序有效地实施地震应急，最大程度减少人员伤亡和经济损失，维护社会正常秩序。

### 1.2　编制依据

《中华人民共和国突发事件应对法》、《中华人民共和国防震减灾法》等法律法规和国家突发事件总体应急预案等。

### 1.3　适用范围

本预案适用于我国发生地震及火山灾害和国外发生造成重大影响地震及火山灾害的应对工作。

### 1.4　工作原则

抗震救灾工作坚持统一领导、军地联动，分级负责、属地为主，资源共享、快速反应的工作原则。地震灾害发生后，地方人民政府和有关部门立即自动按照职责分工和相关预案开展前期处置工作。省级人民政府是应对本行政区域特别重大、重大地震灾害的主体。根据省级人民政府地震应急的需求，国家地震应急给予必要的协调和支持。

## 2　组织体系

### 2.1　国家抗震救灾指挥机构

国务院抗震救灾指挥部负责统一领导、指挥和协调全国抗震救灾工作。地震局承担国务院抗震救灾指挥部日常工作。

必要时，成立国务院抗震救灾总指挥部，负责统一领导、指挥和协调全国抗震救灾工作；在地震灾区成立现场指挥机构，在国务院抗震救灾指挥机构的领导下开展工作。

### 2.2 地方抗震救灾指挥机构

县级以上地方人民政府抗震救灾指挥部负责统一领导、指挥和协调本行政区域的抗震救灾工作。地方有关部门和单位、当地解放军、武警部队和民兵组织等，按照职责分工，各负其责，密切配合，共同做好抗震救灾工作。

## 3 响应机制

### 3.1 地震灾害分级

地震灾害分为特别重大、重大、较大、一般四级。

(1) 特别重大地震灾害是指造成300人以上死亡（含失踪），或者直接经济损失占地震发生地（省、区、市）上年国内生产总值1%以上的地震灾害。

当人口较密集地区发生7.0级以上地震，人口密集地区发生6.0级以上地震，初判为特别重大地震灾害。

(2) 重大地震灾害是指造成50人以上、300人以下死亡（含失踪）或者造成严重经济损失的地震灾害。

当人口较密集地区发生6.0级以上、7.0级以下地震，人口密集地区发生5.0级以上、6.0级以下地震，初判为重大地震灾害。

(3) 较大地震灾害是指造成10人以上、50人以下死亡（含失踪）或者造成较重经济损失的地震灾害。

当人口较密集地区发生5.0级以上、6.0级以下地震，人口密集地区发生4.0级以上、5.0级以下地震，初判为较大地震灾害。

(4) 一般地震灾害是指造成10人以下死亡（含失踪）或者造成一定经济损失的地震灾害。

当人口较密集地区发生4.0级以上、5.0级以下地震，初判为一般地震灾害。

### 3.2 分级响应

根据地震灾害分级情况，将地震灾害应急响应分为Ⅰ级、Ⅱ级、Ⅲ级和Ⅳ级。

应对特别重大地震灾害，启动Ⅰ级响应。由灾区所在省级抗震救灾指挥部领导灾区地震应急工作；国务院抗震救灾指挥机构负责统一领导、指挥和协调全国抗震救灾工作。

应对重大地震灾害，启动Ⅱ级响应。由灾区所在省级抗震救灾指挥部领导灾区地震应急工作；国务院抗震救灾指挥部根据情况，组织协调有关部门和单位开展国家地震应急工作。

应对较大地震灾害，启动Ⅲ级响应。在灾区所在省级抗震救灾指挥部的支持下，由灾区所在市级抗震救灾指挥部领导灾区地震应急工作。中国地震局等国家有关部门和单位根据灾区需求，协助做好抗震救灾工作。

应对一般地震灾害，启动Ⅳ级响应。在灾区所在省、市级抗震救灾指挥部的支持下，由灾区所在县级抗震救灾指挥部领导灾区地震应急工作。中国地震局等国家有关部门和单位根据灾区需求，协助做好抗震救灾工作。

地震发生在边疆地区、少数民族聚居地区和其他特殊地区，可根据需要适当提高响应级别。地震应急响应启动后，可视灾情及其发展情况对响应级别及时进行相应调整，避免响应不足或响应过度。

## 4 监测报告

### 4.1 地震监测预报

中国地震局负责收集和管理全国各类地震观测数据，提出地震重点监视防御区和年度防震减灾工作意见。各级地震工作主管部门和机构加强震情跟踪监测、预测预报和群测群防工作，及时对地震预测意见和可能与地震有关的异常现象进行综合分析研判。省级人民政府根据预报的震情决策发布临震预报，组织预报区加强应急防范措施。

### 4.2 震情速报

地震发生后，中国地震局快速完成地震发生时间、地点、震级、震源深度等速报参数的测定，报国务院，同时通报有关部门，并及时续报有关情况。

### 4.3 灾情报告

地震灾害发生后，灾区所在县级以上地方人民政府及时将震情、灾情等信息报上级人民政府，必要时可越级上报。发生特别重大、重大地震灾害，民政部、中国地震局等部门迅速组织开展现场灾情收集、分析研判工作，报国务院，并及时续报有关情况。公安、安全生产监管、交通、铁道、水利、建设、教育、卫生等有关部门及时将收集了解的情况报国务院。

## 5　应急响应

各有关地方和部门根据灾情和抗灾救灾需要，采取以下措施。

### 5.1　搜救人员

立即组织基层应急队伍和广大群众开展自救互救，同时组织协调当地解放军、武警部队、地震、消防、建筑和市政等各方面救援力量，调配大型吊车、起重机、千斤顶、生命探测仪等救援装备，抢救被掩埋人员。现场救援队伍之间加强衔接和配合，合理划分责任区边界，遇有危险时及时传递警报，做好自身安全防护。

### 5.2　开展医疗救治和卫生防疫

迅速组织协调应急医疗队伍赶赴现场，抢救受伤群众，必要时建立战地医院或医疗点，实施现场救治。加强救护车、医疗器械、药品和血浆的组织调度，特别是加大对重灾区及偏远地区医疗器械、药品供应，确保被救人员得到及时医治，最大程度减少伤员致死、致残。统筹周边地区的医疗资源，根据需要分流重伤员，实施异地救治。开展灾后心理援助。

加强灾区卫生防疫工作。及时对灾区水源进行监测消毒，加强食品和饮用水卫生监督；妥善处置遇难者遗体，做好死亡动物、医疗废弃物、生活垃圾、粪便等消毒和无害化处理；加强鼠疫、狂犬病的监测、防控和处理，及时接种疫苗；实行重大传染病和突发卫生事件每日报告制度。

### 5.3　安置受灾群众

开放应急避难场所，组织筹集和调运食品、饮用水、衣被、帐篷、移动厕所等各类救灾物资，解决受灾群众吃饭、饮水、穿衣、住处等问题；在受灾村镇、街道设置生活用品发放点，确保生活用品的有序发放；根据需要组织生产、调运、安装活动板房和简易房；在受灾群众集中安置点配备必要的消防设备器材，严防火灾发生。救灾物资优先保证学校、医院、福利院的需要；优先安置孤儿、孤老及残疾人员，确保其基本生活。鼓励采取投亲靠友等方式，广泛动员社会力量安置受灾群众。

做好遇难人员的善后工作，抚慰遇难者家属；积极创造条件，组织灾区学校复课。

### 5.4 抢修基础设施

抢通修复因灾损毁的机场、铁路、公路、桥梁、隧道等交通设施，协调运力，优先保证应急抢险救援人员、救灾物资和伤病人员的运输需要。抢修供电、供水、供气、通信、广播电视等基础设施，保障灾区群众基本生活需要和应急工作需要。

### 5.5 加强现场监测

地震局组织布设或恢复地震现场测震和前兆台站，实时跟踪地震序列活动，密切监视震情发展，对震区及全国震情形势进行研判。气象局加强气象监测，密切关注灾区重大气象变化。灾区所在地抗震救灾指挥部安排专业力量加强空气、水源、土壤污染监测，减轻或消除污染危害。

### 5.6 防御次生灾害

加强次生灾害监测预警，防范因强余震和降雨形成的滑坡、泥石流、滚石等造成新的人员伤亡和交通堵塞；组织专家对水库、水电站、堤坝、堰塞湖等开展险情排查、评估和除险加固，必要时组织下游危险地区人员转移。

加强危险化学品生产储存设备、输油气管道、输配电线路的受损情况排查，及时采取安全防范措施；对核电站等核工业生产科研重点设施，做好事故防范处置工作。

### 5.7 维护社会治安

严厉打击盗窃、抢劫、哄抢救灾物资、借机传播谣言制造社会恐慌等违法犯罪行为；在受灾群众安置点、救灾物资存放点等重点地区，增设临时警务站，加强治安巡逻，增强灾区群众的安全感；加强对党政机关、要害部门、金融单位、储备仓库、监狱等重要场所的警戒，做好涉灾矛盾纠纷化解和法律服务工作，维护社会稳定。

### 5.8 开展社会动员

灾区所在地抗震救灾指挥部明确专门的组织机构或人员，加强志愿服务管理；及时开通志愿服务联系电话，统一接收志愿者组织报名，做好志愿者派遣和相关服务工作；根据灾区需求、交通运输等情况，向社会公布志愿服务需求指南，引导志愿者安全有序参与。

视情开展为灾区人民捐款捐物活动，加强救灾捐赠的组织发动和款物接收、统计、分配、使用、公示反馈等各环节工作。

必要时，组织非灾区人民政府，通过提供人力、物力、财力、智力等形式，对灾区群众生活安置、伤员救治、卫生防疫、基础设施抢修和生产恢复等开展对口支援。

**5.9　加强涉外事务管理**

及时向相关国家和地区驻华机构通报相关情况；协调安排国外救援队入境救援行动，按规定办理外事手续，分配救援任务，做好相关保障；加强境外救援物资的接受和管理，按规定做好检验检疫、登记管理等工作；适时组织安排境外新闻媒体进行采访。

**5.10　发布信息**

各级抗震救灾指挥机构按照分级响应原则，分别负责相应级别地震灾害信息发布工作，回应社会关切。信息发布要统一、及时、准确、客观。

**5.11　开展灾害调查与评估**

地震局开展地震烈度、发震构造、地震宏观异常现象、工程结构震害特征、地震社会影响和各种地震地质灾害调查等。民政、地震、国土资源、建设、环境保护等有关部门，深入调查灾区范围、受灾人口、成灾人口、人员伤亡数量、建筑物和基础设施破坏程度、环境影响程度等，组织专家开展灾害损失评估。

**5.12　应急结束**

在抢险救灾工作基本结束、紧急转移和安置工作基本完成、地震次生灾害的后果基本消除，以及交通、电力、通信和供水等基本抢修抢通、灾区生活秩序基本恢复后，由启动应急响应的原机关决定终止应急响应。

## 6　指挥与协调

**6.1　特别重大地震灾害**

6.1.1　先期保障

特别重大地震灾害发生后，根据中国地震局的信息通报，有关部门立即组织做好灾情航空侦察和机场、通信等先期保障工作。

（1）测绘地信局、民航局、总参谋部等迅速组织协调出动飞行器开展灾情航空侦察。

（2）总参谋部、民航局采取必要措施保障相关机场的有序运转，组织修复灾区机场或开辟临时机场，并实行必要的飞行管制措施，保障抗震救灾工作需要。

（3）工业和信息化部按照国家通信保障应急预案及时采取应对措施，抢修受损通信设施，协调应急通信资源，优先保障抗震救灾指挥通信联络和信息传递畅通。自有通信系统的部门尽快恢复本部门受到损坏的通信设施，协助保障应急救援指挥通信畅通。

6.1.2　地方政府应急处置

省级抗震救灾指挥部立即组织各类专业抢险救灾队伍开展人员搜救、医疗救护、受灾群众安置等，组织抢修重大关键基础设施，保护重要目标；国务院启动Ⅰ级响应后，按照国务院抗震救灾指挥机构的统一部署，领导和组织实施本行政区域抗震救灾工作。

灾区所在市（地）、县级抗震救灾指挥部立即发动基层干部群众开展自救互救，组织基层抢险救灾队伍开展人员搜救和医疗救护，开放应急避难场所，及时转移和安置受灾群众，防范次生灾害，维护社会治安，同时提出需要支援的应急措施建议；按照上级抗震救灾指挥机构的安排部署，领导和组织实施本行政区域抗震救灾工作。

6.1.3　国家应急处置

中国地震局或灾区所在省级人民政府向国务院提出实施国家地震应急Ⅰ级响应和需采取应急措施的建议，国务院决定启动Ⅰ级响应，由国务院抗震救灾指挥机构负责统一领导、指挥和协调全国抗震救灾工作。必要时，国务院直接决定启动Ⅰ级响应。

国务院抗震救灾指挥机构根据需要设立抢险救援、群众生活保障、医疗救治和卫生防疫、基础设施保障和生产恢复、地震监测和次生灾害防范处置、社会治安、救灾捐赠与涉外事务、涉港澳台事务、国外救援队伍协调事务、地震灾害调查及灾情损失评估、信息发布及宣传报道等工作组，国务院办公厅履行信息汇总和综合协调职责，发挥运转枢纽作用。国务院抗震救灾指挥机构组织有关地区和部门开展以下工作：

（1）派遣公安消防部队、地震灾害紧急救援队、矿山和危险化学品救护队、医疗卫生救援队伍等各类专业抢险救援队伍，协调解放军和武警部队派遣专业队伍，赶赴灾区抢救被压埋幸存者和被困群众。

（2）组织跨地区调运救灾帐篷、生活必需品等救灾物资和装备，支援灾区，保障受灾群众的吃、穿、住等基本生活需要。

（3）支援灾区开展伤病员和受灾群众医疗救治、卫生防疫、心理援助工作，根据需要组织实施跨地区大范围转移救治伤员，恢复灾区医疗卫生服务能力和秩序。

（4）组织抢修通信、电力、交通等基础设施，保障抢险救援通信、电力以及救灾人员和物资交通运输的畅通。

（5）指导开展重大危险源、重要目标物、重大关键基础设施隐患排查与监测预警，防范次生衍生灾害。对于已经受到破坏的，组织快速抢险救援。

（6）派出地震现场监测与分析预报工作队伍，布设或恢复地震现场测震和前兆台站，密切监视震情发展，指导做好余震防范工作。

（7）协调加强重要目标警戒和治安管理，预防和打击各种违法犯罪活动，指导做好涉灾矛盾纠纷化解和法律服务工作，维护社会稳定。

（8）组织有关部门和单位、非灾区省级人民政府以及企事业单位、志愿者等社会力量对灾区进行紧急支援。

（9）视情实施限制前往或途经灾区旅游、跨省（区、市）和干线交通管制等特别管制措施。

（10）组织统一发布灾情和抗震救灾信息，指导做好抗震救灾宣传报道工作，正确引导国内外舆论。

（11）其他重要事项。

必要时，国务院抗震救灾指挥机构在地震灾区成立现场指挥机构，负责开展以下工作：

（1）了解灾区抗震救灾工作进展和灾区需求情况，督促落实国务院抗震救灾指挥机构工作部署。

（2）根据灾区省级人民政府请求，协调有关部门和地方调集应急物资、装备。

（3）协调指导国家有关专业抢险救援队伍以及各方面支援力量参与抗震救灾行动。

（4）协调公安、交通运输、铁路、民航等部门和地方提供交通运输保障。

（5）协调安排灾区伤病群众转移治疗。

（6）协调相关部门支持协助地方人民政府处置重大次生衍生灾害。

（7）国务院抗震救灾指挥机构部署的其他任务。

### 6.2 重大地震灾害

6.2.1 地方政府应急处置

省级抗震救灾指挥部制订抢险救援力量及救灾物资装备配置方案，协调驻地解放军、武警部队，组织各类专业抢险救灾队伍开展人员搜救、医疗救护、灾民安置、次生灾害防范和应急恢复等工作。需要国务院支持的事项，由省级人民政府向国务院提出建议。

灾区所在市（地）、县级抗震救灾指挥部迅速组织开展自救互救、抢险救灾等先期处置工作，同时提出需要支援的应急措施建议；按照上级抗震救灾指挥机构的安排部署，领导和组织实施本行政区域抗震救灾工作。

6.2.2 国家应急处置

中国地震局向国务院抗震救灾指挥部上报相关信息，提出应对措施建议，同时通报有关部门。国务院抗震救灾指挥部根据应对工作需要，或者灾区所在省级人民政府请求或国务院有关部门建议，采取以下一项或多项应急措施：

（1）派遣公安消防部队、地震灾害紧急救援队、矿山和危险化学品救护队、医疗卫生救援队伍等专业抢险救援队伍，赶赴灾区抢救被压埋幸存者和被困群众，转移救治伤病员，开展卫生防疫等。必要时，协调解放军、武警部队派遣专业队伍参与应急救援。

（2）组织调运救灾帐篷、生活必需品等抗震救灾物资。

（3）指导、协助抢修通信、广播电视、电力、交通等基础设施。

（4）根据需要派出地震监测和次生灾害防范、群众生活、医疗救治和卫生防疫、基础设施恢复等工作组，赴灾区协助、指导开展抗震救灾工作。

（5）协调非灾区省级人民政府对灾区进行紧急支援。

（6）需要国务院抗震救灾指挥部协调解决的其他事项。

### 6.3 较大、一般地震灾害

市（地）、县级抗震救灾指挥部组织各类专业抢险救灾队伍开展人员搜救、医疗救护、灾民安置、次生灾害防范和应急恢复等工作。省级抗震救灾指挥部根据应对工作实际需要或下级抗震救灾指挥部请求，协调派遣专业技术力量和救援队伍，组织调运抗震救灾物资装备，指导市（地）、县开展抗震救灾各项工作；必要时，请求国家有关部门予以支持。

根据灾区需求，中国地震局等国家有关部门和单位协助地方做好地震监测、趋势判定、房屋安全性鉴定和灾害损失调查评估，以及支援物资调运、灾民安置和社会稳定等工作。必要时，派遣公安消防部队、地震灾害紧急救援队和医疗卫生救援队伍赴灾区开展紧急救援行动。

## 7 恢复重建

### 7.1 恢复重建规划

特别重大地震灾害发生后，按照国务院决策部署，国务院有关部门和灾区省级人民政府组织编制灾后恢复重建规划；重大、较大、一般地震灾害发生后，灾区省级人民政府根据实际工作需要组织编制地震灾后恢复重建规划。

### 7.2 恢复重建实施

灾区地方各级人民政府应当根据灾后恢复重建规划和当地经济社会发展水平，有计划、分步骤地组织实施本行政区域灾后恢复重建。上级人民政府有关部门对灾区恢复重建规划的实施给予支持和指导。

## 8 保障措施

### 8.1 队伍保障

国务院有关部门、解放军、武警部队、县级以上地方人民政府加强地震灾害紧急救援、公安消防、陆地搜寻与救护、矿山和危险化学品救护、医疗卫生救援等专业抢险救灾队伍建设，配备必要的物资装备，经常性开展协同演练，提高共同应对地震灾害的能力。

城市供水、供电、供气等生命线工程设施产权单位、管理或者生产经营单位加强抢险抢修队伍建设。

乡（镇）人民政府、街道办事处组织动员社会各方面力量，建立基层地震抢险救灾队伍，加强日常管理和培训。各地区、各有关部门发挥共青团和红十字会作用，依托社会团体、企事业单位及社区建立地震应急救援志愿者队伍，形成广泛参与地震应急救援的社会动员机制。

各级地震工作主管部门加强地震应急专家队伍建设，为应急指挥辅助决策、地震监测和趋势判断、地震灾害紧急救援、灾害损失评估、地震烈度考察、房屋安全鉴定等提供人才保障。各有关研究机构加强地震监测、地震预测、地震区划、应急处置技术、搜索与营救、建筑物抗震技术等方面的研究，提供技术支撑。

**8.2 指挥平台保障**

各级地震工作主管部门综合利用自动监测、通信、计算机、遥感等技术，建立健全地震应急指挥技术系统，形成上下贯通、反应灵敏、功能完善、统一高效的地震应急指挥平台，实现震情灾情快速响应、应急指挥决策、灾害损失快速评估与动态跟踪、地震趋势判断的快速反馈，保障各级人民政府在抗震救灾中进行合理调度、科学决策和准确指挥。

**8.3 物资与资金保障**

国务院有关部门建立健全应急物资储备网络和生产、调拨及紧急配送体系，保障地震灾害应急工作所需生活救助物资、地震救援和工程抢险装备、医疗器械和药品等的生产供应。县级以上地方人民政府及其有关部门根据有关法律法规，做好应急物资储备工作，并通过与有关生产经营企业签订协议等方式，保障应急物资、生活必需品和应急处置装备的生产、供给。

县级以上人民政府保障抗震救灾工作所需经费。中央财政对达到国家级灾害应急响应、受地震灾害影响较大和财政困难的地区给予适当支持。

**8.4 避难场所保障**

县级以上地方人民政府及其有关部门，利用广场、绿地、公园、学校、体育场馆等公共设施，因地制宜设立地震应急避难场所，统筹安排所必需的交通、通信、供水、供电、排污、环保、物资储备等设备设施。

学校、医院、影剧院、商场、酒店、体育场馆等人员密集场所设置地震应急疏散通道，配备必要的救生避险设施，保证通道、出口的畅通。有关单位定期检测、维护报警装置和应急救援设施，使其处于良好状态，确保正常使用。

**8.5 基础设施保障**

工业和信息化部门建立健全应急通信工作体系，建立有线和无线相结合、基础通信网络与机动通信系统相配套的应急通信保障系统，确保地震应急救援工作的通信畅通。在基础通信网络等基础设施遭到严重损毁且短时间难以修复的极端情况下，立即启动应急卫星、短波等无线通信系统和终端设备，确保至少有一种以上临时通信手段有效、畅通。

广电部门完善广播电视传输覆盖网，建立完善国家应急广播体系，确保群众能及时准确地获取政府发布的权威信息。

发展改革和电力监管部门指导、协调、监督电力运营企业加强电力基础设施、电力调度系统建设，保障地震现场应急装备的临时供电需求和灾区电力供应。

公安、交通运输、铁道、民航等主管部门建立健全公路、铁路、航空、水运紧急运输保障体系，加强统一指挥调度，采取必要的交通管制措施，建立应急救援“绿色通道”机制。

### 8.6 宣传、培训与演练

宣传、教育、文化、广播电视、新闻出版、地震等主管部门密切配合，开展防震减灾科学、法律知识普及和宣传教育，动员社会公众积极参与防震减灾活动，提高全社会防震避险和自救互救能力。学校把防震减灾知识教育纳入教学内容，加强防震减灾专业人才培养，教育、地震等主管部门加强指导和监督。

地方各级人民政府建立健全地震应急管理培训制度，结合本地区实际，组织应急管理人员、救援人员、志愿者等进行地震应急知识和技能培训。

各级人民政府及其有关部门要制定演练计划并定期组织开展地震应急演练。机关、学校、医院、企事业单位和居委会、村委会、基层组织等，要结合实际开展地震应急演练。

## 9 对港澳台地震灾害应急

### 9.1 对港澳地震灾害应急

香港、澳门发生地震灾害后，中国地震局向国务院报告震情，向国务院港澳办等部门通报情况，并组织对地震趋势进行分析判断。国务院根据情况向香港、澳门特别行政区发出慰问电；根据特别行政区的请求，调派地震灾害紧急救援队伍、医疗卫生救援队伍协助救援，组织有关部门和地区进行支援。

### 9.2 对台湾地震灾害应急

台湾发生地震灾害后，国务院台办向台湾有关方面了解情况和对祖国大陆的需求。根据情况，祖国大陆对台湾地震灾区人民表示慰问。国务院根据台湾有关方面的需求，协调调派地震灾害紧急救援队伍、医疗卫生救援队伍协助救援，援助救灾款物，为有关国家和地区对台湾地震灾区的人道主义援助提供便利。

## 10 其他地震及火山事件应急

### 10.1 强有感地震事件应急

当大中城市和大型水库、核电站等重要设施场地及其附近地区发生强有感地震事件并可能产生较大社会影响时，中国地震局加强震情趋势研判，提出意见报告国务院，同时通报国务院有关部门。省（区、市）人民政府督导有关地方人民政府做好新闻及信息发布与宣传工作，保持社会稳定。

**10.2　海域地震事件应急**

海域地震事件发生后，有关地方人民政府地震工作主管部门及时向本级人民政府和当地海上搜救机构、海洋主管部门、海事管理部门等通报情况。国家海洋局接到海域地震信息后，立即开展分析，预测海域地震对我国沿海可能造成海啸灾害的影响程度，并及时发布相关的海啸灾害预警信息。当海域地震造成或可能造成船舶遇险、原油泄漏等突发事件时，交通运输部、国家海洋局等有关部门和单位根据有关预案实施海上应急救援。当海域地震造成海底通信电缆中断时，工业和信息化部等部门根据有关预案实施抢修。当海域地震波及陆地造成灾害事件时，参照地震灾害应急响应相应级别实施应急。

**10.3　火山灾害事件应急**

当火山喷发或出现多种强烈临喷异常现象，中国地震局和有关省（区、市）人民政府要及时将有关情况报国务院。中国地震局派出火山现场应急工作队伍赶赴灾区，对火山喷发或临喷异常现象进行实时监测，判定火山灾害类型和影响范围，划定隔离带，视情向灾区人民政府提出转移居民的建议。必要时，国务院研究、部署火山灾害应急工作，国务院有关部门进行支援。灾区人民政府组织火山灾害预防和救援工作，必要时组织转移居民。

**10.4　对国外地震及火山灾害事件应急**

国外发生造成重大影响的地震及火山灾害事件，外交部、商务部、中国地震局等部门及时将了解到的受灾国的灾情等情况报国务院，按照有关规定实施国际救援和援助行动。根据情况，发布信息，引导我国出境游客避免赴相关地区旅游，组织有关部门和地区协助安置或撤离我境外人员。当毗邻国家发生地震及火山灾害事件造成我国境内灾害时，按照我国相关应急预案处置。

## 11　附则

**11.1　奖励与责任**

对在抗震救灾工作中作出突出贡献的先进集体和个人，按照国家有关规定给予表彰和奖励；对在抗震救灾工作中玩忽职守造成损失的，严重虚报、瞒报灾情的，依据国家有关法律法规追究当事人的责任，构成犯罪的，依法追究其刑事责任。

**11.2 预案管理与更新**

中国地震局会同有关部门制订本预案，报国务院批准后实施。预案实施后，中国地震局会同有关部门组织预案宣传、培训和演练，并根据实际情况，适时组织修订完善本预案。

地方各级人民政府制订本行政区域地震应急预案，报上级人民政府地震工作主管部门备案。各级人民政府有关部门结合本部门职能制订地震应急预案或包括抗震救灾内容的应急预案，报同级地震工作主管部门备案。交通、铁路、水利、电力、通信、广播电视等基础设施的经营管理单位和学校、医院，以及可能发生次生灾害的核电、矿山、危险物品等生产经营单位制订地震应急预案或包括抗震救灾内容的应急预案，报所在地县级地震工作主管部门备案。

**11.3 以上、以下的含义**

本预案所称以上包括本数，以下不包括本数。

**11.4 预案解释**

本预案由国务院办公厅负责解释。

**11.5 预案实施时间**

本预案自印发之日起实施。

# 附件 5 中华人民共和国突发事件应对法

(2007 年 8 月 30 日第十届全国人民代表大会常务委员会第二十九次会议通过)

## 目 录



## 第一章 总 则

**第一条** 为了预防和减少突发事件的发生，控制、减轻和消除突发事件引起的严重社会危害，规范突发事件应对活动，保护人民生命财产安全，维护国家安全、公共安全、环境安全和社会秩序，制定本法。

**第二条** 突发事件的预防与应急准备、监测与预警、应急处置与救援、事后恢复与重建等应对活动，适用本法。

**第三条** 本法所称突发事件，是指突然发生，造成或者可能造成严重社会危害，需要采取应急处置措施予以应对的自然灾害、事故灾难、公共卫生事件和社会安全事件。

按照社会危害程度、影响范围等因素，自然灾害、事故灾难、公共卫生事件分为特别重大、重大、较大和一般四级。法律、行政法规或者国务院另有规定的，从其规定。

突发事件的分级标准由国务院或者国务院确定的部门制定。

**第四条** 国家建立统一领导、综合协调、分类管理、分级负责、属地管理为主的应急管理体制。

**第五条** 突发事件应对工作实行预防为主、预防与应急相结合的原则。国家建立重大突发事件风险评估体系，对可能发生的突发事件进行综合性评估，减少重大突发事件的发生，最大限度地减轻重大突发事件的影响。

**第六条** 国家建立有效的社会动员机制，增强全民的公共安全和防范风险的意识，提高全社会的避险救助能力。

**第七条** 县级人民政府对本行政区域内突发事件的应对工作负责；涉及两个以上行政区域的，由有关行政区域共同的上一级人民政府负责，或者由各有关行政区域的上一级人民政府共同负责。

突发事件发生后，发生地县级人民政府应当立即采取措施控制事态发展，组织开展应急救援和处置工作，并立即向上一级人民政府报告，必要时可以越级上报。

突发事件发生地县级人民政府不能消除或者不能有效控制突发事件引起的严重社会危害的，应当及时向上级人民政府报告。上级人民政府应当及时采取措施，统一领导应急处置工作。

法律、行政法规规定由国务院有关部门对突发事件的应对工作负责的，从其规定；地方人民政府应当积极配合并提供必要的支持。

**第八条** 国务院在总理领导下研究、决定和部署特别重大突发事件的应对工作；根据实际需要，设立国家突发事件应急指挥机构，负责突发事件应对工作；必要时，国务院可以派出工作组指导有关工作。

县级以上地方各级人民政府设立由本级人民政府主要负责人、相关部门负责人、驻当地中国人民解放军和中国人民武装警察部队有关负责人组成的突发事件应急指挥机构，统一领导、协调本级人民政府各有关部门和下级人民政府开展突发事件应对工作；根据实际需要，设立相关类别突发事件应急指挥机构，组织、协调、指挥突发事件应对工作。

上级人民政府主管部门应当在各自职责范围内，指导、协助下级人民政府及其相应部门做好有关突发事件的应对工作。

**第九条** 国务院和县级以上地方各级人民政府是突发事件应对工作的行政领导机关，其办事机构及具体职责由国务院规定。

**第十条** 有关人民政府及其部门作出的应对突发事件的决定、命令，应当及时公布。

**第十一条** 有关人民政府及其部门采取的应对突发事件的措施，应当与突发事件可能造成的社会危害的性质、程度和范围相适应；有多种措施可供选择的，应当选择有利于最大程度地保护公民、法人和其他组织权益的措施。

公民、法人和其他组织有义务参与突发事件应对工作。

**第十二条** 有关人民政府及其部门为应对突发事件，可以征用单位和个人的财产。被征用的财产在使用完毕或者突发事件应急处置工作结束后，应当及时返还。财产被征用或者征用后毁损、灭失的，应当给予补偿。

**第十三条** 因采取突发事件应对措施，诉讼、行政复议、仲裁活动不能正常进行的，适用有关时效中止和程序中止的规定，但法律另有规定的除外。

**第十四条** 中国人民解放军、中国人民武装警察部队和民兵组织依照本法和其他有关法律、行政法规、军事法规的规定以及国务院、中央军事委员会的命令，参加突发事件的应急救援和处置工作。

**第十五条** 中华人民共和国政府在突发事件的预防、监测与预警、应急处置与救援、事后恢复与重建等方面，同外国政府和有关国际组织开展合作与交流。

**第十六条** 县级以上人民政府作出应对突发事件的决定、命令，应当报本级人民代表大会常务委员会备案；突发事件应急处置工作结束后，应当向本级人民代表大会常务委员会作出专项工作报告。

## 第二章 预防与应急准备

**第十七条** 国家建立健全突发事件应急预案体系。

国务院制定国家突发事件总体应急预案，组织制定国家突发事件专项应急预案；国务院有关部门根据各自的职责和国务院相关应急预案，制定国家突发事件部门应急预案。

地方各级人民政府和县级以上地方各级人民政府有关部门根据有关法律、法规、规章、上级人民政府及其有关部门的应急预案以及本地区的实际情况，制定相应的突发事件应急预案。

应急预案制定机关应当根据实际需要和情势变化，适时修订应急预案。应急预案的制定、修订程序由国务院规定。

**第十八条** 应急预案应当根据本法和其他有关法律、法规的规定，针对突发事件的性质、特点和可能造成的社会危害，具体规定突发事件应急管理工作的组织指挥体系与职责和突发事件的预防与预警机制、处置程序、应急保障措施以及事后恢复与重建措施等内容。

**第十九条** 城乡规划应当符合预防、处置突发事件的需要，统筹安排应对突发事件所必需的设备和基础设施建设，合理确定应急避难场所。

**第二十条** 县级人民政府应当对本行政区域内容易引发自然灾害、事故灾难和公共卫生事件的危险源、危险区域进行调查、登记、风险评估，定期进行检查、监控，并责令有关单位采取安全防范措施。

省级和设区的市级人民政府应当对本行政区域内容易引发特别重大、重大突发事件的危险源、危险区域进行调查、登记、风险评估，组织进行检查、监控，并责令有关单位采取安全防范措施。

县级以上地方各级人民政府按照本法规定登记的危险源、危险区域，应当按照国家规定及时向社会公布。

**第二十一条** 县级人民政府及其有关部门、乡级人民政府、街道办事处、居民委员会、村民委员会应当及时调解处理可能引发社会安全事件的矛盾纠纷。

**第二十二条** 所有单位应当建立健全安全管理制度，定期检查本单位各项安全防范措施的落实情况，及时消除事故隐患；掌握并及时处理本单位存在的可能引发社会安全事件的问题，防止矛盾激化和事态扩大；对本单位可能发生的突发事件和采取安全防范措施的情况，应当按照规定及时向所在地人民政府或者人民政府有关部门报告。

**第二十三条** 矿山、建筑施工单位和易燃易爆物品、危险化学品、放射性物品等危险物品的生产、经营、储运、使用单位，应当制定具体应急预案，并对生产经营场所、有危险物品的建筑物、构筑物及周边环境开展隐患排查，及时采取措施消除隐患，防止发生突发事件。

**第二十四条** 公共交通工具、公共场所和其他人员密集场所的经营单位或者管理单位应当制定具体应急预案，为交通工具和有关场所配备报警装置和必要的应急救援设备、设施，注明其使用方法，并显著标明安全撤离的通道、路线，保证安全通道、出口的畅通。

有关单位应当定期检测、维护其报警装置和应急救援设备、设施，使其处于良好状态，确保正常使用。

**第二十五条** 县级以上人民政府应当建立健全突发事件应急管理培训制度，对人民政府及其有关部门负有处置突发事件职责的工作人员定期进行培训。

**第二十六条** 县级以上人民政府应当整合应急资源，建立或者确定综合性应急救援队伍。人民政府有关部门可以根据实际需要设立专业应急救援队伍。

县级以上人民政府及其有关部门可以建立由成年志愿者组成的应急救援队伍。单位应当建立由本单位职工组成的专职或者兼职应急救援队伍。

县级以上人民政府应当加强专业应急救援队伍与非专业应急救援队伍的合作，联合培训、联合演练，提高合成应急、协同应急的能力。

**第二十七条** 国务院有关部门、县级以上地方各级人民政府及其有关部门、有关单位应当为专业应急救援人员购买人身意外伤害保险，配备必要的防护装备和器材，减少应急救援人员的人身风险。

**第二十八条** 中国人民解放军、中国人民武装警察部队和民兵组织应当有计划地组织开展应急救援的专门训练。

**第二十九条** 县级人民政府及其有关部门、乡级人民政府、街道办事处应当组织开展应急知识的宣传普及活动和必要的应急演练。

居民委员会、村民委员会、企业事业单位应当根据所在地人民政府的要求，结合各自的实际情况，开展有关突发事件应急知识的宣传普及活动和必要的应急演练。

新闻媒体应当无偿开展突发事件预防与应急、自救与互救知识的公益宣传。

**第三十条** 各级各类学校应当把应急知识教育纳入教学内容，对学生进行应急知识教育，培养学生的安全意识和自救与互救能力。

教育主管部门应当对学校开展应急知识教育进行指导和监督。

**第三十一条** 国务院和县级以上地方各级人民政府应当采取财政措施，保障突发事件应对工作所需经费。

**第三十二条** 国家建立健全应急物资储备保障制度，完善重要应急物资的监管、生产、储备、调拨和紧急配送体系。

设区的市级以上人民政府和突发事件易发、多发地区的县级人民政府应当建立应急救援物资、生活必需品和应急处置装备的储备制度。

县级以上地方各级人民政府应当根据本地区的实际情况，与有关企业签订协议，保障应急救援物资、生活必需品和应急处置装备的生产、供给。

**第三十三条** 国家建立健全应急通信保障体系，完善公用通信网，建立有线与无线相结合、基础电信网络与机动通信系统相配套的应急通信系统，确保突发事件应对工作的通信畅通。

**第三十四条** 国家鼓励公民、法人和其他组织为人民政府应对突发事件工作提供物资、资金、技术支持和捐赠。

**第三十五条** 国家发展保险事业，建立国家财政支持的巨灾风险保险体系，并鼓励单位和公民参加保险。

**第三十六条** 国家鼓励、扶持具备相应条件的教学科研机构培养应急管理专门人才，鼓励、扶持教学科研机构和有关企业研究开发用于突发事件预防、监测、预警、应急处置与救援的新技术、新设备和新工具。

## 第三章 监测与预警

**第三十七条** 国务院建立全国统一的突发事件信息系统。

县级以上地方各级人民政府应当建立或者确定本地区统一的突发事件信息系统，汇集、储存、分析、传输有关突发事件的信息，并与上级人民政府及其有关部门、下级人民政府及其有关部门、专业机构和监测网点的突发事件信息系统实现互联互通，加强跨部门、跨地区的信息交流与情报合作。

**第三十八条** 县级以上人民政府及其有关部门、专业机构应当通过多种途径收集突发事件信息。

县级人民政府应当在居民委员会、村民委员会和有关单位建立专职或者兼职信息报告员制度。

获悉突发事件信息的公民、法人或者其他组织，应当立即向所在地人民政府、有关主管部门或者指定的专业机构报告。

**第三十九条** 地方各级人民政府应当按照国家有关规定向上级人民政府报送突发事件信息。县级以上人民政府有关主管部门应当向本级人民政府相关部门通报突发事件信息。专业机构、监测网点和信息报告员应当及时向所在地人民政府及其有关主管部门报告突发事件信息。

有关单位和人员报送、报告突发事件信息，应当做到及时、客观、真实，不得迟报、谎报、瞒报、漏报。

**第四十条** 县级以上地方各级人民政府应当及时汇总分析突发事件隐患和预

警信息，必要时组织相关部门、专业技术人员、专家学者进行会商，对发生突发事件的可能性及其可能造成的影响进行评估；认为可能发生重大或者特别重大突发事件的，应当立即向上级人民政府报告，并向上级人民政府有关部门、当地驻军和可能受到危害的毗邻或者相关地区的人民政府通报。

**第四十一条** 国家建立健全突发事件监测制度。

县级以上人民政府及其有关部门应当根据自然灾害、事故灾难和公共卫生事件的种类和特点，建立健全基础信息数据库，完善监测网络，划分监测区域，确定监测点，明确监测项目，提供必要的设备、设施，配备专职或者兼职人员，对可能发生的突发事件进行监测。

**第四十二条** 国家建立健全突发事件预警制度。

可以预警的自然灾害、事故灾难和公共卫生事件的预警级别，按照突发事件发生的紧急程度、发展势态和可能造成的危害程度分为一级、二级、三级和四级，分别用红色、橙色、黄色和蓝色标示，一级为最高级别。

预警级别的划分标准由国务院或者国务院确定的部门制定。

**第四十三条** 可以预警的自然灾害、事故灾难或者公共卫生事件即将发生或者发生的可能性增大时，县级以上地方各级人民政府应当根据有关法律、行政法规和国务院规定的权限和程序，发布相应级别的警报，决定并宣布有关地区进入预警期，同时向上一级人民政府报告，必要时可以越级上报，并向当地驻军和可能受到危害的毗邻或者相关地区的人民政府通报。

**第四十四条** 发布三级、四级警报，宣布进入预警期后，县级以上地方各级人民政府应当根据即将发生的突发事件的特点和可能造成的危害，采取下列措施：

（一）启动应急预案；

（二）责令有关部门、专业机构、监测网点和负有特定职责的人员及时收集、报告有关信息，向社会公布反映突发事件信息的渠道，加强对突发事件发生、发展情况的监测、预报和预警工作；

（三）组织有关部门和机构、专业技术人员、有关专家学者，随时对突发事件信息进行分析评估，预测发生突发事件可能性的大小、影响范围和强度以及可能发生的突发事件的级别；

（四）定时向社会发布与公众有关的突发事件预测信息和分析评估结果，并对相关信息的报道工作进行管理；

（五）及时按照有关规定向社会发布可能受到突发事件危害的警告，宣传避免、减轻危害的常识，公布咨询电话。

**第四十五条** 发布一级、二级警报，宣布进入预警期后，县级以上地方各级人民政府除采取本法第四十四条规定的措施外，还应当针对即将发生的突发事件的特点和可能造成的危害，采取下列一项或者多项措施：

（一）责令应急救援队伍、负有特定职责的人员进入待命状态，并动员后备人员做好参加应急救援和处置工作的准备；

（二）调集应急救援所需物资、设备、工具，准备应急设施和避难场所，并确保其处于良好状态、随时可以投入正常使用；

（三）加强对重点单位、重要部位和重要基础设施的安全保卫，维护社会治安秩序；

（四）采取必要措施，确保交通、通信、供水、排水、供电、供气、供热等公共设施的安全和正常运行；

（五）及时向社会发布有关采取特定措施避免或者减轻危害的建议、劝告；

（六）转移、疏散或者撤离易受突发事件危害的人员并予以妥善安置，转移重要财产；

（七）关闭或者限制使用易受突发事件危害的场所，控制或者限制容易导致危害扩大的公共场所的活动；

（八）法律、法规、规章规定的其他必要的防范性、保护性措施。

**第四十六条** 对即将发生或者已经发生的社会安全事件，县级以上地方各级人民政府及其有关主管部门应当按照规定向上一级人民政府及其有关主管部门报告，必要时可以越级上报。

**第四十七条** 发布突发事件警报的人民政府应当根据事态的发展，按照有关规定适时调整预警级别并重新发布。

有事实证明不可能发生突发事件或者危险已经解除的，发布警报的人民政府应当立即宣布解除警报，终止预警期，并解除已经采取的有关措施。

## 第四章 应急处置与救援

**第四十八条** 突发事件发生后，履行统一领导职责或者组织处置突发事件的人民政府应当针对其性质、特点和危害程度，立即组织有关部门，调动应急救援队伍和社会力量，依照本章的规定和有关法律、法规、规章的规定采取应急处置措施。

**第四十九条** 自然灾害、事故灾难或者公共卫生事件发生后，履行统一领导职责的人民政府可以采取下列一项或者多项应急处置措施：

（一）组织营救和救治受害人员，疏散、撤离并妥善安置受到威胁的人员以及采取其他救助措施；

（二）迅速控制危险源，标明危险区域，封锁危险场所，划定警戒区，实行交通管制以及其他控制措施；

（三）立即抢修被损坏的交通、通信、供水、排水、供电、供气、供热等公共设施，向受到危害的人员提供避难场所和生活必需品，实施医疗救护和卫生防疫以及其他保障措施；

（四）禁止或者限制使用有关设备、设施，关闭或者限制使用有关场所，中止人员密集的活动或者可能导致危害扩大的生产经营活动以及采取其他保护措施；

（五）启用本级人民政府设置的财政预备费和储备的应急救援物资，必要时调用其他急需物资、设备、设施、工具；

（六）组织公民参加应急救援和处置工作，要求具有特定专长的人员提供服务；

（七）保障食品、饮用水、燃料等基本生活必需品的供应；

（八）依法从严惩处囤积居奇、哄抬物价、制假售假等扰乱市场秩序的行为，稳定市场价格，维护市场秩序；

（九）依法从严惩处哄抢财物、干扰破坏应急处置工作等扰乱社会秩序的行为，维护社会治安；

（十）采取防止发生次生、衍生事件的必要措施。

**第五十条** 社会安全事件发生后，组织处置工作的人民政府应当立即组织有关部门并由公安机关针对事件的性质和特点，依照有关法律、行政法规和国家其他有关规定，采取下列一项或者多项应急处置措施：

（一）强制隔离使用器械相互对抗或者以暴力行为参与冲突的当事人，妥善解决现场纠纷和争端，控制事态发展；

（二）对特定区域内的建筑物、交通工具、设备、设施以及燃料、燃气、电力、水的供应进行控制；

（三）封锁有关场所、道路，查验现场人员的身份证件，限制有关公共场所内的活动；

（四）加强对易受冲击的核心机关和单位的警卫，在国家机关、军事机关、国家通讯社、广播电台、电视台、外国驻华使领馆等单位附近设置临时警戒线；

（五）法律、行政法规和国务院规定的其他必要措施。

严重危害社会治安秩序的事件发生时，公安机关应当立即依法出动警力，根据现场情况依法采取相应的强制性措施，尽快使社会秩序恢复正常。

**第五十一条** 发生突发事件，严重影响国民经济正常运行时，国务院或者国务院授权的有关主管部门可以采取保障、控制等必要的应急措施，保障人民群众的基本生活需要，最大限度地减轻突发事件的影响。

**第五十二条** 履行统一领导职责或者组织处置突发事件的人民政府，必要时可以向单位和个人征用应急救援所需设备、设施、场地、交通工具和其他物资，请求其他地方人民政府提供人力、物力、财力或者技术支援，要求生产、供应生活必需品和应急救援物资的企业组织生产、保证供给，要求提供医疗、交通等公共服务的组织提供相应的服务。

履行统一领导职责或者组织处置突发事件的人民政府，应当组织协调运输经营单位，优先运送处置突发事件所需物资、设备、工具、应急救援人员和受到突发事件危害的人员。

**第五十三条** 履行统一领导职责或者组织处置突发事件的人民政府，应当按照有关规定统一、准确、及时发布有关突发事件事态发展和应急处置工作的信息。

**第五十四条** 任何单位和个人不得编造、传播有关突发事件事态发展或者应急处置工作的虚假信息。

**第五十五条** 突发事件发生地的居民委员会、村民委员会和其他组织应当按照当地人民政府的决定、命令，进行宣传动员，组织群众开展自救和互救，协助维护社会秩序。

**第五十六条** 受到自然灾害危害或者发生事故灾难、公共卫生事件的单位，应当立即组织本单位应急救援队伍和工作人员营救受害人员，疏散、撤离、安置受到威胁的人员，控制危险源，标明危险区域，封锁危险场所，并采取其他防止危害扩大的必要措施，同时向所在地县级人民政府报告；对因本单位的问题引发的或者主体是本单位人员的社会安全事件，有关单位应当按照规定上报情况，并迅速派出负责人赶赴现场开展劝解、疏导工作。

突发事件发生地的其他单位应当服从人民政府发布的决定、命令，配合人民政府采取的应急处置措施，做好本单位的应急救援工作，并积极组织人员参加所在地的应急救援和处置工作。

**第五十七条** 突发事件发生地的公民应当服从人民政府、居民委员会、村民委员会或者所属单位的指挥和安排，配合人民政府采取的应急处置措施，积极参加应急救援工作，协助维护社会秩序。

## 第五章 事后恢复与重建

**第五十八条** 突发事件的威胁和危害得到控制或者消除后，履行统一领导职责或者组织处置突发事件的人民政府应当停止执行依照本法规定采取的应急处置措施，同时采取或者继续实施必要措施，防止发生自然灾害、事故灾难、公共卫生事件的次生、衍生事件或者重新引发社会安全事件。

**第五十九条** 突发事件应急处置工作结束后，履行统一领导职责的人民政府应当立即组织对突发事件造成的损失进行评估，组织受影响地区尽快恢复生产、生活、工作和社会秩序，制定恢复重建计划，并向上一级人民政府报告。

受突发事件影响地区的人民政府应当及时组织和协调公安、交通、铁路、民航、邮电、建设等有关部门恢复社会治安秩序，尽快修复被损坏的交通、通信、供水、排水、供电、供气、供热等公共设施。

**第六十条** 受突发事件影响地区的人民政府开展恢复重建工作需要上一级人民政府支持的，可以向上一级人民政府提出请求。上一级人民政府应当根据受影响地区遭受的损失和实际情况，提供资金、物资支持和技术指导，组织其他地区提供资金、物资和人力支援。

**第六十一条** 国务院根据受突发事件影响地区遭受损失的情况，制定扶持该地区有关行业发展的优惠政策。

受突发事件影响地区的人民政府应当根据本地区遭受损失的情况，制定救助、补偿、抚慰、抚恤、安置等善后工作计划并组织实施，妥善解决因处置突发事件引发的矛盾和纠纷。

公民参加应急救援工作或者协助维护社会秩序期间，其在本单位的工资待遇和福利不变；表现突出、成绩显著的，由县级以上人民政府给予表彰或者奖励。

县级以上人民政府对在应急救援工作中伤亡的人员依法给予抚恤。

**第六十二条**　履行统一领导职责的人民政府应当及时查明突发事件的发生经过和原因，总结突发事件应急处置工作的经验教训，制定改进措施，并向上一级人民政府提出报告。

## 第六章　法律责任

**第六十三条**　地方各级人民政府和县级以上各级人民政府有关部门违反本法规定，不履行法定职责的，由其上级行政机关或者监察机关责令改正；有下列情形之一的，根据情节对直接负责的主管人员和其他直接责任人员依法给予处分：

（一）未按规定采取预防措施，导致发生突发事件，或者未采取必要的防范措施，导致发生次生、衍生事件的；

（二）迟报、谎报、瞒报、漏报有关突发事件的信息，或者通报、报送、公布虚假信息，造成后果的；

（三）未按规定及时发布突发事件警报、采取预警期的措施，导致损害发生的；

（四）未按规定及时采取措施处置突发事件或者处置不当，造成后果的；

（五）不服从上级人民政府对突发事件应急处置工作的统一领导、指挥和协调的；

（六）未及时组织开展生产自救、恢复重建等善后工作的；

（七）截留、挪用、私分或者变相私分应急救援资金、物资的；

（八）不及时归还征用的单位和个人的财产，或者对被征用财产的单位和个人不按规定给予补偿的。

**第六十四条**　有关单位有下列情形之一的，由所在地履行统一领导职责的人民政府责令停产停业，暂扣或者吊销许可证或者营业执照，并处 5 万元以上 20 万元以下的罚款；构成违反治安管理行为的，由公安机关依法给予处罚：

（一）未按规定采取预防措施，导致发生严重突发事件的；

（二）未及时消除已发现的可能引发突发事件的隐患，导致发生严重突发事件的；

（三）未做好应急设备、设施日常维护、检测工作，导致发生严重突发事件或者突发事件危害扩大的；

（四）突发事件发生后，不及时组织开展应急救援工作，造成严重后果的。

前款规定的行为，其他法律、行政法规规定由人民政府有关部门依法决定处罚的，从其规定。

**第六十五条** 违反本法规定，编造并传播有关突发事件事态发展或者应急处置工作的虚假信息，或者明知是有关突发事件事态发展或者应急处置工作的虚假信息而进行传播的，责令改正，给予警告；造成严重后果的，依法暂停其业务活动或者吊销其执业许可证；负有直接责任的人员是国家工作人员的，还应当对其依法给予处分；构成违反治安管理行为的，由公安机关依法给予处罚。

**第六十六条** 单位或者个人违反本法规定，不服从所在地人民政府及其有关部门发布的决定、命令或者不配合其依法采取的措施，构成违反治安管理行为的，由公安机关依法给予处罚。

**第六十七条** 单位或者个人违反本法规定，导致突发事件发生或者危害扩大，给他人人身、财产造成损害的，应当依法承担民事责任。

**第六十八条** 违反本法规定，构成犯罪的，依法追究刑事责任。

## 第七章 附 则

**第六十九条** 发生特别重大突发事件，对人民生命财产安全、国家安全、公共安全、环境安全或者社会秩序构成重大威胁，采取本法和其他有关法律、法规、规章规定的应急处置措施不能消除或者有效控制、减轻其严重社会危害，需要进入紧急状态的，由全国人民代表大会常务委员会或者国务院依照宪法和其他有关法律规定的权限和程序决定。

紧急状态期间采取的非常措施，依照有关法律规定执行或者由全国人民代表大会常务委员会另行规定。

**第七十条** 本法自 2007 年 11 月 1 日起施行。

# 参考文献


[1] 白仙富，李永强，陈建华等. 地震应急现场信息分类初步研究 [J]. 地震研究，2010，33 (1)：111-118.

[2] 鲍新中，刘小军. 供应链成本管理的基础理论与方法研究 [J]. 物流技术，2007，26 (4)：66-69.

[3] 蔡鉴明. 地震灾害应急物流时变性及可靠性相关问题研究 [D]. 中南大学，2012.

[4] 曹旺. HN 省民政救灾物资储备中心库仓储标准化问题研究 [D]. 北京交通大学，2015.

[5] 陈超. 自然灾害应急物资需求分类及需求量研究 [D]. 北京交通大学，2011.

[6] 陈琨. 灾害应急设施选址与物资调度研究 [D]. 北京邮电大学，2011.

[7] 陈丽君. 地震灾害中的应急物流管理决策问题研究 [D]. 武汉科技大学，2008.

[8] 陈全，邓倩妮. 云计算及其关键技术 [J]. 计算机应用，2009，29 (9)：2562-2567.

[9] 陈雪，石婧. 降低油田材料物资管理成本研究 [J]. 中国石油和化工标准与质量，2013 (7)：197.

[10] 陈阳. 应急供应链中物资保障环节优化研究 [D]. 重庆大学，2013.

[11] 陈业华，史开菊. 突发事件灾前应急物资政企联合储备模式 [J]. 系统工程，2014，32 (2)：84-90.

[12] 陈玉梅，赵颖. 数据开放在应急管理中的应用探析 [J]. 电子政务，2015 (9)：6.

[13] 陈正杨. 社会救援资源应急供应链的协同管理 [J]. 北京理工大学学报，2013（3）：97–99.

[14] 陈正杨. 社会救援资源应急供应链的协同管理 [J]. 北京理工大学学报（社会科学版），2013，15（3）：95–99.

[15] 陈忠仁. 仓储物流管理系统的设计与实现 [D]. 吉林大学，2012.

[16] 程学旗，靳小龙，王元卓等. 大数据系统和分析技术综述 [J]. 软件学报，2014，25（9）.

[17] 楚文. 从“离岸”到“近岸”——日本地震推动全球供应链加速转型 [J]. 新财经，2011（5）：82–84.

[18] 次仁曲珍. 基于城镇灾害风险评估研究西藏应急物资保障体系建设 [D]. 中国科学院大学，2013.

[19] 崔云，孔纪名，吴文平. 汶川地震次生山地灾害链成灾特点与防治对策 [J]. 自然灾害学报，2012（1）：109–116.

[20] 邓芳，刘吉夫. 玉树地震中政府的应急准备研究 [J]. 北京师范大学学报（自然科学版），2011，47（5）：528–532.

[21] 邓琪. 从汶川地震看应急物流体系建设 [J]. 特区经济，2008（12）：299–300.

[22] 邓雪，李家铭，曾浩健，陈俊羊，赵俊峰. 层次分析法权重计算方法及其应用研究 [J]. 数学的实践与认识，2012（7）：93–95.

[23] 丁雪枫，尤建新，王洪丰等. 突发事件应急设施选址问题的模型及优化算法 [J]. 同济大学学报（自然科学版），2012，40（9）：1428–1433.

[24] 董曼，杨天青. 地震应急灾情信息分类探讨 [J]. 震灾防御技术，2014，9（4）：937–943.

[25] 董敏，谢培艳. 如何利用作业成本法进行成本分析 [J]. 商情，2008（2）.

[26] 董鹏，张志远，刘书伟. 也谈大数据时代对物流业的“革新”[J]. 中国金属通报，2015（5）：31–33.

[27] 杜波. 应急物流协同决策方法研究 [D]. 北京交通大学，2010：35–43.

[28] 杜楠. 基于物联网技术的井下物资跟踪管理系统 [J]. 工矿自动化，2015，41（1）：101–104.

[29] 范厚明，赵彤，刘妍等. 我国突发自然灾害救助应急物流配送机制研究 [J]. 大连理工大学学报（社会科学版），2008（4）：73-78.

[30] 范开红，谢湛，申源. 西南省域地震应急处置分析与建议 [J]. 国际地震动态，2014（4）：17-21.

[31] 方静，陈建. 我国应急物流系统构建探析 [J]. 交通企业管理，2008，23（8）：1-3.

[32] 方静，陈建. 我国应急物流现状及系统优化 [J]. 铁道运输与经济，2008，30（8）：75-78.

[33] 方静，陈建校. 我国应急物流现状及系统优化 [J]. 铁道运输与经济，2008，30（8）：75-78.

[34] 方璐. 大数据时代的科学研究方法 [D]. 浙江工业大学，2014.

[35] 高虹霓，赵一兵，李宁. 基于多需求点的震灾应急物资调度模型研究 [J]. 中国安全科学学报，2013（1）：27.

[36] 戈悦迎，寇有观，金江军等. 大数据时代下城市应急管理发展之路 [J]. 中国信息界，2014（1）：17.

[37] 供应链管理 [EB/OL]. 百度百科，http://baike.baidu.com/link? url=pICcbB_RsZtMio -ZTIFGRurz 93Ud3D33e_vt7FKXm46nquLue5x9axVf6Q9q0g7H4PCbj_CoLjUpV9k26qeSM5c11Hp0-Hnik3DPjl-Bq03.

[38] 龚卫锋. 应急供应链管理研究 [J]. 中国流通经济，2014（4）：50-55.

[39] 郭咏梅. 应急物流管理的物资支撑体系研究 [D]. 长安大学，2008.

[40] 何克抗. 大数据面面观 [J]. 电化教育研究，2014，35（10）：8-16.

[41] 何明珂. 应急物流的成本损失无处不在 [J]. 中国物流与采购，2003（23）：18-19.

[42] 何青青，李青. 基于作业成本法的供应链成本管理研究 [J]. 现代商贸工业，2011，23（1）：34-35.

[43] 何鲜利. 基于地震灾害突发事件的应急物流资源配置研究 [D]. 2009.

[44] 黄洪涛. 应急物流系统研究 [D]. 大连海事大学，2006.

[45] 黄解军，潘和平. 数据挖掘技术的应用研究 [J]. 计算机工程与应用，2003，39（2）：45-48.

[46] 揭晖，黄培清，张存禄. 基于 SCOR 模型的供应链建模方法 [J]. 工业工

程与管理，2004.

[47] 荆治斌. 浅谈现代电子商务对物流的影响 [J]. 中国对外贸易（英文版），2012（6）：385.

[48] 鞠娜. 城市突发事件应急管理研究 [D]. 华东师范大学，2008.

[49] 孔竞，马敬东. 突发公共卫生事件应急机制中主要问题及原因分析 [J]. 中国卫生事业管理，2009（3）：208-210.

[50] 郎爱云. 论地震部门在震后抗震救灾指挥工作中的地位和职能——兼论地震法律制度的衔接和《破坏性地震应急条例》的修改 [J]. 法制与社会（旬刊），2013（16）：189-190.

[51] 郎坤，张明媛，袁永博. 基于可变集的地震灾害应急物资分配模型 [J]. 灾害学，2014（29）：202-203.

[52] 李丹阳. 大数据：应急管理能力升级新引擎 [J]. 决策，2015（2）.

[53] 李丹阳. 大数据背景下的中国应急管理体制改革初探 [J]. 江海学刊，2014（2）：19.

[54] 李丹阳. 大数据时代的中国应急管理体制改革 [J]. 华南师范大学学报（社会科学版），2013（6）：106-111.

[55] 李国杰. 大数据研究的科学价值 [J]. 中国计算机学会通讯，2012，8（9）：8-15.

[56] 李然，王华. 产销不平衡问题的遗传算法研究 [J]. 铁路运输与经济，2005，27（8）：66-68.

[57] 李婉. 论我国突发事件应急管理的法律制度构建——以健全我国突发事件应急管理法律体系为中心 [D]. 西南政法大学，2009.

[58] 李学龙，龚海刚. 大数据系统综述 [J]. 中国科学信息科学（中文版），2015，45（1）：1-44.

[59] 李玉梅. 地震应急救援后勤保障质量评价体系的探讨 [J]. 防灾科技学院学报，2006，8（4）：21-23.

[60] 廖灿，李剑敏，刘佩. 基于博弈论的应急产品逆向物流机制探讨 [J]. 科技管理研究，2012，32（10）：225-228.

[61] 廖宏，金一. 谈后勤保障体系建设应对突发灾害 [A]. 2008 年抗冰保电技术论坛论文集（二），2008.

[62] 刘北林，马婷. 虚拟应急供应链构建过程研究 [J]. 物流科技，2007，30 (1)：109-112.

[63] 刘北林，马婷. 应急救灾物资紧急调度问题研究 [J]. 哈尔滨商业大学学报（社会科学版），2007 (3)：3-5.

[64] 刘冰. 大数据时代的应急管理变革 [N]. 学习时报，2014 (12)：6.

[65] 刘崇波. 供应链成本管理研究 [D]. 东北财经大学，2006.

[66] 刘思峰，蔡华，杨英杰，曹颖. 灰色关联分析模型研究进展 [J]. 系统工程理论与实践，2013 (8)：2041-2042.

[67] 刘铁民. 玉树地震灾害再次凸显应急准备重要性 [J]. 中国安全生产科学技术，2010，6 (2)：5-7.

[68] 刘秀琴. 基于作业成本法的物流成本分析与控制研究 [J]. 物流技术，2010，29 (9)：121-123.

[69] 龙吉泽. 90 年来世界 10 大地震 [J]. 湖南农机，2013 (2)：38-39.

[70] 卢海. SCOR——国际标准化的供应链流程管理 [J]. 中国物流与采购，2003 (15)：8.

[71] 陆嘉楠. 我国政府地震应急管理体制研究 [D]. 上海交通大学，2011.

[72] 罗军舟，金嘉晖，宋爱波等. 云计算：体系架构与关键技术 [J]. 通信学报，2011，32 (7)：3-21.

[73] 马奔，毛庆铎. 大数据在应急管理中的应用 [J]. 中国行政管理，2015 (3)：30.

[74] 马雪，杨立刚，朱莎莉等. 浅析突发灾害性事件下应急物资的管理 [J]. 商业经济，2014 (6)：13.

[75] 孟小峰，慈祥. 大数据管理：概念、技术与挑战 [J]. 计算机研究与发展，2015，50 (1)：146-169.

[76] 孟小峰，李勇，祝建华. 社会计算：大数据时代的机遇与挑战 [J]. 计算机研究与发展，2015，50 (12)：2483-2491.

[77] 缪成，许维胜，吴启迪. 大规模应急物资运输问题的研究现状与发展方向 [J]. 新疆职业大学学报，2007，15 (1)：35-38.

[78] 牛建国. 重大突发事件的法律规制建设之我见 [J]. 四川省干部函授学院学报，2010 (4)：70-76.

[79] 欧忠文，李科，姜玉宏，王会云，甘文旭. 应急物流保障机制研究 [J]. 物流技术，2005 (9)：13-15.

[80] 庞琳. 四川移动公司物流中心管理模式设计 [D]. 四川大学，2005.

[81] 彭岷，陈宏. “5·12” 汶川大地震后救援物资供应情况的初步分析——以彭州市下辖三镇为例 [J]. 中国视角的风险分析和危机反应——中国灾害防御协会风险分析专业委员会第四届年会论文集，2010.

[82] 彭岷. 基于系统动力学的应急物资补货决策模型研究 [D]. 电子科技大学，2012.

[83] 彭云金，张卫国，苟健等. 强化地震应急准备　积极应对地震事件 [J]. 高原地震，2007，19 (2)：29-32.

[84] 祁玉青. 突发性自然灾害应急物资管理研究 [D]. 中国科学技术大学，2012.

[85] 乔洪波. 应急物资需求分类及需求量研究 [D]. 北京交通大学，2009.

[86] 任磊，杜一，马帅等. 大数据可视分析综述 [J]. 软件学报，2014，25 (9).

[87] 畲天莉，高峰，马树林. 地震预警仪器研究 [J]. 2014 (12)：129-135.

[88] 舒辉. 物流经济学 [M]. 北京：机械工业出版社，2009.

[89] 苏桂武，聂高众，高建国. 地震应急信息的特征、分类与作用 [J]. 地震，2003，23 (3)：27-35.

[90] 孙景玉. 现代物流系统之条码技术研究与探讨 [J]. 中国商贸，2009 (4X)：176-177.

[91] 孙利娟，邢小军，周德群. 熵值赋权法的改进 [J]. 统计与决策，2010 (21)：153-154.

[92] 孙云展，陈宏. 基于应急供应链的救灾物资管理流程的设计与实施——以汶川地震为例 [J]. 物流科技，2009，32 (8)：42-46.

[93] 孙振凯. 中国政府抗击强震迅疾有力　应对破坏性地震法律依据充足 [J]. 国际地震动态，2008 (5)：3.

[94] 谈胜彪. H 公司集成供应链流程设计与流程管理实证研究 [D]. 复旦大学，2008.

[95] 谈晓勇，林鹰. 基于混沌蚁群算法的应急救援车辆调度优化 [J]. 计算机

应用研究，2014，31（9）：2640-2643.

［96］谭小兰. 面向产品的供应链成本核算与优化策略研究［D］. 江西师范大学，2012.

［97］唐林霞. 地震灾害应急救援物资配置的全过程机理研究［J］. 中国行政管理，2015（2）：30.

［98］唐伟勤，张敏，张隐. 大规模突发事件应急物资调度的过程模型［J］. 中国安全科学学报，2009，19（1）：34-37.

［99］唐文国. 地震灾害应急物资调度研究［D］. 东北大学，2012.

［100］陶雪娇，胡晓峰，刘洋. 大数据研究综述［J］. 系统仿真学报，2013（1）.

［101］陶振晖，贺国先. 浅析逆向应急物流管理［J］. 甘肃科技，2011，27（8）：93-95.

［102］涂新莉，刘波，林伟伟. 大数据研究综述［J］. 计算机应用研究，2014，31（6）：1612-1616，1623.

［103］王海峰，王敬超，张春等. 一种超高频 RFID 读写器设计［J］. 微计算机信息，2008（8）.

［104］王海鹰，孙刚，欧阳春等. 地震应急期关键时间阶段划分研究［J］. 灾害学，2013，28（3）：166-169.

［105］王佼. 新疆铁路应急保障能力发展规划问题研究［D］. 2010.

［106］王金宝. 云计算系统中索引与查询处理技术研究［D］. 哈尔滨工业大学，2013.

［107］王延青. 基于作业的供应链目标成本管理系统研究［D］. 中国石油大学，2007.

［108］王铮，廖悲雨，隋文娟. 层次型应急设施布局模型及其应用［J］. 中国管理科学，2011，19（6）.

［109］温志强. 地震灾后反思应急管理准备机制：挑战与对策［A］. 建设服务型政府的理论与实践研讨会暨中国行政管理学会 2008 年年会论文集，2008.

［110］闻晶晶. 破坏性地震应急物资的需求层次及调度研究［D］. 河南理工大学，2011.

［111］吴斌，占美，李健. 地震灾害后药品供应管理文献分析［J］. 中国药业，

2014，23（4）：10–12.

［112］吴炳成，何平. 特大灾害事故现场后勤保障探析［J］. 武警学院学报，2003，19（1）：42–45.

［113］武艳南，陈安. 应急管理终止机制设计及实施初探［J］. 三峡大学学报（人文社会科学版），2008（S2）.

［114］谢福泉. 供应链成本管理——类别成本与运作支持研究［D］. 同济大学，2007.

［115］谢明，邹敏. 应急物流系统构建的措施与策略［J］. 湖南交通科技，2009，35（1）：160–162.

［116］徐敬海，聂高众. 城市地震应急处置方案技术研究［J］. 地震地质，2014（1）：196–198.

［117］徐艳艳. 应急物资调度模型及其求解方法［D］. 中南大学，2011.

［118］徐业洲. 苏州市强化应急管理“十大能力”建设的实践与思考［J］. 中国应急管理，2011（6）：39–42.

［119］许辉强. 基于电子商务的供应链物流研究［D］. 对外经济贸易大学，2004.

［120］玄光男，程润伟. 遗传算法与工程优化［M］. 于欲杰，周根贵译. 北京：清华大学出版社，2003.

［121］薛澜，张强，钟开斌. 危机管理：转型期中国面临的挑战［M］. 北京：清华大学出版社，2003.

［122］严霄凤，张德馨. 大数据研究［J］. 计算机技术与发展，2013，23（4）：168–172.

［123］阎宏伟. 面向自然灾害的应急供应链管理系统研究［D］. 复旦大学，2008.

［124］杨锋. 我国自然灾害应急物流体系构建研究［D］. 北京交通大学，2008.

［125］杨复兴，胡江天. 建立和完善政府应急机制需要研究的若干问题［J］. 云南行政学院学报，2004（3）：63–65.

［126］杨广宇. 基于供应链的成本管理研究［D］. 江苏大学，2008.

［127］杨海龙，邓琪. 如何快速建立震后应急物流体系——对“5·12”汶川

大地震的深度思考［J］. 商品储运与养护，2008（5）：17-19.

［128］杨瑾，蔡依平. 面向供应链流程管理的知识整合研究［J］. 现代管理科学，2006（1）：53-54.

［129］杨瑾，尤建新，蔡依平. 供应链流程管理中的知识集成研究［J］. 科技进步与对策，2007，23（12）：120-122.

［130］杨玉海，宾雪莲，郑玉墙. MPP 互联网关键技术研究［J］. 空军雷达学院学报，2005，15（1）：59-62.

［131］姚培友. 浅析地震灾害应急救援后勤保障［J］. 消防技术与产品信息，2011（9）：9.

［132］叶培荣. 地震应急工作中的后勤保障［J］. 福建地震，2007（2）.

［133］殷俊明，王平心，王晨佳. 供应链成本管理：发展过程与理论结构［J］. 会计研究，2007（10）：44-49.

［134］张春华，王阳. 数据挖掘技术、应用及发展趋势［J］. 现代情报，2003，23（4）：47-48.

［135］张军慧，李清华，陈灏杰. “5·12”汶川地震对军队和医院后勤保障工作的启示［J］. 防灾科技学院学报，2009，11（4）：102-104.

［136］张琳. 供应链管理在公共危机管理中的应用初探［J］. 学术交流，2005（1）：118-121.

［137］张睿. 突发事件应急物资的调度建模［D］. 中国科学技术大学，2009.

［138］张书红. 条码技术——现代物流的信息桥梁［J］. 中国物流与采购，2002（20）：12.

［139］张铱莹. 多目标应急服务设施选址与资源配置问题研究［J］. 中国安全科学学报，2011，21（12）.

［140］张勇. 突发事件下应急物流体系及其物资管理研究［D］. 合肥工业大学，2012：19-20.

［141］张祯，王建军，陈虹. 从大震救援分析国家地震应急预案存在的问题［J］. 灾害学，2011（4）：139-142.

［142］张志强. 基于供应链的应急物资保障模型研究［D］. 华中科技大学，2009.

［143］张自立. 面向非常规突发事件的生产能力储备模型研究［D］. 哈尔滨

工业大学，2010.

［144］ 赵刚，周鑫，刘伟. 物流管理教程［M］. 上海：上海人民出版社，2007.

［145］ 赵海娟，陈业华. 重大突发事件应急物流中的定位—路径问题研究［D］. 燕山大学，2010.

［146］ 赵纪东，张志强. 地震预警系统的发展、应用及启示［J］. 2009（4）：456-462.

［147］ 赵明，宋晓宇，董洁等. 利用遗传算法求解应急物资调度优化问题［J］. 沈阳建筑大学学报（自然科学版），2012（5）：30.

［148］ 赵延东，张化枫. 灾后需求评估——理论、方法与实践［J］. 自然灾害学报，2013（3）：4.

［149］ 赵苑达. 论我国地震保险制度的建设［J］. 保险研究，2003（10）：36-38.

［150］ 赵振学，杨兰敏. 作业成本法的基本原理及作业成本分析［J］. 甘肃科技，2005，20（12）：149-150.

［151］ 郑凯夫. 应急物流物资调配成本分析与控制策略［J］. 中国物流与采购，2010（17）：28.

［152］ 周尧. 自然灾害应急物流能力评价体系研究［D］. 武汉理工大学，2009.

［153］ 周尧. 自然灾害应急物流评价体系研究［D］. 武汉理工大学，2009.

［154］ 朱丹. 供应链应急物流系统构建研究［J］. 北京交通大学学报（社会科学版），2011，10（2）：59-64.

［155］ 朱晴. 基于供应链的企业物流成本管理及优化［J］. 现代营销（学苑版），2013（9）：20.

［156］ 邹辉霞. 供应链管理［M］. 北京：清华大学出版社，2009.

［157］ Afshar A.，Haghani A. Modeling integrated supply chain logistics in real-time large-scale disaster relief operations［J］. Socio-Economic Planning Sciences，2012，46（4）：327-338.

［158］ Ali Bozorgi-Amiri，Mohammad Saeid Jabalameli，Mehdi Alinaghian，Mahdi Heydari. A modified particle swarm optimization for disaster relief logistics under uncertain environment［J］. The International Journal of Advanced Manufacturing

Technology, 2012, 60 (1-4): 357-371.

[159] Ben-Tal A., Chung B. D., Mandala S. R., et al. Robust optimization for emergency logistics planning: Risk mitigation in humanitarian relief supply chains [J]. Transportation research part B: Methodological, 2011, 45 (8): 1177-1189.

[160] Carmen G. Rawls, Mark A. Turnquist. Pre-positioning of emergenly supplies for disaster response. Transportation Research Part B: Methodological, 2010, 44 (4): 521-534.

[161] Dai W., Yan H., Liu X. Supply chain system for emergency rescue of natural disasters [C]. Proceedings-2010 International Conference of Information Science and Management Engineering, ISME, 2010: 218-221.

[162] Ergun O., Karakus G., Keskinocak P., et al. Operations research to improve disaster supply chain management [J]. Wiley Encyclopedia of Operations Research and Management Science, 2010.

[163] Gormez N., Koksalan M., Salman F. S. Locating disaster response facilities in Istanbul [J]. Journal of the Operational Research Society, 2011, 62 (7): 1239-1252.

[164] Hai-Feng, et al. Emergency transportation planning in disaster relief supply chain management: A cooperative fuzzy optimization approach [J]. Soft Computing, 2013, 17 (7): 1301-1314.

[165] Hoffman W. Avoiding logistics disasters [J]. Traffic World, 2005, 269 (27).

[166] Hong L., Xiaohua Z. Study on location Selection of multi-objectiue emergency logistics center based on AHP. Procedia Engieering, 2011 (15): 2128-2132.

[167] http://www.jycj.net/show.aspx? id=1566&cid=111.

[168] Jia, Fernando Ordóñez, Maged M. Dessouk. Solution approaches for facility location of medical supplies for large-scale emergencies [J]. Computers & Industrial Engineering, 2007, 52 (2): 257-276.

[169] Jiang, Yanhui, Yao, Kaohua. Emergenuy supply chain intergration based on petri net therry [C]. Proceedings of the International Conference on E-

Business and E-Government, ICEE 2010: 3225-3229.

[170] Jiuh-Biing Sheu. Dynamic relief-demand management for emergency logistics operations under large-scale disasters [J]. Transportation Research Part E: Logistics and Transportation Review, 2010, 46 (1): 1-17.

[171] Lin Y., et al. A logistics model for emergency supply of critical items in the aftermath of a disaster [J]. Socio-Economic Planning Sciences, 2011, 45 (4): 132-145.

[172] Liu A. B., Wang H. Y., Hao Q. F., Xi M., Qu G. S. Stages of medical rescue after disaster based on clinical features and their significance [J]. Chinese Journal of Emergency Medicine, 2006, 15 (12): 1063-1066.

[173] Miller Holmes E., Engemann Kurt J. A Monte Carlo simulation model of supply chain risk due to natural disasters [J]. International Journal of Technology, Policy and Management, 2008 (9): 460-480.

[174] Ö zdamar L, Demir O. A hierarchical clustering and routing procedure for large scale disaster relief logistics planning [J]. Transportation Research Part E: Logistics and Transportation Review, 2012, 48 (3): 591-602.

[175] Sheu J. Challenges of emergency logistics management [J]. Transportation Research Part E, 2007, 43 (6): 655-659.

[176] Shiomi, Y Seto, Y Uno. N. Model for location of medical facility and evaluation of vulnerability and auessibility of road network. Transportation Research Record, 2011: 41-48.

[177] Whybark D. C., Melnyk S. A., Day J., et al. Disaster relief supply Chain management: New realities, management challenges, emerging opportunities [J]. Decision Line, 2010, 41 (3): 4-7.

[178] Yu, Hui, Deng, Liang. Supply chain emergency recovery coordination under assistance strategy [C]. Proceedings-4th International Joint Conference on Computational Sciences and Optimization, CSO, 2011: 628-634.

[179] Yuan Y., Wang D. Path selection model and algorithm for emergency logistics management [J]. Computers & amp; Industrial Engineering, 2009, 56 (3): 1081-1094.